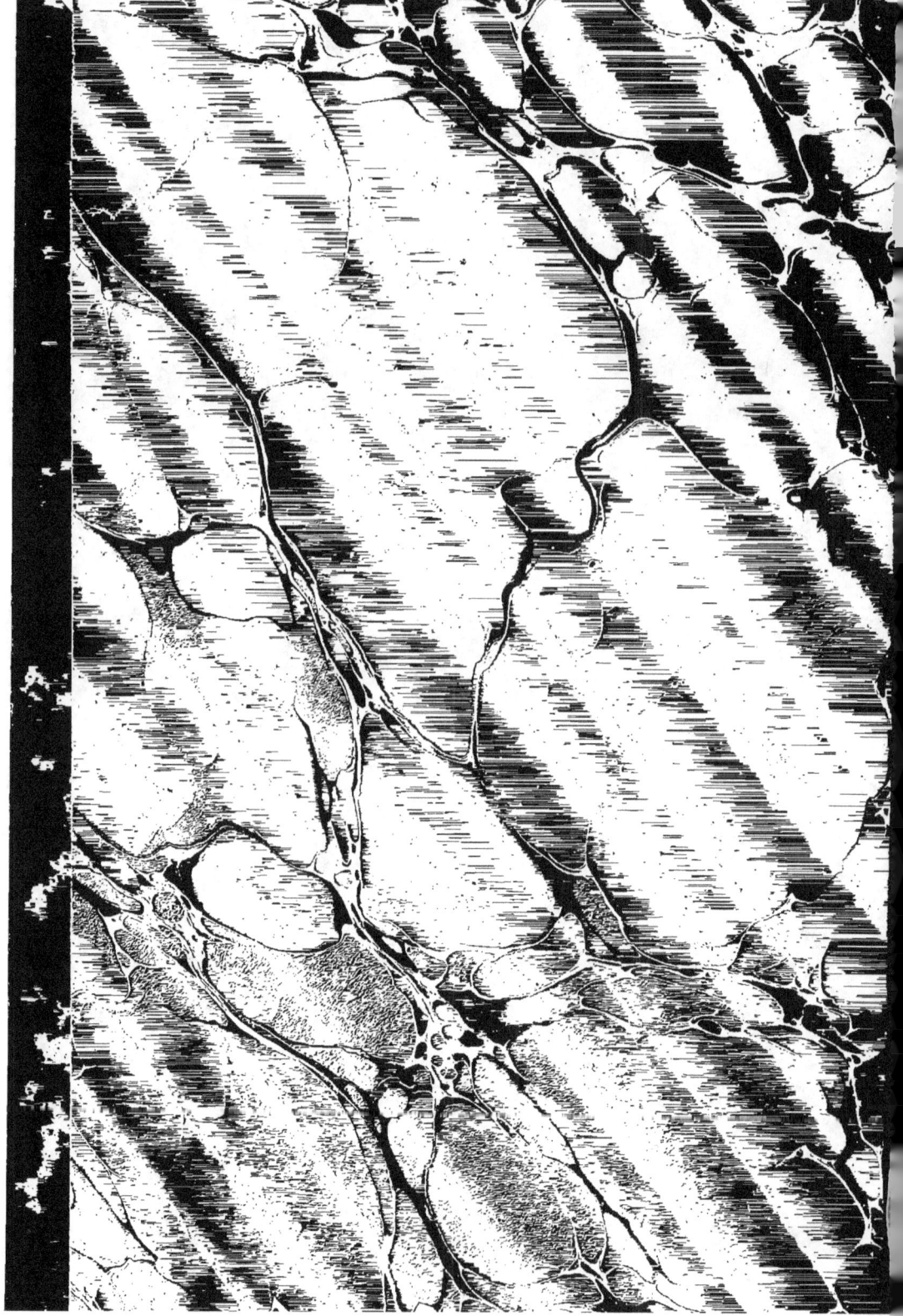

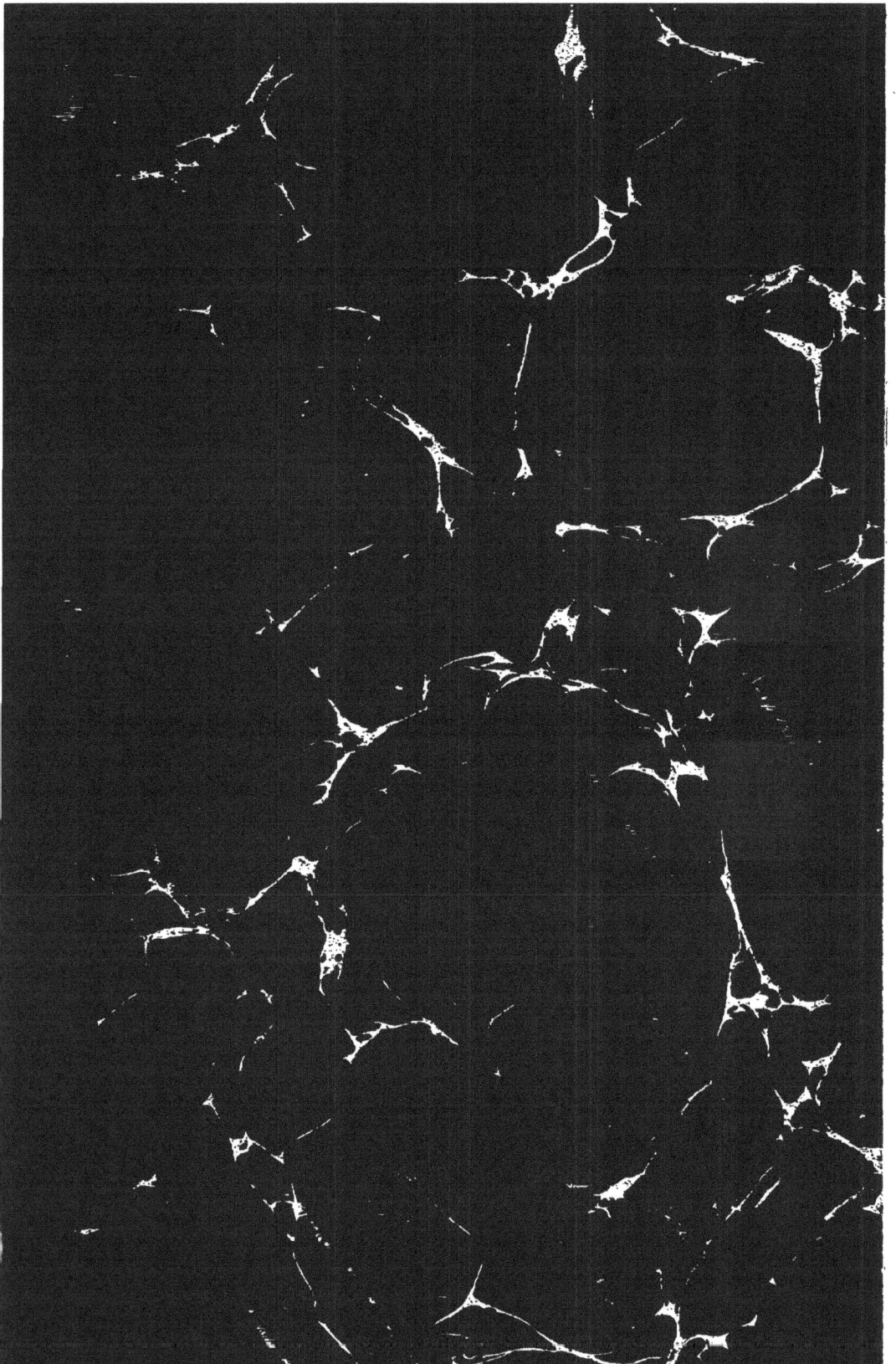

VIE

DU VÉNÉRABLE

PIERRE-MARIE-LOUIS CHANEL

DÉCLARATION

Si quelquefois nous donnons au Vénérable Pierre-Marie-Louis Chanel le titre de *saint*, pour nous conformer aux décrets d'Urbain VIII, sous la date du 13 mars 1625, du 16 juin 1631, et 5 juillet 1634, nous déclarons que nous le qualifions de la sorte, à l'exemple de quelques personnes fort recommandables, sans vouloir en aucune manière prévenir le jugement de la Cour Romaine, à qui nous soumettons de grand cœur cet écrit et notre personne.

VIE

DU VÉNÉRABLE

P.-M.-L. CHANEL

PRÊTRE DE LA SOCIÉTÉ DE MARIE

PROVICAIRE APOSTOLIQUE

ET PREMIER MARTYR DE L'OCÉANIE

PAR

LE R. P. BOURDIN

DE LA MÊME SOCIÉTÉ

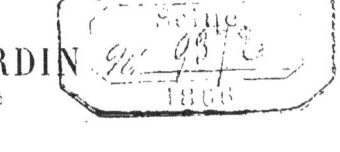

« ... Cujus et vita in exemplum, et mors in decus christianæ Religionis, pulcherrime, hoc ævo nostro, præfulsit. »

« ... Sa vie, qui fut un modèle, et sa mort une des gloires de la Religion catholique, ont resplendi de nos jours du plus bel éclat. »

(*Ex Act. S. Congreg. Rit. pro introd. Beatificationis Petri-Mariæ-Aloysii Chanel.*)

JACQUES LECOFFRE ET Cⁱᵉ, LIBRAIRES-ÉDITEURS

PARIS | LYON
90, RUE BONAPARTE, 90 | ANCIENNE MAISON PÉRISSE

1867

LETTRE DU T.-R. P. FAVRE

SUPÉRIEUR GÉNÉRAL DE LA SOCIÉTÉ DE MARIE.

Mon cher Père,

Il me tarde que vous ayez achevé la biographie du Vénérable Pierre-Marie-Louis Chanel. Vous avez à l'heure qu'il est tous les documents désirables pour ce travail. Remettez-vous donc à l'œuvre sans délai et dans la mesure de vos forces.

Déjà plus de vingt années se sont écoulées depuis que notre vénéré confrère a terminé par le martyre une vie que tant de vertus ont embellie. On regrette vivement que le récit n'en ait point encore paru; et ces regrets, si naturels à notre chère Société, je les ai rencontrés dans bien des cœurs, en France, et même à Rome, tout récemment.

Les saints, en quittant la terre, nous laissent en héritage le souvenir de leurs vertus. Recueillir et communiquer à d'autres ce précieux trésor, ce n'est pas seulement acquitter la dette que nous impose leur mémoire bénie, c'est encore propager et perpétuer leurs enseignements : *Defunctus adhuc loquitur*[1]; c'est manifester au loin ces actes, ces exemples de générosité chrétienne que l'Apôtre appelle *la bonne odeur de Jésus-Christ*[2], parfum divin !

[1] Hébr., xi, 4.
[2] II Cor., ii, 15.

qui souvent, dans les vues de la Providence, est pour un grand nombre d'âmes un principe de salut et de vie : *Aliis autem odor vitæ in vitam* [1].

Tout à vous en Jésus et Marie,

J. FAVRE,
SUPÉRIEUR GÉNÉRAL.

Lyon, 8 septembre 1865, fête de la Nativité de la B. V. Marie.

---

[1] II Cor., II, 16.

AU TRÈS-RÉVÉREND PÈRE

JEAN-CLAUDE-MARIE COLIN

FONDATEUR ET PREMIER SUPÉRIEUR GÉNÉRAL
DE LA SOCIÉTÉ DE MARIE.

Mon très-révérend Père,

En écrivant ce livre, j'ai souvent eu devant les yeux cette parole de conseil et d'encouragement qui m'est venue de vous : « Consacrez à cette édifiante biographie tous les instants dont vous pouvez disposer. Le R. P. Chanel, du haut du ciel, vous aidera, et votre labeur ne sera pas sans récompense. »

Trop longtemps, divers obstacles m'ont contraint de suspendre ce travail. Je l'ai repris avec bonheur dès qu'il m'a été possible. Maintenant qu'il est enfin terminé, j'ose espérer, mon très-révérend Père, que vous en accueillerez l'hommage avec une sympathie d'autant plus indulgente qu'il a pour but de rappeler les vertus et les mérites du premier martyr de l'Océanie. Déjà si cher à votre cœur, ce digne enfant de notre Société vient d'acquérir de nouveaux titres à notre amour et à nos respects, depuis que le Souverain Pontife l'a déclaré Vénérable.

Vous avez bien voulu, mon très-révérend Père, mettre à

ma disposition les principaux documents dont j'avais besoin pour accomplir ma tâche. Quel autre mieux que vous a connu et aimé notre généreux confrère? C'est vous qui l'avez admis dans nos rangs, qui avez reçu ses vœux et réglé tous les actes de sa volonté religieuse. Vous l'avez béni à son départ pour nos missions lointaines. Plus tard, en rendant grâce à Dieu du glorieux terme de son apostolat, vous l'avez pleuré avec le regret d'un père qui pleure sur la tombe du meilleur des fils. Pour adoucir notre commune douleur, vous avez fait rapporter en France ses précieux restes.

A vous donc, mon très-révérend Père, le modeste récit que j'ai tracé. Puissiez-vous, dans votre retraite, y trouver une nouvelle consolation! Et pour ceux qui se diront toujours vos enfants, bien que vous ayez déposé en d'autres mains non moins dignes la charge de les guider, plaise à Dieu qu'il soit le sujet d'une émulation pieuse! Daignez y voir de ma part un témoignage humble et sincère de filiale reconnaissance.

Agréez, mon très-révérend Père, les sentiments de profond respect avec lesquels j'ai l'honneur d'être

Votre très-soumis et très-affectionné fils,

J.-A. BOURDIN,
Pr. S. M.

Paris, 8 décembre 1866, fête de l'Immaculée Conception de la B. V. Marie.

Paris, 1ᵉʳ novembre 1866, fête de la Toussaint.

I

Retracer la biographie du Vénérable Pierre-Marie-Louis Chanel, c'est pour nous, qui remplissons cette douce mais difficile tâche, raconter la vie d'un confrère de qui nous avons reçu, en France, de si sages conseils, de si pieux exemples, de si nombreux témoignages d'amitié. De son vivant, il nous eût reproché la moindre parole dite à sa louange; mais la mort, en ouvrant la porte de l'histoire, enlève aux âmes les plus humbles le droit de se plaindre du récit de leurs vertus; il nous est donc permis, sans blesser notre saint ami, de reproduire les traits de sa physionomie morale et religieuse ; du reste, dévoiler ses mérites, c'est nous associer à l'Église qui leur rend un public hommage [1].

[1] Le R. P. Pierre-Marie-Louis Chanel a été déclaré Vénérable par N. S. Père le Pape Pie IX, le 24 septembre 1857.

C'est aussi pour nous un plaisir d'offrir à ceux qui l'ont connu et aimé, cette fidèle biographie, dont le retard, qu'on nous pardonnera sans doute, a soulevé des plaintes et des regrets.

Quant aux personnes qui n'ont jamais rencontré sur leur route notre vénéré confrère, nous pensons qu'en le leur faisant connaître, elles trouveront dans cette étude un nouvel aliment pour leur foi et leur piété. Une vie édifiante, quel que soit le talent qui la raconte, a je ne sais quelle grâce, quel parfum céleste, qui va droit à l'âme; il est difficile d'en lire le récit, sans porter un regard vers le ciel, et faire un pas de plus dans la voie du bien.

II

Nous n'avons rien négligé pour nous procurer les éléments de notre travail.

Par une insigne faveur de la Providence, nous avons vécu, près de six ans, sous le même toit que notre vénérable confrère. Durant cette période, l'une des plus intéressantes de sa vie, nous avons pu juger, pour ainsi dire, une à une ses actions, surprendre quelques secrets de sa belle âme, et entrevoir le degré de sainteté auquel il est parvenu.

A nos propres souvenirs se joignent ceux que nous avons recueillis, en suivant à la trace de ses pas le Serviteur de Dieu, depuis son bas âge jusqu'à son départ pour l'Océanie : nous avons interrogé de vive voix et par lettres sa famille, ses camarades d'enfance, ses maîtres, ses amis, en un mot, toutes les personnes qui, l'ayant vu de plus près, l'ont par conséquent mieux connu.

A l'égard de son apostolat et de son martyre, nous avons eu à notre disposition tous les documents qu'on a pris soin de recueillir sur le théâtre même de ses travaux et de sa mort glorieuse. Nous en sommes redevable, et nous en témoignons notre reconnaissance surtout à Mgr Bataillon, vicaire apostolique de l'Océanie centrale, au R. P. Servant, préfet apostolique, et au F. Marie-Nizier, catéchiste à Futuna. Nous nous sommes encore aidé des *Annales de la Propagation de la foi*, et des lettres du R. P. Poupinel, visiteur général des missions étrangères, confiées à la Société de Marie.

III

Nous n'avons point à dessiner une de ces grandes figures qui apparaissent dans les annales de l'Église; non, nous n'avons à reproduire ni les traits d'un docteur, ni ceux d'un prophète ou d'un illustre thaumaturge : le Vénérable Pierre-Marie-Louis Chanel n'attire les regards que par sa piété, son zèle, sa candeur angélique. Toutefois, « il accomplissait, dit Mgr Dépéry, avec la simplicité d'une action ordinaire les suprêmes sacrifices. »

Il y a dans tout homme un trait dominant, qui résume l'ensemble de sa physionomie morale, un trait qui marque de son empreinte les qualités de son esprit, de son cœur et toute l'œuvre de sa vie; ce trait distinctif dans notre vénérable confrère, c'est la douceur, que saint François de Sales appelle *la fleur de la charité.*

IV

Loin d'admettre dans notre récit les formes solennelles du panégyrique, nous nous efforcerons de lui imprimer ce caractère de simplicité qui donnait tant de charmes à tous les actes, à toutes les paroles de celui qui en est l'objet.

Nous reproduirons certains faits, certains détails, minimes en apparence, mais dans lesquels on trouvera un modèle de plus de cette vertu que le monde ignore, et qui, relevant les moindres choses par la pureté des motifs, attire sur les plus humbles actions les regards de Dieu. Les œuvres de la grâce ne sont pas moins précieuses que celles de la nature : or, tous les jours, ne voit-on pas le naturaliste entreprendre des excursions et même de lointains voyages dans l'intérêt de la science? avec quelle joie il ajoute à ses découvertes quelques fragments de minéraux, quelques plantes ou quelques insectes! Et l'on trouverait mauvais que l'on attachât du prix au souvenir des plus modestes vertus! On enchâsse dans l'or et dans la soie quelques parcelles du corps ou des vêtements d'un saint; les moindres actes de cet élu de Dieu ne sont-ils pas comme autant de parcelles de sa vie, et comme autant de diamants qui décorent sa couronne céleste? Jésus-Christ, dans l'Évangile, appelle notre attention sur l'aumône faite en son nom, ne fût-elle que d'une *obole* ou *d'un verre d'eau froide*. « Ce n'est pas toujours, a dit Plutarque, dans les actions éclatantes que se montrent davantage les vertus et les vices des hommes : une action ordinaire, une parole, une récréation enfantine, font souvent mieux connaître le caractère que des batailles sanglantes, des siéges et des faits mémorables. »

V

De nos jours, l'hagiographe, bien que s'adressant à tous, ne compte le plus souvent qu'un petit nombre de lecteurs. Que lit-on d'ordinaire? sans parler des livres ouvertement impies ou obscènes, quel rôle ne joue pas le *roman!* La grande dame en amuse son oisiveté, l'artisan lui sacrifie plus d'une fois ses heures de travail, l'homme affairé s'y délasse, la jeune fille l'obtient comme une récompense, et l'écolier se cache pour y perdre le goût de ses études, son innocence, son avenir. Le *roman* se multiplie, se répand jusqu'aux plus humbles villages: il s'étale dans la *Revue*, il se glisse dans l'*Almanach*, il règne dans le *Feuilleton*... Or, il résulte de ces sortes de lectures un effet moral ou de conscience, un effet psychologique ou d'éducation : le premier s'attaque aux mœurs, qu'il corrompt ou énerve ; le second s'attaque aux facultés de l'âme, dont il arrête ou fausse le développement.

Ah! ce n'est pas à cette source qu'allaient puiser les chrétiens d'un âge qui n'est pas encore très-éloigné de nous. Alors, le *roman* était banni du foyer domestique: mais on y rencontrait quelques-uns de ces livres destinés à rappeler les vertus simples et mâles des moines, des gentilshommes et des artisans ou des laboureurs qui furent des saints. Le chef de la famille, entouré de ses enfants et de ses serviteurs, en lisait à haute voix quelques pages, avant la prière et les adieux du soir. Cette pieuse habitude imprimait peut-être à la vie un caractère sérieux et grave, mais des âmes s'y élevaient pour Dieu et la patrie. Quand vinrent les jours sombres et orageux, où il fallait reconnaître sa route, y marcher résolûment, affirmer sa foi, combattre, et, au besoin, mourir, on fut prêt; le serions-nous aujourd'hui?...

VI

Les lettres que nous allons présenter à nos lecteurs auraient pu nous dispenser de ces préliminaires. Nous désirons qu'on n'attache aucun prix à ce qu'elles ont de flatteur pour nous, afin de n'y voir que l'éclatant hommage rendu à la mémoire de notre vénérable confrère.

Nous en sommes redevable à la bienveillance d'éminents prélats. Plusieurs d'entre eux nous ont été enlevés par la mort: qu'ils daignent recevoir du haut du ciel, ainsi que tous ceux qui achèvent ici-bas leur auguste mission, l'expression de nos profonds respects et de notre filiale reconnaissance!

Lettre de Mgr Alexandre-Raymond DEVIE,
évêque de Belley.

Nous Alexandre-Raymond Devie, évêque de Belley, déclarons que M. l'abbé Pierre-Marie-Louis Chanel, né à Cuet, dans notre diocèse, le 14 juillet 1802, et mort missionnaire apostolique de la Société de Marie, à Futuna, le 28 avril 1842, a rempli successivement sous notre administration les fonctions de vicaire d'Ambérieu en Bugey, de desservant de Crozet, arrondissement de Gex, et de supérieur de notre petit séminaire de Belley. Dans ces différents emplois, M. Chanel a constamment su se concilier l'estime et l'affection de tous ceux avec qui son ministère le mettait en rapport : sa vie a toujours offert un modèle accompli de toutes les vertus sacerdotales, surtout d'une piété tendre et qui ne s'est jamais démentie, d'un zèle ardent et éclairé pour le salut des âmes ; enfin d'une douceur de caractère inaltérable. Nous sommes heureux de rendre ce témoignage public à la vertu d'un saint prêtre qui a préludé sous nos yeux à une carrière toute de dévouement et de sacrifice, où il a mérité de trouver une mort glorieuse aux yeux de Dieu.

Belley, le 10 septembre 1843.

✝ A.-R. DEVIE, *évêque de Belley.*
Par Mandement de Monseigneur, N. Guillemin, chanoine secrétaire.

Lettre de Mgr Nicolas-Augustin de la CROIX-D'AZOLETTE, archevêque d'Auch.

J'ai appris avec plaisir, mon révérend Père, qu'on vous a chargé d'écrire la vie du R. P. Chanel, membre de votre

Société. C'est un devoir pour les corporations religieuses de sauver de l'oubli les pieux exemples de leurs frères et surtout les actes de leurs martyrs.

Les fonctions de vicaire général que j'ai exercées dans le diocèse de Belley, m'ont mis à même de voir de près et assez souvent le bon P. Chanel, et chaque fois avec admiration, tant je trouvais dans ce jeune prêtre d'aimables vertus. Je fus surtout fort édifié, lorsqu'un jour, en 1836, il vint m'apprendre que ses supérieurs l'avaient admis au nombre des missionnaires de l'Océanie occidentale. A cette occasion, je lui demandai s'il avait étudié cette partie de la géographie, et lui conseillai de lire les ouvrages de quelques navigateurs, celui entre autres de Dumont-d'Urville, qui avait visité les îles de ces différents archipels. Je lui conseillai aussi de prendre quelques notions sur le service des malades, comme un moyen de se rendre utile aux insulaires et de se concilier leur estime. Pour lui faciliter ces sortes d'études, je lui prêtai quelques livres de ma bibliothèque.

Plus tard, j'appris avec une profonde émotion qu'il avait versé son sang dans l'accomplissement de son apostolat, et qu'il avait été frappé par ses meurtriers au moment où il pansait la blessure de l'un d'entre eux. En le massacrant en haine de l'Évangile, ils ont cru étouffer dans son sang les premiers germes de la foi, et voilà que ce sang a tellement fécondé cette terre sauvage qu'aujourd'hui on y voit fleurir les plus belles vertus chrétiennes : *Sanguis martyrum, semen christianorum.*

C'est donc pour moi une très-grande satisfaction d'espérer que nous verrons bientôt une vie si édifiante donnée au public, comme une nouvelle preuve de ce que peut opérer la foi dans une âme qui, dès l'enfance, s'est montrée constamment fidèle à ses inspirations.

Agréez, mon révérend Père, l'expression de mes sentiments très-affectueux.

† NICOLAS-AUGUSTIN, *archevêque d'Auch.*

Paris, 15 décembre 1855.

Lettre de Mgr IRÉNÉE DEPÉRY, évêque de Gap.

Mon Révérend Père,

Depuis longtemps déjà, je faisais des vœux pour qu'une main amie sauvât de l'oubli la mémoire précieuse que le R. P. Chanel a laissée parmi nous, prêtres du diocèse de Belley. Publier sa vie me paraissait tout à la fois une bonne œuvre et un acte de haute justice. Quelle vie, en effet, peut mieux que la sienne inspirer la vertu? Qui fut plus digne que lui de la sublime vocation de l'apostolat et du martyre?

J'ai connu presque dans l'intimité cet homme au cœur d'or, à la foi naïve, aux mœurs angéliques; je l'ai vu dans l'humble presbytère de nos montagnes, puis, s'étant incorporé à votre Société, remplir successivement les fonctions de professeur, de préfet spirituel et de supérieur au collége de Belley. Plus tard, je l'ai suivi, à travers l'Océan, dans ses courses apostoliques, avec tout l'intérêt qui s'attache à un compatriote et à un ami; et partout et toujours, je l'ai trouvé semblable à lui-même, modeste dans ses habitudes, doux et humble de cœur, pratiquant avec la simplicité d'une action ordinaire les suprêmes sacrifices.

Recevez donc, mon révérend Père, mes félicitations et mes encouragements pour l'œuvre que vous avez entreprise. Vous aurez bien mérité du diocèse de Belley, de votre Société, des nombreux amis du R. P. Chanel, en nous le redonnant tel que nous l'avons connu et aimé. Nul autre que vous, d'ailleurs, qui avez si longtemps vécu près de lui, ne pouvait nous retracer cette douce figure du saint prêtre, du zélé missionnaire, du premier martyr de l'Océanie.

Dans cette assurance, agréez, mon révérend Père, la nouvelle expression de mon plus affectueux dévouement.

† IRÉNÉE, *évêque de Gap.*

Gap, 15 mai 1856.

XVI

Lettre de Mgr J.-P. LYONNET, évêque de Saint-Flour[1].

Mon Révérend Père,

Je bénis le ciel de l'heureuse pensée qu'ont eue vos supérieurs, en vous chargeant d'écrire la vie du R. P. Chanel, membre de votre Société. Quel précieux héritage de souvenirs ce prêtre, à l'âme si pure et si apostolique, n'a-t-il pas laissé à tous ceux qui l'ont connu ! Avec quel religieux intérêt ne le verront-ils pas, en quelque sorte, revivre dans le tableau de ses vertus ? Ceux même qui, ne l'ayant jamais rencontré sur leur route, cherchent dans le passé des modèles, de vrais guides, vous sauront gré d'avoir mis sous leurs yeux les saints exemples dont il a marqué tous ses pas, depuis le berceau jusqu'à la tombe. Ne craignez pas d'entrer dans quelques détails. Combien de ces petites choses de l'enfance et de la jeunesse qui passent inaperçues, et dans lesquelles, avec un regard plus attentif, on pourrait distinguer une belle âme et lire toute une destinée ! « Ce n'est pas toujours, a dit Plutarque, dans les occasions éclatantes que se montrent davantage les vertus ou les vices des hommes. Une action ordinaire, une parole, une récréation enfantine, fait souvent mieux connaître le caractère que des batailles sanglantes, des siéges et des faits mémorables. »

La carrière qui s'ouvre devant vous est vraiment riche et variée. Vous avez à retracer tout à la fois la biographie édifiante d'un écolier grandissant en âge et en sagesse dans les maisons d'éducation ; d'un séminariste se préparant au sacerdoce ; d'un prêtre, soit dans le ministère paroissial, soit

---

[1] Sa Grandeur occupe aujourd'hui le siége archiépiscopal d'Albi (Tarn).

dans la vie religieuse; d'un recteur de collége, enfin d'un apôtre et d'un martyr.

Il me tarde, mon révérend Père, que vous ayez mis la dernière main à cette pieuse entreprise. J'appelle de grand cœur sur elle et sur vous les bénédictions d'en haut, et vous renouvelle en même temps l'expression de ma vieille amitié.

† J. P., *évêque de Saint-Flour.*

Saint-Flour, le 2 février 1857.

Lettre de Mgr Jean-Baptiste-François POMPALLIER, évêque d'Auckland (Océanie occidentale).

Paris, 5 août 1860.

Mon Révérend Père et ancien ami,

Quoique je sois très-occupé par les préparatifs immédiats de mon départ pour le diocèse d'Auckland, cependant, en m'entretenant avec vous du vénérable Pierre-Marie-Louis Chanel, je réponds à vos pieux désirs d'autant plus volontiers qu'il a été un membre chéri de nos missions, et mon premier grand-vicaire dans l'Océanie occidentale.

Je sais que les détails historiques de sa vie vous ont été fournis pour l'ouvrage que je vous félicite d'avoir entrepris. Au risque de ne vous raconter que ce que vous savez déjà, je vous dirai que le vénérable Père, que j'ai surtout connu en sa qualité de missionnaire apostolique, s'est toujours montré à la hauteur des vertus que demande une si belle vocation. Dans notre longue et orageuse traversée de France en Océanie, ainsi que dans son séjour à Futuna, où je l'avais placé, on admirait son calme et sa patience au milieu des peines et des dangers de la navigation, son courage et sa constance dans l'étude de la langue des Futuniens, l'intelligence et l'activité de son zèle pour la conversion d'une peuplade idolâtre et anthropophage, les vertus sacerdotales et religieuses dont il donnait l'exemple pour appuyer la doctrine qu'il prêchait... Mais, hélas ! dans les desseins de la Providence, le vénérable Pierre-Marie-Louis Chanel ne devait que jeter les fondements du catholicisme à Futuna. Son sang, versé en haine de la foi, est devenu une semence de salut pour l'île tout entière, qui n'a pas tardé à se convertir et à donner les plus beaux exemples de la vie chrétienne.

J'ai eu la consolation, en 1842, de conduire moi-même de nouveaux missionnaires à Futuna, de visiter les lieux du martyre, de recueillir les précieux restes du R. P. Chanel et l'instrument encore ensanglanté qui lui a fendu le crâne et mis fin aux horribles souffrances qu'on lui a fait endurer[1]. Ç'a été pour moi comme un dépôt sacré que j'ai conservé avec un religieux respect, à *Kororaréka*, et que j'ai envoyé à Lyon pour la maison-mère de la Société de Marie, lorsque la ville de *Kororaréka*, à la Baie-des-Iles, fut ruinée par les guerres qui ont si cruellement éprouvé la Nouvelle-Zélande.

Je désire vivement, pour la gloire de Dieu et l'édification des âmes, que vous fassiez paraître bientôt la biographie de celui qui a si bien mérité par ses vertus la gloire et le bonheur d'être le premier martyr de nos missions lointaines. Puisse ce cher et saint compagnon de mes travaux s'intéresser encore auprès de Dieu, dans le ciel, en faveur de la Société de Marie et des âmes que nous avons à évangéliser !

Recevez de nouveau mes adieux, mon révérend Père et cher ami, priez et faites prier pour le pasteur et son troupeau.

Votre très-humble et très-dévoué serviteur,

† J.-B^{te} François Pompallier, *évêque d'Auckland*[2].

---

[1] Cet instrument, appelé herminette, a été déposé comme une précieuse relique au musée de la Propagation de la Foi, à Lyon.

[2] Du vivant du Vénérable Pierre-Marie-Louis Chanel, Mgr Pom-

Lettre de Mgr Jean-Baptiste ÉPALLE, évêque de Sion
« in partibus » et Vicaire apostolique de la Mélanésie
et de la Micronésie.

Londres, le 1ᵉʳ février 1845.

Mon Révérend Père,

Demain, nous mettons à la voile. Nous sommes tous à bord du bâtiment qui doit franchir l'espace immense qui nous sépare des îles où nous allons porter le flambeau de l'Évangile. Nous sommes heureux d'entreprendre une navigation si longue et si périlleuse sous les auspices de la Très-Sainte-Vierge, et le jour de l'une de ses plus belles fêtes.

Bien que la nuit soit déjà avancée et que je sois accablé de fatigue, à la suite d'une journée dont tous les moments ont été consacrés aux derniers préparatifs de notre départ, j'attache cependant un trop vif intérêt à la biographie du R. P. Chanel pour ne pas joindre quelques renseignements à ceux que je vous ai donnés pour votre ouvrage [1]. . . .

. . . .

Enfin, vous n'ignorez pas que notre vénéré confrère a parfaitement réussi dans tous les postes où l'a placé la divine Providence. Il se distinguait par la sûreté du jugement, la générosité du cœur, l'amabilité d'un caractère toujours égal. Les regrets qu'il a laissés parmi nous et même parmi les insulaires de Futuna, témoignent hautement de

pallier était évêque de Maronée *in partibus* et Vicaire apostolique de l'Océanie occidentale. L'érection canonique du diocèse d'Auckland est postérieure au martyre de l'apôtre de Futuna.

[1] Nous supprimons dans cette lettre la majeure partie des renseignements que le digne prélat nous envoie, pour les utiliser en temps et lieu, et ne pas nous répéter dans le cours de cet ouvrage.

l'estime et de l'affection qu'il s'était conciliées par ses qualités et ses vertus. C'était à mes yeux un ange de douceur, de piété, de zèle et de modestie. Quand j'appris sa mort, je n'eus pas le courage de réciter pour lui le *De profundis;* je me recommandais à ses prières et remerciais Dieu d'avoir donné à nos missions un nouveau protecteur dans le ciel.

Je vous renouvelle mes adieux, mon révérend Père, et vous prie de ne pas nous oublier au saint autel.

† Jean-Baptiste Épalle, *évêque de Sion.*

Extrait d'une instruction pastorale et mandement de Mgr de LANGALERIE, évêque de Belley, pour le carême de l'année 1861, sur les vertus théologales, la Foi, l'Esperance et la Charité.

« . . . . Nous pouvons faire mieux encore : N. T. C. F., il nous est possible, il nous est facile de vous en donner des modèles ; vous n'avez qu'à ouvrir les vies des Saints pour trouver des hommes vertueux, complétement vertueux, par l'exercice de la Foi, de l'Espérance et de la Charité. Nous pouvons même vous citer des exemples contemporains et domestiques, les placer sous vos yeux comme des portraits de famille. Le saint Pontife, monseigneur Devie, que vous pleurez encore . . . .

« Le P. Chanel[1], martyrisé pour la foi, dans une île de l'Océanie, cet enfant de la Bresse, élevé d'une manière si pieuse et si chrétienne, a laissé partout où il a passé dans le diocèse, avant de quitter la France, une impression profonde qui faisait dire à ceux qui l'ont connu : « Il n'est pas éton-

---

[1] Le P. Chanel a été déclaré Vénérable, et on travaille activement à Rome au procès de sa béatification (*Note de l'instruction pastorale*).

nant qu'il se soit fait missionnaire, qu'il ait sacrifié pour cela sa patrie, ses parents, ses amis; il n'est pas étonnant qu'il soit mort pour Jésus-Christ; il aimait tant son Dieu, il en parlait avec tant de foi et d'amour. »

« Oh! nous vous en conjurons, N. T. C. F., par ces noms bénis qui appartiennent à nos contrées, imitez les exemples qu'ils vous rappellent; soyez des hommes, des chrétiens de foi, d'espérance et de charité.... »

Extrait d'une lettre de Mgr Pierre BATAILLON, évêque d'Énos « in partibus » et Vicaire apostolique de l'Océanie centrale, à M. le rédacteur en chef du « Rosier de Marie [1]. »

Paris, 28 novembre 1856.

Monsieur le Rédacteur,

Les abonnés du *Rosier de Marie* viennent de m'adresser une lettre trop flatteuse pour que je ne m'empresse pas d'y répondre. Ils me prient de vous envoyer *une biographie ou du moins une notice historique sur mon compagnon de mission*. On prépare une biographie du vénérable Pierre-Marie-Louis Chanel; elle paraîtra, je l'espère, dans peu de temps. Pour satisfaire aux désirs qui me sont exprimés, j'esquisserai quelques détails de la vie de mon bien-aimé confrère, en attendant qu'une autre plume complète ce travail.

Le R. P. Chanel était du diocèse de Belley. Après avoir achevé ses études cléricales, il remplit successivement les fonctions de vicaire, de curé, de supérieur du collége de Belley. Partout et toujours on vit briller en lui une amabilité qui lui gagnait tous les cœurs, et qui était comme le reflet de la pureté de son âme. Partout et toujours il se

---

[1] Journal rédigé par une société ecclésiastique, en l'honneur de la Sainte Vierge, sous la direction de M. l'abbé Pillon de Thury. Voir le numéro du 29 novembre 1856.

distingua par une tendre piété envers l'auguste Reine des cieux.

Le R. P. Chanel remplissait les fonctions de supérieur, lorsque la divine Providence l'appela à la vie apostolique. La Société de Marie, fondée par le très-révérend père Jean-Claude-Marie Colin, venait de recevoir une approbation solennelle du pape Grégoire XVI. Le Saint-Siége lui confiait la mission de porter l'Évangile aux îles de l'Océanie, qui n'avaient pas encore reçu *la bonne nouvelle*. Pour commencer cette œuvre importante, qui devait éprouver tant de contradictions et être l'occasion de tant de sacrifices, le supérieur général de la Société de Marie jeta les yeux sur le R. P. Chanel, sur moi et quelques autres. Wallis fut la terre que j'eus à défricher. Futuna, qui en est éloignée de quarante lieues, devint le théâtre du zèle du R. P. Chanel. Laissé seul dans cette île avec le frère Marie-Nizier, il fut d'abord bien accueilli par le roi dont l'amitié ne tarda pas à se refroidir et à se convertir même en fureur, dès qu'il prêcha ouvertement l'Évangile. Sa Majesté Futunienne ne voulait pas que l'on annonçât une nouvelle religion. Irritée, mais déguisant sa colère, elle commença par s'éloigner du R. P. Chanel, en transportant la résidence royale dans un autre village, et en retirant tous les secours qu'elle avait promis à l'homme de Dieu. Aussi le saint missionnaire se vit-il forcé, pour vivre, de cultiver un coin de terre; encore, le plus souvent, le fruit de ses peines lui était enlevé par des insulaires que le roi encourageait en secret. La vie de mon vénérable confrère fut une vie de privations continuelles. Mais les souffrances pour les âmes généreuses ne font que resserrer leur union avec Dieu et redoubler leur piété filiale envers la Mère des miséricordes.

Au bout de trois ans d'efforts et de patience, le R. P. Chanel était parvenu à convertir quelques indigènes; le fils du roi lui-même était au nombre des catéchumènes, ce qui mit le comble à la fureur de son père. Dès lors, ce ne furent de toutes parts que des cris de mort contre le catholicisme et contre celui qui s'efforçait de l'implanter dans l'île. Le R. P. Chanel ne pouvait ignorer que sa vie courait les plus grands périls. Toutefois, son âme était calme, et son zèle toujours le même. Un jour le frère Marie-Nizier lui apprit qu'on devait venir le massacrer. « Vous savez, répondit-il, ce qu'on lit dans la vie d'un saint : « Si on venait vous annoncer, lui demandait-on, que vous allez mourir dans une heure, que feriez-vous? Je continuerais à faire ce que je fais, » répondit le saint. Eh bien! reprit le P. Chanel, faisons de même. »

Cependant quelques jeunes gens, qui avaient reçu les ordres ou du moins qui avaient compris les sentiments du roi, s'arment de massues et de lances, et se dirigent vers la demeure de celui qui avait tout quitté pour sauver leurs âmes. Ils commencent par maltraiter les catéchumènes qui résidaient dans un village voisin de celui qu'habitait le P. Chanel. Puis ils dirigent leurs pas vers le saint missionnaire : « Père, lui dit l'un d'entre eux, donne-moi un remède pour guérir la blessure que je me suis faite en tombant d'un arbre. » Le bon P. Chanel qui ne savait rien refuser, s'empresse de rendre le service qu'on lui demande... A l'instant même, on le frappe à coups de lances et de massues. Il tombe baigné dans son sang... Dans cette cruelle agonie, pas une plainte ne s'échappe de sa bouche... il lève les yeux vers le ciel... Un des assassins armé d'une hache lui fend la tête... L'âme du saint prêtre s'envola dans le sein de Dieu... Ses désirs avaient été exaucés, et ses sacrifices couronnés par la palme du martyre......

...... Je souhaite, monsieur le rédacteur, que cette notice historique dont je regrette la brièveté, réponde aux pieux désirs de vos lecteurs.

Recevez l'assurance de ma haute considération, etc.

† P., évêque d'Énos, vicaire apostolique
de l'Océanie centrale.

Fragment d'une lettre de Mgr l'archevêque d'Avignon.

Dans une lettre, en date de 1856, Mgr Debelley, archevêque d'Avignon, reportant son souvenir sur les années de la jeunesse et sur celles de l'apostolat du R. P. Chanel, écrivait ces lignes :

« Pieux jeune homme, que ses vertus et son martyre « feront, un jour, placer sur nos autels ! »

VIE
DU VÉNÉRABLE
PIERRE-MARIE-LOUIS CHANEL

LIVRE PREMIER
DEPUIS LE BERCEAU JUSQU'AU SACERDOCE
(1802-1827)

CHAPITRE PREMIER
Première enfance

> « Talem sese ab ineunte ætate morum innocentiâ, et integritate vitæ portendit, qualem futurum exitus confirmavit. »
>
> Dès l'âge le plus tendre, il fit présager par l'innocence de ses mœurs et par l'intégrité de sa vie ce qu'il serait un jour.
>
> *Act. de la S. Congrég. des Rit. pour l'Introd. de la cause de P.-M.-L. Chanel.*

On aime à chercher et à découvrir jusque sous l'enveloppe de l'enfance les germes des hautes qualités qui font le grand homme : combien plus vif est l'intérêt qu'inspire, dès le berceau, l'humble existence du Juste, qui s'est écoulée tout entière dans l'accomplissement de la loi divine ! En effet, qu'ils sont touchants, aux yeux de la foi, et les épanouissements de son âme au souffle de la grâce, et le développement de ses vertus naissantes où s'ébauche, en quelque sorte, l'œuvre de sa sanctification! Ce n'est pas, toutefois, que le premier âge du Serviteur de Dieu dont nous entreprenons la biographie ait rien d'éclatant, rien d'extraordinaire; mais il nous révèle déjà quelques traits de cette âme qui fut toujours si fraîche d'innocence, si vive de piété, si suave de douceur et de charité. Nous voyons en lui cet *arbrisseau qui, planté le long des eaux salutaires, se pare de feuilles et de fleurs pour donner des fruits dans son temps* [1].

Le Vénérable Pierre-Marie-Louis Chanel naquit le 14 juillet 1802, à la Potière, hameau de Cuet, chapelle vicariale de la paroisse de Montrevel, près de Bourg, dans le département de l'Ain. Il était le cinquième des sept enfants de François Chanel et de Marie-Anne Sibellas.

Ce fut dans ce hameau où les mœurs chrétiennes sont comme héréditaires; ce fut au sein de cette famille, l'une des plus aisées de l'endroit, qu'il reçut sa première éducation. Sa mère était pieuse; elle trouvait dans sa foi assez de lumière et de force pour comprendre ses devoirs et les remplir. Pleine de tendresse à l'égard de ses enfants, elle ne négligeait rien pour leur enseigner les principales vérités de la religion, et leur inspirer la crainte de Dieu, l'amour du travail et de la

---

[1] Erit tanquam lignum quod plantatum est secus decursus aquarum, quod fructum suum dabit in tempore suo. Ps. i, 3.

prière. Son mari, homme d'un sens droit, la secondait efficacement dans ses soins maternels, surtout par le concours de ses exemples. Aussi les efforts de cette admirable mère furent-ils féconds en fruits de sagesse et de vertu; et, sous le toit d'une simple paysanne, se cachèrent des biens inappréciables.

Cette première éducation fructifia dans le cœur du jeune Pierre. Peut-être qu'aux yeux du monde, une main plus habile aurait su d'abord tirer un parti plus brillant de son esprit, de sa vivacité naturelle, et surtout de cette heureuse sensibilité qui faisait le fond de son caractère ; mais à coup sûr elle n'aurait pu lui donner plus de douceur, de modestie, d'obéissance et de piété qu'il en montra dès le bas âge. Ne doit-on pas reconnaître ici les vues bienveillantes de la Providence qui, dans la simplicité patriarcale du foyer domestique, lui ménagea cette école de vertus ? Au début de la vie, on comprend mieux un fait qu'une théorie, un exemple qu'une leçon. C'est par les sens qu'on se fait peu à peu des idées et des sentiments ; l'âme est comme une eau limpide où viennent se refléter les objets du rivage. Heureux donc l'enfant, quand les mœurs de la famille sont réglées selon la sagesse chrétienne! Cette union, dont la charité forme les liens, cette décence de langage, cette modestie dans les vêtements, cette sobriété de goûts et de désirs, ces habitudes de bienfaisance, ces prières en commun le soir, et la douce piété de la mère, et les vertus imposantes du père, toutes ces images religieuses et aimées laissent dans un jeune cœur des impressions que les passions les plus orageuses ne sauraient effacer entièrement.

Pierre n'était pas encore né que déjà sa mère l'avait dévoué à la Très-Sainte Vierge. Il fut baptisé le jour de la fête de Notre-Dame du Carmel; aussi, chaque année, célébra-t-il le retour du 16 juillet comme l'une des époques les plus mémorables de sa vie et les plus chères à sa piété. Les premiers mots qu'il apprit à prononcer furent les noms de Jésus et de Marie. A ces noms bénis, il joignait ses petites mains et les élevait vers le ciel. Si la moindre fleur intéresse dans l'étude de la nature, quel charme ces prémices de la vie chrétienne n'ont-elles pas aux yeux de la foi [1]?

L'extérieur du jeune Pierre semblait réfléchir la beauté de son âme. Sa taille était mince, sa démarche modeste, ses traits réguliers et candides, son regard doux et intelligent; une légère pâleur ajoutait à la suavité de sa physionomie; sur toute sa personne, enfin, se peignait je ne sais quoi d'angélique, si bien qu'on ne pouvait le voir sans l'aimer. Il était comme le Benjamin de sa famille.

---

[1] « Le spectacle d'un enfant chrétien m'a toujours profondément attendri, et j'éprouve une émotion non moins intime à entendre prononcer le nom du bon Jésus et celui de la sainte Vierge Marie par les lèvres incertaines d'un petit enfant encore tout plein de l'innocence baptismale, que par la bouche du plus éloquent prédicateur. » *Vie de Hélion-Charles-Alban, marquis de Villeneuve-Trans*, par le comte Anatole de Ségur.

Une sympathie plus étroite l'unissait à sa plus jeune sœur, sympathie que la nature et la grâce semblaient justifier : même visage, même caractère, mêmes inclinations, même attrait pour la piété. Ils aimaient à partager leurs jeux, leurs occupations ; ils aimaient à prier ensemble et à s'entretenir du bon Dieu et de la Sainte Vierge. Ils étaient chargés de distribuer les petites aumônes de la maison ; ils se livraient entre eux des combats de générosité ; l'exemple de l'un était la règle de l'autre ; vous eussiez dit deux actions produites par une même vertu. Rien n'est plus touchant que le souvenir de leur amitié, quand on songe que plus tard ces liens si doux de l'enfance se resserrèrent de toute la force de la charité chrétienne par une même vocation à l'état religieux : tous les deux ils eurent le bonheur de vivre et de mourir dans une société spécialement consacrée à Marie. Rarement les figures des saints sont isolées. Dieu, par une grâce particulière, se plaît à réunir les âmes faites pour se comprendre et s'entr'aider dans les voies de la perfection.

Quoique d'un naturel heureux, Pierre avait cependant à se défendre d'une sensibilité, qui devenait pour lui la source de quelques saillies d'humeur, de quelques dépits et de quelques boutades auxquels il se laissait aller de temps à autre. Excusable dans son principe, ce défaut n'était que l'exagération d'une bonne qualité. Ainsi, voyait-il réprimander l'un de ses frères ou l'une de ses sœurs, il ne savait pas renfermer son émotion dans une juste limite. Il perdait sa gaieté ordinaire; le front triste et baissé, il se tenait à l'écart et souffrait en silence, jusqu'à ce que l'orage fût dissipé. C'était assez qu'on laissât échapper, en sa présence, une plainte ou quelques larmes, pour qu'il en fût vivement affecté. Il ne tarda pas à comprendre, grâce à des avertissements parfois sévères, qu'une trop grande sensibilité lui serait nuisible, et qu'il devait s'efforcer de la vaincre : c'était lutter contre son propre cœur; mais enfin, après avoir livré bien des assauts et essuyé quelques défaites, il triompha.

Il avait à peine huit ans, quand il se confessa pour la première fois. Avant de se présenter au prêtre, il fouilla dans les plis et replis de sa conscience. Craignant encore d'omettre quelques fautes: « Voilà, dit-il ingénument à sa mère, tout ce que j'ai pu trouver; aidez-moi, je vous prie : vous savez mieux que moi ce que j'ai fait. » Au sortir du tribunal sacré, il alla s'agenouiller un instant au pied de l'autel de la Sainte Vierge; et lorsqu'il fut de retour à la maison, il ne put s'empêcher de manifester sa joie de la manière la plus naïve : on eût dit un grand coupable qui venait de rentrer en grâce devant Dieu et devant les hommes.

Son père l'avait chargé de la garde d'un troupeau. Durant les mois d'hiver, à défaut d'instituteur dans son village, Pierre se rendait à l'école primaire de Cras, la moins éloignée de la Potière. Pour un enfant de son âge, la distance à franchir était longue, quelquefois même impossible, en temps de pluie ou de neige. Afin de remédier à ces obstacles, une de ses tantes, qui résidait à Cras, se fit un plaisir de le garder auprès d'elle. Cette femme l'entoura d'une sollicitude vraiment chrétienne. Pierre trouva chez elle, non-seulement une autre mère, mais encore une autre famille. Ses jeunes cousins, dont l'un est parvenu au sacerdoce, étaient pour lui comme des frères. Ils avaient, à son égard, une déférence marquée, et lui donnaient, dans leurs récréations, toute autorité sur eux. Il les édifiait jusque dans ses amusements, car son plus grand plaisir était de construire de petits autels qu'il ornait ingénieusement. Il avait une grâce ravissante à imiter les cérémonies de l'église; et parfois, lorsque la curiosité groupait autour de lui un certain nombre de ses camarades, il leur adressait, à sa manière, une exhortation composée des paroles du dernier prône qui l'avaient le plus impressionné.

Ainsi l'avait fait le Bienheureux Pierre Fourier [1], dans son enfance. «.Pieux jusque dans ses récréations, il avait élevé de ses mains un petit oratoire où il aimait, à l'exemple de saint Charles-Borromée, de saint Bernardin de Sienne, et de beaucoup d'autres saints, à se revêtir d'ornements qu'il avait fabriqués lui-même, et à célébrer les divers offices de l'Église. Aux jours so-

---

[1] Né à Mirecourt (Lorraine) en 1565 ; curé de Mattaincourt et fondateur de la Congrégation de Notre-Dame ; mort en 1640, et béatifié par Benoît XIII en 1730.

lennels, quand il y avait eu sermon à la paroisse, il convoquait, au son de sa clochette, un petit auditoire, et répétait ce qu'il avait retenu de l'instruction; y ajoutant ce qu'il pouvait, et le débitant d'un ton tout pénétré, avec des gestes pleins d'une naïve éloquence. Il laissait dans l'esprit de ses auditeurs une admiration qui leur faisait dire, comme autrefois les voisins de saint Jean : « Que pensez-vous que sera cet enfant ? [1] »

[1] *Histoire du B. Pierre Fourier,* par l'abbé Chapia.

Noël, pour la ville éternelle, c'est vraiment le premier jour de l'an, la vraie fête des familles, — celle même des enfants. Mais, à Rome, où, plus qu'ailleurs, rien n'est sans un sens pratique et profond, cette fête de Noël n'est pas seulement une pure réjouissance profane pour l'enfance; c'est à la fois une gloire et une leçon qui rappelle la divine enfance de Jésus, alors que, soumis à Marie et à Joseph, il donnait au monde le plus éloquent des enseignements.

Il est donc d'usage à Rome de laisser prêcher les petits enfants dans l'église de l'Ara-Cœli, pendant les fêtes de Noël.

La statue du *Santo Bambino,* si célèbre et si vénérée des Romains, y est exposée, durant l'octave, dans une chapelle parfaitement décorée. Entouré de tous les personnages qui furent témoins du mystère, l'Enfant Jésus resplendit de diamants et de pierres précieuses. Au pilier voisin s'appuie une petite chaire à prêcher; c'est là que les jeunes Romains et même les jeunes Romaines de sept à dix ans viennent, dans leur naïf langage, bégayer les louanges du petit Jésus. Deux mois avant la fête, pères, mères, frères et sœurs; — tout le monde est en mouvement dans les familles. Les uns composent, les autres font répéter au jeune enfant le petit sermon de Noël.

Un voyageur français, pieux ecclésiastique, nous a conservé le souvenir de ses impressions à la suite d'un de ces petits sermons; laissons le parler.

« Lorsque j'arrivai dans l'église d'Ara-Cœli, c'était une petite fille qui occupait la chaire; à en juger par sa taille, elle pouvait avoir huit ans au plus. Elle parlait avec beaucoup d'onction et de vivacité; le

Ce pieux attrait pour le culte et le ministère sacrés, « symbole évident de l'innocence des enfants, et qui ne s'efface qu'avec elle, » suivant la judicieuse observation de l'historien du Vénérable Jean-Baptiste de la Salle [1]; cet attrait ne fit que s'accroître avec l'âge dans

geste était naturel, le ton juste et varié : c'était un petit Bossuet. La péroraison fut pathétique. L'orateur tomba à genoux, étendit ses petites mains vers le *santo Bambino*, lui adressa une naïve prière, puis donna la bénédiction absolument comme un vieux prédicateur. Ainsi qu'aux savantes conférences des Pères Lacordaire et de Ravignan, un mouvement approbateur se manifesta dans le nombreux auditoire, que le respect dû au lieu saint empêcha seul d'éclater en applaudissements.

« Les *petits prédicateurs*, comme on dit à Rome, se succèdent dans la chaire d'Ara-Cœli, pendant toute l'octave, depuis dix heures du matin jusqu'à trois heures du soir ; et toujours il y a foule. Je ne sais ce que nos chrétiens philosophes pensent de cet usage ; pour moi, outre le plaisir très-légitime qu'il procure aux enfants, il me semble de nature à produire d'utiles résultats. Les prédications enfantines de l'Ara-Cœli font vivre longtemps dans les familles la pensée de la crèche et déterminent plus d'un acte de vertu. Pour avoir le bonheur de célébrer les louanges du *santo Bambino*, il faut être sage ; pour accompagner le jeune prédicateur, il faut encore que les frères et sœurs plus âgés soient sages. Or, avec le caractère de l'enfance, on comprend tout ce qu'une semblable promesse est capable d'obtenir. Moi-même je conduisais par la main un petit garçon de sept ans qui disait dans son naïf langage : *Je marcherais bien dans le feu pour entendre les petits prédicateurs.* » (Monseigneur Gaume : *les Trois Rome*, 2ᵉ édit., t. I, p. 467 et 468.)

Admirable contraste entre ce vieillard auguste qui est le Vicaire du Christ sur la terre et s'intitule le pêcheur (*piscator*) comme le premier de ses ancêtres, Pierre, et ces enfants qui rappellent le souvenir de l'Enfant-Dieu ! Contrastes qui font ces harmonies comme, à chaque heure, Rome sait en offrir aux âmes pieuses et qui rappellent si éloquemment le mystère qui inaugura le salut du monde !

[1] Le R. P. Garreau de la Compagnie de Jésus.

le jeune Pierre. C'est là un de ces heureux indices qui, joint à ceux que nous aurons dans la suite occasion de présenter, nous confirme, comme toutes les personnes qui ont eu l'intimité de son cœur, dans la persuasion où nous sommes qu'il ne perdit jamais l'innocence baptismale... Il demeura chez sa tante deux hivers consécutifs. Ses progrès n'eurent rien de remarquable; mais son maître n'avait qu'à se louer, ainsi que ses parents, de son caractère, de son travail et de sa piété.

A l'exemple du divin Enfant, *il grandissait en âge, et en sagesse, devant Dieu et devant les hommes* [1]. La pensée de sa première communion était souvent présente à son esprit; elle l'excitait puissamment à l'accomplissement de tous ses devoirs. Son cœur était déjà prêt à recevoir *le Pain des anges* [2], mais quelques mois d'école et de catéchisme à un élève, si jeune encore, étaient loin d'être suffisants. Il le sentait lui-même : « Que tu es heureuse, Jeanne-Marie! disait-il à l'une de ses cousines qui venait d'être admise pour la première fois à la Table sainte... Ah! qu'il me tarde de voir arriver ce beau jour!... — C'est vrai, je suis heureuse; mais il ne tient qu'à toi de l'être bientôt aussi. — Et comment?... — En continuant à être sage et en devenant plus instruit. — Oh! s'il ne tient qu'à

---

[1] « Jesus proficiebat sapientia, et ætate,... apud Deum et homines. » Luc, II, 52.

[2] Ecce panis angelorum. — *Lauda Sion*. (Saint Thomas d'Aquin.)

cela, je te promets que je vais m'y mettre tout de bon. »

Croirait-on qu'après une si vive inspiration de foi, ce cher enfant fût mis à une épreuve telle qu'elle faillit même compromettre son avenir ? Il lui survint, peu de temps après, un soudain et si profond dégoût pour l'école et pour l'étude que, malgré de généreux efforts, il ne put le surmonter. Pendant quelques jours, il devint triste et rêveur ; sa santé dépérissait à vue d'œil. On ne pouvait se rendre compte de ce changement subit et inquiétant. L'interroger ou chercher à le distraire, c'était peine perdue. Enfin sa détermination fut prise ; et, un matin, il plia ses cahiers et ses livres pour reprendre le chemin de la Potière. Il s'était déjà mis en route lorsque, passant devant l'église du village, il rencontra une vieille femme dont la grande piété avait gagné toute sa confiance. C'était une amie de sa tante et sa plus proche voisine ; c'était aussi chez elle qu'il aimait à se rendre, surtout dans les veillées, parce qu'on y lisait la vie des Saints. Il s'ouvrit naïvement à elle ; mais cette fois il fut sourd à ses remontrances, et il aurait exécuté sa résolution si l'adroite conseillère, qui connaissait le faible de son cœur, n'eût eu recours à une proposition qu'il ne pouvait refuser. « Pierre, lui dit-elle, crois-moi ; avant d'aller plus loin, consulte la Sainte Vierge ; entre dans l'église, et récite ton chapelet auprès de la Bonne Mère ; je suis sûre qu'elle te dira ce que tu as à faire... » L'enfant obéit ; il dépose, à l'entrée du saint temple, son paquet de voyage, et va réciter le chapelet convenu. Sans être déjà un petit François de Sales, il n'en fut pas moins promptement exaucé. Il avait à peine achevé sa prière qu'il revint tout changé auprès de la pieuse femme. « Eh bien, lui demanda celle-ci d'une voix émue, que t'a dit la Bonne Mère? » A cette question, il sourit, ses yeux se mouillèrent de quelques larmes... La Bonne Mère n'avait rien dit à son oreille, mais elle avait parlé à son cœur, et Pierre l'avait bien compris... Vingt ans plus tard, reportant sa pensée vers cette époque de sa vie, qu'il appelait l'époque de sa conversion : « Vraiment, disait-il, je ne sais pas ce que j'avais dans la tête; je crois que le diable s'y était logé. Le perfide! peu s'en est fallu qu'il ne m'ait joué un bien vilain tour... J'étais, sans pouvoir me l'expliquer, dans des angoisses et dans une espèce d'agonie qui touchaient presque au désespoir... Si j'ai recouvré le calme et le courage, je le dois à la Sainte Vierge. » Il n'oublia jamais une telle faveur ni cette femme vénérable qui l'avait si sagement conseillé. Depuis lors, il ne passa aucun jour sans réciter le chapelet. Son âme semblait s'être retrempée dans la victoire qu'il remporta sur cette grave et précoce tentation; sa piété et son application à l'étude n'en devinrent que plus solides et plus persévérantes. Ce ne fut pas même sans regret qu'au retour du printemps il se vit obligé de reprendre la garde de son troupeau.

CHAPITRE II

Le petit berger — Rencontre providentielle

A la campagne, on paye de bonne heure sa dette au travail commun. Dès l'âge de sept ans, Pierre eut à mener aux pâturages trois ou quatre vaches, deux chèvres et quelques moutons. Devenu prêtre, il nous parlait un jour de sa vie de berger. « Il fallait, disait-il, que je me levasse de grand matin... Ma mère (elle était si pieuse et si bonne!) ne manquait jamais de me demander, avant mon départ, si j'avais fait ma prière... Je l'embrassais comme pour recevoir sa bénédiction... Elle me passait au bras un petit panier dans lequel elle avait eu soin de mettre quelques comestibles; puis elle me recommandait d'être bien sage... Je partais gaîment, suivi de mon chien, qui faisait bonne garde autour du troupeau. Le pauvre animal n'était pas joli, mais il avait un instinct admirable. Je pouvais me reposer sur lui de la surveillance que j'avais à faire. Pour le payer de ses bons services, je ne l'oubliais jamais à l'heure de mes repas... »

La solitude est dangereuse pour qui n'y voit que soi-même, et ce métier de berger dans la liberté des champs ne protége pas toujours la fleur de l'innocence. Pour le jeune Chanel ce fut un élément de sanctification. Pressentant déjà que l'isolement engendre l'*oisiveté*, et que celle-ci *est une mauvaise conseillère*[1], il évitait cet écueil en se créant quelques occupations ou du moins quelques distractions salutaires. Tout en veillant à la garde de son troupeau, il repassait quelques pages de son catéchisme ou récitait quelques dizaines de son chapelet. Quelquefois même il se prenait à contempler les merveilles que le Créateur a semées autour de nous. Le ciel, les arbres, les fleurs, ces mille épanouissements de la nature qui parlent à l'âme pure et chrétienne, dilataient la sienne et l'élevaient déjà vers Dieu.

Le plus souvent Pierre n'était pas seul; quelques enfants de son âge accouraient auprès de lui et alors il se récréait innocemment avec eux. Sa piété le ramenait à ses amusements favoris dont nous avons parlé, lorsqu'il était à Cras, durant ses mois d'école.

En reconduisant son troupeau à l'étable, presque toujours il apportait un bouquet de fleurs destiné à renouveler celui qu'il entretenait devant une image de la Vierge au pied de laquelle, soir et matin, il s'agenouillait pour la prière. Ne peut-on pas croire que ce pieux hommage a contribué en quelque chose à la rencontre

---

[1] Multam enim malitiam docuit otiositas. Eccli., xxxiii, 29.

providentielle qui fut comme le premier anneau auquel se rattacha la mission qu'il avait à remplir sur la terre? Aux yeux de sa famille, Pierre ne semblait appelé qu'à la vie d'un simple agriculteur; mais les vues de Dieu à son égard étaient bien différentes... Un jour qu'à l'endroit même où ses mains avaient cueilli et cueillaient encore des fleurs pour son offrande accoutumée, il vit venir à lui un ecclésiastique qui paraissait égaré de sa route : c'était le curé de Cras, le vénérable M. Trompier, qui, en effet, l'aborda pour lui demander le chemin de Saint-Didier d'Ossiat. Pierre le reconnut, s'offrit gaiement à lui servir de guide, et le conduisit au sentier qu'il avait à suivre. L'abbé Trompier, qui jusqu'alors n'avait pu le connaître qu'imparfaitement, fut enchanté de cet empressement filial; tout le prévint en faveur de cet enfant. Sous la candeur de sa physionomie et dans la naïveté de ses paroles pleines de sens, il vit comme un rayon de cette âme privilégiée; puis, chemin faisant : « Voudrais-tu, lui dit-il, te faire prêtre, mon petit ami? — Oh ! oui, de tout mon cœur, » répondit-il en souriant d'une joie enfantine et en laissant voir toute la vivacité de son désir... Nous ignorons quelle fut la suite de cet entretien; mais depuis cette demande et cette réponse, l'avenir de Pierre fut irrévocablement fixé dans l'esprit de son futur bienfaiteur. C'est un souvenir que le R. P. Chanel aimait à rappeler à ses amis. Il y faisait allusion en citant ce passage de nos Livres saints, dans une lettre adressée à l'un de ses cousins, prêtre, professeur de théologie[1] : « *De post fœtantes accepit me pascere Jacob servum suum, et Israel hæreditatem suam*[2]. » L'humilité, qui fut la compagne de sa vie, ne lui permettait pas d'ajouter : « *Et pavit eos in innocentia cordis sui, et in intellectibus manuum suarum deduxit eos*[3]. »

« Il semble que de tout temps le bon Dieu ait eu des tendresses et des préférences pour la vie pastorale. Abel était berger. C'est au milieu des troupeaux que le prophète alla chercher le vainqueur de Goliath, l'ancêtre du Messie, le plus grand et le plus saint roi d'Israël. C'est à des gardeurs de troupeaux que les anges annoncèrent la naissance du Sauveur. Ils furent appelés à la crèche avant les rois. De pauvres petits bergers furent les premiers adorateurs du Verbe Éternel, pauvre et enfant comme eux, et commençant à l'étable de Bethléem le chemin du Calvaire.

« Cette adoption des bergers par celui qui s'est appelé le *Bon Pasteur* s'est continuée le long des siècles chrétiens. Sans parler de l'illustre patronne de Paris, de la bienheureuse Germaine Cousin et de cette douce bergère du Laus, que sa poétique histoire nous montre vivant, pendant près de cinquante ans, dans l'intimité

---

[1] M. l'abbé Bernard, du diocèse de Belley.

[2] « Le Seigneur m'a pris, quand je gardais les brebis, pour être le pasteur de son serviteur Jacob et d'Israël son héritage. » Ps. LXXVII, 70, 71.

[3] « Et il les a gouvernés dans la simplicité de son cœur, et il les a conduits d'une main sage et prudente. » *Id., ibid.*

de la Mère de Dieu : pour bien des prédestinés, tels que saint Vincent de Paul et saint Félix de Cantalice, la vie pastorale a été l'apprentissage de la vie intérieure et le vestibule de la sainteté[1]. »

M. l'abbé Trompier ne tarda pas à se présenter chez les parents du jeune guide qui l'avait si vivement intéressé. Il leur fit part de ses intentions, et les pria de lui confier l'éducation de leur fils, qu'il s'estimerait heureux de préparer au sacerdoce. Ces offres obligeantes étaient trop conformes aux vues chrétiennes de la famille pour n'être pas acceptées avec joie et reconnaissance. A l'instant même, on fixa le jour où Pierre se rendrait au presbytère de Cras; et ce jour fut celui de la Saint-Martin 1811. L'heureux enfant! quelle nouvelle pour lui! il en tressaillait d'allégresse; et comme il remercia la *Bonne Mère*, la *Mère de la divine grâce* qui, naguère écartant l'orage de la tentation, venait aujourd'hui de le placer sur la route du sanctuaire!...

---

[1] Le curé d'Ars. — Vie de M. Jean-Baptiste-Marie Vianney, par l'abbé Alfred Monnin, missionnaire.

CHAPITRE III

L'abbé Trompier. — Pierre à l'école presbytérale de Cras

L'abbé Trompier était un de ces hommes de mérite en qui l'on remarque un jugement droit, un savoir réel et dont les généreuses qualités du cœur sont encore rehaussées par la simplicité des manières. A l'exemple de Jésus-Christ, il avait pour les enfants un amour paternel. Les accueillir avec bonté, les bénir, les instruire de leurs devoirs, appeler sur eux la vigilance chrétienne de leurs mères, épier même l'éveil de leur raison pour jeter dans ces âmes encore pures les premières semences de la foi et de la piété, tel était l'objet spécial de son zèle et l'une de ses plus douces jouissances. On eût dit qu'il voyait sur le front de chaque enfant un rayon de beauté divine et ces paroles écrites de la main du Sauveur : « Ce que vous aurez fait aux plus petits de mes frères que voici, c'est à moi-même que vous l'aurez fait[1]. » Outre deux écoles qu'il avait fondées dans le

---

[1] « Quandiu fecistis uni ex his fratribus meis minimis, mihi fecistis. » Matth., xxv, 40.

village, l'une pour les garçons et l'autre pour les filles, il avait agrandi son presbytère afin d'y recevoir quelques élèves et de les initier aux études latines [1]. Encouragé par l'espoir de les voir un jour monter au saint autel, il ne reculait devant aucune peine, aucun sacrifice ; et celui qui refusa une chaire de théologie morale [2], s'estimait heureux d'enseigner de jeunes écoliers et de les préparer de loin au sacerdoce. Qu'il était beau de le voir au milieu d'eux ! C'était bien moins un maître qu'un père au sein de sa famille. Les prêtres qui lui sont redevables de leur première éducation ecclésiastique ont tous conservé pour lui la plus haute estime et la plus affectueuse reconnaissance.

A peine entré à l'école presbytérale de Cras, Pierre s'efforça de répondre aux vues providentielles de son bienfaiteur. Laissons parler ici un de ses condisciples : « J'aime, dit-il, à me rappeler cette époque où, n'étant qu'au début de mes études, je rencontrai, au presbytère de Cras, mon cher et saint ami Chanel. Ah ! si

---

[1] Un ancien journal catholique (*l'Univers*) a publié les lignes suivantes : « Je renouvelle ici la recommandation que j'ai faite plusieurs fois de préparer, dans les presbytères, des sujets pour le sacerdoce. Ces vocations sont ordinairement très-bonnes ; je veux les assurer et les encourager par la fondation présente, etc... » *Extrait du testament de Monseigneur Pierre Chatrousse, évêque de Valence.* — 18 décembre 1855.

[2] En 1823, Monseigneur Alexandre-Raymond Devie, évêque de Belley, offrit à M. Trompier la chaire de morale dans son grand séminaire de Brou.

j'avais pu prévoir qu'il cueillerait la palme du martyre et que l'Eglise le proposerait à notre vénération, comme j'aurais observé et noté ses moindres actes de vertu ! Je me souviens cependant très-bien de lui ; il me semble même le voir encore au milieu de ses camarades, soit en classe, soit en récréation. Quoique d'une santé frêle et délicate, il était fort laborieux. On remarquait déjà en lui une belle intelligence et surtout une grande piété. Dans nos heures de délassement, il s'associait à nos jeux, quelquefois même il y mettait de l'entrain ; toujours il y apportait de la franchise et de la complaisance. Nous l'aimions tous beaucoup. Avec la douceur, la modestie et les autres vertus que nous lui connaissions, pouvait-il n'être pas aimé ? S'il nous arrivait de le contrister, c'est quand il nous voyait punis ; alors il avait pour nous un mot d'excuse et s'empressait de solliciter notre pardon... L'abbé Trompier s'efforçait inutilement de voiler la prédilection qu'il avait pour cet élève accompli ; nous ne doutions pas qu'il ne nous portât tous dans son cœur, mais il était facile de nommer celui qui en occupait la première place. Cette préférence était si bien méritée qu'elle ne souleva jamais parmi nous le plus léger sentiment de jalousie. Du reste, Pierre était trop bon, trop humble pour nous faire sentir les avantages qui pouvaient tourner à sa louange [1]!...»

L'abbé Trompier cultivait avec soin l'intelligence de

[1] Lettre de M. Bernard, curé de Saint-Martin-du-Mont, dans le diocèse de Belley. — 16 août 1843.

ses élèves; il s'appliquait cependant encore plus à former leurs cœurs. L'éducation étant une œuvre morale et religieuse, il exigeait qu'ils apportassent l'attention la plus sérieuse à l'étude de Jésus-Christ et de sa doctrine; il leur parlait souvent des devoirs qu'ils avaient à remplir et comme chrétiens et comme écoliers; il corrigeait leurs défauts, leurs moindres vices de caractère, et pliait leurs volontés sous le joug d'une sage discipline; il les habituait sans contrainte au fréquent usage de la prière et des sacrements. Sachant qu'à leur âge on est plus sensible à la voix de l'exemple qu'à celle du précepte[1], il leur faisait admirer les vertus, la sainteté dont l'enfance et la jeunesse nous ont laissé de si touchants modèles... Docile à cet enseignement, Pierre s'efforçait de réaliser dans sa conduite ce que Ennodius raconte de saint Epiphane : « *Pingebat actibus suis paginam quam legebat*[2]. »

Ne perdant jamais de vue le jeune arbrisseau confié à ses soins, l'abbé Trompier le redressait dès qu'il lui voyait prendre un mauvais pli. Un voisin d'étude sollicita, un jour, de Chanel l'emprunt de ses cahiers pour transcrire le travail qu'il avait à présenter en classe; celui-ci, n'écoutant que son cœur, les lui prêta volontiers. Cette petite fraude d'écolier fut aisément recon-

---

[1] « Longum iter per præcepta, breve et efficax per exempla. » (Sénèque.)

[2] « Il reproduisait dans sa conduite les vertus dont il lisait ou entendait le récit. »

nue. L'habile professeur, après avoir puni le plagiaire, n'épargna pas celui qui, par une complaisance déplacée, s'était rendu complice d'un acte de paresse. Un autre jour, il lui refusa la permission d'aller voir sa famille, parce qu'il avait remarqué dans l'un de ses thèmes quelques traces de négligence. « Oh! que nous serions ingrats, disait Pierre à l'un de ses camarades trop ému d'une correction, que nous serions aveugles, si nous ne sentions pas que c'est pour notre bien qu'on fait la guerre à nos défauts! » Tout jeune qu'il était, il comprenait déjà cette maxime de nos Livres saints : « *Il vaut mieux être repris par un homme sage que d'être trompé par la flatterie*[1]. » Aussi, quelque remontrance qu'on pût lui faire, jamais il ne se permettait de la contrôler; il était convaincu que la sagesse en avait déterminé le motif et la forme.

Pierre n'était pas du nombre de ceux qui n'obéissent que lorsqu'on les surveille: « *Ad oculum servientes*[2]; » en l'absence comme sous l'œil du maître, il respectait les ordres qui lui étaient prescrits. Un simple trait suffit pour peindre l'estime qu'il faisait de l'obéissance. Malgré la défense que l'abbé Trompier avait imposée aux enfants du village de se baigner dans les eaux de la Reyssouze, ruisseau voisin du presbytère, quelques-uns d'entre eux se laissaient entraîner vers un plaisir qui

---

[1] « Melius est a sapiente corripi, quam... adulatione decipi. » Eccli., VII, 6.
[2] Epist. B. Pauli ad Ephes., VI, 6.

cachait plus d'un danger pour la vertu et même pour la vie. Quant à Pierre, on eut beau lui faire à cet égard les plus vives sollicitations, il répondit toujours : « Monsieur le curé l'a défendu. — Mais, poursuivait-on, il n'en saura rien... — N'importe, répliquait-il, Dieu nous voit, et cela me suffit. »

Rien n'attirait plus son cœur que le saint temple. Avant d'en franchir le seuil sacré, il se munissait toujours d'un livre de prières. L'esprit de foi, qui l'accompagnait au pied des autels, réveillait dans son âme des sentiments qui se peignaient sur son visage. Ami de la propreté et de la décence, c'était surtout dans la maison de Dieu qu'il en donnait l'exemple. A Cras, durant les saisons d'automne et d'hiver, les abords de l'église sont très-difficiles. Les débordements de la Reyssouze font du village une sorte d'île flottante, où l'on ne parvient qu'à l'aide de charrettes et d'échasses ; on voit ainsi, le dimanche, arriver des alentours la population si pieuse de cette commune. Ceux dont les habitations sont voisines de l'église s'y rendent avec ces énormes et bruyants sabots, qui sont en ce temps la chaussure indispensable du pays. Pierre avait aussi les siens ; mais lorsqu'il se présentait dans le sanctuaire, on le vit toujours par respect quitter cette chaussure. Il en avait mis en réserve, dans un coin de la sacristie, une plus propre et plus convenable dont il faisait usage. Cette habitude, qui témoignait de sa foi, lui attira le blâme de quelques jeunes étourdis. On l'accusait d'orgueil et de singularité, mais il supportait sans se plaindre l'odieuse interprétation de sa conduite; et par sa douceur, sa modestie et son silence, il s'en faisait un nouveau mérite aux yeux de celui qui juge le fond des cœurs.

Pour peu que l'on connaisse l'enfance, on sait combien lui pèse la longueur des saints offices, quand surtout vient s'ajouter la vue d'un prédicateur montant en chaire. Si le sermon n'est pas pour elle une occasion de sommeil, c'en est presque toujours une d'ennui ou de dissipation. Il n'en était pas ainsi du jeune Pierre. Il ne se lassait point d'être à l'église, quelle que fût la durée des cérémonies et des instructions religieuses. Son œil suivait tous les mouvements du prédicateur et son oreille ne perdait aucune de ses paroles. La voix du prêtre l'impressionnait comme celle de Dieu même. Il en paraissait tout pénétré; quelquefois laissant échapper des soupirs, il levait les yeux au ciel; on eût dit qu'il avait toute la douleur d'un pécheur sincèrement converti, ou toute la ferveur d'une âme qui se sent embrasée du divin amour.

Sa piété était encore plus admirable pendant la célébration des saints mystères. Il serait difficile d'exprimer avec quel recueillement il y assistait. Bien différent de ces enfants qui laissent errer leurs regards et dont la tête est sans cesse en mouvement, il était grave, fervent et modeste, tout le temps de l'adorable sacrifice. La foi lui découvrait sur l'autel ce qui s'est accompli pour notre salut sur le Calvaire... Son âge ne lui permettant pas encore de s'asseoir à la Table sainte, il se dédommageait par l'usage de la communion spirituelle, en témoignant à son Dieu le désir qu'il avait de le recevoir. Son extérieur avait quelque chose de si pieux, de si édifiant! « Plus d'une fois, raconte l'abbé Bernard, j'ai entendu M. Trompier et les habitants de Cras faire le plus bel éloge du jeune Pierre et dire de lui : Celui-là, à coup sûr, deviendra prêtre... »

C'était l'affliger sensiblement que de commettre dans le saint temple la plus légère irrévérence. Un enfant du catéchisme s'amusant, en entrant dans l'église, à jeter de l'eau bénite sur la figure de son voisin, Pierre, qui s'en aperçut, ne put s'empêcher de le saisir par le bras et de le reprendre de son étourderie... « C'était pour rire, répondit l'enfant. — Il n'est pas permis, répliqua Pierre, de rire en manquant de respect aux choses saintes... » La leçon fut bien reçue et porta ses fruits.

L'esprit de foi dont il était pénétré se faisait remarquer jusque dans un signe de croix, et même dans une simple génuflexion au pied des saints autels. Jamais il ne passait devant une église sans la saluer; il se découvrait également toutes les fois qu'il rencontrait un prêtre, une image de la Vierge ou l'auguste signe de notre rédemption.

La veille des fêtes, il sacrifiait volontiers l'heure de sa récréation pour rejoindre le sacristain à l'église et l'aider dans son office. C'était pour lui un bonheur de contribuer à la propreté et à la décoration du sanctuaire. Il s'approchait le plus près qu'il pouvait de l'autel avec cette familiarité qu'inspire l'innocence et que la foi sait allier au respect; une bonne femme lui ayant demandé pourquoi, à son âge, il se mettait si près du Saint-Sacrement : « Ah! lui répondit-il, je l'aime tant!... »

La charité à l'égard des indigents jetait chaque jour de plus profondes racines dans son cœur. Il aimait à leur parler, sachant que Jésus-Christ se cache sous le manteau de leur misère et de leurs souffrances. La vue d'un malheureux l'attendrissait jusqu'aux larmes. Un mendiant se présentait-il à la porte du presbytère, il courait aussitôt en informer M. Trompier. « Mais qui vous presse donc si fort? » lui dit un jour la servante de la cure. « Il y a un pauvre là-bas, » répondit-il. Souvent c'était sa propre bourse qu'il mettait à contribution; à force d'y puiser, l'argent destiné à ses menus plaisirs s'écoulait tout en aumônes. A mesure qu'il voyait s'approcher le jour si désiré de sa première communion, il semblait que son âme devenait encore plus compatissante et plus généreuse.

CHAPITRE IV

Première communion

Il est pour le chrétien, dans le cours de son adolescence, une époque chère et sacrée entre toutes les autres. L'enfant, dans le langage de sa foi simple et naïve, l'appelle le plus beau jour de la vie; et, plus tard, s'il a le bonheur de demeurer fidèle, il comprend bien mieux la vérité de cette dénomination touchante. Cette époque est celle où pour la première fois un jeune cœur devient le tabernacle vivant de l'adorable Eucharistie. L'Église, qui comprend toute la grandeur de cet acte, l'entoure d'une pompe éclatante; c'est une fête du ciel qu'elle fait entrevoir à ses bien-aimés enfants...

L'aurore de ce beau jour allait enfin luire pour le jeune Chanel. Quels ne furent pas les élans de sa foi et les ardeurs de sa piété, à l'approche de l'heure sainte et solennelle qu'il appelait de tous ses vœux! Voici la lettre qu'il s'empressa d'écrire à sa famille :

« Mes chers parents,

« Quelle bonne nouvelle j'ai à vous donner! Dans

trois semaines, le dimanche de la Passion, j'aurai le bonheur de faire ma première communion. Si jamais j'ai eu besoin de vos prières, c'est bien maintenant. Ah! priez pour moi, je vous en conjure. Je pense tous les jours à vous; pourrai-je vous oublier quand je posséderai le bon Dieu dans mon cœur? Je vous demande pardon de toutes les peines que je vous ai causées, de toutes mes désobéissances et de toutes les autres fautes dont je me suis rendu coupable envers vous... »

Dès lors Pierre ne pensa plus qu'à la grande action qu'il allait faire. « Il s'y préparait de son mieux, dit M. l'abbé Bacheville [1]; soixante enfants devaient partager avec lui le même bonheur. Tous se mirent en retraite avant de paraître à la Table sainte. Leurs dispositions répondirent à nos espérances; mais celles de Chanel étaient encore à nos yeux les plus consolantes et les plus dignes d'éloge. Avec quelle attention ce cher enfant écoutait les instructions et s'unissait aux prières communes! Avec quel soin il fouilla dans les replis de sa conscience, et se rendit compte de toutes les fautes de sa vie! Comme il avait le cœur brisé de repentir et le visage baigné de larmes, lorsqu'il se présenta au tribunal de la pénitence!... »

La veille du jour si désiré, on le vit humblement prosterné au pied de l'autel de la Très-Sainte Vierge,

---

[1] Vicaire de M. Trompier, et plus tard curé de la paroisse d'Étrey (Ain).

supplier cette bonne Mère d'être ici plus que jamais sa mère, et de le présenter Elle-même au banquet divin où il allait s'asseoir. Le lendemain, peu après le lever du soleil, la cloche avait réuni dans le saint temple les jeunes conviés du Seigneur. Une foule nombreuse était accourue à cette auguste et touchante solennité. Le vénérable M. Trompier célébra les divins mystères. Qui nous dira ce qui se passait alors dans son âme et dans celle de son pieux élève?... Au moment de la communion, à ce moment qui allait combler tant de vœux, le recueillement et l'attention devinrent encore plus imposants dans l'enceinte sacrée. « Je n'oublierai jamais, dit un témoin oculaire, le touchant spectacle qu'offrit alors la piété du jeune Chanel. Quoique les enfants qui parurent à la Table sainte fussent nombreux et édifiants, je ne pouvais m'empêcher d'attacher sur lui mes regards. Il me semble encore le voir à genoux, les mains jointes et le front rayonnant d'une joie céleste, enfin, ayant toute l'attitude recueillie dans laquelle on représente les anges en adoration. Son père et sa mère, qui étaient à quelques pas de lui, participèrent aussi au banquet de l'Agneau sans tache. Leurs yeux, sans doute, se détournèrent plus d'une fois pour contempler cet enfant béni, devenu en ce moment plus cher encore à leur tendresse. Pour lui, plongé dans un profond recueillement, il tenait les yeux baissés, et, versant de douces larmes, il savourait dans son cœur la joie qu'y répandait la présence du Dieu de toute pureté et de tout amour... »

Quelques années plus tard, dans cette même enceinte, une autre scène non moins belle et non moins attendrissante réjouira les cœurs des nombreux fidèles accourus pour en être témoins. Chanel sera là encore... Il reviendra dans ce modeste temple, mais l'enfant aura grandi : devenu homme, il sera oint de l'onction sacerdotale, et à ce même autel, sur les marches duquel il a reçu pour la première fois son Dieu, il viendra pour la première fois aussi offrir lui-même la Victime sainte. Ce souvenir des deux plus beaux jours de sa vie sera tellement gravé dans son cœur que, de l'extrémité des plages lointaines où l'aura entraîné son zèle apostolique, il le rappellera avec délices à un prêtre témoin de ces deux fêtes touchantes dont la mémoire est encore vivante dans la contrée. Voici, en effet, en quels termes il écrivit à M. Bolliat, curé actuel de Cras : « Votre paroisse me sera toujours chère, non-seulement à cause de mes nombreux parents qui l'habitent, mais plus encore par le souvenir des grâces que j'y ai reçues. C'est au pied de votre autel que j'ai eu le bonheur de faire ma première communion. C'est sur votre autel que, douze ans après, j'eus un nouveau bonheur, celui d'offrir pour la première fois le saint sacrifice de la Messe[1]. » Quelques

---

[1] Futuna, 28 novembre 1839.

lignes plus bas, dans la même lettre, il exprime le sentiment d'une pieuse et fraternelle sollicitude au souvenir de ceux qui furent ses compagnons à la Table sainte, et sa filiale reconnaissance à l'égard de celui qui fut son guide et son bienfaiteur dans les voies de sa vocation. « Souvent, dit-il, je fais pendant mon sommeil le voyage de France, et lorsque je crois me retrouver auprès de vous, mon cher confrère, je me réveille, en Polynésie, sur mon petit lit en claies de bambous.... Que sont devenues les personnes que j'ai connues, celles de mon âge, avec lesquelles j'ai fait ma première communion sous la direction de M. Trompier, votre prédécesseur d'heureuse mémoire, à qui je dois, après Dieu, le bonheur d'être prêtre ?... Tout me porte à croire que je n'aurai plus la consolation de me retrouver ici-bas parmi vos paroissiens ; mais j'espère les revoir dans le ciel, si le bon Dieu me fait miséricorde.... »

Ce double souvenir qui, malgré le temps et les distances, demeura toujours gravé dans le cœur du P. Chanel, n'est resté pas moins ineffaçable au sein de la paroisse de Cras. Déjà près de trente années s'étaient écoulées depuis que notre saint confrère avait reçu pour la première fois le Pain des anges, lorsque nous, son humble biographe, nous visitâmes l'église du village où s'écoulèrent son enfance et sa jeunesse. De quelle douce et religieuse émotion ne fûmes-nous pas saisi, en priant dans ce modeste sanctuaire où tant de fois il avait épanché son cœur aux pieds du divin Maître!... Le digne successeur de M. Trompier s'approchant de nous et nous montrant une dalle, nous dit d'une voix attendrie : « Voici l'endroit où le pieux enfant s'agenouilla au moment de sa première communion ; » puis tournant ses regards vers le tabernacle : « Voici, ajouta-t-il, l'autel sur lequel il offrit pour la première fois l'adorable Victime... »

Ces deux places déjà consacrées ont reçu, en quelque sorte, de ces deux souvenirs une consécration nouvelle. Depuis lors, l'église a été réparée et même reconstruite ; mais, suivant le vœu unanime des paroissiens, on les a conservées dans leur état primitif.......

Afin d'asseoir sur un fondement solide l'édifice de sa persévérance, le jeune Chanel se traça par écrit un plan de conduite que sanctionna M. Trompier.

« Maintenant, dit-il, je ne dois plus être un enfant ont on excuse, en bien des choses, les fautes et la légèreté. Il faut que je sois et plus raisonnable et plus chrétien.

« Ce que j'ai le plus à craindre, c'est le péché.... Je ferai tout mon possible pour m'en préserver....

« Sans le secours de Dieu, je ne puis ni éviter le péché ni pratiquer la vertu ; je tâcherai par conséquent de faire toutes mes prières avec attention et piété....

« Je me confesserai et je communierai aux époques fixées par mon confesseur....

« J'aimerai bien la Sainte Vierge. Je réciterai tous les jours le chapelet pour l'honorer et me recommander à Elle. Je tâcherai de communier le jour de ses fêtes....

« Je ne ferai rien qui puisse déplaire à M. Trompier, mon bienfaiteur. Je lui obéirai de bon cœur dans tout ce qu'il me commandera. Je m'efforcerai d'être laborieux en salle d'étude et attentif durant la classe....

« J'éviterai toute espèce de querelle avec mes camarades. Je les aimerai tous comme des frères....

« Toutes les fois que je recevrai de l'argent pour mes menus plaisirs, je le partagerai avec les pauvres.... »

CHAPITRE V

L'abbé Trompier et Pierre à Monsols

Heureux dans son humble presbytère, et trop modeste pour ambitionner un autre poste, l'abbé Trompier venait de recevoir une lettre officielle qui le nommait à une cure de canton; elle l'appelait à Monsols, dans les environs de Beaujeu (Rhône). Cette nomination imprévue, qui rendait hommage à son mérite, fut un rude coup pour son cœur et pour les habitants de Cras. Le pasteur et les ouailles supplièrent l'administration diocésaine[1] de ne pas rompre des liens que la mort seule devait briser. Leurs vœux ne furent point exaucés; il fallut se soumettre aux vues de la Providence.

En confiant à d'autres mains les élèves qu'il chérissait tendrement et dont il était aimé comme le meilleur des pères, l'abbé Trompier se chargea néanmoins de diriger encore l'éducation du jeune Pierre: « Je me réserve, dit-il, la fleur de mon petit troupeau. »

[1] A cette époque, la paroisse de Cras, par la vacance du siége épiscopal de Belley, relevait de l'archevêché de Lyon.

Le pauvre enfant était si désolé du départ de son bienfaiteur ! On le voyait se retirer plus souvent qu'à l'ordinaire au pied de l'autel de Marie pour y soulager sa douleur... Qu'il fut doucement consolé lorsqu'il apprit qu'il irait à Monsols afin de continuer ses études ! Une faveur aussi précieuse qu'inattendue le toucha d'une vive reconnaissance et lui fit dire avec une pieuse ingénuité : « Ah ! si la Sainte Vierge n'y avait pas mis la main, les choses n'auraient pas si bien réussi... »

Cependant sa joie n'était pas sans nuage. Se séparer de ses parents, de ses condisciples, d'un village bien-aimé, d'un presbytère qui fut comme le berceau de son éducation, d'une église où il venait de faire sa première communion ; se séparer, dis-je, de tous ces objets chers à son cœur et à sa piété, était une source d'émotions douloureuses pour cette âme si pure et si tendre. Ce ne fut donc qu'avec effort sur lui-même qu'il s'éloigna de la paroisse de Cras....

La population de Monsols salua par des transports de joie son nouveau curé. Aux éloges qu'on publiait de son mérite se joignit bientôt la louange de son intéressant élève. Il était difficile qu'on ne fût pas d'abord charmé de l'extérieur angélique du jeune Pierre. Compagnon assidu de M. Trompier, soit qu'on vît le pasteur au saint autel, soit qu'on le vît auprès des moribonds, ou dans la cérémonie des funérailles, partout il l'assistait avec un religieux empressement. Quelque part qu'il se montrât, son air de candeur, de modestie et de piété frappait les regards. Les mères de famille surtout l'admiraient tour à tour : elles enviaient le bonheur de ses parents et le citaient à leurs enfants comme un modèle.

Les enfants étaient attirés vers lui par le charme de ses vertus. Fidèle aux recommandations de l'abbé Trompier, Pierre ne se lia qu'avec les plus sages. Ce n'est pas toutefois qu'il ressentît pour les autres et qu'il leur témoignât moins de bienveillance; car, outre qu'il ne parlait jamais mal d'eux, il excusait souvent leurs fautes et ne souffrait pas qu'on les dévoilât en sa présence. Quand il se rencontrait par hasard au milieu d'eux, il savait leur accorder tout ce que la charité et les bienséances réclament. Il cherchait néanmoins à se dégager au plus tôt de leur société ; mais pour ne pas froisser leurs esprits, il découvrait toujours quelque louable motif qui faisait pardonner la précipitation de son départ.

Ses aimables qualités lui conciliaient même l'estime des jeunes gens les moins vertueux. Un jour, plusieurs d'entre eux s'étant pris à parler trop légèrement de la conduite de quelques ecclésiastiques : « Nous avons, dirent-ils, un curé qui ne leur ressemble pas ; et si Chanel devient prêtre, il sera, lui aussi, un excellent curé... » Une sorte de respect qu'ils avaient pour cet enfant, dont ils étaient contraints d'admirer la sagesse, détournait leur pensée de tout ce qui aurait pu l'affliger. L'un d'eux pourtant, l'ayant aperçu qui sortait de l'église, dit à ses camarades : « Voulez-vous que nous lui cherchions noise ? — Oh! lui répondit-on, garde-t'en bien; si on savait dans la paroisse que tu lui as fait de la peine, tu pourrais t'en repentir. Du reste, il a un si bon cœur, ce petit Chanel!.. laissons-le donc passer en paix... »

Quoique Pierre n'eût, à Monsols, aucun compagnon d'étude, il ne fut pas moins laborieux qu'à l'école presbytérale de Cras. Ses heures de travail étaient réglées. On conçoit néanmoins que ce règlement était subordonné aux exigences du ministère paroissial. Ainsi, par exemple, l'abbé Trompier était-il appelé auprès d'un malade, l'élève l'accompagnait, ses cahiers et ses livres sous le bras; et quand les fonctions du pasteur étaient remplies, alors avait lieu, durant le retour, la classe du jeune écolier. Nous ne dirons pas que, chemin faisant, il avait l'œil et l'oreille si attentifs à la leçon du maître, que plus d'une fois une ornière ou quelque autre obstacle le fit rouler dans la poussière.

Aux heures de récréation, il se livrait avec une douce gaieté aux délassements de son âge, et, à son tour, l'abbé Trompier se faisait un plaisir de les partager avec lui. Le jeu de boules était le plus ordinaire; et quand la conversation devait le remplacer, Pierre, désireux de reprendre les boules, proposait ce qu'il appelait *la petite partie.* « Vous verrez, disait-il en riant, que je perdrai encore aujourd'hui. — Beau plaisir! répondait l'abbé Trompier. — Oui, sans doute, répliquait l'enfant, et j'en suis tout joyeux d'avance ; car j'ai remarqué que, lorsque vous gagnez, cela vous fait beaucoup rire... » De son côté, l'abbé Trompier avait aussi remarqué que son élève, bien que fort attentif au jeu, perdait le plus gaiement du monde.

Pierre avait, dans le jardin de la cure, un petit parterre qui témoignait de son goût et, nous pourrions ajouter, de sa piété : car les fleurs qu'il cultivait avec tant de soin, il ne les cueillait que pour en parer l'autel de la Sainte Vierge.

Dans ses moments de loisir, il n'était jamais oisif. Il faisait ses délices d'une lecture qui pouvait l'instruire ou l'édifier. Nul livre ne l'intéressait plus vivement que les *Lettres édifiantes*. Ces annales des missions étrangères allumèrent dans son cœur le désir de franchir les mers et de se dévouer au salut des infidèles [1]. Nous savons qu'à ces précoces inspirations de zèle, il joignait encore l'espoir de verser son sang pour la foi... Admirable enfant! sur son front brillait déjà devant Dieu la double auréole de l'apostolat et du martyre, car son cœur en contenait le vœu et l'avenir lui en destinait la réalisation. Heureuses paroisses de Monsols et de Cras! il fut un de vos jeunes habitants. Les voies qui traver-

[1] « J'ai connu dans l'intimité le R. P. Chanel. Lorsqu'il n'était encore qu'au début de ses études, sous la direction de l'abbé Trompier, mainte fois je lui ai demandé pourquoi il faisait ses classes ; et toujours il m'a répondu que c'était d'abord pour devenir prêtre et ensuite missionnaire. » *Extrait d'une lettre de M. Louvet, curé dans le diocèse de Belley.*

sent vos paisibles foyers, le chemin surtout du presbytère à l'église, portent l'empreinte bénie de ses pas. Ah ! désormais, ce semble, l'aspect de vos villages sera plus riant et vos champs auront des fleurs plus belles, une verdure plus douce, des eaux plus limpides. A vos brises du printemps se mêleront des senteurs plus exquises, je veux dire les parfums des pieux souvenirs, les émanations de l'innocence, les célestes odeurs de la divine grâce.....

Nos renseignements sur le séjour de Pierre à Monsols n'offrent pas d'autres détails; ce séjour d'ailleurs fut à peine d'un an. Depuis que l'abbé Trompier habitait les montagnes du Beaujolais, il éprouvait de continuelles souffrances que les médecins attribuaient à la nature du climat. Ils lui conseillèrent de ne pas différer son départ. Moins attaché à ses propres intérêts qu'à ceux de ses chères ouailles, le saint prêtre eût volontiers consacré au salut de leurs âmes les restes d'une vie qui menaçait de s'éteindre bientôt; mais Dieu l'appelait à continuer le bonheur de son ancienne paroisse. Cras, dans le deuil, venait de perdre son pasteur. Toute la population de cette commune s'empressa de solliciter le retour de celui qu'elle avait tant regretté. Ses vœux cette fois furent exaucés.

Les adieux du vénérable curé firent répandre bien des larmes aux familles chrétiennes dont il se séparait. Lui-même ne pouvait retenir les siennes ; il s'arrachait à regret du milieu de la foule qui se pressait autour de lui et qui l'accompagna jusqu'aux limites de la paroisse. Pierre, profondément ému, marchait à côté de son bienfaiteur. Longtemps après cette scène douloureuse, des larmes coulaient encore, à Monsols, au souvenir de l'abbé Trompier et du jeune Chanel [1]...

---

[1] Quarante-sept ans après le départ de l'abbé Trompier et de son élève, nous recevions de M. Bessy, curé de Monsols, la lettre suivante :

Mon révérend Père et ami,

Vous me demandez si le vénérable Chanel, alors qu'il n'avait que douze ou treize ans, a laissé, dans son passage à Monsols, quelques traces dans la mémoire de mes paroissiens. J'ai pris des informations à ce sujet, et j'ai su que, dans plusieurs familles, on avait gardé un précieux souvenir de cet enfant de bénédiction, qui, plus tard, a cueilli la double palme de l'apostolat et du martyre.

On se rappelle fort bien qu'il était pieux, charitable, modeste, d'une candeur angélique. Le petit Pierre (c'est ainsi qu'on l'appelait) servait d'enfant de chœur à M. Trompier. Il aimait beaucoup les cérémonies de l'Église et chantait à ravir.

Un nommé Philibert Chatelet, qui assistait avec lui au catéchisme, raconte qu'un jour, obligé de suspendre sa leçon pour se rendre au presbytère, M. le Curé recommanda aux enfants d'être sages pendant sa courte absence. Tous, malgré cet avis paternel, sortirent de leurs rangs et se dissipèrent. Chanel seul resta calme et silencieux à sa place.

Une femme très-pieuse (Jeanne-Marie Collonge) raconte aussi qu'elle avait conçu une telle estime de cet enfant, qu'ayant reçu une lettre par son entremise, elle avait encore cette lettre qu'elle conservait non-seulement comme un souvenir, mais comme une relique.

Je désire que ces documents contribuent à mieux faire connaître les premières années d'un Saint.

Agréez, mon Rév. Père, les respects affectueux d'un vieux condisciple.   BESSY, curé.

Monsols, le 29 juin 1863.

CHAPITRE VI

Retour à Cras

Autant le départ de l'abbé Trompier avait affligé la paroisse de Cras, autant son retour au milieu d'elle la combla de joie et de consolation. Pierre pouvait-il n'être pas accueilli à bras ouverts? Quel bonheur pour lui-même de rentrer dans un village où tous les habitants, depuis l'enfant jusqu'au vieillard, ne lui présentaient que des figures connues et aimées! Quel bonheur pour lui aussi de revoir le clocher de cette église qui lui rappelait de si précieux souvenirs, et, entre tous, celui de sa première communion! Bien que son absence n'ait pas été longue, on se plaisait à remarquer en lui, avec le développement de sa taille, un air plus réfléchi, un maintien plus grave et des manières plus cultivées.

Il est inutile de dire qu'il reprit avec zèle et sans délai le cours de ses études. Ne perdant jamais de vue le but auquel il aspirait depuis le moment qu'il avait quitté la garde de son troupeau, il s'efforçait d'y tendre par l'amour de la science et de la piété. On le voyait même déjà par son extérieur modeste et recueilli, par la douce gravité de sa physionomie, par l'aménité de son caractère, revêtir cet ensemble de traits qui frappent de prime abord et font reconnaître le jeune élève du sanctuaire. Il en avait pris les premières livrées, en échangeant son petit costume, qui rappelait encore le berger, contre un habit dont la forme et la couleur avaient quelque chose de clérical. Bien plus, les dimanches et les fêtes, il portait la soutane et le surplis dans les cérémonies religieuses. Il jouissait d'une si haute estime, et l'on mettait si peu en doute sa vocation au sacerdoce, que l'abbé Bernard, son parent et son condisciple, nous écrivait les lignes suivantes (16 août 1843) : « Malgré le mot de l'Évangile : *Personne n'est bon prophète dans sa patrie*[1], » M. Trompier, excellent juge, désirait l'avoir un jour pour vicaire, et la paroisse lui aurait accordé une confiance universelle. Je connais à cet égard l'opinion des habitants de Cras et celle de leur digne curé : elles m'ont été plusieurs fois manifestées.... »

Pierre avait environ quinze ans. L'abbé Trompier aurait pu le conduire, d'échelon en échelon, jusqu'au sacerdoce ; mais il jugea qu'il serait plus avantageux de lui faire continuer ses études dans un établissement diocésain. Il est vrai, les meilleures institutions où l'enseignement se donne à une masse d'élèves, ne peuvent

---

[1] Nemo propheta acceptus est in patria sua. (Luc. iv, 24.)

échapper à certains inconvénients. Tout tableau a son ombre, toute rose a son épine, toute qualité, comme on ose le dire, a son défaut. Si l'éducation publique offre un danger moral, elle a de son côté, c'est indubitable, une grande supériorité de développement intellectuel, des méthodes mieux étudiées et plus suivies, des maîtres plus expérimentés, une émulation puissante, une sorte d'atmosphère scientifique où l'esprit s'épanouit et s'accroît rapidement. Là aussi se trouvent les relations avec des natures diverses, les habitudes régulières, le besoin de se suffire, tout ce qui développe la virilité, le savoir-vivre, la souplesse du caractère et le bon sens pratique...

Les vacances scolaires de 1817 touchaient à leur terme : l'heure était venue pour Pierre d'entrer au petit séminaire de Meximieux. Le jour de son départ, il se rendit à l'église pour recommander son voyage à la Très-Sainte Vierge. De retour au presbytère où l'attendaient sa famille, M. le curé et quelques amis, on s'aperçut aisément qu'il avait fortifié son cœur au pied des saints autels. Tout le monde était triste; il allait de l'un à l'autre pour les consoler : « Je suis, leur disait-il, comme un nouveau soldat qui va rejoindre son régiment. Il faut que je fasse mon temps; après quoi je reviendrai... Cela fait grandir de voir du pays... » Il avait un mot de gaieté pour chacun de ses parents; mais quand vint le tour de l'abbé Trompier, il ne put s'empêcher de donner un libre cours à ses larmes...

Il partit en la compagnie de sa mère. Avant de monter en voiture, il jeta sur la campagne qui l'entourait un regard dans lequel se peignait le sentiment d'un adieu pénible; tant il est vrai de dire avec un célèbre écrivain [1] : « Qu'il y a dans le lieu natal un attrait caché, je ne sais quoi d'attendrissant, qu'aucune fortune ne peut donner, qu'aucun pays ne peut rendre. » Dans ce voyage de courte durée, aucun incident ne nous paraît digne d'être mentionné, si ce n'est peut-être deux petits épisodes que nous allons raconter. Parmi les voyageurs se trouvait une jeune ouvrière, qui se rendait à Saint-Rambert afin d'y travailler à une filature de coton. Oubliant la réserve qu'elle aurait dû avoir, elle parlait beaucoup et même avec une trop grande légèreté. Pierre, qui, pour ne prendre aucune part à la conversation, feignait de dormir, ne put cependant se taire enfin; il l'interrompit brusquement par ces mots : « Nous regrettons, mademoiselle, qu'au lieu d'aller à une filature de coton, vous n'en reveniez pas; car vous auriez pu nous en apporter pour nous boucher les oreilles. » A cette leçon donnée sous la forme d'une piquante raillerie, l'assemblée partit d'un éclat de rire, à l'exception de la jeune ouvrière, qui, confuse et dé-

---

[1] Bernardin de Saint-Pierre, né au Havre, en 1737, et mort dans sa maison d'Eragny, le 21 janvier 1814. Cet écrivain, dont le mérite littéraire est incontestable, est souvent en défaut au point de vue de la foi et de la morale catholiques. Les physiciens lui reprochent également bien des erreurs.

concertée, balbutia quelques paroles, et peu après fit semblant d'être malade... Chemin faisant, voici venir un nouveau compagnon de voyage : c'est un élégant de Genève, un touriste, qui rentre dans ses foyers. A peine s'est-il casé et mis à l'aise, qu'il entreprend sur un ton emphatique le récit de ses différentes excursions. Nulle vallée intéressante, dans les Alpes, qu'il n'ait visitée, nul point culminant dont il n'ait fait l'ascension. Il va se reposer à l'ombre du plus beau château de la Suisse, et enrichir sa bibliothèque d'un nouvel album. Las enfin de parler seul, et s'adressant à Pierre, qui jusque-là s'était contenté de prêter l'oreille : « Et vous, jeune homme, lui demande-t-il, vous venez sans doute aussi de faire quelque jolie excursion? — Oh! non, monsieur; je viens tout simplement de la maison paternelle. — De quel pays êtes-vous? — De la Bresse, d'un petit hameau de la paroisse de Montrevel. — Et vous allez...? — Au petit séminaire de Meximieux. — J'en suis fâché pour vous; car vous me paraissez intelligent... Si vous parliez de collége, à la bonne heure! mais de petit séminaire!... fi donc! — Je suis loin de penser comme vous. — Vos parents sont bien malavisés de confier votre éducation à des prêtres... Sans doute que, faute d'argent, ils ne peuvent vous placer ailleurs? — Ils seraient riches qu'ils ne changeraient pas d'idées... — Ils ont grandement tort... » Notre apologiste de l'éducation universitaire continuant ses diatribes et ne semblant plus tarir : « Ah! monsieur, reprend Pierre, vous feriez bien mieux de vous taire... — Oh! oh ! sur quel ton vous le prenez! on dirait, mon petit ami, qu'une mouche vous a piqué. — Oui, monsieur, et une bien vilaine mouche... » A cette dernière réponse, l'assemblée, qui, peu auparavant, avait ri aux dépens de la jeune ouvrière, rit encore aux dépens du Genévois. Quant à Pierre, comme s'il se fût repenti d'avoir trop cédé à la vivacité de son caractère, il se prit à rougir et garda le silence le reste de la route.

Enfin on arrive à Meximieux, petite ville du département de l'Ain, à vingt kilomètres de Lyon. C'était l'avant-veille de la Toussaint. Pierre, à peine descendu de voiture, reprit son air calme et riant. Quelques heures après il se mêlait à la foule de ses nouveaux condisciples. Toutefois, il lui avait fallu essuyer encore quelques larmes aux adieux de sa mère...

CHAPITRE VII

Petit séminaire de Meximieux

Pierre se félicita bientôt d'avoir été placé dans un établissement où tout parle de science et de piété, où tout respire la joie pure, la douce persuasion, parce qu'on y est élevé non comme les enfants des hommes, mais comme les enfants de Dieu. Un petit séminaire, en effet, est comme une pépinière morale où des mains sages et habiles cultivent l'âme d'une jeunesse qui tend au sacerdoce; et pour ceux-là mêmes à qui la Providence ouvre une autre carrière, leur séjour dans cet asile béni est encore fertile en fruits de science et de vertu, garanties précieuses de leur avenir. Heureux donc les élèves qu'abritent les murs sacrés de cette solitude où s'allient si bien et se fortifient mutuellement l'instruction qui éclaire et féconde l'intelligence, et l'éducation religieuse qui développe les nobles sentiments du cœur[1]!...

---

[1] On convient assez généralement que les maisons ecclésiastiques ont la prééminence en fait d'éducation morale et religieuse; on ne leur rend pas la même justice au point de vue de l'enseignement des

Le petit séminaire de Meximieux, à l'époque où Pierre y fut reçu, avait pour supérieur l'abbé Loras, devenu plus tard évêque de Dubuque, aux États-Unis. Cet établissement, qui doit ses premiers éléments d'existence et de prospérité à l'abbé Ruivet [1], comptait plus de

lettres et des sciences. Sans vouloir leur accorder, sous ce dernier rapport, les honneurs de la supériorité, nous laisserons parler ici une autorité dont le témoignage n'est pas suspect : « Les études des petits séminaires, dit la *Gazette de l'instruction publique* (18 avril 1844), ont été, selon nous, trop dépréciées ; on ne tient pas assez compte des progrès réels qu'elles ont faits ; et ce qui prouve ces progrès d'une manière frappante, c'est que les élèves qui se présentent au baccalauréat y sont reçus dans une proportion au moins égale et parfois supérieure à ceux des autres établissements. »

M. le Ministre de l'instruction publique, à la Chambre des Pairs (séance du 17 mai 1844), a rendu lui-même un éclatant hommage à la force des études des maisons ecclésiastiques, en déclarant que sur cent élèves sortis des petits séminaires, soixante et un ont été reçus au baccalauréat, tandis que cinquante et un seulement sur cent collégiens sont parvenus au même diplôme.

Ces deux témoignages sont, il est vrai, d'une date postérieure à celle des temps où nous reporte notre récit biographique ; toutefois, on comprenait dès lors, dans les maisons ecclésiastiques, l'importance des études ; et si leur cercle s'est agrandi ailleurs, on ferait preuve d'ignorance ou de mauvaise foi, en soutenant que l'enseignement dans ces maisons est rétrograde ou du moins stationnaire....

Nous connaissons, pour notre part, bon nombre d'anciens élèves des petits séminaires qui occupent aujourd'hui les plus hautes chaires dans les lycées ou des postes élevés dans les fonctions civiles....

[1] L'abbé Ruivet (Jean-Claude), ancien curé de Meximieux, était un de ces prêtres à la foi antique, aux mœurs saintement austères, à l'intelligence élevée, au cœur généreux et paternel sous une écorce parfois un peu rude. Devenu grand vicaire de Mgr Devie, évêque de Belley, il fut chargé de la direction des maisons ecclésias-

trois cents élèves. Alors, comme aujourd'hui, les études y étaient florissantes, la discipline vigoureuse et paternelle.

Pierre s'était présenté pour la classe de quatrième. Dès les premières compositions, son professeur jugea qu'il serait un de ses meilleurs élèves... Une retraite eut lieu, suivant l'usage, au début de l'année scolaire. Ce temps, où l'âme recueillie se replie sur elle-même et ne s'occupe que de ses destinées éternelles, fut pour le pieux écolier une nouvelle source de grâces et de bénédictions. A la suite de ces jours de réflexion chrétienne, il écrivit les résolutions suivantes :

« 1° Tous les jours, pendant un mois, je réciterai le
« psaume *Laudate Dominum omnes gentes* et le *Sub*
« *tuum præsidium*, pour remercier Dieu de la retraite
« que je viens de faire, et obtenir, par l'intercession
« de la Sainte Vierge, la grâce d'en conserver les
« fruits.

« 2° J'observerai dans tous ses points le règlement

---

tiques du diocèse. Qu'il était beau de le voir arriver au milieu des élèves avec cette taille haute et majestueuse, ces cheveux blanchis au sein des orages de 93, avec cet air de gravité que tempérait un doux sourire! Nul titre plus cher à son cœur que celui d'*ami de la jeunesse*. La divine Providence, pour lui rendre en quelque sorte moins effrayant le passage du temps à l'éternité, permit qu'il terminât sa longue carrière à l'ombre de l'une de ses maisons d'éducation. Le vénérable vieillard présidait l'examen public au petit séminaire de Belley, quand, saisi tout à coup d'un refroidissement mortel, il pressentit sa fin prochaine : cinq jours après, c'est-à-dire le 23 mars 1839, une nombreuse jeunesse en deuil pleurait sur sa tombe....

« de la maison, le regardant comme l'expression de la
« volonté divine à mon égard.

« 3° Au premier son de la cloche pour le réveil,
« j'offrirai à Dieu, par les mains de la Sainte Vierge,
« mon cœur et toutes mes actions de la journée...

« 4° Je ferai mes prières, grandes ou petites, avec
« esprit de foi et de piété. J'entendrai la sainte Messe
« avec dévotion, surtout les jours où l'Église m'en fait
« un commandement; les autres jours, je ne m'autori-
« serai point à l'entendre plus ou moins bien par la
« pensée qu'elle n'est pas de précepte.

« 5° Je m'acquitterai avec soin de tous mes devoirs
« de classe. S'il m'arrive d'en omettre quelques-uns,
« j'en dirai franchement le motif à mon professeur.

« 6° Je serai respectueux envers tous les maîtres, et
« j'aimerai chrétiennement tous mes condisciples.

« 7° Je ne passerai pas trois semaines sans me con-
« fesser; je le ferai plus souvent si ma conscience en a
« besoin.

« 8° Je relirai, tous les mois, ces résolutions; et je
« m'imposerai quelque pénitence afin d'expier les infi-
« délités dont je me serai rendu coupable... »

Prendre une résolution, la prendre surtout par écrit
et à l'issue d'une retraite, ce n'était pas pour Chanel
avoir simplement une pensée bonne, une intention généreuse, mais éphémère; c'était un parti arrêté, un engagement sérieux, qui avait un but déterminé et qui
devait, à tout prix, atteindre ce but. En effet, dès que

la communauté eut repris sa marche ordinaire, le fervent élève se mit également en marche dans la voie qu'il venait de se tracer, et dont il ne s'est point écarté...

Le 1ᵉʳ janvier 1818 approchait. Ce jour qui intéresse les âmes reconnaissantes, parce qu'il réveille le souvenir de ceux qu'on aime, rappela au jeune Chanel nonseulement le souvenir de sa famille, mais encore celui du digne pasteur qu'il regardait, à si juste titre, comme le meilleur des pères. Voici la lettre qu'il s'empressa de lui écrire :

« Monsieur le Curé,

« Permettez que je vienne à mon tour vous expri« mer les vœux et les sentiments dont le témoignage
« est si doux à tous ceux qui sont l'objet de votre zèle
« et de votre bienfaisance. Je vous souhaite de tout
« mon cœur la bonne année. Que Dieu vous conserve
« longtemps pour votre chère paroisse et pour moi !
« Votre couronne n'en sera que plus belle dans le ciel,
« et notre persévérance dans le bien plus assurée...
« Je ne puis vous dire, monsieur le Curé, combien
« je suis heureux au petit séminaire; j'ai de si bons
« maîtres ! Mes camarades, qui sont en grand nom« bre, ont pour la plupart des qualités que je leur en« vie... L'affection filiale et respectueuse que je ressens
« pour vous, m'excite à de nouveaux efforts dans l'ac-

« complissement de mes devoirs de chrétien et d'éco-
« lier.

« Je me recommande à vos prières, et me ferai tou-
« jours un bonheur d'être avec la plus vive reconnais-
« sance

« Votre très-humble et très-affectionné

« P.-M.-L. CHANEL. »

La lettre à sa famille contient en d'autres termes les mêmes vœux, les mêmes sentiments; nous en extrairons cependant un passage où, s'adressant à sa plus jeune sœur, « Que veux-tu, lui dit-il, que je te souhaite pour
« ta bonne année? Je désire que l'enfant Jésus te bé-
« nisse et te fasse grandir en sagesse, qu'il t'accorde la
« grâce d'être toujours bien obéissante à nos chers
« parents, qu'il te conserve longtemps sur la terre, et
« que tu n'aies jamais le malheur de perdre l'amitié
« de Dieu... Ne cessons point de prier l'un pour
« l'autre. »

Bientôt et par le premier bulletin trimestriel qui leur vint de Meximieux, le père et la mère de Chanel eurent la consolation d'apprendre que leur fils occupait dans sa classe un rang distingué, que son travail était soutenu, son caractère excellent et sa conduite exemplaire. Ce bulletin, dont les notes honorables se sont maintenues et même améliorées, fut communiqué à l'abbé Trompier, qui, peu de jours après, adressa au supérieur du petit séminaire une lettre dont

nous extrayons les lignes suivantes : « L'intérêt que je
« porte au jeune Chanel a doublé la satisfaction que
« m'a procurée son premier bulletin. Ce cher enfant
« continuera, je l'espère, à faire votre consolation et la
« mienne. Je le crois appelé au sacerdoce. C'est une
« âme d'une candeur et d'une aménité admirables.
« Je suis heureux de penser qu'elle est entre vos mains.
« Ne lui ménagez au besoin ni les réprimandes ni les
« punitions; vous avez toute liberté : « *Confidens*
« *scripsi tibi : sciens quoniam, et super id quod dico*
« *facies*[1]. »

Chanel était sur le point de terminer sa troisième, lorsqu'une espèce d'épidémie vint affliger Meximieux. En peu de jours l'établissement ne fut qu'une vaste infirmerie. Un maître et quelques élèves succombèrent au fléau. On se hâta de rendre à leurs familles tous ceux qui pouvaient supporter le voyage; notre pieux écolier fut de ce nombre. La lettre suivante est comme le bulletin des deux années qu'il vient de passer au petit séminaire; elle nous a été adressée, en 1843, par un digne curé du diocèse de Lyon :

« C'est avec une bien douce satisfaction, mon révé-
« rend Père, que je m'empresse de vous communiquer
« tous mes souvenirs à l'égard de Pierre-Marie-Louis
« Chanel. On peut dire de lui : « *Dilectus Deo et ho-*

---

[1] « La confiance que vous m'inspirez m'engage à vous parler de la sorte, persuadé que votre zèle ira au delà de mes recommandations. » *Ad Philem.*, c. I, v. 21.

« *minibus*[1]. » Oh! oui, il était chéri de Dieu, de ses
« maîtres et de ses condisciples. Quelles précieuses
« qualités dans ce jeune aspirant au sacerdoce! J'en ai
« jugé de bien près, l'ayant eu pour élève dans ses
« classes de quatrième et de troisième. Si alors j'avais
« pu prévoir sa glorieuse destinée, avec quel intérêt
« j'aurais observé et recueilli jusqu'aux plus légères
« circonstances de sa vie! Je n'aurais perdu aucun de
« ses actes pour vous les montrer comme les heureux
« préludes des vertus qui ont fait le saint prêtre,
« l'apôtre et le martyr. En causant de lui avec plu-
« sieurs de ses anciens amis, nous avons été d'accord
« que nulle conduite d'écolier n'avait été plus constam-
« ment régulière que la sienne. Je ne crois pas qu'il
« ait mérité ou reçu un seul reproche de ses supé-
« rieurs. Il était d'une modestie et d'une docilité par-
« faites. Il avait le cœur sensible et généreux. Le fond
« de son caractère était la mansuétude. Cette bonté
« d'âme était peinte dans ses traits; elle se révélait sur-
« tout dans son regard et dans sa parole. Ennemi de
« tout ce qui trouble la paix et l'union, il n'eut jamais
« avec ses condisciples la moindre querelle. Sa timidité
« naturelle le portait à s'éloigner de ces jeux trop
« bruyants et trop animés d'où naissent d'ordinaire les
« conflits et les disputes. Une légère teinte de mélan-
« colie lui donnait un air posé sans être trop grave et

---

[1] « Chéri de Dieu et des hommes. » Eccl., XLV, 1.

« calme sans froideur... Il tenait dans sa classe un des
« premiers rangs. Son application avait de la constance,
« malgré la délicatesse de son tempérament. Il aurait
« certainement obtenu des prix à la fin de sa troisième,
« si une maladie qui éclata dans le séminaire ne nous
« eût forcés d'interrompre brusquement le cours des
« études et de devancer l'époque des vacances... La piété
« de ce cher élève était réfléchie, solide et tendre. Il
« me souvient très-bien qu'il aimait à épancher sou-
« vent son cœur au pied de l'autel de la Sainte Vierge.
« Cette piété filiale envers celle qu'il appelait sa bonne
« Mère lui a sans doute valu la double faveur, d'abord,
« d'entrer dans la Société de Marie; puis, de l'honorer
« par son apostolat et son martyre. En un mot, il
« réunissait les qualités et les vertus qui font le par-
« fait élève et rendent douce et facile la tâche des
« maîtres... »

CHAPITRE VIII

Chanel continue ses études à Meximieux. — Ses qualités
et ses vertus comme condisciple

Vers la fin d'octobre 1819, l'épidémie, qui avait si cruellement éprouvé Meximieux, ayant entièrement disparu, la rentrée au séminaire eut lieu avec l'affluence et l'empressement accoutumés. Les classes reprirent leur cours avec une nouvelle ardeur. Chanel était en seconde. Dans le courant de l'année, il écrivit en ces termes à l'un de ses cousins : « Enfin, après une mar-
« che longue et pénible au milieu des grammaires, des
« thèmes et des versions, je suis arrivé dans la région
« des belles-lettres. Je me crois transporté dans le plus
« beau pays du monde. On nous met chaque jour en
« relation avec les meilleurs écrivains des temps an-
« ciens et modernes. Nous cherchons à nous rendre
« compte de leurs pensées, de leurs sentiments, de
« leur style. Cet exercice d'analyse, à l'aide d'un maî-
« tre habile, développe et règle l'imagination, la sensi-
« bilité, le goût et le jugement. Je suis encore bien

« novice dans ce travail, mais, grâce à Dieu, j'ai bon
« courage.

« Rien de plus varié que les sujets sur lesquels on
« exerce notre plume : tantôt c'est une description to-
« pographique ou le récit d'un événement ; tantôt c'est
« une lettre ou une fable, une élégie, une idylle, etc...
« Il va sans dire que nous étudions encore les langues
« grecque et latine dans ce qu'elles ont de plus beau
« et de plus difficile à traduire... Ainsi, tu le vois, le
« cercle de mes devoirs d'écolier s'est agrandi ; je vou-
« drais bien que ma tête s'agrandît également et
« qu'elle ne perdît rien de l'instruction qu'on nous
« donne... »

L'année suivante, Chanel vit s'élargir le cadre de ses études littéraires. Au lieu de ces fraîches descriptions de fleurs, de vallées, de cascades et de scènes champêtres, il fit ses premiers essais dans l'art oratoire. La rhétorique souriant moins peut-être à son imagination, mais ouvrant à son intelligence un champ plus vaste et plus fertile, lui offrit un nouvel attrait, et dans cette carrière il fit encore preuve de talent et de succès.

Ce fut à cette époque qu'il rencontra parmi ses condisciples le jeune Bret[1], dont la vie devait être étroi-

---

[1] Claude Bret naquit à Lyon, le 29 juillet 1809. Le jour de sa confirmation, il ajouta à son nom de baptême ceux de Marie-Xavier, comme par un secret pressentiment de sa vocation future à la vie religieuse et apostolique dans la Société de Marie. Dès l'âge le plus tendre, il se sentit appelé au sacerdoce. Admis à l'école cléricale de

tement liée à la sienne. Ensemble ils feront leur cours de philosophie et de théologie; ensemble ils se retrouveront dans la paroisse d'Ambérieux : Chanel en qualité de vicaire, et Bret comme professeur à l'école cléricale. Celui-ci continuera ses humbles fonctions, tandis que son ami se rendra, en qualité de curé, à Crozet, dans le canton de Gex; mais bientôt, réunis dans une même société religieuse, ils seront employés dans le même collége. Tous les deux enfin, cédant au désir qui depuis longtemps agitait leurs cœurs, s'embarqueront pour les plages lointaines de l'Océanie. Ils auront le bonheur de cueillir les premiers, sous la bannière de la Société naissante de Marie, l'un la palme de l'apostolat et l'autre, apôtre plus heureux, celle du martyre : « *Amabiles et decori in vitâ suâ, in morte quoque non sunt divisi*[1]. »

la paroisse de Saint-François de Sales, à Lyon, il commença ses études sous la direction de l'abbé Pompallier, qui devint plus tard évêque de Maronée *in partibus* et vicaire apostolique de l'Océanie occidentale. Quand il se présenta pour la classe de seconde au séminaire de Meximieux, sa petite taille, qui ne s'accrut guère dans la suite, sa mine éveillée, son air franc et ouvert, frappèrent les regards de ses maîtres. Un vicaire général, M. l'abbé Bochard, chargé alors de la haute direction des maisons ecclésiastiques, ne put s'empêcher de rire en le voyant : « Est-il vrai, lui dit-il, que vous êtes en seconde? — Oui, monsieur... — Mais vous n'êtes qu'un bout d'homme! » L'enfant ne tarda pas à prouver que l'intelligence et les succès n'attendent pas toujours le nombre des années....

[1] « Beaux et aimables pendant leur vie, ils sont demeurés inséparables dans la mort même. » II Reg., 1, 23.

Cette étroite union, dont la vertu fut le lien indissoluble, ne rappelle-t-elle pas (qu'on nous permette ce rapprochement) celle qu'avaient formée pendant leurs études saint Basile et saint Grégoire de Nazianze? Chanel ne se liait pas autrement. Il repoussait loin de son cœur ces sympathies trop humaines, ces amitiés particulières qu'un sage écrivain[1] a si justement surnommées *amitiés irrégulières*. Bien que naturellement il eût trouvé plus de charme dans la compagnie d'un élève de son âge, de sa classe ou de son pays, il n'attira cependant jamais les regards par une assiduité trop soutenue avec les mêmes condisciples. Ses nouveaux compagnons d'étude comme les anciens, ceux d'une naissance pauvre et obscure comme ceux des maisons riches et nobles, les moins partagés du côté de l'intelligence comme ceux qui excellaient par leur talent et leurs succès, les moins favorisés de la nature comme ceux qui semblaient en être les privilégiés, tous, en un mot, étaient les bienvenus auprès de lui, et lui, en retour, était le bienvenu auprès de tous.

Dans la vie de collége, par suite de l'assemblage et de la diversité des natures, il n'est pas aussi facile qu'on le croit d'être *bon camarade*. Si jamais on doit s'appliquer cette maxime de la sagesse antique : *Abstine, sustine*, c'est surtout dans les relations entre écoliers,

---

[1] Le P. Croiset, *Réflexions chrétiennes*, t. 1, *Des amitiés particulières*. — Saint François de Sales a traité le même sujet dans son *Introduction à la vie dévote*.

à *cet âge sans pitié,* comme dit peut-être trop malicieusement la Fontaine. Et de quoi faut-il d'abord s'abstenir? — De l'égoïsme. Une maison d'éducation est un petit monde où les penchants égoïstes occupent une large place, et s'accroissent en raison de la multitude. Oh! que Chanel était loin d'échouer contre cet écueil! Il avait à l'égard de tous ceux qui l'entouraient cet air de franchise et de bonté, cette complaisance, cette parole pleine de douceur qui, au langage de l'Esprit-Saint, multiplie les amis [1]. En salle d'étude, en récréation, au réfectoire, partout, il se montrait affable et prévenant. Dirons-nous qu'il aimait à prêter les objets dont il pouvait disposer, qu'il se faisait un plaisir de partager avec le premier venu les comestibles qu'il recevait pour ses goûters, qu'il s'associait volontiers à ses camarades dans les jeux qui lui souriaient le moins, et qu'il s'offrait, au besoin, pour compléter le nombre des joueurs? Tout en payant de sa personne dans les amusements auxquels il prenait part, il donnait toujours quelques nouvelles preuves de son bon esprit et de son bon cœur. On conçoit aisément quel devait être son éloignement pour toutes ces querelles qui surgissent parmi les écoliers. Outre qu'il n'en faisait naître aucune, il n'était jamais spectateur indifférent de la plus légère dispute; il se hâtait de remplir l'office de pacificateur,

---

[1] « Verbum dulce multiplicat amicos. » Eccli., vi, 5.

et, grâce à sa médiation, l'orage était bientôt dissipé. Apprenait-il qu'un de ses condisciples était retenu à l'infirmerie par une grave maladie, il éprouvait un sentiment de tristesse et de douleur qui se peignait dans ses traits, il demandait fréquemment de ses nouvelles, il priait pour lui et allait de temps en temps le voir pour compatir à ses souffrances et l'encourager à les supporter chrétiennement. Un autre de ses condisciples lui paraissait-il affligé, il l'abordait aussitôt, comme si le hasard l'avait conduit auprès de lui, et devenait son ange consolateur. C'est ainsi qu'un jour ayant rencontré, dans un corridor, un enfant seul et tout en pleurs à l'occasion de la mort récente de sa mère, il fut lui-même si profondément ému qu'il mêla ses larmes aux siennes, et ne le quitta point qu'il n'eût calmé sa douleur.

Pour être *bon camarade*, il faut encore s'abstenir de l'orgueil. Qui ne sait, en effet, que la vie sous le toit du collége est semée d'occasions inévitables où la paix et l'union fraternelle ne se conservent qu'au prix de quelques sacrifices? Ne savoir jamais céder, s'humilier et pardonner, c'est fermer son cœur à l'amitié. Or, telle est la condition de l'orgueilleux. Tout ce qui le blesse et lui fait ombrage l'irrite et le porte à la vengeance. Il se pose en quelque sorte sur un piédestal du haut duquel il convoite l'estime et ne laisse tomber que le dédain. « C'est une maladresse, a dit quelque part « saint François de Sales, de penser pouvoir se mo-

« quer, sans encourir la haine... Ceux qui méprisent
« sont ordinairement méprisés; ceux qui honorent
« sont honorés, parce qu'on leur rend ce qu'ils don-
« nent.. »

Dès ses plus jeunes années, Chanel s'efforça de mettre en pratique ce conseil du pieux auteur de *l'Imitation* : « Ne pensez pas avoir fait quelques progrès dans la vertu, si vous ne vous croyez le dernier de tous [1]. » Oublieux de son propre mérite, et ne perdant point de vue ses moindres défauts, il était sincèrement humble et détaché de lui-même. Ne se mettant jamais en scène dans les conversations, et cherchant partout à s'effacer aux yeux des hommes, si, malgré ses précautions, il attirait sur lui les regards de ses maîtres ou de ses condisciples, il ne pouvait alors dissimuler son embarras et sa confusion. Rien ne lui coûtait plus, à la distribution solennelle des croix d'honneur et des couronnes, que d'aller recevoir au milieu des applaudissements celles qui lui étaient décernées. Il détournait ingénieusement les éloges qu'on lui faisait à huis clos. Un de ses oncles étant venu le voir et l'ayant félicité sur l'excellent témoignage qu'on lui avait rendu de sa conduite, « Notre supérieur, lui répondit-il, n'a qu'un défaut : c'est d'être trop bon, trop indulgent. » Personne n'ignorait (tant

---

[1] « Non reputes te aliquid profecisse, nisi omnibus inferiorem te esse sentias. » *Imitation de Jésus-Christ,* liv. II, ch. II.

il se plaisait à le redire!) qu'il n'était que le fils d'un honnête paysan; qu'il avait été berger dans son enfance, et que si la Providence ne s'était pas servi d'un bon curé de campagne pour le mettre sur la route du sanctuaire, il serait resté dans un petit hameau de la Bresse, condamné à tenir la charrue et à gagner son pain à la sueur de son front. Ainsi, les études qui trop souvent ne perfectionnent l'intelligence qu'aux dépens du cœur[1], n'altéraient en rien son admirable modestie : « *In eo... miram animi modestiam.... enituisse gravissimis testimoniis compertum est*[2]. » Plus Chanel voilait ainsi ses qualités, plus on aimait à les publier; plus il se détachait de lui-même, plus on s'attachait à lui....

Enfin, pour être *bon camarade*, il faut encore s'abstenir de la vulgarité et de la rudesse des manières. Il se rencontre quelquefois, il est vrai, des écoliers qui, sous une allure inculte, recouvrent de délicats et généreux sentiments. Ce qu'il faut néanmoins déplorer et ce qui n'arrive que trop, malheureusement, c'est que la brusquerie devient de la trivialité et que la trivialité passe des manières dans le caractère. Alors c'est une triste chose qu'un écolier et un spectacle navrant qu'un collége. Petits êtres sans retenue et sans pudeur!

---

[1] « Scientia inflat. » I. Cor., VIII, 1.

[2] « Il est reconnu, ainsi qu'en font foi les plus graves témoignages, qu'on a vu briller en lui (Pierre-Marie-Louis Chanel) une admirable modestie. » Extrait des Act. de la S. Congrégat. des Rites. *Informatio super dubio,* etc...

grossiers de paroles, repoussants et même insolents d'attitude, inaccessibles à toute influence sérieuse, à toute pensée noble, narguant leurs maîtres, persécutant leurs condisciples,... ne rêvant que tromperies malveillantes et défigurant le langage par un argot stupide, bas et injurieux !

Bien que Chanel fût sorti d'une famille de paysans, et qu'il eût passé son enfance dans un hameau et dans un village, il avait dans tout son être je ne sais quel cachet de distinction et de délicatesse. Simple dans sa tenue, noble dans son maintien, doux et modeste dans son regard ainsi que dans ses paroles, toujours poli dans ses relations même avec les petits enfants, il avait cette dignité, cette fleur de bon ton qui plaît à tout le monde, et qu'il conserva malgré les contacts funestes auxquels elle fut exposée. S'il devait cette culture à des mains habiles, il en était plus redevable encore à sa piété. « Quand l'âme, dit saint Bernard, s'est formée à une exquise bienséance envers Dieu, et qu'elle a ce que nous appelons le *decorum*, elle le manifeste au dehors, de sorte que les paroles, les regards, les manières, en un mot, tous les actes extérieurs deviennent purs, modestes, graves et aimables [1]. »

Mais, pour être *bon camarade*, il ne suffit pas de s'*abstenir* des vices que nous venons de signaler, il

---

[1] Ces paroles de saint Bernard sont citées dans un opuscule qui a pour titre : *Pratique de la vie spirituelle d'après la doctrine du P. Saint-Jure. — De la conversation*, p. 318.

faut encore savoir souffrir, savoir supporter : *abstine, sustine.*

Quelque bien disciplinée que soit une maison d'éducation, on y rencontre plus ou moins les formes impolies, l'orgueil et l'égoïsme. Ces divers éléments amènent de leur propre nature les chocs de caractère, les froissements de cœur, les antipathies. Au milieu de ces luttes, l'amitié veut-elle conserver un front calme et serein, elle a besoin de force et de générosité chrétiennes.

On pourrait croire que l'ensemble des qualités du jeune Chanel le mettait à l'abri des pénibles épreuves de la vie écolière. Sans doute il était loin de les provoquer ; toutefois, il ne pouvait échapper à quelques secousses imprévues. Du reste, il entre dans les vues de la Providence d'accroître au sein des difficultés les mérites et les vertus des âmes d'élite : « *Parce que vous étiez agréable à Dieu*, dit l'Ange à Tobie, *il a été nécessaire que vous fussiez éprouvé*[1]. » Parmi les nombreux élèves de Meximieux, il s'en trouva deux ou trois qu'une éducation première avait déjà viciés, et que leur mauvais esprit fit renvoyer de la maison. Chanel eut à supporter de leur part bien des vexations. Ses intentions les plus droites furent travesties, ses prévenances les plus affectueuses repoussées, ses qualités les plus belles méconnues et ses plus minces défauts exagérés et com-

---

[1] « Quia acceptus eras Deo, necesse fuit ut tentatio probaret te. » Lib. Tob., c. XII, v. 13.

mentés avec une malice qui ne se lassait ni ne s'épuisait. Toutes ces épreuves mirent en relief sa patience et sa douceur. Un de ces jeunes gens, revenu plus tard à de meilleurs sentiments, lui écrivit une lettre d'excuses si touchante qu'elle semblait avoir été trempée de ses larmes...

Rien de plus fragile que les amitiés de collége; souvent un seul mot mal interprété les refroidit et quelquefois même en brise les liens. Quant à Chanel, il était difficile qu'il donnât lieu à la moindre rupture entre lui et ses condisciples. Toujours vrai, réservé et charitable dans ses paroles, il savait d'abord entendre une plaisanterie, et ne jamais renvoyer le trait qui pouvait l'avoir blessé. Personne ne discutait avec plus de mesure, de ménagement pour les susceptibilités, et ne se laissait de meilleur grâce contredire, toutes les fois que son amour-propre se trouvait seul en jeu. Il s'était rendu tellement maître de tous les mouvements de son cœur que, dans les circonstances les plus fortuites et les plus désagréables, il ne laissait échapper aucune saillie d'impatience. Durant une promenade, un jeune élève, plus léger que méchant, frappa l'eau bourbeuse d'un ruisseau, la fit jaillir et en couvrit les vêtements et la figure de Chanel; celui-ci se tournant vers l'auteur de cette mauvaise plaisanterie, se contenta pour toute leçon de lui montrer un front calme et sérieux; puis se prenant à sourire : « Pour te punir, lui dit-il, je devrais t'embrasser. »

Tout ce qui semblait devoir l'affliger effleurait à peine son cœur. Jamais sur son front le moindre nuage de tristesse ; sur ses lèvres la parole était toujours comme une fleur de suavité : « *In ore ejus florebat suavitas*[1]. » On eût dit qu'il s'était mis dans un asile où le trouble et l'impatience n'arrivaient pas. O Dieu ! vous étiez sa force, son inébranlable refuge.

Pour un élève réfléchi et laborieux, c'est chose pénible en salle d'étude, que le voisinage d'un mauvais condisciple. Chanel eut à subir ce genre d'épreuve. Persuadé que son exemple et ses conseils seraient utiles à deux jeunes écoliers reconnus, l'un pour paresseux, et l'autre pour étourdi, le préfet de la maison les lui donna pour ses plus proches voisins. La position du pieux surveillant était critique : d'un côté, c'était un apathique qu'il fallait de temps en temps réveiller et rappeler au travail ; de l'autre, c'était un espiègle, un turbulent, qu'il fallait également rappeler au devoir. Ce dernier surtout exerça la patience de Chanel ; tantôt il le distrayait par ces brusques interpellations : *Ton canif... ta plume... ton dictionnaire...* tantôt il le poussait ou le tirait par son habit, que sais-je encore ? Vaincu par la douce fermeté du zélé moniteur, il prit enfin le parti de se taire et de travailler.

Ces détails et d'autres que nous supprimons nous

---

[1] Ex Act. S. Congregat. Rit. pro Introduct. Causæ Petri-Mariæ-Aloysii Chanel. *Informatio super Dubio*, etc.

permettent de conclure que Chanel a réalisé dans la vie écolière cette maxime : *Abstine, sustine*, et qu'ainsi il a réuni les qualités et les vertus qui font le condisciple modèle.

CHAPITRE IX

Le congréganiste

Heureux le jeune élève qu'une piété solide protége contre la faiblesse de son âge! Pour se préserver du vice, il a la prière, pour se relever de ses chutes, la confession, pour alimenter sa vie morale, la parole sainte et le banquet eucharistique. Plus son âme est religieuse, plus il respecte l'autorité et plie sa volonté à une discipline. D'autre part, il n'en est que plus fraternellement uni à ses compagnons d'étude, laborieux, d'un caractère aimable, distingué dans ses manières et d'un cœur noble et généreux.

Comme élément surajouté à ces appuis divins de la religion, le directeur spirituel de Meximieux, prêtre expérimenté dans les voies de l'éducation, avait fait choix des élèves les plus fervents, qu'il réunissait de temps en temps au pied de l'image bénie de la Mère du Sauveur. Il leur adressait quelques paroles d'édification, leur donnait d'utiles conseils, leur proposait quelques actes de vertu, et terminait ces réunions par le chant d'un cantique. Ainsi se forma peu à peu, sous les auspices et le vocable de la Sainte Vierge, une congrégation qui fut plus tard érigée canoniquement, c'est-à-dire affiliée à celle du Collége Romain. Déjà cependant elle avait son petit oratoire, son règlement, ses dignitaires, ses pratiques de zèle et de piété. Source de grâces et de bénédictions pour chacun de ses membres, elle exerça dès son début une salutaire influence sur tout l'établissement.

Chanel y fut admis dès sa première année de séminaire. Quel bonheur pour lui de resserrer les liens qui l'unissaient à la Sainte Vierge ! Chargé d'abord du soin de la chapelle où se tenaient les réunions, il fut ensuite élu préfet à l'unanimité des suffrages. Cette promotion ne surprit que sa modestie : « Je croyais, dit-il ingénument, que ces sortes d'élections se faisaient en conscience... »

Mesurant l'étendue de ses nouvelles fonctions, il s'inspira d'un dévouement généreux pour les remplir dignement. Persuadé qu'on doit le bon exemple à proportion du rang qu'on occupe dans une association, il résolut de veiller de plus près sur sa conduite et d'en corriger jusqu'aux moindres défauts. D'ailleurs, si le titre de congréganiste et surtout celui de préfet étaient à ses yeux le gage assuré d'une protection spéciale de Marie, c'était aussi une espèce d'engagement d'honorer par une vie plus édifiante Celle qu'il appelait son « auguste et tendre mère ». La devise des anciens chevaliers, disait-il, doit être désormais la mienne : *Noblesse oblige.*

Sans s'établir contrôleur et juge de la conduite des autres, il ne pouvait cependant voir d'un œil indifférent ce qui était de nature à flétrir la Congrégation ou l'un de ses membres. Rencontrant un jour un de ses jeunes associés qui faisait un *pensum*, il poussa un profond soupir et ne put continuer de prendre part aux jeux et aux conversations. Le lendemain, les congréganistes furent convoqués. A la suite de leurs pieux exercices, le directeur spirituel ayant demandé au préfet s'il n'avait pas quelques observations à faire dans l'intérêt de la Congrégation : « Ah! mon Père, répondit Chanel d'une voix émue par le souvenir de la veille, nous devrions nous efforcer encore plus d'accomplir tous nos devoirs d'écolier; nous glorifierions ainsi la Sainte Vierge, nous porterions plus dignement notre titre de congréganiste, et nous nous épargnerions bien des ennuis... »

La pieuse association prit bientôt un nouvel essor. Chanel en fut comme l'âme et la vie. La communauté tout entière devint, en quelque sorte, un champ ouvert à son zèle. Il y eut entre autres deux circonstances où l'on vit ce que sa parole avait d'empire sur le cœur de ses condisciples. « Monsieur Alphonse, aux arrêts! » avait dit un maître. Alphonse se montrant peu docile : « Et il y restera jusqu'à nouvel ordre, » ajouta le maître.

Notre jeune mutin allait entrer en colère et crier à l'injustice, lorsque Chanel, en passant, lui dit tout bas : « Vas-y donc par obéissance. » Ce seul mot, accompagné d'un regard de bonté, le rendit plus doux qu'un agneau; il subit la punition sans délai et d'un air si soumis, qu'à la prière de son sage conseiller, on ne tarda pas à lui rendre sa liberté.

Deux élèves, âgés de neuf à dix ans, étaient entrés depuis quelques mois à Meximieux. C'était leur première campagne dans les maisons d'éducation. Trop choyés par leurs mères, et naturellement paresseux, ils avaient pris en dégoût les études, le règlement et la table du séminaire. Le langage de la bonté et de la persuasion devenant inutile, on s'était vu contraint, pour les corriger, d'en venir aux réprimandes et aux punitions. Fatigués de cette existence, au lieu de l'améliorer, ils se concertèrent et résolurent d'y mettre fin par une fuite dérobée. Déjà ils franchissaient le seuil de la porte, lorsque Chanel, informé de leur projet, les saisit au passage. « Halte-là, mes amis, leur dit-il, votre passeport n'est pas en règle... » Puis, fixant sur eux un regard d'indignation : « Petits malheureux ! ajouta-t-il, un pas de plus et vous étiez chassés de la maison !... Quel déshonneur pour vous! quelle affliction pour vos familles !... Quand j'étais enfant, j'ai voulu comme vous m'enfuir de l'école; si l'on ne m'avait retenu, j'aurais fait un coup de tête dont je me serais repenti toute ma vie... Allons, mes amis, rentrez promptement; du courage! et tout ira bien... » Nos deux déserteurs pâles et interdits laissèrent échapper quelques larmes et revinrent sur leurs pas. Chanel ne les perdit point de vue; il se retrouva de temps en temps avec eux, les encouragea et les affermit dans les meilleures dispositions. En changeant de conduite, ils furent heureux. Douze ans plus tard, ils étaient parvenus au sacerdoce et l'honoraient par leurs vertus.

Le digne préfet de la Congrégation exerçait une espèce d'apostolat parmi ses condisciples. On eût dit qu'il s'était fait comme le petit missionnaire de la Sainte Vierge. La Sainte Vierge! ah! il l'aimait plus que sa vie, il en parlait comme un enfant parle de sa mère ; à son nom seul, il éprouvait une joie et un attendrissement qui se peignaient dans son regard et sur ses traits. Il lui consacrait, dès son réveil, toutes les actions de la journée; il mettait sous ses auspices tout ce qui lui appartenait et tout ce qu'il faisait : « *Auspice Dei Genitrice Maria.*» Cette devise se retrouve en tête de ses livres, de ses cahiers et de ses devoirs de classe. Il en avait fait adopter le pieux usage à bon nombre de ses compagnons d'étude. Plusieurs d'entre eux lui furent aussi redevables d'une pratique de dévotion qui, peu à peu, devint générale dans la communauté : nous voulons parler des visites au Saint-Sacrement et à la Sainte Vierge, immédiatement après le dîner. Lorsque les élèves, en promenade, arrivaient à l'emplacement où ils pouvaient prendre leurs ébats, Chanel, avant de se mêler aux jeux, réunissait quelques-uns de ses condisciples et récitait avec eux l'*Office de l'Immaculée-Conception*. Il était rare qu'on s'entretînt longtemps avec lui sans qu'il glissât adroitement quelques mots à la gloire de son auguste et tendre Mère. Du reste, il en avait pris l'engagement. Un jour, s'étant fait par mégarde une incision à la main gauche, il trempa sa plume dans son sang et écrivit cette résolution que, dès le bas âge, il avait gravée dans son cœur : « Aimer la Sainte Vierge, et la faire aimer... » « Cette piété filiale envers la Reine des cieux, dit l'un de ses maîtres, lui a sans doute valu la double faveur, d'abord d'entrer dans la Société religieuse de Marie, puis de l'honorer par son apostolat et son martyre [1]. »

---

[1] Extrait d'une lettre que nous avons citée *in extenso*

CHAPITRE X

Fruits d'une bonne éducation : le respect, la force morale et religieuse

La véritable éducation est une école de respect. Telle fut et telle est encore à Meximieux celle de l'enfance et de la jeunesse.

Convaincu d'abord que le plus haut respect est dû à Celui de qui relève toute autorité, Chanel, au nom seul de Dieu, était impressionné jusqu'au fond de l'âme. Il n'aimait pas que ce nom trois fois saint entrât, comme il arrive trop souvent, dans certaines façons de parler. La rougeur lui montait au front lorsque, dans les simples débats de la vie écolière, on ne craignait pas d'appeler Dieu en témoignage. Quant au blasphème, il l'avait souverainement en horreur. « Je ne conçois pas, disait-il, qu'il y ait des hommes assez aveugles, assez dénaturés pour blasphémer Dieu... le démon parle évidemment par leur bouche... »

La prière était aux yeux de Chanel un acte d'honneur, parce qu'elle nous met en relation avec la Majesté divine; un acte d'intérêt et de puissance, parce que, dans l'ordre du salut, on ne peut se passer d'elle, et que par elle on peut tout obtenir[1]; un acte enfin d'obéissance, parce que Dieu la commande[2]. Aussi était-il profondément recueilli, quand il priait seul ou en communauté. Entrait-il dans une église, son maintien, sa tenue et surtout l'expression de sa figure attestaient la vivacité de sa foi et de sa piété. Assistait-il à une prédication, il prêtait une oreille attentive comme à la voix de Dieu même. « Que penses-tu du prédicateur que nous venons d'entendre? lui demandait un jour un de ses condisciples. — Mon ami, répondit-il, j'en pense ce que Jésus-Christ veut que nous en pensions, quand il dit à ses apôtres : *Qui vos audit, me audit*[3]. — Je sais bien cela, répliqua l'élève; mais enfin, sans vouloir soumettre à notre critique le caractère et la mission divine du prêtre, ne parlons de cet ecclésiastique qu'au point de vue oratoire. — Ah! mon ami, reprit Chanel, quand je vais entendre un sermon, je me souviens qu'il y a en moi le chrétien et le rhétoricien. Le chrétien seul entre dans l'église; quant au rhétoricien, je le laisse à la

---

[1] « Vigilate, et orate, ut non intretis in tentationem. » Marc, xiv, 38. — Omnia quæcumque orantes petitis, credite quia accipietis. » Marc, xi, 24.

[2] « Quoniam oportet semper orare. » Luc, xviii, 1.

[3] « Celui qui vous écoute, m'écoute moi-même. » Luc, x, 16.

porte... » Ce respect pour la parole de Dieu, il le portait jusqu'à ses dernières limites. Ainsi, par exemple, apercevait-il à terre quelques feuilles détachées d'un *Novum Testamentum*, il les recueillait afin qu'elles ne fussent pas foulées par le pied des passants.

L'autorité venant de Dieu [1], Chanel la respectait dans sa famille comme au séminaire. Il avait pour son père et pour sa mère une espèce de vénération. Bien qu'ils ne fussent que de simples paysans, il avait l'esprit trop chrétien pour rougir de leur condition. Un jour, il fut demandé au parloir, en même temps que l'un de ses condisciples. Tous les deux s'élancèrent avec joie dans les bras de leurs mères. D'un côté, c'était une pieuse Bressanne, modestement vêtue et qui, selon toute apparence, avait fait la route à pied; de l'autre, c'était une dame de haute futaie et roulant équipage. Après les adieux de part et d'autre, Chanel, dont le cœur était vivement ému, ne put s'empêcher de s'écrier : « Oh! qu'on est heureux de revoir sa mère! — Ce bonheur, reprit son jeune camarade, est trop rare et de trop courte durée.... Mais quoi! ajouta-t-il, est-ce qu'elle est ta mère, cette bonne femme de campagne avec qui tu viens de causer? — Oui, mon ami, c'est ma mère, et je m'en félicite.... Tu me croyais donc grand seigneur ?... Mes parents ont besoin de travailler pour vivre ; ils habitent la Potière,

---

[1] « Non est enim potestas nisi à Deo. » Rom., XIII, 1.

petit hameau de la Bresse, dans les environs de Bourg. »

Non content de prier, chaque jour, pour son père et sa mère, Chanel, afin de les consoler de son absence, leur écrivait assez fréquemment. Il s'efforçait de leur prouver son amour et sa reconnaissance, surtout par les bulletins qui témoignaient de sa conduite.

Durant les vacances, il se faisait un plaisir de les aider dans leurs travaux, et de leur rendre tous les services qui pouvaient les soulager. « J'en ai été le témoin oculaire, dit l'abbé Bernard, son compatriote et son cousin.... Souvent M. Trompier m'a fait remarquer les vertus de cet admirable jeune homme ; il le citait comme modèle de piété filiale, et trouvait dans ses relations de famille un des plus beaux commentaires de ce précepte divin : *Tes père et mère honoreras*, etc.... Je ne m'étonne pas, ajoutait le vénérable curé, que Dieu le récompense dès ce monde, en lui accordant ce charme de la vertu, cette amabilité de caractère, cet ensemble de qualités et cette abondance de grâces qui le préparent si bien au sacerdoce [1]. »

Sa conduite à l'égard des maîtres n'était pas moins édifiante. Il se montrait toujours attentif à leurs leçons, docile à leurs avis, honnête, simple et franc dans ses rapports avec eux. Désireux de les contenter, il ne s'acquittait jamais à moitié de ses devoirs d'écolier. La

---

[1] Extrait d'une lettre en date du 16 août 1843.

longueur et la difficulté d'une tâche à remplir soulevait-elle, en classe, quelques plaintes, quelques murmures, loin d'exprimer le moindre mécontentement, il se mettait à l'œuvre sans délai et dans la mesure de ses forces ; il encourageait même ses voisins à faire également preuve de bonne volonté. Arrivait-il que, sur un point d'histoire ou de toute autre science, la mémoire du professeur fût en défaut, il ne se procurait pas la gloire de faire remarquer qu'il s'en était aperçu, encore moins avait-il le sot esprit de s'en réjouir comme d'une bonne fortune. Toujours respectueux à l'endroit de ses maîtres, il était d'une extrême réserve dans ses paroles à leur sujet. Il ne souffrait pas qu'en sa présence on s'égayât à leurs dépens. Plus d'une fois, en effet, on l'a vu imposer silence à des langues trop légères.

Le respect ne s'arrête pas au maître ; Chanel l'étendait jusqu'à ses compagnons d'étude, et l'on peut, à cet égard, se reporter aux pages où nous parlons de ses qualités et de ses vertus comme condisciple.

Enfin, par une conséquence naturelle, Chanel se respectait lui-même. Il ne descendait jamais à ces petites bassesses, à ces actes qui dénotent une âme oublieuse de sa propre grandeur et de ses destinées. Qu'il fût seul ou en public, on retrouvait toujours en lui une empreinte de dignité chrétienne.

« La véritable éducation est encore une œuvre de force en ce sens qu'elle a pour but de fortifier celui qu'elle élève : elle doit fortifier son esprit, son cœur, sa volonté, sa conscience, son caractère [1]....»

Lorsqu'on suit pas à pas Chanel, à partir de son berceau jusqu'à sa dernière année de séminaire, à Meximieux, on voit sensiblement grandir et se développer ses forces intellectuelles, morales et religieuses. On peut dire de lui ce que l'Évangile, dans la simplicité et la profondeur de son langage, dit de l'Enfant-Dieu : « *Puer crescebat, et confortabatur* [2]. » Il y avait, en effet, dans ce jeune homme, à cet âge critique où l'esprit et le cœur sont plus que jamais le jouet des sens et des illusions, il y avait, disons-nous, des principes de sagesse, une foi, une piété, qui, comme une ancre de salut, fixaient son âme et la préservaient du naufrage : « *Erat in adolescente religio* [3] », ainsi s'exprime une autorité des plus graves dont nous avons déjà invoqué le témoignage. Cette même force, qui le maintenait dans la voie chrétienne, il la déployait dans l'accomplissement de ses devoirs d'écolier. Quoique d'une santé délicate, son application à l'étude fut laborieuse et soutenue : « *In studiis impensa sedulitas* [4]. » Rien n'est plus difficile, rien n'est plus rare que le sage emploi des paroles. Heureux celui qui est par-

---

[1] Mgr Dupanloup, *De l'éducation*, t. 1, ch. III.

[2] Luc, II, 40.

[3] Ex Act. S. Congregat. Rit. pro Introd. Causæ servi Dei Petri-Mariæ-Aloysii Chanel. — *Informatio supper dubio, revisa*, etc.

[4] *Id., ibid.*

venu à se rendre tellement maître de sa langue, que la discrétion, la franchise et la charité en règlent toujours l'usage ! Ici notre jeune et saint ami fut encore un admirable modèle. Sur ses lèvres, on ne surprenait aucune parole qui ne fût une fleur de suavité : « *Florebat in ore suavitas*[1]. » Que, par une disposition naturelle et un attrait de la grâce, un cœur se porte à la pratique de telle ou telle vertu, et qu'il la cultive jusqu'à sa perfection, il y a là sans doute un mérite qui suppose de la force et de la constance ; mais n'exclure aucune des vertus, les cultiver toutes avec un soin, un dévouement égal, n'est-ce pas révéler une détermination, une énergie, qui tiennent de l'héroïsme ? Or tel nous apparaît Chanel dans tout le cours de ses études : « *Illud denique virtutum omnium constans exercitium*[2]. »

Souvent, dans les jours de sa pureté baptismale, l'enfant, au récit de quelques annales édifiantes, se prend d'enthousiasme pour les grandes vertus. Ce sont d'ordinaire les voies de l'apostolat qu'il mesure du regard ; il a des aspirations de zèle, des élans de charité, il ne recule dans sa pensée devant aucun labeur, aucun sacrifice. Mais sitôt que la couronne d'innocence vient à s'effeuiller sur son front au souffle des passions mauvaises, ses forces morales et religieuses s'é-

---

[1] *Id., ibid.*
[2] *Id., ac supra.*

teignent, les horizons se transforment, la perspective de l'avenir se rétrécit, la vie a changé avec le cœur.... Il n'en fut point ainsi de Chanel ; plus il grandissait en âge, plus il s'affermissait dans sa vocation au sacerdoce et aux missions étrangères. Deux de ses condisciples, qui connaissaient la trempe de son âme, se lièrent avec lui d'une étroite union. Ce fut d'abord le jeune Bret, dont nous avons déjà parlé, et ensuite Denis-Joseph Maîtrepierre, de Marboz (Ain). L'un et l'autre étaient dignes d'un tel ami. Tous trois, aspirant au même but, se réunissaient de temps à autre, et s'encourageaient à tendre d'un pas ferme vers la carrière qui semblait s'ouvrir devant eux. De son côté, l'abbé Loras, brûlant aussi du désir de se consacrer au salut des infidèles, travaillait à se décharger de la direction du petit séminaire. Juste appréciateur des qualités et des vertus de ces jeunes gens, le futur évêque de Dubuque (États-Unis) les avait déjà choisis, dans le secret de son cœur, pour les associer un jour aux travaux de son apostolat. Sur le point de recevoir leurs adieux, parce que le cours de leurs études les appelait dans un autre établissement, il les fit venir auprès de lui, leur dévoila sa pensée et les espérances qu'il fondait sur eux. A cette nouvelle, Chanel, Bret et Maîtrepierre tressaillirent de joie et de reconnaissance. « Mes enfants, leur dit ensuite le vénéré supérieur, ne précipitons rien, sachons attendre le moment de Dieu; nous aurons des obstacles à surmonter, mais ayons confiance et prions... » Nous verrons dans le cours de notre récit quelles furent, à ce sujet, les vues de la divine Providence.

Tout ce que nous avons raconté des quatre ou cinq années que Chanel vient de passer, se résume dans une parole sortie de la bouche d'un auguste prélat qui, au début de son sacerdoce, professa la rhétorique à Meximieux. Mgr Debelley, mort archevêque d'Avignon, reportant son souvenir sur les années de l'adolescence et celles de l'apôtre de Futuna, laissait échapper de son cœur ce touchant et magnifique éloge : « Pieux jeune homme que ses vertus et son martyre feront placer quelque jour sur nos autels [1]. »

[1] Extrait d'une lettre adressée à l'auteur, le 17 août 1856.

CHAPITRE XI

Collége de Belley

Un homme d'une grande célébrité a écrit les lignes suivantes : « En entrant au collége de Belley, je sentis en peu de jours la différence prodigieuse qu'il y a entre une éducation vénale, rendue à de malheureux enfants pour l'amour de l'or, par des industriels enseignants, et une éducation donnée au nom de Dieu et inspirée par un religieux dévouement dont le ciel seul est la récompense. Je ne retrouvai pas là ma mère; mais j'y retrouvai Dieu, la pureté, la prière, la charité, une douce et paternelle surveillance, le ton bienveillant de la famille, des enfants aimés et aimants, aux physionomies heureuses. J'étais aigri et endurci : je me laissai attendrir et séduire. Je me pliai de moi-même à un joug que d'excellents maîtres savaient rendre doux et léger. Tout leur art consistait à nous intéresser nous-mêmes au succès de la maison, et à nous conduire par notre propre volonté et par notre propre enthousiasme. Un esprit divin semblait animer du même souffle les maîtres et les disciples. Toutes nos âmes avaient retrouvé leurs ailes et volaient d'un élan naturel vers le bien et vers le beau. Les plus rebelles eux-mêmes étaient soulevés et entraînés dans le mouvement général. C'est là que j'ai vu ce que l'on pouvait faire des hommes, non en les contraignant, mais en les inspirant. Le sentiment religieux qui animait nos maîtres nous animait tous. Ils avaient l'art de rendre ce sentiment aimable et sensible, et de créer en nous la passion de Dieu. Avec un tel levier, placé dans nos propres cœurs, ils soulevaient tout. Quant à eux, ils ne faisaient pas semblant de nous aimer, ils nous aimaient véritablement, comme les saints aiment leur devoir, comme les ouvriers aiment leur œuvre, comme les superbes aiment leur orgueil. Ils commencèrent par me rendre heureux; ils ne tardèrent pas à me rendre sage. La piété se ranima dans mon âme; elle devint le mobile de mon ardeur au travail. »

Chanel ne rencontra point à Belley les maîtres et les élèves qui ont inspiré la page que nous venons d'emprunter à M. de Lamartine. Toutefois, si les figures avaient changé, l'esprit et le cœur étaient les mêmes.

« Tu me demandes, répond-il à l'un de ses amis, quelques renseignements sur ma nouvelle position; je suis heureux autant qu'on peut l'être sur la terre. Nous avons d'excellents maîtres, notre supérieur est un saint[1], les élèves sont nombreux et m'ont paru jusqu'ici fort aimables. Quant à la maison, au point de vue matériel, il serait difficile d'en trouver une d'un aspect plus flatteur et d'une plus rare convenance. Des cours et des salles d'ombrage permettent à nos jeux de se dérouler au large. Nous respirons un air pur; la campagne qui nous entoure présente les tableaux d'une nature tantôt gracieuse, tantôt imposante. Nous voyons d'assez près les montagnes de la Savoie, et, dans le lointain, les sommets neigeux de la Grande-Chartreuse... »

Le programme de l'enseignement à Meximieux ne dépassant pas la rhétorique, Chanel entra au collège de Belley, pour y suivre le cours de philosophie. Plié aux habitudes d'un travail réfléchi, il s'appliqua sérieusement à l'étude de cette science, et ne tarda pas

---

[1] Le collège de Belley était alors dirigé par l'abbé Félix Pichat, natif de Bourg (Ain), chanoine honoraire de Belley, et ancien supérieur de l'institution cléricale de la métropole de Lyon. Ce prêtre, que Mgr Alexandre-Raymond Devie vénérait comme un saint, avait reçu du ciel le don de faire aimer la vertu. Sur son front se reflétait la candeur de son âme; sa parole, ses actes portaient toujours l'empreinte de la douceur, de la modestie et de la sagesse. Sa tendre dévotion pour la Sainte Vierge lui inspira un singulier attrait pour la *Société de Marie*, qui, à cette époque, sortait à peine du berceau. Il ne voulut pas mourir sans avoir la consolation de s'être attaché à elle et de lui avoir apporté sa part de dévouement. Le nom de Marie, ce nom si cher à son cœur, fut le dernier mot qui expira sur ses lèvres, le 25 mars 1829. La foule se pressa autour de son lit funèbre pour l'arroser de ses larmes, et contempler le sourire du juste, que la mort n'avait point effacé....

à l'apprécier. Il vit qu'elle n'était point simplement une série d'abstractions rationnelles sans utilité et sans rapport avec la vie pratique, comme l'ont imaginé des idéologues; il vit qu'elle n'était pas non plus, comme l'abus de la scolastique porterait à le croire, une forme rigoureuse et conventionnelle de raisonnement, un langage aride ou mort, une sorte de mécanisme artificiel faisant fonctionner les idées, comme la vapeur meut les agrès d'une usine; mais qu'elle est au contraire, et dans le sens rigoureux du mot, l'*amour de la sagesse*[1], et par conséquent la science réelle de la vie, la science qui a pour objet: Dieu, le monde et l'homme[2]. Il comprit bientôt que la révélation divine

---

[1] Philosophie, du grec : φίλος, ami, σοφία, sagesse.

[2] *Dieu.* Elle dit son existence et sa nature, cause infinie et type suprême des existences particulières de chaque être; elle démontre l'importance absolue de cette vérité première, en faisant voir, d'une part, que toutes les autres vérités en dépendent et y trouvent leur unité; d'une autre part, qu'aux trois erreurs fondamentales, qui la nient, l'athéisme, le dualisme et le panthéisme, aboutissent nécessairement toutes les autres erreurs de l'esprit humain.

Le monde. Elle explique sa création et sa relation nécessaire avec l'Être divin et les idées divines, dont elle n'est qu'une manifestation ; elle résout le grand problème du mal, donne la classification des êtres, et la théorie générale des sciences qui s'y rapportent.

L'homme. Le considérant d'abord en général, elle formule les lois providentielles qui président à son existence à travers le temps : c'est la philosophie de l'histoire avec ses enseignements magnifiques ; puis, étudiant l'homme en particulier, elle fait la théorie de son âme, indique sa nature et ses facultés : c'est la psychologie; elle parle de son organisme : c'est la physiologie; elle dit ses lois : c'est la morale. Prenant enfin l'homme vivant avec ses semblables, elle prouve l'ori-

nous donne sur ces trois grands objets de nos connaissances les seules idées vraies et fondamentales ; aussi ne concevait-il pas de philosophie possible en dehors de la foi catholique. « Que je plains, disait-il, le jeune homme à qui l'on persuade que la raison et la foi sont comme deux voies parallèles, et qu'il peut se passer de l'une ou de l'autre, parce qu'elles conduisent également l'homme à ses destinées[1] ! « Une telle phi-
« losophie, s'écriait Pascal, ne mérite pas une heure
« d'étude. »

Les leçons de philosophie n'étant pas des discours où cherche à briller l'art oratoire, mais des thèses, des démonstrations où l'on procède sévèrement par voie de principe et de conséquence, Chanel donna tous ses soins à l'étude de la logique, qui trace la marche du raisonnement et forme l'esprit à cette exactitude, à cette précision qui dégagent la vérité des nuages et la mettent en lumière. Il se félicitait déjà, et plus encore dans la suite, d'avoir trouvé dans cet enseignement deux précieux avantages : d'abord celui d'une dialectique serrée, arme puissante contre l'er-

gine divine de la société et les conditions essentielles de sa vie, pose les principes généraux du droit naturel des nations, et apprécie sommairement les institutions et les sciences politiques....

[1] On ne saurait trop lire l'*Avertissement à la jeunesse et aux pères de famille sur les attaques dirigées contre la Religion par quelques écrivains de nos jours*, par M. l'évêque d'Orléans, l'un des quarante de l'Académie française. Paris, Douniol, libraire-éditeur, rue de Tournon, 29.

reur et les passions; et, en second lieu, l'emploi de la langue latine, qui est la langue de l'Église, et qui le préparait aux études théologiques. Bien qu'ami du syllogisme, il ne l'employait jamais pour le seul plaisir de l'argumentation ou de la chicane. Quand il soulevait une discussion, soit en classe, soit en conférence, c'était uniquement dans le but de s'éclairer.

Le supérieur du collége l'honora de plusieurs témoignages d'estime. Il ne pouvait faire un plus grand éloge de son zèle pour le culte divin qu'en le chargeant du soin de la chapelle et de la direction des cérémonies religieuses. De plus, il le choisit pour surveiller les enfants de la première communion, pendant leur retraite préparatoire, et entretenir parmi eux le recueillement et la piété. Cette tâche était douce et facile pour celui qui avait su lui-même, dans les jours de son adolescence, si bien apprécier le bonheur de recevoir son Dieu pour la première fois.

Il arrive un moment dans la vie du jeune chrétien où se remue dans son âme une pensée d'avenir, où il éprouve le besoin de démêler ici-bas la place et le rôle que lui assigne la Providence. C'est là comme le foyer où tout vient aboutir; c'est le nœud puissant auquel se lient nos espérances et nos destinées... Pour n'avoir pas été délibérées et choisies à la source des religieuses pensées, que d'existences aventureuses et manquées dans le monde! que l'histoire en serait longue et triste !... Depuis longtemps, Chanel ne pouvait douter qu'il ne fût appelé à l'état ecclésiastique. Néanmoins, comme s'il eût craint de se jeter tête baissée dans cette carrière, il fit à ce sujet les plus sérieuses réflexions pendant son cours de philosophie; il pesa devant Dieu les dispositions de son âme, il redoubla ses visites au Saint-Sacrement et à la Sainte Vierge, il s'imposa quelques mortifications et consulta le directeur de sa conscience. Trois années, il est vrai, le séparaient encore du sacerdoce; mais entrer au grand séminaire sans avoir la certitude morale qu'on en sortira prêtre lui paraissait une démarche irréfléchie. En quittant le collége, sa vocation fut donc décidée. Les vertus dont son âme s'était enrichie sous le toit paternel, à l'école presbytérale de Cras, à Monsols, à Meximieux et à Belley, toutes ces vingt-deux années d'une vie conservée si pure et si édifiante, lui donnaient bien quelque droit de se présenter dans l'assemblée des jeunes lévites du Seigneur. Heureux le jeune homme qui peut ainsi, au terme de ses études, embrasser une carrière à laquelle il s'est longtemps préparé! Combien, au contraire, est à plaindre celui qui, sans avoir rien prévu, rien examiné à l'avance, entre au sein de la société pour y prendre la position qui sourit le plus à ses passions mauvaises! Mais ce n'est pas toujours sur lui seul que doit retomber le blâme, il doit plus encore s'adresser à l'aveugle imprudence du père dans le choix de l'établissement où il a placé son fils. Par un juste retour, ce père infortuné ne recueillera de ses soins et de tant de sacrifices que ce que l'on doit attendre d'une terre ingrate, stérile et peut-être déjà maudite....

CHAPITRE XII

Grand séminaire

« Je ne puis vous exprimer, nous disait un jour le R. P. Chanel, combien je fus impressionné lorsque je me revêtis de l'habit ecclésiastique pour me rendre à Brou. Mon émotion fut autrement plus vive quand j'eus franchi le seuil du grand séminaire. Il me semblait que Dieu avait créé pour moi de nouveaux cieux et une terre nouvelle : « *Vidi cœlum novum et terram* « *novam*[1]. » Je retrouvai là bon nombre de mes anciens condisciples. Tous avaient le bréviaire ou la tonsure. Je croyais déjà toucher à quelque ordination ; j'entrevoyais le sacerdoce de si près, que j'éprouvais au fond de mon âme tantôt de la joie et de la confiance, tantôt de la crainte et de l'éloignement. Vint une retraite. Ah! c'est pour le coup, me dis-je en moi-même, que je vais enfin jeter les fondements de ma sanctification; il en est temps; plus tard, ce serait trop tard... »

Les séminaristes de cette année n'oublieront jamais

---

[1] Apoc., XXI, 1.

l'heureuse impression qu'ils ressentirent à la vue de leur nouveau condisciple. Ils admirèrent sa rare modestie, sa régularité, sa douceur, sa piété. « A peine l'abbé Chanel parut-il dans nos rangs, dit M. B**, qu'il frappa mes regards par son air angélique et m'inspira le désir de rechercher sa compagnie. De tous les élèves de son cours, il est le seul que j'aie connu dans l'intimité. J'ai passé, à Brou, deux ans avec lui. Il a singulièrement contribué par ses exemples et ses conseils à mon avancement dans le bien... » Laissons maintenant parler le vénérable abbé Perrodin, alors supérieur du grand séminaire : « Je ne puis voir, dit-il, sans une émotion douce et profonde un séminariste qui, chaque jour, se rend de plus en plus digne du sacerdoce. Tel se montra l'abbé Chanel. Depuis longtemps, il soupirait après le bonheur de vivre au sein de notre solitude. Quoiqu'il semblât à ceux qui l'avaient connu à Belley et à Meximieux, que sa foi ne pouvait devenir plus vive, sa piété plus tendre, sa charité plus active, son amour pour l'étude plus ardent, son caractère plus aimable, tous admirèrent cependant les nouveaux développements que prirent ses qualités et ses vertus. Plus d'une fois, en le voyant, je me suis écrié dans le secret de mon cœur, en empruntant ces paroles de saint Jérôme : « *Gaudeat episcopus judicio suo, quum* « *tales Christo elegerit sacerdotes* [1]. »

---

[1] « Que le pontife se réjouisse de la sagesse de son discernement, lorsqu'il associe de tels hommes au sacerdoce de Jésus-Christ. »

Nulle part la voie de la perfection ne parut à l'abbé Chanel plus douce, plus aplanie qu'au grand séminaire. « Quoi de plus facile, écrivait-il à l'un de ses amis, que ce que nous avons à faire chaque jour : se lever après sept heures de repos, consacrer les prémices de la journée à la prière, à l'oraison et à la sainte Messe ; nous appliquer ensuite à l'étude du dogme, de la morale et de l'Écriture sainte ; donner quelques instants à l'examen de notre conscience, recevoir quelques sages conseils, prendre nos repas et nos récréations à des heures fixes, en un mot suivre le règlement de la maison ? Pour nous porter à l'accomplissement du devoir, on n'emploie ni contrainte, ni menace, on n'a besoin que de nous inspirer l'amour de Jésus-Christ : « *Non te teneat catena ferrea, sed catena Christi*[1]. » Attaché par ces doux liens, nous sommes entraînés conformément à nos désirs : « *Catená hác vincit, sponte trahimur, et volentes et optantes*[2]. » La nature a beau se récrier : « *Ubi amatur, non laboratur*[3]. » Et puis, quelle abondance de grâces nous vient en aide ! Dieu veuille que j'y sois fidèle !... »

Le grand séminaire n'est pas seulement une école de théologie, c'est encore une école de l'esprit ecclé-

---

[1] « Soyez retenu, non par des liens de fer, mais par les liens du Christ. » (*Saint Chrysostome*, homil. ix, in cap. iv, ad Ephes.)

[2] *Idem.*

[3] Ce qu'on aime ne fatigue point. (Saint Augustin.)

siastique, ou le noviciat préparatoire au sacerdoce. Or, ce qui distingue le prêtre qui se tient à la hauteur de sa dignité et de sa mission, c'est non-seulement la communication des pouvoirs divins qui lui sont conférés, mais encore une participation plus entière à l'esprit même de Jésus-Christ, suivant ces paroles si connues : « *Sacerdos alter Christus.* » L'abbé Chanel le comprit dès le bas âge, et surtout au grand séminaire. Déjà plié à des habitudes de discipline, il fut un modèle de régularité. Nul ne s'appliquait davantage à étendre à tout l'extérieur de la vie l'ordre qu'il savait mettre dans sa conscience. Cette conduite exemplaire n'avait rien de contraint ni d'affecté ; elle était l'expression naturelle d'une âme qui aimait le devoir sans retour sur elle-même. Comme saint Basile, « le jeune clerc ne cherchait pas à paraître le meilleur, mais à l'être [1] ».

Ainsi que l'attestent ses règlements de vie, ses premières pensées, ses premiers sentiments à son réveil se portaient vers le ciel, et se renouvelaient très-fréquemment dans le cours de la journée. A l'exercice de l'oraison, son maintien, son recueillement, montraient la ferveur de son âme et l'intimité de ses communications avec Dieu. Le directeur du séminaire lu fit, un jour, selon l'usage, rendre compte de sa médi-

---

[1] *Non optimus videri, sed esse studebat.* (Oraison funèbre de saint Basile, nº 66.)

tation. Il répondit avec candeur et docilité, expliquant la méthode qu'il suivait, dévoilant ses moindres fautes, comme aussi ses affections, ses colloques et ses résolutions. Il ne se doutait point que, dans ce compte rendu, il était facile de reconnaître qu'il était déjà fort avancé dans les voies de la perfection. Rien d'étonnant : depuis bien des années il exerçait non-seulement sur ses sens, mais encore sur les moindres mouvements de son âme, une vigilance et une mortification continuelles. « Qui peut comprendre, disait-il un jour
« à l'un de ses plus intimes confidents, tout ce qu'une
« simple curiosité, une petite raillerie, une légère mé-
« disance, un sentiment d'amour-propre, causent
« d'opposition à la grâce, d'affaiblissement dans la
« ferveur, d'égarement et de dégoût dans l'oraison ? »
De là cet esprit intérieur qui réglait sa conduite et se reflétait dans ses traits. Heureux son conchambrier ! il put voir son attention et sa ferveur dans la prière, ses élévations de cœur à Dieu, ses regards tendres vers la croix ou vers une image de la Sainte Vierge, la composition de son corps suivant les règles de la modestie, et tous les petits secrets de la dévotion qui se révèlent bientôt à un ami, lors même qu'on voudrait les cacher.

Cet esprit d'oraison prenait sa source dans une grande dévotion au Très-Saint-Sacrement. Une piété angélique l'accompagnait au saint sacrifice de la Messe et à la Table sainte. Il s'estimait heureux, à la faveur d'une charge qu'il avait à remplir [1], de se glisser par une porte secrète dans l'église, surtout pendant la récréation du soir. Après s'être acquitté de son office, il se cachait dans l'ombre plus épaisse d'un pilier, et restait en adoration jusqu'à ce que la cloche l'obligeât de quitter le saint temple.

Un jour de fête, après avoir communié le premier en sa qualité de diacre et de grand sacristain, il tint la patène sous la main du prêtre qui distribuait l'Eucharistie. Une parcelle d'hostie étant tombée à terre, il marqua l'endroit où il espérait la recueillir après la Messe. Malgré de soigneuses recherches, il ne put la retrouver. Il rentra dans sa chambre, le cœur navré. « Oh! que vous avez l'air triste et affligé! lui dit son conchambrier. — Il y a bien de quoi, répondit-il en soupirant, je n'ai pu retrouver une parcelle d'hostie consacrée.... » Il fut impossible au pieux séminariste de se livrer à l'étude. Il redescendit à l'église, se mit en prières et fit de nouvelles recherches. Enfin, ayant retrouvé la parcelle eucharistique, il la déposa dans un vase sacré. Revenu auprès de son conchambrier : « Cette fois, lui dit-il en souriant, j'ai été plus heureux; *inveni quem diligit anima mea* [2]. »

De toutes les fonctions qu'exercent nos séminaristes, dit M. Perrodin, celle de grand sacristain

---

[1] Celle de grand sacristain.
[2] J'ai retrouvé Celui que mon cœur aime. Cant. III, 4.

« est à mes yeux la plus honorable comme aussi la
« plus importante. Je ne la confie qu'à un élève intelli-
« gent et doué d'aptitude pour le service des autels et
« la direction des cérémonies religieuses. Il faut en
« outre qu'il soit d'une conduite exemplaire et que, par
« son zèle, il soit comme l'âme de la piété parmi ses
« condisciples. Or, toutes ces qualités, l'abbé Chanel
« les réunissait au plus haut degré. » C'est lui, en
effet, qui, à l'approche des ordinations et des principales fêtes de l'Église, imprimait, en secret, un mouvement religieux dans la communauté. Il priait et faisait prier beaucoup.

Sa charité industrieuse lui conciliait l'estime et l'affection universelles. Bon nombre de ses condisciples
raconteront longtemps qu'en franchissant, pour la première fois, le seuil du grand séminaire, ils trouvèrent
un jeune homme plein de douceur et de modestie, qui
les embrassa comme d'intimes amis, les conduisit à
l'église pour l'adoration d'usage, et ne les quitta point
qu'il ne les vit placés. Il se joignait de préférence aux
plus simples et aux plus timides. Il semblait arriver
lui-même et se trouver là par hasard; mais on sait
qu'il veillait à la fenêtre de sa cellule, qu'il suivait des
yeux ses nouveaux condisciples, pour épier l'occasion
de leur être utile; on sait aussi que, le plus souvent, il
se tenait à la porte, pour servir comme de frère hôte-
lier. Ce zèle du cœur lui avait acquis le droit de donner
des conseils. Plusieurs de ses condisciples lui furent

redevables de leur ferveur, et même de leur persévérance dans la vocation à l'état ecclésiastique. « Sans
« lui, disait un jour M. l'abbé M*** au vénéré supérieur
« de Brou, il est très-probable qu'aujourd'hui je ne
« serais pas revêtu du sacerdoce. La première se-
« maine que je passai au grand séminaire me coûta
« horriblement; j'étais si triste, si ennuyé, que je ré-
« solus de quitter la maison, sans espoir d'y rentrer.
« Déjà je me disposais à exécuter mon dessein, quand
« je rencontrai sur mon passage le bon abbé Chanel.
« Il comprit d'abord les noires pensées que je roulais
« dans mon esprit. Nous fîmes ensemble quelques
« tours sous les cloîtres du séminaire, et il ne tarda
« pas à dissiper mes ennuis : il m'encouragea si bien,
« que je n'eus, dans la suite, aucune tentation de ce
« genre. » L'admirable séminariste, n'eût-il ramené
que cette âme dans les sentiers de sa vocation, aurait
encore rendu un grand service à l'Église; car le condisciple dont il releva le courage, jeune homme d'une
intelligence et d'un savoir distingués, devint prêtre,
professeur d'éloquence sacrée, vicaire général d'un
archevêque, qui l'honora de toute sa confiance et de
sa plus intime amitié.

Sachant que le prêtre doit être la lumière des âmes [1],
l'abbé Chanel attacha la plus haute importance à l'étude de la science ecclésiastique. En classe, il prenait

---

[1] *Vos estis lux mundi.* Matth., v, 14.

exactement des notes qu'il rédigeait ensuite avec précision. « Il travaillait avec méthode, dit M. Perrodin, et « répondait avec jugement. Il aimait à prendre conseil « de l'expérience. »

Alors se trouvait au grand séminaire un prêtre qui, par l'ordre de son évêque, était venu s'y retremper dans l'esprit de son état, dont il s'était malheureusement écarté. Ses fautes n'étaient point connues des élèves; les directeurs seuls en étaient instruits. L'abbé Chanel, loin de soupçonner le vrai motif de son séjour à Brou, ne vit en lui qu'un vétéran du sanctuaire, en la compagnie duquel il ne pouvait y avoir pour un séminariste qu'utilité et profit. Avec la permission du supérieur, il s'en approchait donc le plus souvent qu'il lui était possible. Celui-ci, de son côté, ayant reconnu dans l'abbé Chanel un modèle accompli de toutes les vertus ecclésiastiques, avait demandé et obtenu la faveur de se mettre en rapport avec lui. Ainsi le jeune lévite allait vers le prêtre pour puiser, à son école, cette sagesse que donne l'expérience, tandis que le prêtre allait au lévite pour en recevoir, à son tour, cette pureté de conscience, cette ferveur de piété qu'il admirait en lui et qu'il s'efforçait de recouvrer. Les rôles, comme on le voit, se trouvaient changés. La jeunesse fut ici, sans s'en douter, la bonne conseillère et le guide aimable de l'âge mûr; et l'abbé Chanel, avant même d'exercer le saint ministère, fut pour un de ses frères aînés dans le sacerdoce un apôtre et un bienfaiteur.

CHAPITRE XIII

Ordination. — Première Messe

Dès sa première année de séminaire, l'abbé Chanel reçut la tonsure et les ordres mineurs ; l'année suivante, il fut admis au sous-diaconat et au diaconat. A la fin de son cours de théologie, il fut ordonné prêtre.

Le jour même de sa consécration sacerdotale, il réunit ses jeunes confrères dans le sacerdoce, et signa avec eux l'engagement suivant :

« L'an de Jésus-Christ 1827, le 25 juillet, à l'ordi-
« nation faite par Monseigneur Alexandre-Raymond
« Devie, dans son grand séminaire de Saint-Martin, à
« Brou, ont été faits prêtres MM.... (Suivent 15 noms.)

« Désirant conserver la grâce de notre ordination,
« et notre union fraternelle, devenue plus étroite en
« ce jour, le plus mémorable et le plus heureux de
« notre vie, nous avons arrêté ce qui suit :

« 1° Dès ce moment et pour toute la vie, nous met-
« tons en commun tous nos biens spirituels, toutes

« les bonnes œuvres que nous ferons, dans quelque
« situation qu'il plaise à la Providence de nous placer.

« 2° Nous permettons et promettons de nous avertir
« les uns les autres de tout ce qu'il pourrait y avoir
« de moins édifiant dans notre conduite; de nous
« exciter mutuellement, si notre piété venait à se ra-
« lentir, afin d'être constamment l'exemple des fi-
« dèles dans toutes nos actions, et d'honorer par une
« vie irréprochable le saint ministère qui nous a été
« confié.

« 3° Tous les ans, nous célébrerons l'anniversaire
« de notre ordination. En ce jour, qui en rappellera
« un si solennel, chacun de nous offrira le divin sa-
« crifice pour ses coassociés, et priera Dieu de re-
« nouveler en eux la grâce qui leur a été conférée par
« l'imposition des mains pontificales. Ce jour-là, on
« fera en sorte d'être fervent, plus appliqué à ses de-
« voirs, et on prendra la résolution de travailler à sa
« sanctification avec plus de zèle et de constance.

« 4° Comme notre petite association regarde non-
« seulement le temps présent, mais encore l'éternité,
« quand l'un de nous mourra, tous les autres offri-
« ront pour lui le saint sacrifice, et prieront pour le
« repos de son âme.

« 5° Nous prenons tous la ferme résolution de tra-
« vailler à devenir de saints prêtres, d'être dévoués au
« culte de la Très-Sainte Vierge, de faire assidûment
« l'oraison, d'étudier tous les jours quelques pages de

« l'Écriture sainte et de la théologie, de ne jamais
« passer deux semaines sans nous confesser et de
« faire tous les ans une retraite de huit jours. »

Si l'abbé Chanel n'eût consulté que l'attrait de sa piété, volontiers il eût dit sa première Messe, à l'exemple de saint Vincent de Paul [1], dans une chapelle solitaire, n'ayant qu'un prêtre pour le guider et un enfant pour le servir à l'autel. Mais l'abbé Trompier s'était acquis des droits trop légitimes aux prémices de son sacerdoce.

Ce fut une belle solennité pour l'église de Cras, que celle où l'on vit le nouveau ministre de Jésus-Christ entrer dans ce temple encore plein du souvenir des vertus de son enfance et de sa jeunesse. La population tout entière accourut pour contempler ses traits chéris, et participer aux grâces qui allaient couler du ciel à sa prière. « J'eus le bonheur, dit M. B**, d'as-
« sister à cette fête religieuse et de m'édifier, en sui-
« vant des yeux chacun des pieux mouvements de
« l'abbé Chanel. Je croyais voir à l'autel saint Vincent
« de Paul ou saint François Xavier. Toute sa famille
« eut le bonheur de recevoir de sa main l'adorable
« Eucharistie. »

Qui nous dira ce qui se passait alors dans le cœur

---

[1] « D'après une ancienne tradition de la ville de Buset, dit Collet, saint Vincent de Paul a dit sa première Messe dans une chapelle de la Sainte-Vierge, située au delà du Tarn, sur le haut d'une montagne, et dans les bois. »

de M. Trompier? Il était là, tout près de son cher élève, le dirigeant dans le cours du divin sacrifice. Il voyait enfin accomplis ses vœux et ses espérances : sa mission était remplie. Celui dont il avait été comme la seconde Providence, le petit berger qu'il avait rencontré dans les champs et adopté pour son fils, celui-là même était devenu pasteur des âmes. Quant au jeune prêtre, tout occupé qu'il était de célestes pensées, il n'avait garde d'oublier celui dont la tendre charité l'avait mis dans la voie du sanctuaire; et, en offrant à Dieu la Victime sainte, il le suppliait d'acquitter, envers son bienfaiteur, la dette de sa reconnaissance.

Une vie sacerdotale qui s'annonçait ainsi pouvait affronter l'épreuve du monde, toujours délicate pour celui qui voit se fermer derrière lui les portes du pieux asile où s'est écoulée sa jeunesse. Sublime mais redoutable position que celle du prêtre vivant au milieu du monde et n'étant pas du monde; étranger aux affaires du siècle, auquel néanmoins mille liens le rattachent; obligé de voir dans chaque famille la sienne propre, sans appartenir à aucune; redevable à tous et n'ayant le droit de se refuser à personne; appelé à guérir dans les autres des plaies qu'il doit ignorer en lui-même; ne demandant à ses semblables que de connaître leurs souffrances, pour leur laisser leurs plaisirs; toujours prêt à ouvrir à l'infortune un cœur qu'il tient fermé aux passions; prompt à se rendre où son ministère l'appelle, heureux dans la solitude que sa vocation lui crée; allant des hommes à Dieu pour lui offrir leurs prières, et de Dieu vers les hommes pour leur annoncer le pardon; se tenant ainsi entre le temps et l'éternité, le pied sur la terre où s'accomplit sa mission, la face vers le ciel d'où lui viennent la lumière et la force!

LIVRE DEUXIÈME

DEPUIS LE SACERDOCE JUSQU'A LA VIE RELIGIEUSE
(1827-1831)

CHAPITRE PREMIER

L'abbé Chanel vicaire à Ambérieux.

> « Sacris ordinibus, Deo vocante, initiatus, Ecclesiæ ministris exemplar vitæ, morumque luculentissimum suppeditavit, ita ut qui plurimum cum eo versabantur nihil in eo reprehendendum, vel minimum, animadverterint. »
>
> Élevé aux ordres sacrés par une vocation divine, il a laissé aux pasteurs de l'Église un modèle accompli de vie sacerdotale ; de sorte que ceux qui vivaient dans son intimité n'ont pu remarquer en lui rien de répréhensible.
>
> (*Act. de la S. Congrég. des Rit. pour l'Introd. de la cause de P.-M.-L. Chanel.*)

Ambérieux, l'une des plus belles paroisses du diocèse de Belley, est situé entre Meximieux et la vallée de Saint-Rambert.

Arrivé dans ce poste avec une santé affaiblie par les études, l'abbé Chanel n'y séjourna que treize mois. Dans ce court espace de temps, rien ne fit défaut à son zèle, comme aussi rien ne manqua du côté de l'estime et de l'affection qu'on lui témoigna. Il eut le bonheur d'être initié aux fonctions du saint ministère sous les yeux d'un pasteur qui joignait à de rares vertus le trésor précieux d'une longue expérience. Aussi le nom de M. Colliex[1] fut-il toujours cher à son cœur, et l'on peut dire également que celui du vicaire ne fut pas moins cher à ce digne curé.

Trop jeune encore pour être admis au sacerdoce, l'abbé Bret venait d'être nommé directeur de la maîtrise d'Ambérieux. L'abbé Chanel fut heureux de se retrouver auprès de son ami. La divine Providence les

---

[1] L'abbé Colliex avait été curé à Lancrans, dans le pays de Gex (Ain). Les sanglants orages de 93 n'avaient pu le déterminer à quitter son poste. Ce fut à cette époque qu'il admit pour la première fois à la Table sainte Jeanne-Marie Rendu, si connue à Paris sous le nom de sœur Rosalie, fille de la Charité. Qu'on nous permette de détacher d'une notice historique une page où se trouvent réunies la mémoire du vénéré pasteur et celle de l'admirable fille de saint Vincent de Paul :

« Le curé de Lancrans, M. Colliex, mort, il y a peu d'années, dans la cure d'Ambérieux en Bugey, n'avait pas voulu abandonner son troupeau ; il parcourait sous un déguisement la contrée, portant la pénitence aux repentants, l'Eucharistie aux fidèles, l'huile sainte aux malades, célébrant les offices dans les cavernes et au fond des bois. Il se chargea d'enseigner à Jeanne son catéchisme. La jeune fille fit sa première communion dans une cave, et reçut la divine hostie de la main du prêtre proscrit. Pour elle, ce grand jour se cacha dans les ténèbres, aucune splendeur, aucune fête n'en marqua la solennité ; à peine osait-on allumer un cierge, murmurer à voix basse une prière ; mais au fond de cette cave, au sein de cette pauvre et silencieuse obscurité, il y avait devant l'autel un prêtre qui se préparait au martyre, une vierge qui jurait au Dieu qu'elle recevait pour la première fois, de l'aimer, de le servir toute sa vie, dans la personne des petits et des pauvres : c'étaient les mystères, les dangers, mais aussi les vertus des catacombes. » (*Vie de la sœur Rosalie*, chap. 1, par M. le vicomte de Melun. 1860.)

réunit pour resserrer entre eux ces liens de charité fraternelle qui, depuis longtemps, les unissaient, et pour qu'ils se fortifiassent mutuellement dans leur vocation à la vie religieuse et apostolique.

Le nouveau vicaire se concilia bientôt les sympathies de la paroisse. Quand il parut pour la première fois dans la chaire évangélique, il gagna aussitôt l'estime de ses auditeurs par l'onction touchante et la noble simplicité de sa parole. On sentait que sa prédication avait été préparée et méditée devant Dieu. On aima toujours de plus en plus à l'entendre. Une personne fort respectable nous disait, huit ans plus tard, qu'elle conservait encore l'impression qu'avaient produite dans son âme deux de ses discours, dont l'un avait pour sujet : *le Bonheur du ciel*, et l'autre : *la Dévotion envers Marie*.

A défaut d'expérience, l'abbé Chanel avait cette sagesse, cette prudence que l'Écriture appelle la *science des saints*[1]. Sachant que la direction des âmes est *l'art des arts*[2], et qu'un prêtre, à peine sorti du séminaire, est un guide peu éclairé, il se défia, sans trop de timidité, de ses propres lumières, et se recommanda instamment à Celle que l'Église a si justement surnommée : « *le trône de la Sagesse, — la Vierge très-prudente*[3]. » Tout en conservant son affabilité ordinaire, il se tint

---

[1] « Scientia sanctorum, prudentia. » (Prov. ix, 10.)
[2] Ars artium, regimen animarum. (S. Greg. Mag.)
[3] « Sedes sapientiæ. — Virgo prudentissima. » (*Lit.* B. Mariæ V.)

sur la réserve, et étudia le caractère et les mœurs des habitants au milieu desquels venait de le placer la divine Providence. Il se fit une loi d'agir toujours de concert avec son curé ; il l'estimait trop d'ailleurs pour ne pas se régler en tout sur ses exemples et ses conseils.

Dès les premiers jours de son vicariat, son confessionnal fut entouré de pénitents. Chacun d'eux se félicita de l'avoir choisi pour directeur spirituel ; les enfants surtout et les jeunes gens aimaient à redire sa bonté et sa douceur... La *Congrégation des filles de la Persévérance* ne fut point étrangère à son zèle. M. Colliex, qui l'avait dirigée jusqu'alors, crut pouvoir lui en confier le soin. Dans ses rapports obligés avec les jeunes personnes, le jeune vicaire fit le bien, mais avec cette modestie et cette délicatesse de prudence dont il s'était fait une loi sévère. La piété devint encore plus fervente parmi les congréganistes[1]. Plusieurs d'entre elles sont parvenues à une haute perfection. Nous avons entre les mains la correspondance du zélé directeur avec l'une de ces âmes d'élite, et nous aurons plus tard l'occasion d'en citer quelques fragments, où

---

[1] « J'ai eu le bonheur, écrivait une personne d'Ambérieux, d'appartenir à la *Congrégation de la Persévérance*. L'abbé Chanel, qui en avait la direction, a singulièrement contribué à la développer et à l'affermir. Souvent il nous recommandait la prière, la fuite des occasions dangereuses, la dévotion à la Sainte Vierge, la fréquentation des sacrements... Il nous faisait aimer la vertu, et nous la montrait principalement dans l'accomplissement de nos devoirs d'état, et dans les actions les plus ordinaires... »

l'on retrouve un reflet de cette simplicité naïve et de cette sagesse admirable de conseil, qui distinguent si merveilleusement les lettres du saint évêque de Genève.

On se rappelle que, dès l'âge le plus tendre, l'abbé Chanel aimait à construire par forme d'amusement de petits autels qu'il parait de son mieux; devenu prêtre, il lui était enfin donné de réaliser les pieux essais de son enfance. C'était à l'époque des solennités, c'était surtout pour la Fête-Dieu qu'il s'étudiait à déployer toute la magnificence du culte sacré. Il s'occupait lui-même avec la plus grande activité et le soin le plus intelligent, de faire disposer, dans les divers quartiers de la paroisse, ces reposoirs où Jésus-Christ sous les voiles eucharistiques bénit, comme du haut d'un trône, les fidèles recueillis et prosternés.

Par une invention ingénieuse, il avait construit lui-même cet *autel des parfums* qu'on portait durant la marche de cette procession solennelle. Il était dignement secondé dans ses soins religieux par l'abbé Bret, qui, de son côté, préparait les enfants de chœur au chant des cantiques et aux différentes évolutions qu'exécutent en ce jour, devant l'adorable Sacrement, les thuriféraires et les fleuristes.

La dévotion du *Mois de Marie,* cette dévotion devenue de nos jours si populaire et si abondante en fruits de salut, n'était point encore inaugurée dans la paroisse d'Ambérieux. Elle était trop précieuse aux yeux de l'abbé Chanel et trop chère à son cœur, pour qu'il n'essayât pas de l'y introduire. Ne pouvant atteindre directement son but, il usa d'adresse et parvint à faire entrer dans son dessein le vénérable M. Colliex, que toute innovation semblait contrarier. « Je consens à ce que vous me demandez, lui dit le bon vieillard ; faites tout pour le mieux, je m'en repose entièrement sur vous... » Fort de cette permission, le zélé vicaire s'empressa de décorer la chapelle de la Sainte-Vierge avec toute la splendeur qui lui fut possible. Les paroissiens se rendirent en foule à l'ouverture des pieux exercices ; le saint curé vint lui-même pour les présider. A la vue de ce trône élevé à la Reine du ciel, entouré de mille fleurs et d'un éblouissant luminaire, il fut surpris bien au delà de son attente. De retour au presbytère, il ne put s'empêcher, dans une première impression, d'en témoigner une sorte de mécontentement. « En vérité, s'écria-t-il, c'est porter les choses trop loin... A quoi bon tant d'étalage? que ferons-nous donc le jour de Pâques?... » Hâtons-nous d'ajouter que cette première impression ne fut qu'un éclair auquel succédèrent bientôt les plus douces consolations ; le *Mois de Marie*, en effet, produisit tout le bien qu'on aurait pu attendre d'un jubilé ou d'une mission.

La santé de l'abbé Chanel ne pouvait guère se rétablir au milieu des nombreux travaux de son ministère ; elle allait même en dépérissant. Une maigreur effrayante, une singulière pâleur, une faiblesse toujours croissante, tout inspirait les plus justes alarmes. Partout on disait avec l'accent d'une profonde douleur : « Que c'est dommage! notre cher abbé ne vivra pas longtemps... » Il est vrai qu'il ne se ménageait pas assez. Exténué de fatigue et la voix presque éteinte, il continuait de prêcher à son tour, il faisait le catéchisme aux enfants et ne refusait personne au tribunal de la réconciliation. Seulement quelquefois, épuisé de lassitude, surtout quand il expliquait le catéchisme, il s'appuyait sur une chaise, conservant toujours cet air de douceur et de bonté que rien ne pouvait altérer. A ce dépérissement de santé vint se joindre une violente contusion qu'il se fit à la jambe, et qui aurait dû, pour quelques semaines du moins, le confiner dans sa chambre. Mais il s'écoutait si peu qu'il n'y prit même pas garde. Cependant il ne pouvait s'empêcher de boiter, et il allait ainsi jour et nuit où l'appelaient les fonctions de son ministère.

Du moment qu'il savait une personne gravement malade, il ne la perdait plus de vue; il la visitait fréquemment, et n'attendait pas, pour la préparer à comparaître devant Dieu, qu'elle fût sur les bords de l'éternité. Quand les approches de la mort étaient subites et imprévues, vous l'eussiez vu aussitôt courir en toute hâte, pour ne pas priver une âme des derniers secours de la Religion. Un soir, que, revenu d'une longue course, il commençait à peine à se remettre un peu de la fatigue, on vint tout à coup l'avertir qu'un pauvre voiturier venait de faire une chute si grave qu'il ne lui restait plus que quelques instants de vie. A cette nouvelle, il oublie de prendre sa chaussure et vole auprès du moribond. L'abbé Bret ne fut ni moins prompt ni moins zélé. Les voilà tous deux dans un galetas où ils trouvent le mourant couché sur la paille, couvert d'horribles meurtrissures et baigné dans son sang. C'est un vieux pécheur qui ne s'est pas confessé depuis une trentaine d'années. Il ne peut proférer aucune parole, mais il lui reste encore quelques lueurs de connaissance. On l'exhorte au repentir de ses fautes et à la confiance en Dieu; quelques larmes s'échappent de ses yeux, et il embrasse avec amour le crucifix qu'on lui présente. L'onction sainte des mourants est à peine achevée que la mort a frappé son dernier coup... L'abbé Chanel et son ami se mettent à genoux, prient pour cette âme qu'ils viennent d'assister, et se retirent avec le consolant espoir de la retrouver un jour dans le ciel...

CHAPITRE II

Le jeune vicaire dans sa vie privée.

Rien de plus sacerdotal que les habitudes privées de l'abbé Chanel. Fidèle à cet esprit de régularité qu'il avait puisé dans les séminaires, il se levait et se couchait à des heures fixes. Son oraison, son bréviaire, sa lecture spirituelle et ses autres exercices de piété avaient aussi leurs moments déterminés. Sur sa personne comme dans son habitation, pas le moindre luxe. Dans sa chambre, vous eussiez vu près du lit un prie-Dieu, un crucifix et quelques pieuses images; et dans son cabinet d'étude, une table en bois de sapin et une modeste bibliothèque. Il aimait à se rendre lui-même tous les petits services qu'il aurait pu recevoir d'une main étrangère. Nul autre que lui n'avait soin d'entretenir la propreté de son logement, de ses habits et de sa chaussure. Quelquefois même, au besoin, il prenait l'aiguille pour raccommoder ses vêtements. Un de ses amis, l'ayant surpris à l'œuvre, lui lança quelques mots de plaisanterie : « Il est bon, répondit-il en souriant, de savoir faire un peu de tout ; si jamais je suis missionnaire chez les sauvages, il faudra bien me passer des tailleurs. »

L'abbé Chanel ne fuyait rien tant que l'oisiveté ; toujours quelque chose d'utile occupait ses moments. Il ne concevait pas qu'on pût avoir du temps à soi, et ne savoir à quoi l'employer. A l'une des conférences ecclésiastiques qui sont en vigueur dans le diocèse, étant chargé de faire à son tour la pieuse allocution d'usage : « ..... Le ministère pastoral, dit-il, quand on le remplit consciencieusement, laisse peu de loisirs..... Que de prêtres néanmoins se plaignent d'avoir des heures et même des jours entiers dont ils ne savent que faire ! Vous connaissez ces paroles d'un trop célèbre philosophe : « Quoi ! fus-tu placé sur la terre pour n'y rien faire ? Le Ciel ne t'impose-t-il point avec la vie une tâche pour la remplir ? Si tu as fait ta journée avant le soir, repose-toi le reste du jour, tu le peux ; mais voyons ton ouvrage. Quelle réponse tiens-tu prête au Juge suprême qui te demandera compte de ton temps ? Malheureux ! trouve-moi ce juste qui se vante d'avoir assez vécu : que j'apprenne de lui comment il faut avoir porté la vie pour être en droit de la quitter... Tu t'ennuies de vivre, et tu dis : La vie est un mal. Tôt ou tard tu seras consolé et tu diras : La vie est un bien... Rien n'aura changé que toi. Change donc dès aujourd'hui ; et puisque c'est dans la mauvaise disposition de ton âme qu'est le mal, corrige tes affections déréglées¹... »

« Ministres de Jésus-Christ, nous qui avons du temps à nous et qui ne savons à quoi le dépenser, n'avons-nous donc plus rien à faire dans nos paroisses? Tous nos malades sont-ils visités et préparés à comparaître devant Dieu? N'avons-nous plus autour de nous un seul pauvre à soulager? Le sanctuaire dont nous sommes les gardiens et les conservateurs est-il complétement relevé de ses ruines, et l'autel décoré comme il convient à Celui que renferme le tabernacle? N'existe-t-il plus entre nos ouailles aucun procès, aucun différend que nous puissions apaiser? Hommes de la prière, Dieu nous a-t-il déclaré qu'il se lassait de nous entendre; et notre conscience, qu'il n'y a plus rien à demander pour nous et pour les autres? Il est dit de nous : *Vos estis lux mundi*²; n'avons-nous plus la sainte Écriture à méditer et à graver dans nos cœurs, la théologie à étudier, des instructions à préparer, mille moyens à combiner pour procurer plus de gloire à Dieu, pour assurer encore plus notre salut éternel et celui des âmes qui nous sont confiées?.... »

Loin de chercher quelque repos ici-bas, l'abbé Chanel désirait au contraire agrandir le cercle de ses tra-

---

[1] J.-J. Rousseau, *le Suicide*.
[2] « Vous êtes la lumière du monde. » (Matth., v, 14.)

vaux. Soupirant toujours après les missions d'outre-mer, il s'en ouvrit à Mgr Devie; mais le vénérable prélat pensa que l'heure de la Providence n'était point encore venue. Le jeune prêtre, au cœur d'apôtre, attendait cette heure impatiemment. Il enviait le bonheur d'un vicaire d'Ambérieux qui, à force de prières et de sollicitations, avait enfin obtenu la permission de s'embarquer pour les Indes orientales. Toutes les fois que l'abbé Bonnand [1] envoyait le récit de ses travaux apostoliques, c'était un nouvel aliment pour le zèle qui enflammait l'abbé Chanel. « Ah! disait-il à la personne qui lui communiquait les lettres du missionnaire, si je ne puis rejoindre M. Loras, à Dubuque, que je serais heureux d'être auprès de notre cher M. Bonnand! Demandez-lui donc, quand vous lui écrirez, s'il n'a pas trouvé mon nom écrit sur le sable du rivage ou sur l'écorce de quelques arbres.... Dites-lui bien que je me mettrai en route aussitôt que Dieu me fera signe.... »

Au lieu de faire voile vers ces contrées lointaines, l'abbé Chanel reçut une lettre de l'administration diocésaine qui le nommait à la cure de Crozet, à l'extré-

---

[1] L'abbé Bonnand (Clément), originaire du diocèse de Belley, ancien vicaire d'Ambérieux, quitta la France en février 1824, pour se rendre dans la mission de Pondichéry. Après avoir travaillé dix ans comme simple missionnaire, il fut, en 1834, sacré sous le titre d'évêque de Drusipare, coadjuteur de Mgr Hébert, évêque d'Halicarnasse, auquel il succéda, en 1836, dans le vicariat apostolique de Pondichéry.

Mgr Bonnand a couronné par une sainte mort, en 1861, ses trente-sept ans de travaux apostoliques.

mité du département de l'Ain, dans le voisinage de Genève. Cette nomination fut comme un coup de foudre pour son vénérable curé, qui la tint cachée quelques jours, dans l'espérance qu'il la ferait révoquer. Le bon vieillard dut, malgré ses démarches et ses vives instances, se résoudre à une pénible séparation. « Que de larmes, dit un témoin oculaire, coulèrent alors au presbytère et dans toutes les familles d'Ambérieux!.... » De son côté, l'abbé Chanel avait besoin de toutes les inspirations de la foi pour supporter, calme et résigné, le sacrifice que lui imposait l'obéissance.... Bien qu'appelé aux confins du diocèse, il reviendra de temps en temps au milieu d'une population qui lui fut toujours chère, et « où sa mémoire est encore en vénération [1].... »

---

[1] Témoignage extrait d'une lettre (28 novembre 1842) de M. Marchand, curé d'Arandaz (Ain).

CHAPITRE III

Le curé de Crozet

Au pied du Jura, en face de Genève, sur le territoire de Gex, s'élève dans l'isolement un clocher modeste; à quelques centaines de pas est situé un groupe de maisons basses et pauvres; plus loin, au milieu d'une campagne aride et ravinée, sont jetés çà et là trois ou quatre hameaux; sur les flancs de la montagne, on distingue de rares chalets.... Une antique voie romaine traverse le pays dans la direction de Berne. Tel est, au point de vue topographique, Crozet, dont la population ne dépasse guère huit cents âmes.

Les supérieurs ecclésiastiques étaient convaincus que ce poste ne répondait pas au mérite de l'abbé Chanel; ils l'y avaient placé dans l'intérêt de sa santé. Quant à lui, sans peser aucun de ces motifs, il l'accepta de grand cœur. Il n'en fut pas ainsi de son père, qui, étant venu le voir quelques jours après son installation, s'en retourna bien résolu de porter sa plainte à l'évêché de Belley. « Pensez-vous, dit-il à M. Ruivet, vicaire

général, que je vous aie donné mon fils pour le placer dans les montagnes et au milieu des ours?.... »
L'abbé Chanel n'eut pas plutôt appris le chagrin de sa famille, qu'il fit en toute hâte le voyage de la Potière. Il lui fut facile, en parlant à des parents chrétiens, de les calmer et de les amener à une entière résignation aux vues de la Providence.

Une seule chose l'affligeait dans sa nouvelle position, c'était le déplorable état dans lequel se trouvaient les âmes dont il était devenu le pasteur.

Le village de Crozet avait servi comme d'avant-poste, pour l'invasion de l'hérésie, aux disciples de Calvin, qui s'y étaient retranchés de vive force. Nous ne redirons pas les scènes sauvages qui s'accomplirent alors, la plume nous tomberait des mains.... Quoique le catholicisme eût relevé son temple, une partie de la population était restée dans le protestantisme. Parmi les fidèles eux-mêmes, que de préjugés à dissiper, que de plaies à guérir! C'était une jeunesse de dix-huit à vingt ans qui, n'ayant pas fait de première communion, avait à peine quelque idée de nos principaux mystères; c'était le rendez-vous d'une certaine classe d'ouvriers, tailleurs de pierre et autres, arrivés de différents pays et n'ayant nul souci de la sanctification du dimanche; c'était encore le réceptacle d'étrangers fugitifs et prévenus de divers crimes que poursuivait la justice....
Vainement le digne curé auquel succédait l'abbé Chanel avait-il fait tous ses efforts pour ramener les bonnes

mœurs et la pratique de la religion au sein de cette population égarée; son zèle n'avait servi qu'à aigrir les esprits et lui aliéner les cœurs. Quelques personnes des plus notables, offensées par deux ou trois de ses prônes où elles avaient cru se reconnaître, lui avaient juré une haine irréconciliable, de sorte que le bien devenant impossible, le pasteur se vit forcé d'abandonner son poste et d'exercer ailleurs son ministère.

Le nouveau curé de Crozet avait donc à surmonter de nombreux obstacles. Fort de sa charité et de sa douceur, plein de confiance en Celui qui tient dans ses mains les cœurs des hommes, il se mit promptement à l'œuvre, et Dieu ne tarda pas à bénir son dévouement.

Prêtre d'intelligence et de foi, il savait se faire tout à tous; la mansuétude du divin Maître débordait de son cœur, pour se répandre à flots sur les âmes qui l'entouraient. Dès les premiers jours de son arrivée, il s'empressa de faire connaissance avec ses paroissiens; il alla les voir chez eux; il n'oublia personne, il n'excepta pas même, dans sa visite, les familles des cultes dissidents. Partout il fut accueilli avec joie et reconnaissance. La bonté du pasteur triomphe de tous les obstacles, elle désarme et voit tomber à ses pieds les hommes les plus rebelles; rien ne saurait lui résister : ni les préjugés, ni les sophismes, ni l'impiété. Elle a la clef des cœurs et celle des consciences. C'est à elle que saint Augustin dut son retour à Dieu. « J'ai commencé à l'aimer, dit-il en parlant de saint Ambroise, non parce qu'il enseignait la vérité, mais parce qu'il me témoignait de la bienveillance et de l'affection [1]. »

L'abbé Chanel pensa que, pour remédier efficacement aux maux de sa paroisse, il fallait d'abord s'occuper de l'enfance. Connaissant un jeune homme d'une piété solide et d'une instruction suffisante, il lui confia le soin des petits garçons du village. Quant aux petites filles, il les mit sous la garde d'une *sœur de la Providence*. Ces deux écoles répondirent bientôt à ses vœux et à ses espérances.

Après avoir jeté les fondements de l'éducation chrétienne, il tourna ses regards vers les désordres les plus scandaleux de la paroisse; et, pour les détruire, il s'efforça de réaliser, dans l'exercice de son zèle, ces paroles de l'Écriture : *Attingit ergo a fine usque ad finem fortiter, et disponit omnia suaviter*[2]. D'abord il se fit une loi rigoureuse de ne laisser échapper de sa bouche aucun blâme, aucune plainte à l'endroit de ses paroissiens. Il n'en parlait jamais qu'avec les sentiments du meilleur des pères, et l'on était persuadé, à Crozet, qu'il s'affectionnait au poste où la Providence l'avait placé. Du reste, dans ces paroles qui lui étaient familières, il justifie bien l'idée que l'on peut concevoir de son in-

---

[1] « Cœpi amare hominem, non ut doctorem veritatis, sed ut hominem benevolum in me. » Lib. v (Confess.)

[2] « Il atteint d'une extrémité à l'autre avec force, et dispose tout avec douceur. » (Lib. Sap. viii, 1.)

dulgence pour les plus grands pécheurs : « Plus on étudie le cœur humain, plus on se convainc qu'il y a encore des éléments de vertu dans les âmes dépravées, et que les hommes les plus coupables seraient jugés avec moins de rigueur, si l'on tenait compte de la force des passions et de l'entraînement des circonstances... »

A ses yeux, le plus grand ennemi de la religion, c'était l'ignorance. Il dirigea donc contre elle tous ses efforts. Non-seulement, plusieurs fois la semaine, il faisait le catéchisme aux enfants des écoles; mais encore, chaque dimanche, il prêchait après l'Évangile de la Messe et à l'issue des Vêpres. Cette dernière instruction, qu'il avait soin de ne prolonger point trop, fut suivie avec empressement. Elle se terminait par le chant d'un cantique en l'honneur de la sainte Vierge.

De temps en temps, le zélé pasteur allait visiter les hameaux pour ramener au bercail des âmes que ses prédications, dans le saint temple, ne pouvaient atteindre. Il cherchait à dissiper leurs ténèbres, et à leur montrer douce et facile la pratique de la religion. Il les préparait à une vie chrétienne. Quand, sur sa route, il rencontrait un ouvrier ou un paysan, il l'abordait avec cet air et cette affabilité qui préviennent et gagnent les cœurs. Il ne le quittait point qu'il n'eût adroitement amené la conversation sur un sujet propre à faire pénétrer dans cette âme un trait de lumière, une pensée de foi, un sentiment religieux. Les enfants surtout, les petits bergers semblaient réveiller dans son cœur le plus vif intérêt. En peu de jours, il les connut tous par leurs noms. Il aimait à causer avec eux, et ne les quittait presque jamais sans joindre à de pieux conseils une image ou une médaille de la sainte Vierge. Quelquefois il gravissait la montagne pour visiter les jeunes pâtres des chalets, et leur donner l'instruction nécessaire.

Quant aux protestants répandus dans sa paroisse, il priait beaucoup pour eux, et s'étudiait à gagner leur confiance par les prévenances de sa charité. Sa patience fut mise à l'épreuve, mais, par sa douceur, il augmenta le trésor de ses mérites et triompha de l'hérésie: *Mansuetus utilis sibi et aliis* [1].

« Il était si bon, dit un de ses paroissiens [2], qu'il avait la clef de tous les cœurs. Aujourd'hui encore son nom est comme une prédication touchante dans le pays. Il rappelle d'une manière sensible la piété, le dévouement et surtout la douceur. Veut-on désigner un prêtre digne à tous égards de l'estime et de l'affection de ses ouailles, on dit, et je l'ai souvent entendu : C'est notre cher curé.... c'est notre bon M. Chanel.... Quel bien cette charité douce et active n'a-t-elle point opéré dans la paroisse de Crozet! elle l'a entièrement renouvelée. Par elle, cette portion de la vigne du Seigneur est devenue florissante et fertile.... »

---

[1] Saint Jean Chrysostome.
[2] M. Bramerel, élève de philosophie au collège de Belley (1842), aujourd'hui curé dans le diocèse de Belley (1862).

Ce qui détermina ce mouvement religieux, ce fut l'intérêt que l'abbé Chanel porta aux enfants, soit en les confessant, soit en les visitant dans leurs écoles et en excitant leur émulation par des récompenses. Ayant obtenu une grande réforme dans leur conduite, ils étaient devenus comme autant de petits missionnaires au sein de leurs familles. Leurs pieux exemples et les éloges qu'ils faisaient à l'envi du curé exercèrent une influence salutaire sur l'esprit et le cœur de leurs parents.

Se sentant néanmoins hors d'état, à lui seul, de renouveler à fond sa paroisse, l'abbé Chanel pensa à lui procurer le bienfait d'une mission. Quelques-uns de ses confrères cherchèrent à le détourner de ce projet. « Vous n'obtiendriez, lui dirent-ils, qu'un ébranlement passager, des conversions sans durée. » Loin de partager cette appréciation, qui supposait chez eux plus de bonne foi que de science dans l'économie de la grâce et de la divine miséricorde, il était persuadé que les exercices d'une retraite, d'un jubilé, d'une mission, étaient généralement le levier le plus puissant pour remuer les âmes et les ramener dans la voie du salut. Il savait que, du défaut de persévérance dans quelques-unes, on ne pouvait conclure à l'inutilité de la mission. Bien qu'on dût s'attendre à des défections, il est certain que, dans ce mouvement religieux, un immense résultat a été obtenu : les bons chrétiens sont devenus meilleurs ; les tièdes, les indifférents ont été ranimés ; les lâches, que subjuguait le respect humain, l'ont mis sous les pieds; les ignorants, les incrédules qui méconnaissaient la route du bien, l'ont découverte; les pécheurs endurcis ont ressenti les pointes du remords; en un mot, le souffle divin a passé sur les âmes, l'Esprit sanctificateur s'est manifesté.

Pénétré de toutes ces considérations, l'abbé Chanel n'hésita point à donner la mission. Elle fut bénie du ciel. La plantation d'une croix n'en marqua point le souvenir; on se contenta d'ériger les *Confréries du Saint-Sacrement,* du *Saint-Rosaire* et des *Filles de la Persévérance.*

CHAPITRE IV

Zèle pour le saint temple et le culte sacré.

Rien n'affligea plus l'abbé Chanel, en entrant à Crozet, que d'y trouver une église mal située, trop petite, lézardée et dans une extrême pénurie. Le presbytère aussi était dans le plus déplorable état; mais pour un pasteur qui songe moins à ses propres aises qu'au salut des âmes, l'intérêt de la *maison de Dieu* passe bien avant celui de son habitation personnelle. Prenant donc patience pour ce qui était de ses besoins particuliers, il ne pensa qu'à réédifier et décorer le temple du Seigneur. Il agit sans trop se hâter; il prépara les esprits à des demandes de fonds qu'il est toujours si difficile de faire agréer aux habitants de la campagne. Lorsque le moment de la Providence fut venu, il fit un appel à la générosité de ses paroissiens. Son projet fut accueilli avec joie, et l'on s'empressa de le seconder. Mgr Devie, M. Girod [1], maire de l'endroit,

---

[1] Frère de M. Girod, de l'Ain, ancien ministre de l'agriculture, ancien président de la chambre des députés, etc.

et quelques personnes marquantes du département, promirent également le concours de leur charité. Quand les sommes nécessaires furent assurées, on convint de jeter au plus tôt les fondements du nouveau temple. Le choix de l'emplacement entraîna quelques difficultés. Les uns voulaient qu'on démolît l'ancienne église, et que sur le même sol on en construisît une sur un plan vaste et régulier; les autres prétendaient avec M. le Curé qu'il fallait une position plus centrale. Ce dernier avis prévalut. Déjà même on était sur le point de conclure l'achat du terrain, quand une nouvelle administration municipale, fruit de la révolution de 1830, suspendit l'entreprise et s'efforça de l'anéantir[1].

Obligé de se contenter de sa pauvre église, l'abbé Chanel se consolait en pensant que Jésus-Christ a bien voulu naître dans une étable, et passer trente années

---

[1] Ce ne fut qu'en 1833 que le conseil municipal remit en délibération ce projet et en vota l'exécution. Une chose qu'on explique difficilement, c'est qu'il fut décidé qu'on bâtirait la nouvelle église sur l'emplacement de l'ancienne. L'abbé Chanel, alors directeur du collége de Belley, ne perdait pas de vue le plan qu'il avait tracé, et dont il pressait encore par lettres la réalisation. Il n'eut pas plutôt appris qu'on s'était mis à l'œuvre, et que l'édifice s'élevait dans un local si peu convenable, qu'il s'empressa de témoigner sa douleur : « Ah! monsieur, écrivait-il à son successeur, qu'il est fâcheux que votre église se reconstruise au sommet du village et sur une pente rapide! S'il fallait verser des larmes pour la faire descendre plus bas, j'en répandrais par torrents.... » On s'est repenti, mais trop tard, de n'avoir pas suivi cet avis.

dans l'humble réduit d'un simple artisan. Cependant, pour réveiller la foi et la piété dans les âmes, en même temps que pour rendre à Dieu, d'une manière convenable, les hommages qui lui sont dus, il trouva le secret de réparer et d'embellir le saint lieu, et d'y célébrer avec une certaine pompe les divins offices. « Grâce à son zèle, dit un témoin oculaire [1], l'église de Crozet changea bientôt de face; elle devint même l'une des plus propres et des plus décentes de la contrée... »

L'abbé Chanel mettait là tout son bonheur. *Seigneur*, pouvait-il s'écrier dès l'âge le plus tendre, *j'ai aimé la beauté de votre maison*[2]. Il avait une si haute idée du saint temple qu'il ne pouvait y souffrir les moindres traces de désordre ou de malpropreté. Toutes les semaines, c'était lui qui se chargeait de balayer le sanctuaire, d'épousseter chaque objet et d'entretenir l'éclat du marche-pied de l'autel [3]. On reconnaîtra, dans une de ses lettres, le zèle qu'il déployait pour embellir le

---

[1] M. Bramerel.

[2] « Domine, dilexi decorem domus tuæ. » Ps. xxv, 8.

[3] Dans un siècle où ces détails paraîtront peut-être minutieux, il est bon de rappeler l'éloge que saint Jérôme a fait de Népotien : « Erat sollicitus, si niteret altare, si parietes absque fuligine, si pavimenta tersa, si janitor creber in porta, vela semper in ostiis, si sacrarium mundum, si vasa luculenta ; et in omnes cæremonias pia sollicitudo disposita, non minus, non majus negligebat officium. Ubicumque eum in ecclesia quæreres, invenires... Quidquid placebat in ecclesia, tam dispositione quam visu, præsbyteri laborem et studium testabatur. » *Hieronym. Epitaph. Nepot.* 35, *ad Heliod.*

culte sacré et nourrir la piété des fidèles : « Nous venons, dit-il à une personne d'Ambérieux, de célébrer par un beau temps la Fête-Dieu. De nombreuses emplettes avaient été faites pour cette solennité. Prévoyant que notre bannière n'arriverait pas de Lyon, je m'en suis donné tant et plus pour en fabriquer trois : une avec du velours cramoisi, et les deux autres avec une étoffe de soie blanche; je les ai ornées de mon mieux. Le croiriez-vous? nos bons villageois ont paru enchantés de mon ouvrage. Voici l'ordre de la procession, qui a été fort édifiante : en tête flottait une bannière représentant, d'un côté, le Saint-Sacrement, et de l'autre, saint Philippe apôtre, patron de la paroisse. Elle était suivie des hommes et des petits garçons. Venaient ensuite les enfants de chœur, au nombre de vingt-quatre, puis les fleuristes et les thuriféraires. Le dais, porté par les notables de la commune, était escorté par deux pelotons de la garde nationale. Les chantres étaient à mes côtés. Derrière nous, apparaissait la bannière de la Sainte Vierge, suivie des petites filles de l'école et des filles du *Saint-Rosaire*, qui toutes ce jour-là avaient pris le voile blanc, et formaient un chœur de cantiques sous la direction d'une *Sœur de la Providence*. Les femmes fermaient la marche. J'oubliais de vous parler d'une magnifique croix dorée, dans le genre de la vôtre, mais plus belle encore, qui nous arriva de Lyon, au moment où j'allais commencer la sainte Messe. Mes paroissiens se sont associés à cette fête avec le plus religieux empressement. Les habitations étaient pavoisées, les rues et les chemins couverts de verdure et interrompus çà et là par des arcs de triomphe de feuillage et de fleurs [1]. »

---

[1] Extrait d'une lettre adressée à madame B** (juin 1831).

CHAPITRE V

Le curé de Crozet fait concourir une de ses sœurs à ses œuvres de zèle.

On doit se rappeler qu'en parlant de l'enfance du curé de Crozet, nous avons dépeint la piété précoce de l'une de ses sœurs et les sympathies qui les unissaient tous deux dans leurs aspirations vers les œuvres de zèle et leur propre perfection[1]. Quoique longtemps séparés l'un de l'autre, ils n'avaient point cessé d'entretenir ces nobles sympathies par quelques entrevues au sein de la famille, mais surtout par une pieuse correspondance. Cette sainte fille, qui n'était point encore sortie du toit paternel, soupirait depuis l'âge le plus tendre après la vie religieuse, et même autant que possible après la vie apostolique; elle conjurait son frère de l'appeler auprès de lui, en attendant le jour où Dieu lui permettrait d'atteindre le but de ses désirs et de ses vœux. Sans doute, si le curé de Crozet n'eût

---

[1] Livre I, chap. I.

écouté que la voix de l'amitié fraternelle, il se fût empressé d'accéder à sa demande. La délicatesse de sa prudence à l'égard d'un public trop sévère le fit hésiter quelque temps; mais la *Sœur de la Providence*, ne pouvant suffire à tous les soins de sa charge, réclamait l'appui d'une auxiliaire, en ce qui touche surtout l'entretien des ornements et du linge de l'église, la visite des malades et les secours de charité. Pour ces motifs, mandée par son frère, la jeune sœur du curé dit adieu à sa famille et se rendit à Crozet.

Logée chez la *sœur de la Providence*, elle la seconda de tout son zèle. Sa modestie, sa piété, ses manières simples et affables lui concilièrent bientôt l'estime universelle. Elle apprenait aux petites filles le catéchisme, la couture et le chant des cantiques; elle les préparait aux sacrements de pénitence et d'eucharistie. La première communion une fois faite, la plupart de ces enfants quittaient l'école pour aller en condition. Quelle n'était pas alors pour elles la sollicitude de leur pieuse institutrice! comme elle recommandait à leurs parents de s'inquiéter bien moins du salaire que de la sûreté morale et chrétienne de leurs enfants! Renouvelant ensuite à ces jeunes filles ce qu'elle leur avait dit souvent sur le prix de la modestie, elle les exhortait à éviter la vanité des ajustements, par laquelle le démon aveugle et perd tant d'âmes; à économiser leurs petits gains pour les besoins de leurs familles et pour leurs propres besoins à venir; à fréquenter les sacrements et à s'éloigner de tous les écueils contre lesquels échoue la vertu.....

Les pauvres et les malades étaient par elle visités et secourus. Souvent on la voyait, un panier sous le bras, porter des comestibles dans les réduits les plus nécessiteux. Le soin de l'église et de la sacristie était aussi l'une de ses fonctions. De plus, elle était la zélatrice et comme l'âme des confréries du *Saint-Rosaire* et des *Filles de la Persévérance*. Les mères l'aimaient beaucoup. Charmées de son air de bonté et de douceur, elles se rassemblaient quelquefois autour d'elle, les jours de fête, et s'estimaient heureuses de lui témoigner leur attachement et leur reconnaissance. Elle, de son côté, profitait de son ascendant sur leurs cœurs pour les entretenir de leurs devoirs envers leurs enfants. Ses sages recommandations contribuèrent puissamment à la conservation des bonnes mœurs et de la piété.

A la vue du merveilleux changement qui s'était opéré dans sa paroisse, l'abbé Chanel éprouvait les plus douces consolations. Loin de se prévaloir du succès de son ministère, il en renvoyait à Dieu toute la gloire : *Seigneur*, s'écriait-il les larmes aux yeux, *continuez votre ouvrage et affermissez-le de plus en plus*[1]. Après avoir rendu ses actions de grâces à l'Auteur de tout don parfait, il tourna son cœur vers la Sainte Vierge et saint

---

[1] « Confirma hoc, Deus, quod operatus es in nobis. » Ps. LXVII, 29.

François de Sales pour leur payer un tribut de reconnaissance. C'était sous leurs auspices qu'en entrant à Crozet il avait placé son ministère pastoral. Durant neuf jours, il se rendit soir et matin au pied de l'autel de Marie ; puis il fit un pèlerinage au tombeau du saint évêque de Genève. Quelle vive émotion il dut éprouver à la vue des restes précieux de l'aimable saint dont il s'efforçait d'imiter le zèle et la douceur ! Dans une lettre où il fait le récit de ce pèlerinage, et où l'on voit ressortir une douce gaieté, une piété naïve, une parfaite conformité à la volonté de Dieu au milieu des divers incidents qui viennent parfois mettre à l'épreuve la patience du voyageur, on lit le passage suivant : « Il serait difficile d'exprimer tout ce que l'on ressent, lorsqu'on pénètre dans l'admirable chapelle du couvent de la Visitation, à Annecy. C'est là que repose la dépouille mortelle du grand saint que je désirais vénérer. Un pieux saisissement s'empara de moi, quand il me fut donné de m'agenouiller auprès de ces reliques et de les contempler à loisir. Le corps du saint, revêtu des ornements pontificaux, est comme à l'état de sommeil dans une châsse magnifique... J'ai été assez heureux pour m'en revenir avec un reliquaire enrichi d'ossements de saint François de Sales et de sainte Jeanne-Françoise de Chantal [1]... »

A la suite de ces lignes, l'abbé Chanel changeant de sujet, nous apprend qu'il était question de lui pour une

---

[1] Extrait d'une lettre adressée à madame B***, d'Ambérieux.

cure beaucoup plus importante que la sienne. « L'administration diocésaine, dit-il, ne veut pas me laisser plus longtemps dans mon petit village. M. Ruivet, vicaire général, est venu me voir lorsque j'étais en voyage. Il a dit à l'un de mes confrères qu'il voulait m'offrir la cure de Douvres. Humainement parlant, ce poste est attrayant. Ne vous inquiétez point à mon sujet ; faites comme moi : je me remets entre les mains de Dieu et lui fais le sacrifice de mon bon plaisir ; que sa volonté s'accomplisse et non la mienne ! Je doute cependant que je puisse me séparer sans regret de mes chers paroissiens ; je trouve au milieu d'eux de si douces consolations !... Je ne les quitterai, je l'espère, que pour travailler au salut des infidèles. Depuis longtemps, je sens que Dieu me réserve cette destinée. L'abbé Maîtrepierre, supérieur actuel du pensionnat de Marboz, et l'abbé Bret doivent être mes compagnons de route. Il est convenu que tous trois nous nous donnerons la main pour aller rejoindre Mgr Loras dans les États-Unis... »

On lui aurait offert la plus belle cure du diocèse, qu'il ne l'aurait point acceptée en échange de la vie apostolique. « La volonté de Dieu avant tout, » s'écriait-il. — « Un jour, raconte Victoire Gaugrand [1], causant avec mon père, M. Chanel lui dit d'une voix émue : Je viens de lire un numéro des *Annales de la*

---

[1] Servante du curé de Crozet.

propagation de la foi, qui m'a bouleversé l'âme... Il me semble les voir, ces pauvres insulaires, ces idolâtres, ces anthropophages, que le démon tient sous son empire!... Ils nous tendent les bras... Je crois entendre leurs cris déchirants et nous dire : Qui dissipera nos ténèbres? qui brisera les chaînes de notre esclavage? Venez à notre secours! venez nous instruire de votre religion! venez nous fermer les portes de l'enfer et nous ouvrir celles du ciel[1]! »

Plus d'une fois déjà, et tout récemment encore, l'abbé Chanel avait informé Mgr Devie du désir ardent qu'il avait de se consacrer aux missions étrangères. Le vénérable prélat ne doutant plus que cette vocation ne vînt d'en haut, ne tardera pas à lui permettre de prendre un libre essor.

---

[1] Extrait d'une lettre en date du 1er octobre 1842.

CHAPITRE VI

Charité pastorale

Vainement le pasteur d'une paroisse aurait-il en partage le génie, le savoir et l'éloquence; vainement serait-il doué d'une rare aptitude pour l'exercice de sa charge, *si la charité lui fait défaut*, si la charité n'est pas l'âme de ses pensées et le mobile de ses œuvres, *il n'est rien* devant Dieu [1]; et pour la portion du champ de l'Église qu'il doit cultiver, il n'est qu'un soleil d'hiver dont les rayons manquent de chaleur et de fécondité.

Tous ceux qui ont eu le bonheur de connaître l'abbé Chanel, lorsqu'il remplissait les fonctions de curé, ont vu se refléter dans sa vie les exemples de Celui dont les mains divines étaient toujours ouvertes pour secourir le pauvre, et dont les pieds se fatiguaient à poursuivre la brebis éloignée du bercail... Et, à ce sujet, nos lecteurs nous sauront gré de mettre sous leurs yeux plusieurs témoignages qu'il nous a été donné de recueillir.

---

[1] « Charitatem autem non habuero, nihil sum. » 1 Cor., XIII, 2.

Personne n'a plus estimé l'abbé Chanel qu'une vieille domestique, la bonne Victoire Gaugrand, qui fut constamment au service de son presbytère [1]. Elle nous exprimait en ces termes une admiration qu'un intervalle de dix ans n'avait pu affaiblir : « Je ne crois pas qu'on puisse trouver un curé plus digne d'éloge : il avait toutes les vertus à un suprême degré. C'était un confesseur par excellence. On l'appelait l'*ami des enfants* et le *père des pauvres* [2]. »

En 1841, nous eûmes la consolation de passer quelques jours à Crozet. Il y avait alors neuf ans que l'abbé Chanel en était sorti. Son souvenir était encore vivant dans tous les cœurs. « Nous n'oublierons jamais un si bon curé, nous dit un respectable vieillard ; notre paroisse, à son arrivée, était dans le plus triste état : on ne se confessait plus ; les dimanches et fêtes, l'église était presque vide ; quelques-uns travaillaient comme à l'ordinaire, d'autres allaient à la danse et le plus grand nombre au cabaret. Les enfants, livrés à eux-mêmes, n'avaient en tête que les amusements et n'apprenaient que le mal. Nous avions cependant un curé instruit et plein de zèle ; mais, peut-être, était-il trop vif ; on l'avait tellement pris en grippe qu'on ne pouvait ni le

---

[1] Cette estime, cette appréciation de la part d'une servante a d'autant plus de valeur que nul, d'ordinaire, n'est mieux connu et plus sévèrement jugé que ne l'est un maître par les gens de sa maison ; de là ce proverbe : « Il n'y a pas de héros devant son valet. »

[2] Extrait d'une lettre en date du 1er octobre 1842.

voir ni l'entendre. On fit pétitions sur pétitions afin, disait-on, d'en débarrasser le pays; Mgr l'évêque de Belley voulut bien condescendre à ces instances opiniâtres.... Dieu est si bon! au lieu de nous punir, il nous traita en père, il nous donna pour curé M. Chanel. En peu de temps, la paroisse changea de face. Depuis lors on va à la messe, on se confesse, on fait ses pâques, et, tous les soirs, on se rend à l'église pour la prière. Nous avons deux écoles, l'une pour les petits garçons, et l'autre pour les jeunes filles; les enfants sont bien élevés. Quant à la danse, on n'en parle plus... Je ne suis pas étonné que M. Chanel ait si bien réussi; il était si pieux, si zélé, si charitable!... »

Une honorable famille [1], qui souvent assista le saint prêtre dans ses bonnes œuvres, nous dit « qu'il avait la candeur, la simplicité de la colombe; que dans ses traits et plus encore dans sa vie se reflétaient la charité, la douceur du divin Maître; qu'il brûlait de zèle pour le salut des âmes, et qu'après la conversion des pécheurs, sa plus douce consolation était de soulager les pauvres. »

« Dès son arrivée à Crozet, dit l'abbé Bramerel, M. Chanel mit tout en œuvre pour procurer la gloire de Dieu et le salut des âmes. Ce fut surtout par sa bonté et sa douceur qu'il réforma la paroisse au point de vue moral et religieux... Il était si compatissant et si

---

[1] La famille de Bachet, de Sergy, paroisse voisine de Crozet.

généreux à l'égard des pauvres, que souvent, pour les nourrir, il s'est privé du nécessaire... Sa vie pastorale est une manifestation de la mansuétude et de la charité du Sauveur : *Apparuit benignitas et humanitas Salvatoris* [1]. »

Dans une lettre adressée au R. P. Morcel, de la Société de Marie, l'abbé Marchand, curé d'Arandaz, parle ainsi de M. Chanel : « Que vous dirai-je de notre saint confrère ? Son zèle pour le salut des âmes était infatigable. Les besoins des malheureux étaient la mesure de sa charité. Il donnait et ne comptait pas ; suivant le précepte de l'Évangile, sa main gauche ignorait les aumônes que distribuait la droite. Sa mémoire a toujours été en vénération à Ambérieux, où il n'a fait que passer. Son départ de Crozet fut comme un coup de foudre pour la paroisse ; tout le monde l'a pleuré [2]. »

« La vie de l'abbé Chanel, écrivait en 1843 Mgr Devie, évêque de Belley, a toujours offert un modèle accompli de toutes les vertus sacerdotales, surtout d'une piété tendre et qui ne s'est jamais démentie, d'un zèle ardent et éclairé pour le salut des âmes [3]. »

Un autre prélat [4], natif de l'arrondissement de Gex, et ancien vicaire général du diocèse de Belley, parle en

---

[1] Extrait d'une lettre en date du mois de novembre 1842.

[2] Fragment d'une lettre en date du 28 octobre 1842.

[3] La lettre du prélat est citée *in extenso* à la suite de notre Introduction.

[4] Mgr Depéry, évêque de Gap. Voir la lettre du prélat, à la suite de notre Introduction.

ces termes de l'abbé Chanel : « Je l'ai connu presque dans l'intimité, je l'ai vu dans l'humble presbytère de nos montagnes, ce prêtre à la foi naïve, aux mœurs angéliques, au cœur d'or... » A tous ces témoignages joignons celui de la Sacrée Congrégation des Rites, qui s'exprime ainsi : *Auream in eo charitatem... enituisse gravissimis testimoniis compertum est* [1].

Mais jetons un coup d'œil rapide sur les actes de cette charité vraiment sacerdotale. Ils sont de deux sortes : les uns ont pour objet le salut des âmes, et les autres le soulagement des pauvres.

---

[1] « Il est constant, d'après les plus graves témoignages, qu'on a vu briller en lui une insigne charité. » *Art. de la S. Congrégat. des Rit. pour l'Introd. de la Cause de P.-M.-L. Chanel.*

CHAPITRE VII

Sollicitude et dévouement pour le salut des âmes

Bien que la vie pastorale de l'abbé Chanel soit tout entière une manifestation de zèle, il est bon de pénétrer plus avant dans le cœur du saint prêtre, d'examiner les ressorts qui le faisaient agir, et les actes qui portent une empreinte plus spéciale de sa sollicitude, de son dévouement pour les âmes.

A peine eut-il sondé les plaies de sa paroisse que, pénétré du sentiment de sa faiblesse et de son impuissance personnelle, il résolut avant tout d'appuyer son œuvre sur l'apostolat de la prière. Il n'entrait point en oraison, il ne montait point à l'autel, il ne se prosternait point devant l'adorable Eucharistie, sans exposer à Dieu les besoins du troupeau remis à sa garde. Il passait de longues heures aux pieds de Celle que l'Église appelle le *Salut des infirmes* et le *Refuge des pécheurs* [1]. Non content de prier lui-même, il associait à ce travail chré-

---

[1] *Salus infirmorum. — Refugium peccatorum.*

tien les fidèles qui, de loin ou de près, pouvaient lui venir en aide; il frappait à la porte des communautés religieuses, et conjurait les anges de ces pieuses retraites de penser à son cher Crozet dans leurs offices, dans leurs communions et dans leurs saintes austérités. Tant de supplications ferventes ne s'adressèrent pas en vain à la divine Miséricorde.

Il est pour le prêtre un autre apostolat que celui de la prière : c'est l'apostolat de *la parole du salut* [1].

Dans les premiers temps de son ministère pastoral, l'abbé Chanel vit avec douleur que, prêcher dans l'église de Crozet, c'était en quelque sorte prêcher dans le désert. Dès lors, il avisa au moyen d'amener ses paroissiens au pied de la chaire sacrée; il se regarda comme le serviteur de l'Évangile à qui son maître avait dit : *Exi in vias, et sepes; et compelle intrare, ut impleatur domus mea* [2]. Pour lui, *compelle intrare* se traduisit par cette *charité*, cette douceur qui, au langage de l'Écriture, *est forte comme la mort* [3]. Persuadé qu'on ne se rend maître des âmes qu'en se montrant à leur égard doux et charitable, il prit pour aller jusqu'à elles la voie la plus courte, le chemin du cœur. Oh! comme il aima d'abord ses paroissiens! A peine installé au milieu d'eux, il se fit tout à tous pour

---

[1] « *Verbum salutis.* » Act., XIII, 26.

[2] « Allez dans les chemins, et le long des haies, et contraignez les gens d'entrer, afin que ma maison se remplisse. » Luc, XIV, 23.

[3] « *Fortis est ut mors dilectio.* » Cant., VIII, 6.

les gagner tous à Jésus-Christ. Il ne se contentait pas de ces rapports généraux où le prêtre, étant l'homme de tout le monde, n'est pas assez l'homme de chacun; il saisissait la moindre occasion de donner individuellement des marques de son estime et de son dévouement; en sorte que chacun pouvait se croire uniquement aimé. Il n'aurait pas rencontré un enfant sans le saluer et lui adresser, à travers un sourire, quelques mots aimables.

Tous les jours il faisait quelques visites à domicile. Il n'allait pas seulement là où on l'appelait, il se présentait même là où on ne l'appelait pas, mais toujours d'une façon très-discrète, attendant les occasions favorables ou les faisant naître. On était gagné tout d'abord par ce regard si pur, ce sourire si affectueux, ce langage et ces manières tout à la fois simples et dignes; sous les traits du pasteur, on entrevoyait la figure d'un ami et d'un père. Dans la conversation, une loi de clémence et de paix était imprimée sur ses lèvres: *Lex clementiæ in lingua ejus* [1]. Il ne sortait de sa bouche que des paroles de bienveillance; et son œil, comme l'œil de Dieu, regardait toujours avec bonté: *Oculus Dei respexit in bono* [2]. Quand il se retirait, sa visite n'avait pas seulement charmé: elle avait instruit, consolé, affermi dans le bien.

Il visa surtout à mettre dans les intérêts de son mi-

---

[1] Prov., xxxi, 26.
[2] Eccli., ii, 13.

nistère M. Girod, alors maire de Crozet, et l'entreprise n'était pas sans difficulté : ce magistrat, si honorable à tous égards au point de vue du monde, était loin de faire profession des vertus chrétiennes. L'abbé Chanel n'ignorait pas les ennuis qu'il avait suscités au dernier curé, et la part qu'il avait eue à son renvoi. Ne laissant point apercevoir qu'il eût connaissance de ces pénibles démêlés, il s'empressa de lui faire visite, d'ouvrir des rapports mutuels, et de témoigner une franchise simple et cordiale. La victoire ne se fit pas attendre ; autant le maire s'était cru en droit de se plaindre du prédécesseur de l'abbé Chanel, autant il se laissa gagner par l'aménité et la charité ingénieuse du nouveau curé. Il voulut que les portes de son château lui fussent ouvertes à toute heure, et contribua largement de sa bourse à l'entretien du culte, aux frais des écoles et au soulagement des pauvres. En se rapprochant de son pasteur, il ne tarda pas à se rapprocher de la religion ; il en vint à remplir ses devoirs de chrétien ; et, sérieusement préoccupé de ses fins dernières, il fit construire son tombeau, dont il dicta lui-même l'épitaphe [1]. Il sut

---

[1] Voici cette épitaphe :

HIC JACET

D. J. M. GIROD

AMICUS BONIS

NULLIS INIMICUS

NATUS DIE 8 APRILIS 1761.

OBIIT DIE 21 MARTII 1833 [*].

[*] Cette ligne fut ajoutée plus tard.

si bien apprécier le mérite de l'abbé Chanel que, s'adressant à Mgr Devie, évêque de Belley : « Je vous remercie, lui dit-il, de nous avoir donné un si bon curé; vous avez fait revivre au milieu de nous le zèle et la douceur de saint François de Sales [1]. »

Cet apostolat de la parole sous la forme d'une aimable conversation et quelquefois même d'un pieux enjouement, le saint prêtre l'exerçait sur tous les points de sa paroisse, dans les rues, dans les champs, au foyer domestique; n'était-ce pas le *sermo pedestris* des anciens, ou mieux encore l'*euntes docete* [2] de la loi évangélique? Il employait surtout ce mode de prédication auprès des malades. Plus il était convaincu que ses paroissiens manquaient d'instruction religieuse, plus il accourait promptement vers celui d'entre eux qu'il savait retenu sur un lit de souffrance. Ni la misère du patient, ni sa malpropreté, ni l'insalubrité de sa demeure, ni même la contagion de sa maladie, rien n'était capable de le rebuter. Pour ne pas effrayer le malade, il le visitait moins comme son curé que comme son bienfaiteur et son ami; il compatissait d'abord à ses douleurs, conversait familièrement avec lui, s'insinuait peu à peu dans son cœur et, par ces voies ménagées, il arrivait

---

[1] Mgr de Belley, de qui nous tenons ce témoignage, nous disait que M. Girod, en une autre circonstance, lui avait parlé de l'abbé Chanel, et s'était servi de cette expression : « C'est, pour les pauvres et les malades, une sœur de Saint-Vincent de Paul. »

[2] Matth., xxviii, 19.

enfin à sa conscience. « J'ai connu, nous dit une personne de l'endroit, un vieux pécheur qui s'est parfaitement converti, durant une longue maladie à laquelle il a succombé. M. Chanel le voyait fréquemment, et jamais les mains vides; il l'instruisait, l'exhortait à la patience; et quand il recueillit son dernier soupir, « ce brave homme, dit-il, m'a bien édifié; j'espère qu'il prie maintenant pour moi dans le ciel... » Une autre personne déjà connue de nos lecteurs, la bonne Victoire Gaugrand, nous dit que son père, pendant sa dernière maladie, fut l'objet spécial de la charité de M. Chanel; « que le zélé pasteur le visitait fréquemment, et que même, un jour, il était resté auprès de lui trois heures entières, lui rendant tous les services dont il avait besoin, lui faisant quelques pieuses lectures, et l'encourageant à endurer ses souffrances pour l'amour de Jésus-Christ[1]. »

Les vieillards étaient aussi l'objet spécial de son apostolat. Quand l'homme, sous le poids des ans et des infirmités, a le front courbé vers la tombe, si la religion ne le soutient, que de sombres pensées s'amassent dans son âme! Il sait qu'il n'est plus qu'un fardeau inutile; il sent qu'il embarrasse et que l'on calcule sur sa fin prochaine. Le vide se fait autour et au dedans de lui. Pourtant il est jaloux de vivre, surtout de la vie du cœur; le cœur, en effet, est la dernière chose qui meurt en

---

[1] Extrait d'une lettre en date du 1er octobre 1842.

nous. L'abbé Chanel venait s'asseoir à ses côtés ; il compatissait à ses douleurs, et cherchait à les faire oublier dans une aimable causerie. Quand, après quelques visites, il croyait avoir gagné son amitié, il parlait avec lui le grave langage de l'expérience, et s'entretenait du passé si plein d'enseignements ; puis il lui montrait cette terre comme un lieu d'exil qu'il faut quitter sans peine pour entrer dans un monde meilleur. Il réveillait dans cette âme la foi, la conscience, la vie chrétienne. Comme il était heureux, le vieillard, d'avoir ainsi trouvé un ami qui, ne s'ennuyant point de sa compagnie, prêtait l'oreille à ses plaintes, ne se lassait point de ses redites, le consolait, et le disposait à franchir avec une douce confiance le passage du temps à l'éternité !...

A l'aide de cet apostolat familier, le curé de Crozet se concilia l'estime et l'affection de ses paroissiens, et ne tarda pas à les voir réunis dans le saint temple, le jour consacré au Seigneur. Alors il lui fut permis de suivre un plan régulier d'instructions. Il s'attacha d'abord à l'enseignement des vérités fondamentales de la religion. Il expliqua le symbole des Apôtres, les commandements de Dieu et de l'Église, les Sacrements, etc. De temps en temps il suspendait ces sortes de catéchismes ou de conférences pour donner à sa parole et plus de vigueur et plus de solennité. Le plus souvent, dans ses discours, il parlait de l'importance du salut, du respect humain, de la prière, de la piété envers la Sainte Vierge, de la miséricorde et de la justice de

Dieu. Il cherchait, par tous les moyens possibles, à éclairer ses auditeurs et à les affermir dans la pratique des vertus chrétiennes. Jamais il ne faisait contre eux la moindre sortie, le moindre reproche qui pût les blesser; il attaquait le péché sans froisser le pécheur; la devise de saint Augustin était la sienne: *Diligere homines, interficere errores* [1]. Avait-il remarqué dans la paroisse un désordre particulier ou général, il ne précipitait pas son jugement à son égard, et encore moins le signalait-il publiquement. Avant d'en venir à ce dernier moyen, il épuisait en secret toutes les ressources du zèle. Il ne craignait rien tant que d'élargir une plaie en voulant la guérir. Dans l'application du remède, il s'efforçait d'en tempérer l'amertume. Tout en usant de douceur, il déployait une force, une énergie qui allaient jusqu'à la racine du mal; en un mot, toutes les fois qu'il s'agissait de détruire un abus, il priait, il veillait sur lui-même pour maîtriser ses premières émotions, et remplacer les saillies de la nature par des actes de prudence et de charité.

Ses prédications déterminèrent bientôt de nombreuses conversions. Il eut pour les pécheurs les entrailles du père de l'enfant prodigue. Nulle part il ne se montra aussi bon, aussi indulgent, qu'au tribunal sacré de la réconciliation. Dans ses plus longues séances au confessionnal, il conservait jusqu'à la fin de sa besogne

---

[1] « Aimer le prochain, détruire les erreurs. »

une patience, une douceur inaltérables. Chacun de ses pénitents pouvait se croire l'objet d'une sollicitude spéciale. Jamais il ne remettait à un autre jour la confession d'un homme, ni même celle d'un enfant. Il avait ce grand art et cette grande sagesse de se renfermer dans le moment présent, et de faire son œuvre de bon ouvrier dans l'heure qui s'écoule, en abandonnant le passé à la divine miséricorde et l'avenir à la Providence.

La paroisse de Crozet n'était plus reconnaissable. Les danses, les cabarets, la profanation du dimanche, et tous les autres genres de scandale en avaient été bannis. Quelques âmes néanmoins, surtout parmi les protestants, restaient étrangères à ce mouvement religieux. Ces exceptions, si rares qu'elles fussent, affligeaient profondément le saint curé; il attribuait cet endurcissement à ses péchés et à l'inefficacité de ses prières.

CHAPITRE VIII

Aumônes

Souvent le curé de Crozet recommandait à ses paroissiens de conserver entre eux la paix, l'union chrétienne, et de s'assister mutuellement dans les besoins de la vie. « Aimer le prochain comme soi-même, ainsi que nous l'ordonne Jésus-Christ, ce n'est pas seulement, disait-il, lui vouloir du bien, c'est encore lui en faire suivant sa position et la mesure de nos moyens. » Il ne faut donc pas se contenter d'avoir la charité dans le cœur et sur les lèvres, il faut encore la manifester par des œuvres : *Non diligamus verbo, neque lingua, sed opere* [1]. Or, ce qu'il disait, il le pratiquait lui-même; il pouvait dire avec l'Apôtre : *Imitatores mei estote, sicut et ego Christi* [2].

Et d'abord que seraient devenues, sans le secours de sa charité, les deux écoles qu'il avait fondées pour l'é-

---

[1] I Joann., III, 18.
[2] « Soyez mes imitateurs, comme je le suis moi-même de Jésus-Christ. » 1 Cor., XI, 1.

ducation de l'enfance? La commune, par défaut de ressources, n'avait porté à son budget aucune allocation destinée à les entretenir. La très-modique rétribution que payaient les familles suffisait à peine à l'entretien de l'instituteur des petits garçons. La condition de l'établissement affecté aux jeunes filles était plus triste encore, dans les commencements surtout, alors que le curé, déjà si pauvre, se voyait réduit à partager son pain de chaque jour avec la *Sœur de la Providence*. Le pain étant venu à manquer, le pasteur ne craignit pas de le quêter lui-même de porte en porte. Ce zèle sacerdotal émut les cœurs; et le maire de Crozet, M. Girod, se fit un bonheur de prendre à sa charge la dépense alimentaire des écoles.

On eût dit qu'à l'exemple de saint François d'Assise, encore jeune, l'abbé Chanel avait fait vœu de secourir tous les pauvres qui lui demanderaient l'aumône. Aussi accueillait-il avec une tendre compassion ceux qui frappaient à la porte de son presbytère, et ne les renvoyait-il jamais les mains vides. Quand il n'avait plus d'argent, il leur donnait des vivres ou des vêtements. S'ils étaient transis de froid ou mouillés par la pluie, il les faisait asseoir auprès de son foyer, causait avec eux, et ne les quittait point sans avoir jeté dans leurs âmes quelques pensées de foi et de résignation chrétienne. La plupart des pauvres, surtout ceux du village et des environs, connaissaient trop bien sa charité pour craindre de lui devenir importuns en implorant fréquemment son secours. Une voix secrète leur disait au fond du cœur : « *Demandez, demandez encore, et vous recevrez* [1]. » De son côté, le généreux pasteur semblait avoir toujours présentes à son esprit ces paroles de Jésus-Christ : *Quisquis... dederit... calicem aquæ in nomine meo... non perdet mercedem suam* [2]. — « Ah ! s'écriait-il, qu'il est consolant de penser qu'une aumône, si légère qu'elle soit, aura sa récompense dans le ciel !... N'est-elle pas plus précieuse que tous les trésors de la terre [3] ? » Un de ses confrères dans le sacerdoce lui annonçant tout joyeux qu'il venait de faire un assez brillant héritage : « Je m'associe à votre joie, lui répondit-il, mais croyez-le bien, du reste c'est Notre-Seigneur lui-même qui nous en assure, vous serez plus heureux encore de pouvoir donner maintenant un plus libre essor à votre charité [4]. » Ce bonheur dont il parlait à son ami, il le connaissait par sa propre expérience, et pour ne point s'en priver lorsqu'il s'absentait de son presbytère, il chargeait sa pieuse servante de la distribution des aumônes.

Avec un cœur si généreux, sa bonne foi ne pouvait manquer d'être surprise dans l'exercice de sa charité.

---

[1] « Petite, et accipietis. » Joann., XVI, 24.

[2] « Quiconque donnera, en mon nom, un verre d'eau aura sa récompense. » Marc, IX, 40.

[3] «... Eleemosyna magis quam thesauros auri recondere. » Tob., XII, 8.

[4] « Oportet... meminisse verbi Domini Jesu, quoniam ipse dixit : Beatius est magis dare quam accipere. » Act. Ap., XV, 35.

« Vous venez, lui dit-on un jour, de secourir un homme qui fait le métier de mendiant et qui, sous le manteau de l'indigence, cache une fortune qui lui permettrait de rouler carrosse... — J'en suis fâché pour les véritables pauvres, répondit-il; mais, quant à moi, je n'ai rien perdu devant Dieu. »

Il n'attendait pas toujours que les pauvres vinssent frapper à sa porte, il prévenait souvent leurs demandes en leur faisant distribuer des secours à domicile. Lui-même, ainsi qu'on l'a déjà vu, aimait à les visiter en personne, à voir de près leur misère, et à la soulager. Il savait trouver la main qui se cache et lui glisser en secret l'aumône qu'elle n'ose demander. Il oubliait promptement le bien qu'il avait fait. Sa mémoire ne lui rappelait que le nom et la demeure des malheureux qu'il n'avait pu assister autant qu'il le désirait, et à qui il espérait donner bientôt de nouveaux témoignages de sa charité.

Dans l'intérêt des pauvres, il économisait sur tout ce qui lui était personnel. A voir sa soutane, sa chaussure et jusqu'à son chapeau, il était facile de se convaincre qu'il ne les renouvelait pas souvent. Son habitation respirait une simplicité presque voisine de l'indigence. Le presbytère, lorsqu'il en prit possession, était dans un déplorable état; il y fit seulement les réparations les plus urgentes. Quant à sa table, elle était frugale, plus d'une fois même on y vit manquer le strict nécessaire. Malgré ces privations, on a peine à concevoir comment, avec un modique traitement et un casuel qu'on ne saurait mettre en ligne de compte, il pouvait se livrer à tant d'œuvres de miséricorde. Sans doute il sollicitait et trouvait des ressources dans la pieuse générosité de M. le maire et de quelques riches familles d'alentour. Grâce à ces dons, il était parvenu à faire un dépôt soit en argent, soit en nature, qui était toujours à la disposition des plus nécessiteux. A son départ de Crozet, il vida entièrement ce dépôt, en distribuant aux pauvres du pain, de l'argent, vingt-trois paires de draps de lit, et des vêtements, auxquels il ajouta son petit mobilier. Ces derniers détails nous ont été fournis par un de ses dignes amis, M. Marchand, curé d'Arandas.

Tout ce que l'abbé Chanel possédait lui semblait être moins sa propriété que celle des pauvres. Sa charité le portait jusqu'à se dépouiller pour eux. « Je ne sais, monsieur, lui dit un jour sa servante, comment ont pu disparaître divers objets à votre usage... J'ai beau chercher votre manteau d'hiver, il m'est impossible de le trouver... Votre vestiaire se dégarnit chaque jour. — Tranquillisez-vous, lui répondit le charitable pasteur; Dieu ne permettra pas, je l'espère, que ces objets soient perdus... — En attendant, reprit la servante, il faudra en acheter d'autres; et je doute fort que vous ayez encore de l'argent... — Allons, répliqua le curé, pas d'inquiétude; c'est une affaire qui me regarde, je vous prie de n'y plus penser... Mon Dieu! il y a tant de pauvres! » Ces derniers mots, bien que prononcés à part et à voix basse, furent entendus de la servante, qui ne demanda pas d'autre explication sur le sujet de ses plaintes.

La charité de l'abbé Chanel se révélait encore par son désintéressement dans l'exercice de ses fonctions pastorales. Ainsi, pour ce qui regarde les honoraires du curé, il en faisait volontiers l'abandon, pour peu que les familles fussent indigentes. Rencontrant un jour une femme dans le deuil par la perte récente de son mari, il lui adressa quelques paroles de consolation. « Cette semaine, ajouta-t-il, je célébrerai un service pour votre cher défunt. — Ah! monsieur le curé, répondit la pauvre veuve, c'était bien mon désir de faire dire une Messe pour lui, mais je ne puis la payer. — Soyez tranquille là-dessus, reprit le saint prêtre, notre compte est déjà réglé; venez demain à l'église avec vos enfants... » Non-seulement le bon curé dit la Messe qu'il avait promise, mais il donna à la célébration des divins mystères toute la pompe qu'il déployait aux funérailles du riche.

Plus l'abbé Chanel se montrait compatissant et généreux, plus il se rendait maître des âmes et les ramenait dans les voies du salut. L'homme résiste à tout, excepté au bien qu'on lui fait; ses yeux alors s'ouvrent, et son cœur fléchit. A travers les passions mauvaises, ces enveloppes d'airain, la charité pénètre jusqu'à la conscience...

Toutefois, cette parole de l'Apôtre : *Non omnes*

obediunt Evangelio[1], » s'est tristement réalisée sous les yeux de l'abbé Chanel, malgré les efforts de son zèle et de sa charité. Parmi les protestants que renfermait encore la paroisse de Crozet, se trouvait une vieille femme, pauvre et infirme. Très-souvent le saint curé lui faisait porter du pain, de la viande, du vin, etc. Il allait fréquemment la voir, et lui donnait, à chaque visite, de nouvelles marques de sa bienfaisance. Il s'efforçait d'éclairer son âme et de la mettre sur le chemin du ciel. Plus il la voyait proche de l'éternité, plus il redoublait de sollicitude et de dévouement. La malheureuse resta insensible et mourut dans l'hérésie.... Cette mort fut un rude coup pour le pasteur. « Ah! s'écriait-il en versant des larmes, que cette femme voudrait avoir aujourd'hui les grâces qu'elle a méprisées!... J'ai longtemps espéré son retour au catholicisme; mais quand j'ai vu qu'elle s'obstinait à ne point invoquer la Sainte Vierge, j'ai tremblé, j'ai perdu tout espoir.... »

---

[1] « Tous n'obéissent pas à l'Évangile. » Rom., x, 16.

CHAPITRE IX

Soin qu'il prenait de sa propre sanctification

Au milieu des labeurs et des sollicitudes du ministère pastoral, l'abbé Chanel travaillait incessamment à sa propre sanctification. Souvent il s'adressait à lui-même cette parole de l'Apôtre à son disciple : « *Attende tibi*[1]. » « Je dois m'efforcer, disait-il, de sauver les âmes qui me sont confiées ; mais à quoi me servirait-il de les conduire au ciel, si je n'y conduis pas la mienne ? Ne ressemblerais-je pas à un poteau qui, en indiquant la route au voyageur, reste immobile et pourrit en terre ? Survient un orage qui le renverse ; on le ramasse pour le jeter au feu. » Afin d'éviter cette destinée, il marchait dans la voie du salut qu'il traçait aux autres ; il y marchait d'un pas ferme et soutenu à la tête du troupeau remis à sa garde. Ne s'arrêtant point aux vertus qui font simplement le bon prêtre, il s'élevait jusqu'à celles qui font le prêtre par-

---

[1] « Prends garde à toi. » I Tim., IV, 16.

fait. « Sa vie, dit Mgr Devie, évêque de Belley, a toujours offert un modèle accompli de toutes les vertus sacerdotales [1]. » A ce grave témoignage joignons celui de la Sacrée Congrégation des Rites, qui s'exprime ainsi : « *Sacris ordinibus, Deo vocante, initiatus, Ecclesiæ ministris exemplar vitæ morumque luculentissimum suppeditavit* [2]. »

Pour atteindre à la perfection, l'abbé Chanel se traça une ligne de conduite dont il ne s'écarta jamais. Déjà, simple vicaire, il s'était imposé un règlement particulier. Il comprenait que, s'il y a une discipline du collége et du séminaire, il y en a une aussi de la vie privée. Autant celle-ci nous domine et nous gouverne, quand nous sommes devenus maîtres de nos actions, et par là même plus exposés aux périls de l'indépendance, autant elle nous soutient et nous protége : on ne saurait s'y plier sans devenir meilleur et plus utile à ses semblables, ni s'y dérober sans trahir peu à peu sa vocation et les intérêts d'autrui. Il y a dans cet assujettissement volontaire une secrète énergie qui fait l'homme de caractère, l'homme de sacrifice, sachant ce qu'il veut et voulant ce qu'il faut. « *Une vie régulière*, dit un Père de l'Église, *est une vie pour Dieu* [3]. »

[1] Extrait de la lettre que nous avons citée à la suite de notre Introduction.
[2] « Élevé aux ordres sacrés par une vocation divine, il a laissé aux pasteurs de l'Église un parfait modèle de vie sacerdotale. » *Act. de la S. Congrégat. des Rit.*, pour *l'Introd. de la Cause de P.-M.-L. Chanel.*
[3] « Qui regulæ vivit, Deo vivit. » S. Grég. le Grand.

Ainsi, après avoir classé en premier lieu tout ce qui se rattache de près ou de loin au ministère pastoral, l'abbé Chanel régla les heures de son lever, de ses pieux exercices, de ses études, de ses repas, de ses récréations, etc.

La mortification était encore une de ses vertus principales.

Dire qu'il aimait tellement les pauvres qu'il se condamnait à des privations, et que souvent même il se dépouillait de tout pour les soulager; dire qu'il s'assujettissait à une discipline dont la règle pesait sur tous les détails de sa vie, c'est déjà signaler cet esprit de mortification qui est l'un des premiers éléments de la sainteté ; mais il ne s'en tenait pas là.

« Le péché originel, disait-il, a fait à l'homme trois profondes blessures, savoir : la concupiscence de l'orgueil, la cupidité et le sensualisme. Ces trois foyers du mal, qui nous sont transmis avec la vie pour être notre épreuve et la source de notre mérite, ont allumé sur tous les points de notre être une guerre incessante d'où l'on ne sort victorieux qu'avec le glaive de la mortification. » Or ce glaive, l'abbé Chanel l'avait en quelque sorte toujours à la main. A la concupiscence de l'orgueil, dont Dieu repousse loin de son cœur les esclaves[1], il opposait l'accomplissement de cette parole du divin Maître : « *Si quelqu'un veut venir après moi, qu'il re-*

---

[1] « Dispersit superbos mente cordis sui. » Luc, I, 51.

nonce à soi-même[1]. » L'humilité, qui attire les grâces d'en haut[2], et qui est le fondement de la sainteté[3], se reflétait dans son regard, dans sa parole, dans tous les actes de sa vie. Sur toute sa personne brillait une admirable modestie, ainsi que l'atteste la Sacrée Congrégation des Rites sur la foi des plus graves témoignages : « *In eo.... miram animi modestiam.... enituisse gravissimis testimoniis compertum est*[4]. »

A la cupidité, que saint Paul appelle *la racine de tous les maux*[5], il opposait le détachement des biens de la terre, détachement que saint Ambroise dit être le principe et l'aliment de toutes les vertus[6]. Il ne tenait pas plus aux choses d'ici-bas que le voyageur ne tient aux contrées qu'il traverse pour arriver au but de sa course. On a dû s'en convaincre par tout ce que nous avons raconté de son désintéressement personnel et de sa charité à l'égard des pauvres. Il n'aimait l'argent que parce qu'il pouvait servir à l'embellissement du saint temple et au soulagement des malheureux. Suivant la recom-

---

[1] « Si quis vult post me venire, abneget semetipsum. » Matth., XVI, 24. — Luc, IX, 23.

[2] « Humilibus autem dat gratiam. » Jac., IV, 6.

[3] « Humilitas est fundamentum sanctitatis. » *Cypr., de Nativ. Christi.*

[4] Extrait des Actes de la S. Congrégat. des Rit. *Informatio super dubio*, etc.

[5] « Radix omnium malorum est cupiditas » 1. Tim., VI, 10.

[6] « Harum (divitiarum) abnegatio generatrix est nutrixque omnium virtutum. » *S. Ambr., in locum Apost.*

mandation de l'Apôtre à son disciple, il ne portait pas ses désirs au delà du vivre et du vêtement nécessaires [1]. Il éprouvait de la répugnance pour tout ce qui semblait l'éloigner tant soit peu de l'esprit de pauvreté. Plus d'une fois il se reprocha d'avoir accepté un petit christ en ivoire. « Je crains fort, écrivait-il à la personne qui le lui avait donné, que ce ne soit un objet de luxe et de vanité. Je m'en serais déjà défait s'il n'était pas enrichi de précieuses indulgences. » Depuis longtemps il soupirait après le jour où, par la profession religieuse, il se dépouillerait de tout, et après la vie apostolique où l'attendaient, ainsi qu'il le prévoyait bien, les plus rudes épreuves de la pauvreté.

Enfin, pour combattre le sensualisme, sous l'empire duquel, dit saint Paul, il est impossible de plaire à Dieu [2], il employait les armes qui soumettent la chair à l'esprit, et s'efforçait d'avoir part à cette promesse du Sauveur : « *Heureux ceux dont le cœur est pur, parce qu'ils verront Dieu* [3] ! » Ses armes étaient la prière, la vigilance sur ses sens, la fuite du monde et de l'oisiveté. A l'exemple de l'Apôtre, il châtiait son corps et le réduisait en servitude [4]. Son sommeil était court, sa couche dure et sa table frugale. Il se refusait sévère-

---

[1] « Habentes alimenta, et quibus tegamur, his contenti simus. » 1 Tim., vi, 8.

[2] « Qui autem in carne sunt placere Deo non possunt. » Rom., viii, 8.

[3] « Beati mundo corde, quoniam ipsi Deum videbunt ! » Matth., v, 8.

[4] « Castigo corpus meum, et in servitutem redigo. » 1 Cor., ix, 27.

ment tous ces ménagements, tous ces petits soins, en un mot, tout ce qui flatte la nature et amollit l'âme. Aux jeûnes commandés par l'Église il en ajoutait de volontaires, le vendredi de chaque semaine et la veille des principales fêtes de la Sainte Vierge. Il portait habituellement sur lui une ceinture de fer armée de pointes aiguës. En luttant ainsi contre lui-même, il se plaçait dans ces conditions où la mortification chrétienne subjugue les penchants mauvais, élève l'âme, la sanctifie et lui prépare la récompense [1].

« Dans mes relations intimes avec l'abbé Chanel, dit un pieux ecclésiastique [2], j'ai été comme à l'école des plus admirables vertus. Je ne pouvais croire qu'une si belle âme n'eût pas conservé son innocence baptismale. » De l'aveu de Mgr Devie, évêque de Belley, l'abbé Chanel avait « la vertu d'un saint prêtre [3]. » Mgr Depéry, évêque de Gap, parlant de l'abbé Chanel, l'appelle « l'homme au cœur d'or, à la foi naïve, aux mœurs angéliques [4]. » — « Les fonctions de vicaire général que j'ai exercées dans le diocèse de Belley, dit Mgr de la Croix-d'Azolette, archevêque d'Auch, m'ont mis à même de voir de près le bon P. Chanel, et chaque

---

[1] « Corporali jejunio vitia comprimis, mentem elevas, virtutem argiris et præmia. » *Præf. in Missis de Passione, et de SS. Cruce.*

[2] L'abbé Guérin, curé d'Illiat près Thoissey (Ain).

[3] Voir la lettre du vénérable prélat, après l'Introduction de cet ouvrage.

[4] *Idem.*

fois avec admiration, tant je trouvais dans ce jeune prêtre d'aimables vertus¹. » A des preuves si convaincantes de son esprit de mortification et de sa victoire sur les sens, ajoutons le témoignage de la Sacrée Congrégation des Rites, qui s'exprime en ces termes : « *In eo.... puritatem angelicam enituisse gravissimis testimoniis compertum est* ². »

Il est un pieux exercice auquel l'abbé Chanel attachait encore plus d'importance qu'à de saintes austérités; nous voulons parler de l'oraison. Il en avait pris l'heureuse habitude dès sa jeunesse, mais surtout au grand séminaire. Dans cet exercice, l'âme se recueille, médite et prie. « La méditation, dit saint Bernard, lui dévoile sa faiblesse, et la prière lui obtient de Dieu la force, la puissance : l'une lui indique la voie du ciel, et l'autre l'y introduit ; enfin la méditation l'éclaire sur les périls qui l'environnent, et la prière les lui fait éviter³. » « L'oraison, au jugement de saint Augustin, est le principe de toutes les vertus⁴. »

C'est à cette source que l'abbé Chanel puisait ces

---

¹ Voir la lettre du Prélat, à la suite de notre Introduction.

² « Il est certain, d'après les plus graves témoignages, qu'on a vu briller en lui une pureté angélique. » *Act. de la S. Congrégat. des Rit. pour l'Introduct. de la Cause de P.-M.-L. Chanel. Informatio super dubio,* etc.

³ « Meditatio siquidem docet quid desit; oratio, ne quid desit, obtinet. Illa viam ostendit, ista deducit. Meditatione denique agnoscimus imminentia pericula, oratione evadimus. » *Bern. serm. de S. Andreâ.*

⁴ « Principium omnis boni. »

lumières et ce dévouement qui ont fait dire de lui au vénérable évêque de Belley : « Modèle accompli de toutes les vertus sacerdotales, il avait un zèle ardent et éclairé pour le salut des âmes[1]. » C'est encore dans l'oraison qu'il s'inspirait de plus en plus de cet esprit vraiment ecclésiastique qui a fait dire au même prélat: « L'abbé Chanel a constamment su se concilier l'estime et l'affection de tous ceux avec qui son ministère le mettait en rapport.... sa piété ne s'est jamais démentie[2]. » Enfin, l'oraison était pour lui l'aliment de ce calme, de cette mansuétude, de cette sérénité, qui se manifestaient à la fois et sur ses traits et dans tous les actes de son ministère, au milieu même des difficultés, des obstacles et des peines inséparables de la vie du prêtre.

Bien que la paroisse de Crozet fût peu considérable, l'abbé Chanel était toujours occupé, toujours à l'œuvre, soit au presbytère, soit à l'église, soit dans les écoles, soit dans la visite des pauvres et des malades, etc. Sa charité, sa condescendance était à chaque instant mise à de nouvelles épreuves. Quelles que fussent les importunités, « il était, dit l'évêque de Belley, d'une douceur de caractère inaltérable[3]. » Sa parole, son regard, tout révélait en lui la pensée de Dieu. C'est

---

[1] Voir, à la suite de notre Introduction, la lettre de Mgr Alexandre-Raymond Devie.

[2] *Idem.*

[3] *Idem.*

que chacun de ses jours commençait par de ferventes prières, et qu'une longue oraison préparait son âme aux influences de la grâce et aux luttes de la journée. Arraché au sommeil avant ses paroissiens, il s'emparait bien vite des heures qu'on ne pouvait lui ravir et les donnait à Dieu; et lorsque, le matin, on allait au presbytère, son accueil avait quelque chose de si paternel, de si suave, qu'on sentait, selon l'expression de l'Apôtre, qu'il venait de *s'entretenir avec le ciel*[1].

Notre intention n'est point de passer en revue tous les moyens divers qu'employait l'abbé Chanel pour sa propre sanctification. Qu'il nous suffise d'en indiquer seulement encore quelques-uns : chaque jour, il allait s'agenouiller devant le Saint-Sacrement et au pied de l'autel de la Sainte Vierge ; chaque jour, il nourrissait son âme de quelques pieuses lectures, se repliait sur lui-même et se rendait compte de ses actions. De temps en temps, il priait une ou deux personnes des plus graves entre ses paroissiens de l'informer en toute franchise de ce qu'elles auraient remarqué de défectueux dans sa conduite. Outre ces moniteurs, il en avait d'autres, ainsi que le prouve une pièce trouvée parmi ses manuscrits. Cette pièce porte sa signature et celle de quinze de ses jeunes confrères dans le sacerdoce; nous en extrayons les lignes suivantes : « Nous permettons et promettons de nous avertir les uns les autres de tout ce qu'il

---

[1] « Nostra autem conversatio in cœlis est. » Philipp., III. 20.

pourrait y avoir de moins édifiant dans notre conduite ; de nous exciter mutuellement, si notre piété venait à se ralentir, afin d'être constamment l'exemple des fidèles dans toutes nos actions, et d'honorer par une vie irréprochable le saint ministère qui nous a été confié[1]. »

Son conseiller le plus habituel était le vénérable M. Morel, curé de Chevry[2]. Il ne passait pas quinze jours sans se retrouver auprès de lui ; il aimait à le consulter, et se félicitait d'avoir confié la direction de son âme à ce saint prêtre. De son côté, le bon vieillard avait une si haute estime pour le jeune curé de Crozet, qu'il ne craignait pas de le consulter lui-même et de lui ouvrir sa conscience.

Tous les mois, l'abbé Chanel se ménageait un jour de récollection. Durant ce jour, il ne se prêtait aux œuvres de zèle que dans la stricte mesure des obligations de sa charge pastorale. Retiré chez lui, il se livrait à la prière et à la méditation ; se plaçant en face de la mort, du jugement et de l'éternité, il examinait d'un œil sévère l'état de son âme, cherchait à déraciner jusqu'à ses moindres défauts et s'inspirait d'une nouvelle ardeur pour sa propre sanctification. Cette petite retraite mensuelle lui paraissait si avantageuse qu'il en conseillait la pratique aux âmes désireuses de leur perfection.

Chaque année, le 25 juillet, jour de sa consécration

---

[1] *Mémorial de l'ordination faite à Brou, le 25 juillet* 1827, art. II.
[2] La distance de Chevry à Crozet est d'environ trois kilomètres.

sacerdotale, il se retrempait en quelque sorte dans l'esprit de sa vocation, ainsi que le témoignent les lignes suivantes, extraites d'une pièce que nous avons déjà mentionnée : « Tous les ans nous célébrerons l'anniversaire de notre ordination. En ce jour, qui en rappellera un si solennel, chacun de nous offrira le divin sacrifice pour ses coassociés, et priera Dieu de renouveler en eux la grâce qui leur a été conférée par l'imposition des mains pontificales. Ce jour-là, on fera en sorte d'être plus fervent, plus appliqué à ses devoirs, et on prendra la résolution de travailler à sa santification avec plus de zèle et de constance [1]. »

Inutile de dire que, chaque année encore, l'abbé Chanel se faisait un bonheur d'assister à la retraite générale des prêtres du diocèse.

C'était surtout dans l'accomplissement des devoirs de sa charge que le curé de Crozet cherchait sa propre sanctification. A l'exemple du divin Maître, *il était là où le Père céleste le voulait* [2]. Rien ne pouvait le mettre en dehors de cette ligne. Ce qui fait la perfection de la vie, c'est moins l'éclat de la vertu que sa continuité. Il n'est pas difficile, à un moment donné, de s'élever au-dessus de soi par un effort de la volonté aidée de la grâce. L'énergie humaine, servie par les circonstances, trouve sans trop de peine ces élans passagers

---

[1] *Mémorial de l'ordination*, etc., art. III.
[2] « In his, quæ Patris mei sunt, oportet me esse. » Luc, II, 49.

qui la laissent bien vite retomber sur elle-même. Mais rester constamment l'homme du devoir, reprendre chaque jour sans lassitude ni faiblesse ce pénible labeur d'une âme en lutte avec elle-même, puiser dans le sacrifice de la veille la force d'accomplir celui du lendemain, consommer dans le silence cette immolation lente et prolongée des sens à l'esprit, de la volonté propre à la loi, de toute l'existence à Dieu : voilà ce qui fait les saints. Or cette fidélité d'une vertu qui s'est toujours soutenue à la hauteur du devoir, forme le caractère propre de la vie de l'abbé Chanel. C'est le témoignage qu'ont rendu de lui tous ceux qui l'ont vu de près et le plus souvent ; et la Sacrée Congrégation des Rites a résumé cet aveu général dans des termes qui en augmentent la valeur et l'autorité : « *Ecclesiæ ministris exemplar vitæ, morumque luculentissimum suppeditavit, ita ut qui plurimum cum eo versabantur nihil in eo reprehendendum, vel minimum, animadverterint*[1]. »

---

[1] Ex Act. S. Congregat. Rit. *Informatio super dubio*, etc., pro introduct. Causæ servi Dei Petri-Mariæ-Aloysii Chanel.

CHAPITRE X

Amour du travail. — Heures de délassement. — Voyage — Discussion avec un ministre protestant

Parmi les manuscrits de l'abbé Chanel, il est un sermon qui a pour titre : *La loi chrétienne du travail.* Les passages que nous allons en extraire feront comprendre la haute importance qu'il attachait à la vie laborieuse. Il prend pour texte, dans une parabole de Jésus-Christ, ces paroles du père de famille aux ouvriers de la dernière heure : « *Pourquoi demeurez-vous là tout le jour sans travailler ?... Allez-vous-en aussi, vous autres, à ma vigne*[1]. » Puis il dépeint à grands traits les diverses passions qui se disputent le cœur de l'homme. « Prenons garde, s'écrie-t-il, il en est une d'autant plus dangereuse qu'elle est plus calme et dissimulée. Ses esclaves sont plus nombreux qu'on ne pense. Dieu leur inflige ce blâme : « Pourquoi restez-

---

[1] « Quid hic statis tota die otiosi ?... Ite et vos in vineam meam. » Matth., xx, 6 et 7.

vous sans rien faire? *Quid hic statis.... otiosi?* » et leur intime l'ordre de se mettre à l'ouvrage : « *Ite et vos in vineam meam.* » Il montre ensuite que, dans la doctrine du Christianisme, le précepte du travail est intimement lié au dogme de la chute originelle; que l'un se déduit de l'autre, comme l'effet de sa cause, et la conséquence de son principe; qu'une faute fut commise par celui qui tenait, dans la main de son libre arbitre, tout l'avenir de la race humaine; que, dès lors, la loi du travail fut imposée comme loi de pénitence et d'expiation; que cette loi pèse sur tous les fils d'Adam : « *Jugum grave super filios Adam*[1], » sans exception d'âge, de sexe, de rang, de condition, de fortune; que cette loi est perpétuelle; qu'elle atteint l'homme dès le berceau et l'enchaîne jusqu'à la tombe. D'où le pieux orateur tire cette conclusion : « C'est donc avec
« raison que saint Ambroise appelle l'oisiveté, la pa-
« resse une seconde rébellion contre le ciel. La pre-
« mière fut celle qui enfreignit cette défense intimée
« dans le paradis terrestre : « *De ligno autem scien-*
« *tiæ boni et mali ne comedas,* ne mangez point du
« fruit de l'arbre de la science du bien et du mal [2]; »
« la seconde, c'est la fuite et l'abstention du travail.
« L'homme avait d'abord dit à Dieu : « *Non serviam,*
« je n'obéirai pas [3]; » et plus tard, en restant dans

---

[1] Eccli., XL, 1.
[2] Gen., II, 17.
[3] Jerem., II, 20.

« l'inaction, il ajoute : « Je ne veux pas subir le châti-
« ment de ma désobéissance. » La première fois, il se
« révolta contre la souveraineté de Dieu; la seconde,
« il se révolta contre sa justice. »

A la suite de ces considérations, l'abbé Chanel prouve que travailler n'est pas seulement acquitter la dette de pénitence contractée par le péché, *stipendium peccati*, mais que c'est encore acquérir des vertus et des mérites; en effet, le sage emploi du temps est le seul titre de l'homme à la couronne céleste... Cette récompense nous est incessamment disputée par de puissants et nombreux ennemis: « Par le travail, continue
« l'abbé Chanel, nous nous mettons à l'abri de leurs
« traits. Le démon ne craint rien tant qu'une vie la-
« borieuse; il ne sait, pour ainsi dire, par quel côté
« l'attaquer, tandis qu'il se rend facilement maître des
« âmes oisives et paresseuses. Que d'exemples vien-
« nent à l'appui de cette triste vérité! En est-il de plus
« éclatants que ceux de David, de Salomon et de Sam-
« son? Or nous n'avons ni la sainteté, ni la sagesse,
« ni la force de ces illustres personnages; ayons donc
« toujours l'esprit et la main occupés à quelque chose
« d'utile : *Semper te diabolus occupatum inveniat*[1]. »

« Mais, pour que le travail réponde aux intérêts de
« notre âme, c'est-à-dire pour qu'il soit chrétien et
« digne dès lors de la récompense éternelle, il faut qu'il

---

[1] Cass. *L. Instit. XX.*

« soit réglé : Que tout se fasse dans l'ordre, dit l'Apôtre :
« *Omnia... secundum ordinem fiant*[1] ;» il faut de plus
« que nous soyons agréables à Dieu par une con-
« science pure, et qu'enfin nous rapportions nos
« œuvres à Celui qui est notre premier principe et
« notre fin dernière... »

En parlant aux autres de la nécessité du travail, l'abbé Chanel n'avait pas à craindre qu'il vînt à la pensée de personne de le rappeler lui-même à l'accomplissement de cette loi. Il serait, en effet, difficile d'être plus laborieux, plus économe de son temps qu'il ne l'était dans sa vie pastorale. Il pouvait dire aux habitants de Crozet, comme l'Apôtre aux Thessaloniciens : « *Vous savez de quelle manière j'ai agi au milieu de vous pour votre salut* [2], n'ayant rien omis de ce qui pouvait y contribuer... *Vous vous souvenez, mes frères, de mes travaux et de mes fatigues* pour l'amour de vous[3]. »

L'abbé Chanel mettait soigneusement à profit le temps dont il pouvait disposer. Il se renfermait dans son cabinet d'étude. Là, auprès de sa petite bibliothèque, il repassait quelques pages de théologie et préparait ses instructions. C'était lui imposer un sacrifice que de lui dérober quelques-uns de ces moments. « Je connais, disait-il, des gens qui, pour des riens, cause-

---

[1] I Cor., XIV, 40.
[2] « Scitis quales fuerimus in vobis propter vos. » I Thess., I, 5.
« Memores enim estis, fratres, laboris nostri, et fatigationis. » I Thess., II, 9.

raient volontiers des heures entières. Je fais en sorte de les éviter ; et, quand il m'arrive de tomber dans leur filet, je m'en tire comme je puis, et sans briser les cordes. » Il était si avare de son temps que, lorsqu'il était appelé auprès d'un malade éloigné du village on lui voyait toujours, dans le trajet, un livre ou son chapelet à la main. « Travaillons sans relâche, s'écrie-t-il dans
« le discours que nous venons d'analyser, *travaillons*
« *comme de vaillants soldats de Jésus-Christ*[1]. Le temps
« est précieux, n'en perdons aucune parcelle : « *Par-*
« *ticula boni doni non te prætereat*[2]. » Il ne nous a été
« donné que pour faire la conquête du ciel. Ne nous
« plaignons pas de la durée du combat : encore quel-
« ques années, quelques mois, quelques jours seule-
« ment peut-être, et le temps de la lutte et des mérites
« aura fait place à celui des récompenses ou des châ-
« timents... Ne nous plaignons pas non plus *du poids*
« *du jour et de la chaleur;* la vie n'est point un temps
« de repos, l'éternité est assez longue pour nous re-
« mettre de nos fatigues. »

Si rigoureuse que parût à l'abbé Chanel la loi chrétienne du travail, il était cependant loin de penser qu'elle fût sans adoucissement. « Il est permis, disait-
« il, il est même indispensable d'accorder quelque re-
« pos à l'esprit et au corps. L'un et l'autre, sans cette

---

[1] « Labora sicut bonus miles Christi. » II Tim., II, 3.
[2] Eccli., XIV, 14.

« concession, deviendraient incapables de nous servir;
« nous ne pourrions remplir les devoirs de notre
« état. Elle est sage cette maxime des anciens : *Reposez-vous afin de mieux travailler* [1]. Les saints
« l'ont mise en pratique, témoin entre autres saint
« Jean l'Évangéliste. Quelques chasseurs s'étonnant
« de le voir jouer avec une perdrix ou une colombe, on sait quelle réponse leur fit le disciple
« bien-aimé : *Votre arc est-il toujours bandé?... Ne
« faut-il pas aussi que, de temps à autre, je détende également mon esprit ?...* Toutefois, il est dans ces délassements des règles à suivre, des limites à respecter [2]. »

D'ordinaire, à la suite de son dîner, le curé de Crozet prenait quelque récréation. Tantôt il allait faire une visite indispensable ou de simple convenance; tantôt il se rendait au milieu des petits garçons de l'école, leur racontait quelque histoire édifiante ou s'associait à leurs jeux; le plus souvent, il descendait dans son jardin et se livrait à l'horticulture. Ce jardin que nous avons vu et qu'il a, pour ainsi dire, créé lui-même, joignait l'*utile à l'agréable* [3] : des plantes potagères, quelques arbres à fruits, des fleurs et un berceau de charmilles. Il consacrait encore ses moments de loisir à l'éducation des abeilles. Profitant de tout pour s'élever à Dieu, il se plaisait à étudier, dans l'industrie

---

[1] « Otiare quo melius labores. »
[2] Extrait du discours sur *la loi chrétienne du travail*.
[3] « Utile dulci. » Hor.

de ces insectes, l'instinct merveilleux que leur a départi le Créateur, et recueillait leurs rayons de miel comme un présent de la Providence, et une image de la vertu de douceur, si recommandée par Jésus-Christ.

Une de ses jouissances, dans ses moments de loisir, était de recevoir la visite de quelques confrères. Ceux-ci, de leur côté, aimaient à se retrouver au presbytère de Crozet. Ils admiraient dans l'abbé Chanel un de ces hommes en trop petit nombre, auprès desquels on est toujours bien venu; un de ces hommes dont l'esprit et le cœur portent un cachet de distinction; un de ces hommes qui n'ont jamais une parole amère, jamais une impatience, et qui, même quand ils souffrent, se font encore un visage riant pour n'attrister personne; un de ces hommes, enfin, qui joignent aux vertus du saint prêtre les qualités du prêtre aimable, ainsi que le recommande l'Apôtre [1].

De temps en temps, l'abbé Chanel invitait à sa table quelques confrères du voisinage. Il en faisait les honneurs, grâce à la générosité de M. Girod, maire de l'endroit. Ces petites fêtes en famille avaient pour but d'entretenir l'esprit de fraternité. Une douce gaieté régnait parmi les convives. Après le repas, on allait s'as-

---

[1] « Quæcumque sancta, quæcumque amabilia... hæc cogitate. » Philip., iv, 8.

seoir et converser sous le berceau de charmilles. Le président d'âge était le curé de Chevry, dont nous avons déjà parlé¹. Ce vénérable ecclésiastique n'avait pas de rendez-vous plus agréables que ceux du presbytère de Crozet. Aimant à causer du vieux temps, il était rare qu'insensiblement il n'amenât l'entretien sur la Révolution de 93, et sur les beaux exemples de vertu qui, à cette époque, ont fait la gloire du clergé français. Bien que l'abbé Chanel eût entendu souvent ces récits de la même bouche, par condescendance, il les écoutait toujours avec plaisir comme pour la première fois. Le bon vieillard en était si flatté que, lorsqu'il lui échappait quelque plainte sur le jeune clergé, il se hâtait toujours d'excepter l'abbé Chanel. Il ne croyait pas pouvoir faire mieux son éloge, qu'en lui donnant, dans la naïveté du langage, le surnom de *bon enfant*. Il trouvait en lui un tel ensemble de vertus et de qualités, qu'il lui avait accordé toute son estime et toute sa confiance. Souvent il l'invitait à prêcher et à confesser dans sa paroisse. Enfin, pour dernier gage d'amitié, il l'établit son exécuteur testamentaire, le chargeant de distribuer une partie de ses biens aux familles pauvres de Chevry, et le reste au grand séminaire d'Annecy, où il avait fait ses études théologiques².

Les sympathies qui unissaient l'abbé Chanel à ses

---

[1] L'abbé Morel, natif de Savoie.
[2] Le vénérable curé mourut trois ans et quelques jours avant

confrères du canton de Gex, n'avaient point remplacé dans son cœur celles qui l'attachaient à M. Colliex, curé d'Ambérieux. Il se rappelait toujours avec une douce émotion le temps de son vicariat, alors que, sous les yeux de ce digne ecclésiastique, il préludait aux fonctions pastorales. Pénétré des plus vifs sentiments de reconnaissance, il se faisait un devoir, un bonheur d'entretenir avec lui une correspondance suivie. Il fut même un jour agréablement surpris de recevoir sa visite à Crozet; mais il ne put, à son grand regret, jouir longtemps de sa présence. En l'embrassant à son départ, il lui promit de faire bientôt, à son tour, le voyage d'Ambérieux. Différents obstacles l'ayant retardé, le vénérable curé en fut contristé, il en vint même jusqu'à des reproches, au point de faire dire plaisamment à l'abbé Chanel : « Oh! oh! M. le curé se fâche et me fait des som- « mations terribles.... Les mots d'*indifférent*, d'*in-* « *corrigible*, etc., ne manquent pas au bout de sa

---

M. l'abbé Chanel. Voici l'épitaphe que nous avons recueillie sur sa tombe, à l'entrée de l'église de Chevry :

ICI REPOSE
J. F. MOREL,
NÉ A MAGLAND, LE 26 DÉCEMBRE 1760,
MORT LE 4 MARS 1837.

Exilé pour la foi, il ne trahit jamais le Dieu,
Qu'à Chevry, pendant 34 ans,
Il fit connaître, aimer et servir.....

Requiescat in pace.

« plume.... Mais il a le cœur si bon, qu'après avoir
« ainsi fait gronder l'orage sur ma tête, il déclare
« mon pardon assuré, pourvu que j'aille le cher-
« cher, et cela, dans le courant de la semaine pro-
« chaine. Depuis longtemps je rumine ce voyage; je
« me serais déjà mis en route, si le projet de la re-
« construction de mon église ne me retenait encore
« auprès de mon conseil municipal [1].... »

Enfin l'abbé Chanel eut la consolation de se rendre au presbytère d'Ambérieux ; mais son séjour y fut bien court, trop court au gré de M. Colliex, car, outre qu'il était obligé de hâter son retour à Crozet, il voulut profiter de cette sortie pour faire une visite à sa famille, à M. Trompier, curé de Craz, à M. Perrodin, supérieur du grand séminaire de Brou, etc. Partout on regretta vivement que son départ fût si précipité; il lui en coûta beaucoup à lui-même de s'arracher à la société de ses parents, de ses bienfaiteurs et de ses amis. Nulle halte, dans ce voyage, n'était plus propre à émouvoir son cœur que celle qu'il fit au village de Craz. « Grâce à Dieu, dit-il, j'ai trouvé mes parents en bonne santé. Ma visite a ramené parmi eux la joie et un instant de bonheur. En quittant le hameau de la Potière, je ne pouvais me dispenser d'aller à Craz. Ce petit coin de la Bresse m'est aussi cher que la maison paternelle. Du plus loin que j'aperçus le presbytère et le clocher

---

[1] Extrait d'une lettre adressée à M. B***, d'Ambérieux.

du village, je sentis mes yeux se remplir de douces larmes; l'un et l'autre me rappelaient les grâces les plus signalées de ma vie... Chemin faisant, je reconnus les prairies où, dans mon enfance, je menais paître mon troupeau. Je vis l'endroit où Dieu me prit, comme le jeune David, pour m'établir pasteur des âmes. A cette vue, à ce souvenir, je hâtais le pas; il me tardait d'arriver chez l'abbé Trompier. C'est à ce vénérable curé que je dois, après Dieu, le bonheur d'être prêtre; c'est lui qui me rencontra providentiellement quand je n'étais que simple berger, et qui se chargea de ma première éducation ecclésiastique. Oh! comme je l'ai embrassé de grand cœur, et comme les heures que j'ai passées auprès de lui m'ont paru courtes et rapides!... J'ai eu la consolation, avant mon départ, de m'agenouiller à l'endroit où j'ai fait ma première communion, et de dire la sainte Messe à l'autel où, pour la première fois, j'ai célébré les divins mystères [1]. » A la suite de ce récit, l'abbé Chanel manifeste encore sa pensée favorite, son désir toujours croissant de partir pour les missions étrangères : « L'abbé Bret, dit-il, est venu me rejoindre au grand séminaire de Brou. Nous sommes allés ensemble voir, à Marboz, notre excellent ami Maîtrepierre. Nous nous sommes concertés sur les mesures à prendre afin de hâter le moment où nous serions

---

[1] Extrait d'une lettre adressée à M. B***, d'Ambérieux.

libres de quitter tout pour voler au salut des pauvres sauvages... »

Il n'est pas de voyage qui n'ait son aventure, son épisode plus ou moins agréable. L'abbé Chanel en fit l'épreuve à son retour à Crozet. Monté en voiture, il trouva parmi ses compagnons de route un ministre protestant et sa femme, qui l'accueillirent avec un sourire ironique. Feignant de ne l'avoir point remarqué, il se mit à réciter son bréviaire. A peine l'eut-il terminé, que le ministre, prenant un ton bénin et doucereux, essaya de l'amener sur le terrain de la controverse. Il parla d'abord de tolérance religieuse, puis de la confession et de l'eucharistie... L'abbé Chanel, naturellement réservé, et très-peu enclin à soutenir une polémique au milieu du bruit et du cahotement d'une voiture, craignant d'ailleurs que son silence ne fût mal interprété, répondit modestement mais avec énergie, et si bien que la cause de la vérité triompha complétement. Comme dernière attaque, le ministre en vint à la question du célibat ecclésiastique, et dit à cet égard tout ce qu'on peut supposer de la part d'un pasteur de l'Église réformée. Pour réfuter la prétendue impossibilité de la chasteté sacerdotale, l'abbé Chanel était trop modeste pour en appeler à la candeur de son front et à la pureté de son regard, mais prenant la parole, il confondit de nouveau son adversaire. « Ah ! monsieur, lui dit-il en mettant fin à cette discussion, si, à votre manière de voir, la chasteté est impossible, dites-moi :

jusqu'au jour de votre mariage, qu'avez-vous été, qu'avez-vous fait[1]? » A cette question, le ministre garda le silence et sa femme se prit à rougir...

---

[1] « Quant à l'opinion de votre docteur sur l'impossibilité d'être
« chaste, elle est démentie par l'expérience d'une foule d'hommes
« qui vivent ainsi par la force de l'amour de Dieu, et qui trouvent
« dans leur sacrifice un abîme de tendresse et de joie qui ne leur per-
« met pas de regretter le rapide et douloureux enivrement des sens.
« Les médecins croient connaître l'homme, ils n'en connaissent que
« la pourriture. Quand on n'a pas pris la peine de surmonter ses
« passions, et que la révélation des joies chastes ne vous a pas été
« faite, on se console de ses vices en les déclarant nécessaires, et
« on revêt du manteau de la science le témoignage d'un cœur cor-
« rompu. » *Lettres du R. P. Lacordaire à des jeunes gens*, recueillies et publiées par M. l'abbé Henri Perreyve, etc., lettre XXVIII.

CHAPITRE XI

L'abbé Chanel obtient de son évêque la permission d'entrer dans la Société de Marie. — Obstacles qu'il surmonte pour répondre à sa vocation. — Son départ de Crozet.

Depuis longtemps, l'abbé Chanel appelait de tous ses vœux le jour où, dégagé des liens qui le retenaient en France, il pourrait aller rejoindre Mgr Loras, dans les États-Unis. Après avoir mainte fois sollicité par écrit et de vive voix l'autorisation de son départ, il fit de nouvelles instances auprès de Mgr Devie, évêque de Belley. En insistant de la sorte, il cherchait, non à faire prévaloir ses idées, mais à se mettre en mesure d'accomplir ce que Dieu voulait de lui. Se conformer à la volonté divine était son bonheur, son unique passion... Le prélat crut devoir réfléchir encore avant de lui donner une réponse définitive. Il l'exhorta paternellement à prendre patience, et à entretenir le zèle dont il brûlait pour le salut des infidèles. Loin de murmurer contre ce retardement, l'abbé Chanel aima mieux n'y voir que l'expression des vues cachées de la Providence. Il pensa que Dieu réclamait de lui une âme plus fortement trempée pour la vie apostolique et une puissance de sacrifices à laquelle il ne s'était point encore suffisamment élevé. Or, pour arriver à cet héroïsme, il entrait dans les desseins de Dieu qu'après avoir rempli les fonctions du ministère pastoral, il fortifiât son âme dans la vie religieuse.

Sans doute, rien ne manque au prêtre qui veut remplir sa mission; mais, quand au sacerdoce séculier vient se joindre la vie religieuse, quel accroissement d'énergie n'est pas donné à celui qui se consacre aux travaux de l'apostolat? Ce qui caractérise, en effet, la vie religieuse, c'est la force, la virilité. Et pourrait-il en être autrement? Cette vie n'est qu'une lutte, une protestation permanente contre la faiblesse humaine, une réaction chaque jour renouvelée contre tout ce qui abaisse et énerve l'homme, une aspiration perpétuelle vers tout ce qui plane sur la vie terrestre et la nature déchue. Le religieux se condamne à des efforts plus grands, plus soutenus, plus profonds que n'en exige aucune autre profession. Il se soumet, dans tous ses actes, à une sage et robuste discipline. « Il prend dans l'Évangile, non-seulement le précepte mais le conseil. Pour éviter ce qui est défendu, il renonce à ce qui est permis. Pour arriver au bien, il aspire à la perfection. Pour être plus sûr de son salut, il veut faire plus qu'il n'en faut pour se sauver. Il s'astreint à un genre de chasteté, de soumission et de pauvreté qui n'est pas exigé de tous les chrétiens... et il met ce triple sacrifice sous la sauvegarde d'une promesse irrévocable, d'un vœu. Ayant ainsi triomphé de son corps par la continence, de son âme par l'obéissance et du monde par la pauvreté volontaire, il vient, trois fois vainqueur, se donner à Dieu et prendre rang dans le corps d'élite de cette armée qui s'appelle l'Église[1]. »

Acceptant cette condition sublime, et gardant toujours au fond du cœur les aspirations qui l'entraînaient vers l'apostolat, l'abbé Chanel se détermina à faire toutes les démarches nécessaires pour entrer dans la Société naissante des RR. PP. Maristes. Il en connaissait le fondateur, qui dirigeait alors les missions dans le diocèse de Belley. Il lui communiqua ses intentions, prit ses conseils, s'entoura des avis de plusieurs personnes graves, et en référa à Mgr l'évêque, qui se rendit à ses désirs.

Il est rare que des vocations qui doivent amener de grands résultats, ne rencontrent pas à leur début beaucoup d'obstacles humains. L'abbé Chanel eut à se défendre contre les difficultés que lui suscitèrent sa famille et ses amis. La nature et le sang réclamaient leurs droits : embrasser la vie religieuse, c'était un sacrifice, une séparation qu'un père, une mère, des sœurs et des frères ne pouvaient envisager qu'avec douleur. Cependant l'esprit de foi, qui animait cette famille, fut réveillé par les considérations de celui qu'elle se figurait déjà comme perdu pour elle sans retour.

---

[1] *Les moines d'Occident*, t. I, liv. II : *les Précurseurs monastiques en Orient*, p. 42, par M. le comte de Montalembert.

Du côté des amis, l'abbé Chanel eut à combattre des observations, en apparence dictées par de cordiales sympathies et par la sagesse. Les uns lui conseillaient de se tenir en garde contre la précipitation d'un zèle plus ardent que réfléchi. Les autres lui faisaient entrevoir que Dieu, jusqu'à ce jour ayant béni ses travaux, semblait vouloir qu'il se fixât dans le ministère pastoral; ils ajoutaient qu'il pourrait, dans les conditions du sacerdoce séculier, tout aussi bien se sanctifier et sauver les âmes que dans la vie religieuse. Quelques-uns enfin, forcés de fléchir devant l'énergie de sa résolution, se bornaient à lui dire que s'il persistait à s'engager dans la voie parfaite, il choisît du moins un institut, un ordre ancien et vénérable, et non une société encore au berceau, et dont l'avenir était incertain.

L'abbé Chanel, qui avait mûri son dessein devant Dieu, se trouvait aisément en mesure de réduire de pareilles objections à leur juste valeur. Tout en reconnaissant humblement le bien qu'il avait jusqu'ici opéré dans son ministère, il était profondément convaincu qu'un plus grand bien pour lui et pour les autres était assuré, du moment qu'il serait placé dans une condition qui embrasse tout à la fois et la vie contemplative et la vie active. Rien, en effet, de ce que peut accomplir le prêtre séculier n'était soustrait à son zèle; il avait en outre tous les éléments qui, dans un ordre religieux, ont pour but de constituer la perfection individuelle.

Et quant à la dernière considération, plus spécieuse que solide, il n'en fut nullement ébranlé. Car si, par cela même qu'une société vient seulement de naître, on devait s'abstenir d'y entrer, il n'est pas d'ordres religieux contre lesquels les anciens membres, qui en ont fait la gloire, n'eussent dû se tenir en garde. On ferait de la sorte le procès à la Compagnie de Jésus, née après la milice de saint François d'Assise et celle de saint Dominique; on le ferait encore à ces deux grandes milices venant après les Bénédictins, etc.

Il suffisait à l'abbé Chanel, pour justifier la prudence de sa détermination, que la Société des PP. Maristes fût approuvée par une autorité légitime, et que la volonté de Dieu, qui l'y appelait, se fût assez manifestée; or, cette double condition se trouvait ici réunie. Cette Société, il est vrai, n'avait point encore reçu de Rome son approbation canonique, mais elle n'était pas seulement acceptée par les évêques[1] qui lui avaient ouvert leurs diocèses, Sa Sainteté Pie VII avait daigné elle-même l'encourager et la bénir[2].

L'abbé Chanel ne pouvait douter de sa vocation. Un vif attrait pour la vie religieuse, une tendre piété en-

---

[1] De Lyon et de Belley.

[2] L'éminent Pontife, dans un bref en date du 25 janvier 1821, s'exprime ainsi : *Ex iis quæ Nobis, una cum duobus sociis tuis, exposuisti, cognoscere potuimus egregium certe esse scopum, quo tendit illa, de qua loqueris, Institutio, proptereaque non possumus, quin hoc animi tui propositum vehementer in Domino commendemus*, etc.

vers Marie le pressaient de s'enrôler sous la bannière d'une Société qui s'estime heureuse de porter le nom de la Reine des cieux, et de *combattre*, sous sa tutelle, *les combats du Seigneur*. Afin de savoir mieux encore si c'était vraiment là que Dieu le conduisait, il réfléchit, il prit conseil, il pria. Dès lors, il n'hésita plus. Quoique cette Société ne fît que de naître, il en voyait déjà la marche, l'esprit et le but. Sachant que Dieu suscite les corporations religieuses suivant les besoins des peuples, et les approprie aux mœurs d'une époque, il regardait comme une faveur providentielle d'être admis dans ce nouvel Institut, au début d'un siècle si justement appelé *le siècle de Marie*. Il aimait à retrouver, parmi ses premiers membres, des religieux selon son cœur, ayant pour devise : *Ignoti et quasi occulti in mundo*[1], et s'efforçant de vivre, en quelque sorte, de la vie de la plus auguste et de la plus humble des mères, *ex ejus vitâ quasi vivere*[2].

Avant de quitter la cure de Crozet, l'abbé Chanel s'occupa de l'avenir de sa sœur. Plus d'une fois, on doit se le rappeler, cette pieuse fille a figuré dans notre récit. On a vu que, dès son enfance, elle avait suivi, comme pas à pas, son frère dans la voie de la sainteté, et que même elle aspirait, ainsi que lui, à la vie religieuse. D'après ses conseils, et son impulsion propre,

---

[1] « Inconnus et comme cachés dans le monde. » Constitutiones presbyterorum Societatis Mariæ. Cap. v, *De Societatis spiritu*.

[2] *Id.*, *ibid.*, ac supra.

elle fit le voyage de Belley pour se présenter au couvent de *Bon-Repos*, maison-mère des *religieuses du Saint Nom de Marie*[1]. Admise au noviciat, elle devint un modèle de ferveur, d'obéissance et d'humilité. Elle prit le voile et, cachée dans la solitude, on ne la connut plus désormais que sous le nom de *sœur Saint-Dominique*.

Longtemps, à Crozet, des larmes coulèrent au souvenir de cet ange de piété. On était loin de prévoir que, peu de jours après sa disparition, une autre séparation en ferait couler de plus amères. L'abbé Chanel seul le savait. C'était un secret qu'il s'efforçait vainement de renfermer dans son cœur. Plus s'approchait l'heure de son départ, plus on remarquait dans ses traits une teinte de tristesse et d'affliction. La surprise fut encore plus grande quand on le vit distribuer son mobilier aux familles indigentes et se dépouiller pour elles de tout ce qui ne lui était pas rigoureusement nécessaire.

« Le dernier dimanche qu'il passa à Crozet, dit l'abbé Bramerel, il consacra sa paroisse à la Très-Sainte Vierge. Après la récitation du chapelet, qui avait lieu à l'issue des vêpres, il entonna d'une voix émue le cantique :

> Je mets ma confiance,
> Vierge, en votre secours ; etc.

---

[1] Les *religieuses du Saint Nom de Marie* s'occupent de l'éducation des jeunes demoiselles, tiennent des écoles primaires, dirigent des

Pendant qu'il chantait, des larmes s'échappèrent de ses yeux. Ensuite il adressa quelques paroles sur la dévotion envers Marie, et sur la conformité à la volonté de Dieu. Le soir du même jour, il fit ses adieux à M. Girod, maire de l'endroit, et le chargea d'être l'interprète de ses sentiments auprès des habitants de Crozet. Au sortir de cette visite, il monta promptement en voiture et se déroba à la faveur de la nuit. Certainement, si la paroisse eût été informée de son départ, elle s'y serait opposée. »

Les habitants de Crozet furent plongés dans le deuil et la consternation. Ils s'empressèrent d'écrire à l'abbé Chanel et le supplièrent de rester au milieu d'eux. Touché de ces marques d'attachement, mais inébranlable dans le parti qu'il venait d'embrasser : « Ce qui me console, leur répondit-il après l'installation de son successeur, c'est que je vous laisse entre les mains d'un prêtre qui affermira vos âmes dans le bien, et dont le zèle réparera mes fautes et mes négligences. » Cette lettre se terminait par la demande de quelques prières, par des adieux touchants et de sages conseils; c'était le langage d'un père qui épanche son cœur dans celui de ses enfants.

L'abbé Chanel aimait trop la paroisse de Crozet pour qu'il pût jamais l'oublier. Toujours aussi, dans la So-

Providences, des ouvroirs, etc. Elles ont des établissements en France, en Angleterre, et dans les missions de l'Océanie occidentale.

ciété de Marie où nous allons le suivre, en France et au delà des mers, partout enfin Crozet sera encore l'objet de ses ferventes prières, de ses plus doux entretiens et de ses plus chers souvenirs....

Si deux modestes villages, dans le diocèse de Belley, ont droit d'être saintement fiers d'avoir eu pour curés, l'un [1], saint Vincent de Paul, et l'autre [2], M. Jean-Baptiste-Marie Vianney, l'humble paroisse de Crozet ne peut-elle pas, à son tour, se féliciter d'avoir eu pour pasteur l'abbé Chanel? Oh! oui, sans doute.... Loin d'oublier ce prêtre dont elle s'honore, l'estime et la vénération qu'elle lui a vouées s'accroîtront d'âge en âge. C'est, en effet, le propre des vertus modestes de grandir le respect des hommes par le temps, qui semblerait devoir en effacer le souvenir. Tandis que l'admiration se retire peu à peu de tout ce qui n'offrait au regard qu'une splendeur humaine, elle s'attache sans retour à ces âmes simples et fortes. Au lieu de les ensevelir dans l'oubli, la conscience publique révèle leur grandeur cachée; elle déchire le voile dont s'enveloppait un mérite d'autant plus élevé qu'il s'ignorait lui-même; et la louange, contenue jusqu'alors par les soins que mettait l'humilité à se dérober aux yeux du monde, éclate en un concert unanime de regrets et de bénédictions, qui forme la couronne terrestre des vies

---

[1] Châtillon-les-Dombes.

[2] Ars.

saintement écoulées. Ainsi se réalise cet oracle divin : *La mémoire du Juste sera éternelle*[1].

Le nom de l'abbé Chanel occupera toujours une grande place dans les annales de Crozet; il y demeurera non comme une gloire stérile, mais comme un enseignement, un encouragement au bien. En voici une preuve entre bien d'autres : sept ans après le départ du saint prêtre, alors qu'il se livrait aux travaux de l'apostolat, son digne successeur, l'abbé Levrat, entreprit de fonder à Crozet, *l'œuvre de la propagation de la foi*. Voyant avec douleur qu'on ne répondait à son appel que par une froide indifférence : « Ah! mes frères, s'écria-t-il du haut de la chaire évangélique, que je suis trompé dans mon attente! Pourtant, cette œuvre est l'unique soutien des missions étrangères; le P. Chanel y est par conséquent intéressé. Du fond des îles lointaines où il exerce son zèle, il unit sa voix à la mienne pour solliciter le secours de vos prières et de vos aumônes. Après tout ce qu'il a fait pour vous, je croyais que vous l'aimiez encore.... » A ce peu de paroles, l'auditoire fondit en larmes, et s'empressa de s'associer à l'œuvre que proposait le pieux curé.

Vingt-deux ans plus tard, le nom de l'abbé Chanel était encore évoqué, non pas seulement dans une église de village, mais sur tous les points d'un vaste diocèse. Mgr de Langalerie, évêque de Belley, après avoir déve-

---

[1] « In memoria æterna erit Justus. » Ps., CXI, 7.

loppé, dans un mandement [1], le devoir et la pratique des vertus théologales : « Nous pouvons, dit-il, faire mieux encore, nos très-chers frères, nous pouvons même vous citer des exemples contemporains et domestiques, les placer sous vos yeux comme des portraits de famille. » Ici, l'éloquent prélat retrace à grands traits la vie si édifiante de Mgr Alexandre-Raymond Devie, et celle de M. Vianney, curé d'Ars; puis il continue en ces termes : « Le P. Chanel..., cet enfant de la Bresse, a laissé partout où il a passé dans le diocèse, avant de quitter la France, une impression profonde, qui faisait dire à ceux qui l'ont connu : « Il n'est pas étonnant « qu'il se soit fait missionnaire, qu'il ait sacrifié pour « cela sa patrie, ses parents, ses amis; il n'est pas éton- « nant qu'il soit mort pour Jésus-Christ; il aimait « tant son Dieu, il en parlait avec tant de foi et d'a- « mour ! » Oh ! nous vous en conjurons, nos très-chers frères, par ces noms bénis qui appartiennent à nos contrées : imitez les exemples qu'ils vous rappellent; soyez des hommes, des chrétiens de foi, d'espérance et de charité !... »

[1] Instruction pastorale et mandement, pour le carême de l'année 1861, sur les trois vertus théologales, la Foi, l'Espérance et la Charité.

LIVRE TROISIÈME

DEPUIS SON ENTRÉE
DANS LA SOCIÉTÉ DE MARIE JUSQU'A SON DÉPART
POUR L'OCÉANIE OCCIDENTALE.

(1831-1835)

CHAPITRE PREMIER

Société de Marie. — Le P. Chanel professeur au collège de Belley.

« Maria, mater amabilis, tuus sum ego, tua supplici potentia, salvum me fac in æternum. »
Marie, mère aimable, je suis à vous ; par votre puissante intercession, sauvez-moi pour l'éternité.

(Extrait de la formule des vœux dans la Société de Marie.)

Les Ordres religieux [1] sont la plus haute manifestation de l'esprit de sainteté qui anime l'Église catholique. On ne s'y enrôle qu'à la condition de tendre incessamment vers la perfection : *Si vis perfectus*

---

[1] « Les Ordres religieux en général peuvent se distinguer en quatre grandes catégories : 1° les *Moines* proprement dits, qui comprennent les Ordres de Saint-Basile et celui de Saint-Benoît, avec toutes ses branches, Cluny, les Camaldules, les Chartreux, les Cisterciens, les Célestins, Fontevrault, Grandmont, tous antérieurs au treizième siècle ; 2° les *Chanoines réguliers*, qui suivaient la règle de Saint-Augustin, et qui n'ont jamais jeté un grand éclat, ni rendu d'éminents

esse[1]... Le niveau du bien est d'autant plus élevé chez un peuple, que ces corporations y sont plus nombreuses et plus ferventes.

Lorsqu'on remonte à l'origine de chacune d'elles, on rencontre toujours un humble berceau. « Rien de grand, a dit le comte de Maistre, n'a de grands commencements[2]. » Toutefois, quand Dieu choisit une âme pour être l'instrument de ses volontés, il se plaît, en quelque sorte, à la façonner de ses mains et à la combler de ses bienfaits; « il lui donne, dit saint Bernardin de Sienne, toutes les grâces qui font les saints et les mettent à la hauteur de leur mission[3]. »

La société des Maristes[4] a pour fondateur le très-ré-

services, mais auxquels se rattachèrent deux Ordres illustres, celui de Prémontré, et celui de la Merci, pour la rédemption des captifs ; 3° les *Frères* ou religieux mendiants (*Frati*), qui comprennent les Dominicains, les Franciscains (avec toutes leurs subdivisions en Conventuels, Observantins, Récollets, Capucins), les Carmes, les Augustins, les Servites, les Minimes, et en général tous les Ordres créés du treizième au seizième siècle ; 4° enfin les *Clercs réguliers*, forme affectée exclusivement aux Ordres créés au seizième siècle et depuis, tels que les Jésuites, les Théatins, les Barnabites, les Maristes, etc. » (De Montalembert, *Moines d'Occident*.)

[1] Matth. xix, 21.

[2] Le comte Joseph de Maistre, *Essai sur le principe générateur*.

[3] Serm. I, de Sancto Joseph.

[4] C'est par erreur que les *Marianites*, religieux de la congrégation fondée à Bordeaux par l'abbé Cheminade, sont désignés sous le nom de *Maristes*, dans le *Dictionnaire universel d'histoire et de géographie*, par M. N. Bouillet.

Un autre écrivain a poussé l'erreur jusqu'à l'extrême, en publiant qu'à l'époque où l'abbé Cheminade passa de Bazas à Bordeaux pour

vérend père Jean-Claude-Marie Colin. Elle prit naissance, en 1815, aux pieds de Notre-Dame de Fourvières, à Lyon. C'est dans ce sanctuaire vénéré que ses premiers membres se réunirent, le lendemain de leur promotion au sacerdoce. Ne formant tous qu'un cœur et qu'une âme, ils se consacrèrent à la Sainte Vierge; ils resserrèrent les liens qui les unissaient entre eux, et prirent l'engagement de travailler à la réalisation de leur pieuse entreprise.

D'abord humble et obscure comme la vie de son auguste Reine à Nazareth, la petite Société fut, pour ainsi dire, cachée sous terre et ignorée du monde. Il fallait qu'elle eût pour base l'humilité, le silence et la prière. Puis à peine commençait-elle à grandir qu'elle passa par de terribles épreuves. Enfin il lui fut donné de prendre son essor et de se mettre à l'œuvre dans les diocèses de Lyon et de Belley. Ainsi se réalisa lentement et en secret cette parole familière à son fondateur : « Gardons-nous de vouloir aller plus vite que la Providence; soumettons-nous à ses vues; portons courageusement notre croix; plus nous souffrirons, plus nous arriverons promptement à notre but... »

Honorée, en 1822, d'un Bref laudatif de Sa Sainteté

---

jeter les premiers fondements de son institut, « la divine Providence envoyait l'abbé Lallemand à Marseille, l'abbé Colin à Lyon, l'abbé Coudren à Paris, tous fondateurs de la nouvelle Congrégation religieuse. » [*Dictionnaire des ordres religieux*, édité par Migne, t. IV, p. 743.]

Pie VII, la Société des Maristes fut approuvée sous le titre de : *Societas Mariæ*, « Société de Marie », par Sa Sainteté Grégoire XVI, le 29 avril 1836. Ses Constitutions, qu'il était sage de soumettre à l'épreuve avant d'en fixer le texte, n'ont reçu leur sanction canonique que le 15 juin 1860 [1].

Quoique la Société de Marie embrasse, dans l'exercice de son zèle, tout genre de ministère compatible avec la discipline religieuse, les œuvres auxquelles elle s'adonne de préférence sont : l'éducation chrétienne de la jeunesse dans les colléges ; la direction des grands séminaires ; les missions dans les pays catholiques et chez les infidèles [2]. A l'heure où nous écrivons ces lignes, elle se livre à tous ces divers travaux [3].

[1] Le pieux et savant auteur du *Tractatus de jure regularium*, etc., après avoir montré ce qui constitue l'état religieux, pose et résout la question suivante : *Num adsint hodie in Gallia virorum congregationes quæ dictas conditiones, ad status religiosi essentiam sufficientes habeant? — Respondeo affirmative.* Nempe 1° talis est congregatio patrum *societatis Mariæ* qui *Maristarum* nomine in Gallia designari solent; quorum institutum Lugduni exordia sumpsit. Etenim approbatum a Sede Apostolica fuit ipsorum institutum (Bulla *Omnium gentium*, diei 29 aprilis 1836); et juxta ejusmodi institutum emittuntur in ea Congregatione tria vota simplicia perpetua, et vota hæc, congregationis et Ecclesiæ nomine, rite a superioribus acceptantur, etc.... [T. I, cap. VIII, § 11, p. 462.]

[2] La Société de Marie a un Tiers-Ordre déjà florissant. Sa Sainteté Pie IX a daigné l'approuver, le 8 septembre 1850. — Voir le *Manuel du Tiers-Ordre de Marie*. Lyon. chez Briday, libraire, place Montazet; ou chez les PP. Maristes, rue de Vaugirard, n° 132, à Paris.

[3] Les PP. Maristes ont des maisons d'éducation à Saint-Chamond (Loire), à Riom (Puy-de-Dôme), à Montluçon (Allier), à Bar-le-Duc

En 1852, la Société de Marie fut divisée en deux provinces, qui ont leur siége à Lyon et à Paris. La maison-mère est dans la première de ces villes.

A l'époque où le P. Chanel entra dans cette société religieuse, il n'y trouva que deux voies ouvertes à son zèle : le ministère de la prédication, surtout dans la campagne, et un emploi au collége de Belley, seule maison d'éducation que dirigeaient alors les PP. Maristes. Il fut placé dans cet établissement pour y professer une classe élémentaire [1]. N'allons pas croire qu'un effort d'humilité lui fût nécessaire dans cette circonstance; il se regarda, au contraire, comme très-honoré d'avoir à diriger des élèves fort jeunes, encore à cet âge que le divin Maître avait en prédilection. Quelle que fût son expérience, il ne se dissimula pas les difficultés de sa nouvelle position. Ne s'appuyant point sur sa propre sagesse, il étudia

---

(Meuse), à Digne (Basses-Alpes), à Toulon et à la Seyne (Var). — Ils dirigent les grands séminaires de Moulins, de Nevers, de Digne, d'Agen et de Saint-Brieuc. — Ils ont, dans plus de vingt diocèses, des résidences de prêtres-profès qui se consacrent au saint ministère par les stations, les missions et les retraites. — Ils ont encore des scolasticats sur divers points de la France.

Dès l'année même de son approbation canonique, la Société de Marie fut chargée des missions de l'Océanie occidentale. En 1856, elle fonda deux missions en Angleterre, l'une à Londres, et l'autre à Romford, dans le comté d'Essex. Plus tard, elle fonda à Dundalk (Irlande), un noviciat, un scolasticat et un collége. Tout récemment, elle a fait un envoi de missionnaires en Louisiane (États-Unis).

[1] La sixième.

soigneusement, dans les ouvrages des maîtres les plus habiles[1], la marche qu'il devait suivre dans l'exercice de sa charge.

Il ne doutait pas que c'est avoir déjà beaucoup obtenu d'un enfant que de lui faire aimer le séjour du collége et les habitudes de la classe. Il savait, lui dont le cœur était si bon, qu'à cet âge l'âme, plus tendre et plus expansive, a plus besoin encore de témoignages d'affection; que la traiter avec austérité, c'est la flétrir, et que les maîtres n'auront jamais sur elle aucune action intime et profonde, s'ils lui apparaissent toujours comme des censeurs par profession, officiellement durs et inflexibles, dont le front ne sourit jamais, dont la bouche ne laisse échapper aucune parole de mansuétude. Par la douceur et la digne familiarité des rapports, il stimulait dans ses élèves la confiance, l'abandon, et cette franchise d'allure qui rend plus facile et plus efficace la tâche des maîtres. Et toutefois, à ses yeux, ce caractère paternel que doit conserver l'éducation même publique, aurait été un relâchement funeste s'il avait dû exclure toute force disciplinaire, toute répression. L'âme d'un enfant, si on l'abandonne à sa pente naturelle, produit plus de vices que de vertus,

---

[1] *De ratione discendi et docendi*, par le P. Jouvency. — *Traité de la manière d'enseigner et d'étudier*, etc., par Rollin.

Dans ces derniers temps, on a publié d'excellents ouvrages sur l'éducation de la jeunesse. On ne saurait trop relire ceux de Mgr Dupanloup, évêque d'Orléans.

comme un champ sans culture se couvre plus volontiers de ronces que de fleurs.

Imitant l'agriculteur, qui n'ensemence un terrain qu'après en avoir étudié la valeur, le P. Chanel s'appliqua soigneusement à connaître ses élèves, afin de cultiver plus efficacement leur intelligence et leur cœur. Dans cette étude, il ne chercha point à s'éclairer une fois pour toutes sur leurs qualités et leurs défauts. Il savait que ne pas revenir sur une appréciation, c'est ne tenir compte ni des efforts ni des progrès individuels, et qu'un maître à idées fixes décourage la plupart de ses élèves.

Jamais il n'allait en classe sans avoir préparé la leçon. « Quand j'étais curé, disait-il, j'avais à préparer des prônes et des catéchismes, maintenant il faut que j'instruise mes élèves ; c'est pour moi une obligation d'étudier ce que je dois leur apprendre, autrement ils perdraient leur temps, et j'en serais responsable devant Dieu. »

Pour se mettre au niveau des jeunes intelligences, le P. Chanel employait un langage toujours simple, quelquefois naïf, mais sans trivialité. Parlant peu lui-même, et toujours sans éclat de voix, il faisait parler les élèves à tour de rôle, soit pour les rendre plus attentifs, soit pour donner un plus libre essor à leurs facultés intellectuelles. Quelle que fût la bévue échappée à la plume ou à la bouche d'un enfant, il n'en profitait jamais pour le blesser ; il faisait la correction nécessaire, tout en ménageant la susceptibilité. Il avait trouvé le secret de faire aimer le travail et d'entretenir cette noble émulation qui exclut l'esprit de rivalité. « L'émulation, disait-il, conserve l'estime et l'amitié entre les concurrents ; la rivalité, au contraire, porte la teinte de l'envie, elle aigrit les cœurs et les divise. » Sa classe était comme un petit champ de bataille, un terrain d'honneur où les élèves, partagés en deux camps, se disputaient la palme de la victoire par leur application et leurs succès [1]. Sachant que les enfants se lassent et se dégoûtent bientôt de ce qui les a d'abord enthousiasmés, il variait les moyens, les stimulants d'émulation et les changeait dès qu'ils commençaient à s'émousser. Il portait à chacun de ses élèves un égal intérêt, et trouvait fort sage cette observation de Rollin : « Le maître est redevable à tous; il est obligé, par ménagement et par devoir, de prendre une espèce de milieu pour s'accommoder autant qu'il le peut à la faiblesse et à la force de ses disciples. C'est une règle que doit garder inviolablement quiconque est préposé à la conduite des autres : guide, berger, précepteur, pasteur spirituel, tous y sont assujettis. Le particulier peut en souffrir, mais le public y gagne, et ce serait tout gâter et renverser l'ordre que de vouloir en user autrement [2]. »

[1] « Mihi detur ille puer quem laus excitet, quem gloria juvet, qui victus fleat ;... in hoc desidiam nunquam verebor. » Quint., t. III.
[2] *Manière d'enseigner*. t. I, p. 141.

Le P. Chanel avait à cœur l'avancement, le progrès de ses élèves; toutefois, il se gardait bien de trop hâter la marche de leurs études; il s'appliquait surtout à développer leur mémoire et leur jugement, à faire, en un mot, l'éducation de leur intelligence. « C'est un avis nécessaire, dit encore Rollin, pour tous les cours des études, de bien faire ce que l'on fait.... Cette méthode d'enseigner, rapide et superficielle, qui flatte assez les parents et quelquefois même les maîtres, parce qu'elle fait paraître davantage les écoliers, bien loin de les avancer, les retarde considérablement[1]. »

Dans une classe d'enfants, si bien disciplinée qu'on la suppose, il se rencontre toujours plus ou moins des tendances mauvaises : *Les sens et la pensée du cœur de l'homme*, dit l'Esprit-Saint, *sont portés au mal dès son bas âge*[2]. Convaincu de cette vérité, le P. Chanel ne perdait jamais de vue ses élèves. « Il vaut beaucoup mieux, disait-il, prévenir les fautes que de les punir. » Si, malgré l'activité et les industries de son zèle, il trouvait quelque écolier en défaut, il ne tardait pas à le faire rentrer dans le devoir. En lui faisant la correction, il prenait singulièrement garde de laisser dans son âme une impression de tristesse et de découragement : « Trop souvent, disait-il, quand un enfant a l'âme triste et abattue, il se replie sur lui-même au dé-

---

[1] *Idem*, p. 204.
[2] « Sensus enim et cogitatio humani cordis in malum prona sunt ab adolescentia sua. » Gen., VIII, 21.

pens de son caractère et de son innocence[1]. » Sobre, autant que possible, de punitions, le P. Chanel les mesurait toujours avec cette sagesse qui fait sentir le devoir et le cœur d'un père.

[1] « Selon les docteurs, dit saint François de Sales, l'arbre de tristesse produit huit branches, savoir : la miséricorde, la pénitence, l'angoisse, la paresse, l'indignation, la jalousie, l'envie et l'impatience ; entre lesquelles, comme vous voyez, il n'y a que les deux premières qui soient purement bonnes ; ce qui a fait dire au Sage, en l'Ecclésiaste, que *la tristesse en tue beaucoup*, et qu'*il n'y a point de profit en elle* (Eccli., xxx, 25), parce que pour deux bons ruisseaux qui en proviennent, il y en a six qui sont mauvais. » *Le véritable esprit de saint François de Sales.* T. III, ch. v, art. 2, § III.

CHAPITRE II

Éducation religieuse. — Récréations. — Zèle pour le bien général du collège. — Grave maladie.

Le P. Chanel ne bornait pas son zèle à l'enseignement des grammaires. Former ses élèves au point de vue chrétien était sa pensée dominante. « Quoi de plus important, disait-il avec saint Jean Chrysostome, que de régler l'esprit et les mœurs des enfants [1]? » Il savait que la religion embrasse l'homme dans la double sphère de son intelligence et de sa volonté; qu'elle doit, par conséquent, se lier à l'éducation, et que l'étude même des sciences se trouve avoir avec elle des rapports intimes et essentiels. « Cette liaison nécessaire, disait-il, n'échappe point à la rectitude naturelle de l'enfant, et si, par une direction fausse, on l'habitue à isoler de la religion l'étude des sciences, ce sera toujours au détriment de son âme. Au contraire, persuadez-lui, par l'application, autant que par la théorie, que la religion et la science sont faites l'une pour l'autre et se prêtent

---

[1] « Quid majus quam animis moderari, quam adolescentulorum fingere mores? » Homil. 60, in cap. XVIII Matth.

un appui mutuel; alors, plus il deviendra religieux, plus l'étude aura d'attraits pour lui; et plus il étudiera, plus sa piété sera éclairée et inébranlable[1]. »

L'enseignement religieux, tel que nous l'entendons ici, ne saurait avoir de formes déterminées, ni d'heure précise : il dépend des circonstances; or, ces circonstances, le P. Chanel n'en laissait échapper aucune. Ainsi, par exemple, voyait-il un élève distrait, dissipé, pendant la prière qui précède et suit la classe, il le rappelait à l'esprit de foi et de piété; remarquait-il dans un livre ou dans le langage d'un enfant une phrase, un mot qui, au point de vue de la doctrine, manquait de clarté ou d'exactitude, il expliquait ou rectifiait l'expression; rencontrait-il dans l'antiquité païenne quelques maximes de sagesse, quelques traits de vertu, il

---

[1] Les païens eux-mêmes joignaient toujours à l'enseignement des sciences quelques leçons de morale. « Pourquoi, parmi nous, l'instituteur à qui de nombreux enfants ont été confiés ne les considérerait-il pas comme le philosophe d'Athènes, ses disciples ? Ne peut-il être pour eux dans l'intérieur d'un collége, ce que Socrate et Platon, sur les parvis des temples, ou dans les jardins de l'Académie, étaient pour les jeunes fils des Athéniens ? Nous qui avons recueilli la parole du Christ, nous sommes fiers, et avec raison, de la lumière qui est descendue dans nos âmes, et nous aimons à vanter la force que son Évangile est venu prêter au cœur de l'homme. Mais pourquoi donc cette lumière et cette force, ne savons-nous pas les mettre en œuvre pour le bonheur de la jeunesse ? Il semble que tout ce qu'il y a d'élevé et de généreux dans la morale du Christianisme, nous le considérions comme du domaine exclusif des prêtres. » *De l'éducation publique*, par M. H. Corne, membre de la Chambre des députés (1844).

les faisait admirer, ou il en montrait l'imperfection, et prouvait combien l'Évangile l'emporte sur la philosophie humaine; quelquefois, il interrompait un instant les exercices de la classe, et, par forme de récompense, il racontait quelque histoire édifiante. « Ces espèces d'épisodes de piété, dit le P. Judde aux professeurs, formeront peut-être plus vos écoliers que des sermons et des catéchismes [1]. »

Comme il est dans la nature des enfants de s'instruire, au point de vue moral et religieux, bien plus par les yeux que par les oreilles, et qu'ainsi, d'ordinaire, ils deviennent la copie vivante de leurs maîtres [2], le P. Chanel joignait incessamment à ses pieuses allocutions le langage muet et entraînant du bon exemple. N'oubliant jamais qu'en sa personne les élèves ne devaient pas voir le professeur seul, mais encore le prêtre de la Société de Marie, il veillait de plus près sur sa conduite. Non-seulement il se montrait fidèle au devoir, sous quelque forme que le devoir se présentât, mais il savait que la vie morale s'insinue et se respire comme l'air, et qu'elle s'échappe par de secrètes émanations qui, bien que trop délicates pour tomber sous l'analyse, n'en saisissent pas moins d'une manière vive l'intelligence de l'enfant : c'est un mot, un regard, une

---

[1] *Manuel des jeunes professeurs*, IIe partie ; *Devoirs d'un régent religieux envers ses écoliers*.

[2] « Tales, ut plurimum, evadere solent discipuli quales fuerunt ipsorum magistri. » *Concile de Bordeaux* (1583).

attitude, un sourire; c'est surtout cet ensemble multiple de relations, d'habitudes, de langage, qui sont à l'âme ce que sont à la fleur ces mystérieuses issues par où s'exhale le parfum.

À l'heure des récréations, le P. Chanel se retrouvait au milieu des élèves. Loin de prendre cette allure magistrale, cet air de surveillance et de police qui signale la présence d'un préposé officiel, il plaignait les maisons d'éducation où le maître, pour conserver quelque prestige à son autorité, n'aspire qu'à se faire craindre, se compose un visage sévère, se drape avec majesté, et semble toujours armé d'une discipline rigide, comme s'il était en face d'une jeunesse suspecte et prisonnière. « Dans ces cas-là, disait-il, les écoliers ne voient que de mauvais œil ce chargé d'office, et lui rendent avec usure l'antipathie qu'il conçoit pour eux; ils se liguent contre lui; ils se complaisent à le tracasser, à l'irriter, à l'humilier même; on a beau les punir, ils n'en deviennent que plus revêches et plus incorrigibles. » Le P. Chanel ne craignait pas de rire avec les élèves et de s'associer à leurs amusements. *Il redevenait enfant,* pour ainsi dire, *sans cependant tomber dans l'enfantillage et la puérilité*[1]. Et pourquoi se serait-il interdit cette noble familiarité? Il n'avait rien à cacher aux regards des élèves. Au fond de l'âme,

---

[1] « Decet magistros quasi repuerascere, sed minime pueriliter. » Le P. Jouvency. *De arte discendi et docendi.*

Socrate, après ses leçons de philosophie, jouait aux noix avec les

ses pensées étaient graves, ses intentions pures, ses sentiments paternels. Tous ces jeunes cœurs se sentaient attirés vers lui par cette sympathie instinctive, qui est comme la loi des affinités morales. On l'environnait, on l'interrogeait, on se pressait autour de lui avec cet épanouissement de visage et cette liberté de mouvement qui dénotent l'affection.

En agissant de la sorte, le P. Chanel ne contribuait pas seulement à donner plus de vie aux jeux et aux plaisirs des élèves, il exerçait encore sur eux par sa présence une influence salutaire. Il prévenait ou réprimait à temps bien des fautes qui échappent à de jeunes écoliers dans leurs récréations : que de mauvaises manières, que de paroles brusques et inconvenantes, que de querelles et de disputes amènent trop souvent l'animation des jeux, la rivalité des intérêts et les nuances de caractère!

Le P. Chanel ne bornait pas à sa classe ses devoirs à l'égard de la communauté. Sans doute il avait acquitté sa dette principale; mais restant sous le toit du collége,

---

jeunes Athéniens ; il aimait à courir avec eux, à cheval sur un bâton.

Scipion et Lélius, après avoir rempli les premières charges de la république, se retiraient dans leurs maisons des champs, et se livraient à des jeux enfantins avec une simplicité et une ardeur incroyables. *Incredibiliter repuerascebant.* Cicéron, qui nous transmet ce fait, le cite à leur éloge.

Gerson, chancelier de l'Université de Paris, réunissait de petits Savoyards dans l'église de Saint-Paul, à Lyon, leur faisait le catéchisme, et se récréait ensuite avec eux.

il se croyait encore obligé de payer de sa personne dans toutes les rencontres qui sollicitaient sa part de vigilance et de dévouement. Il secondait le zèle des préfets de discipline et les remplaçait au besoin. « J'aime les écoliers comme des anges, disait-il, et je m'en défie comme de petits démons. » Aussi faisait-il bonne garde autour d'eux. Il veillait surtout à ce que les paroles et les liaisons n'eussent rien de contraire à la charité ni aux bonnes mœurs. N'ignorant pas que souvent les mauvais livres pénètrent dans les collèges et circulent à l'insu des maîtres, il ne négligeait rien pour prévenir ou arrêter cette contagion.

Du reste, bien persuadé que dans l'œuvre sublime mais difficile de l'éducation de la jeunesse, le maître le plus habile est toujours impuissant s'il n'a l'appui d'en haut, il appelait sur les efforts de son zèle les bénédictions célestes. Il recommandait fréquemment les élèves, et en particulier ceux de sa classe, à la Sainte Vierge, à saint Joseph et aux Anges tutélaires. C'était aussi la pratique de piété qu'il conseillait aux professeurs qui lui avaient confié la direction de leur conscience.

Outre la charge d'une classe, le P. Chanel faisait encore, chaque semaine, une conférence à la communauté, tantôt sur les règles de la civilité, tantôt sur les cérémonies de l'Église. Quoiqu'on ne cessât de lui recommander la modération dans le zèle, il ne s'arrêta que lorsque les forces l'abandonnèrent. Sa santé fut gravement atteinte. Des maux de poitrine, des crachements de sang, un extrême abattement l'obligèrent de s'aliter. Quelle ne fut pas la tristesse de ses chers élèves! comme ils s'informaient chaque jour de son état! avec quelle ferveur ils demandaient à Dieu son rétablissement! Tous auraient voulu lui servir d'infirmiers. A l'heure des récréations, ils allaient à tour de rôle le voir et lui tenir compagnie. Enfin le malade se remit peu à peu, et, avec des ménagements, il put reprendre sa classe et la conduire jusqu'aux vacances.

CHAPITRE III

Le directeur spirituel.

Chargé de la direction spirituelle du collége de Belley, le P. Chanel se recommandait surtout par cette douceur chrétienne et sacerdotale qui « porte avec soi, dit Bossuet, trois vertus absolument nécessaires à ceux qui dirigent les âmes : la patience, pour supporter les défauts; la compassion, pour les plaindre; la condescendance, pour les guérir [1]. »

Le nouveau directeur mesura devant Dieu toute l'importance et toute l'étendue de sa charge. Sa mission lui parut belle mais difficile. « Le Père spirituel d'une communauté, disait-il, ne devrait pas être un homme mais un ange. Confident de toutes les fautes, même de celles qui échappent à la surveillance des maîtres et à l'action de la discipline, il a toute autorité pour en arrêter le cours. Afin de prévenir ou de réprimer les fautes extérieures, il atteint même les pensées,

[1] *Panégyrique de saint François de Sales.* IIIe partie.

les désirs les plus secrets, et guérit les plaies les plus cachées des âmes. Il forme la conscience des élèves, les éclaire sur leurs défauts, leur indique les moyens de se corriger, et leur donne la force par la grâce qu'il leur communique en leur administrant les sacrements. C'est à lui encore de faire naître, de développer les vocations, et d'écarter tout ce qui pourrait leur nuire ou les étouffer. »

« Qu'il est à plaindre, disait-il encore, le collége où le sacerdoce n'exerce pas sa divine influence! comment peut-il échapper à l'immoralité? » Tout enfant quel qu'il soit porte en lui-même un principe secret et énergique de dépravation. Vient un âge où ce principe dangereux, que nous appelons concupiscence, s'éveille et se développe. C'est l'heure du péril, c'est le moment de la tentation. La tentation, voilà un mot que la philosophie ne connaît pas, ou tout au moins qu'elle ne prononce jamais, tant elle se sent embarrassée à expliquer l'idée et impuissante à guérir la chose. La tentation, c'est le désespoir de la sagesse humaine! Qui d'entre nous pourtant n'a pas mille fois éprouvé l'influence trop réelle et trop sérieuse qu'elle exerce sur la vie de l'homme? Eh bien, que peuvent faire les instituteurs mercenaires ou simplement honnêtes pour défendre un faible enfant contre la tentation? D'abord, savent-ils seulement quand elle existe? La pauvre âme timide qui en est atteinte leur cache soigneusement sa lutte. Oserait-elle leur parler de peines de conscience, à eux hommes froids et raisonneurs dont la bouche ne prononce que forcément le nom du bon Dieu et de la prière? Elle tient donc son anxiété enfermée en elle comme un feu qui la mine sourdement, et quand on a pu s'apercevoir que le vice la ravage, il n'est presque plus temps d'y porter remède. Et d'ailleurs quel remède est possible à qui n'a pas les secrets divins de la piété et du sacerdoce? On fera sans doute de belles phrases sur la dignité de la raison humaine; mais qu'importe au jeune esclave qui vous dit en rougissant : Je ne puis briser la chaîne de mes habitudes? Le livrera-t-on à toutes les rigueurs d'une surveillance continue et sévère? Qu'importe encore? La pensée ne se voit pas, et il porte sa dépravation dans sa pensée. Si l'on pouvait refaire son cœur, à la bonne heure! Mais si l'on ne fait qu'épier ses actions, il se cachera mieux et n'en sera pas moins pervers. La force punit le vice, mais elle ne le guérit pas.

Telle maison d'éducation offre un aspect discipliné et même rigide qui recouvre sous ces dehors irréprochables une désolante corruption; telle autre apparaît d'abord plus libre, plus épanouie, moins régulière, où les mœurs sont chastes pourtant, parce que les âmes sont religieuses. Là vous sentez l'influence salutaire du sacerdoce; la bénédiction y plane qui conserve et purifie les âmes, les sacrements y sont fréquentés, la sainte parole y alimente la vie morale, le culte de Marie y est aimé comme le souvenir d'une mère, toutes les forces divines de la piété y protégent l'enfant contre les faiblesses de sa nature. Pour se préserver, il a la prière ; pour se relever, la confession ; pour se guider, la direction d'un ami consacré qu'il appelle son père, dont l'œil vigilant le suit, dont l'expérience le conseille, dont la compatissante bonté ne le laisse jamais sans appui et sans consolation.

Telles étaient aux yeux du P. Chanel les vraies et seules garanties de moralité. Et quand il sentait qu'elles rassuraient à peine sa sollicitude, et qu'il tremblait encore pour le dépôt d'innocence qui lui était confié, il ne comprenait pas la sécurité de tant d'instituteurs qui laissent croire aux familles qu'ils ont pourvu à tout par quelques surveillants gagés et quelques formes de christianisme.

CHAPITRE IV

Ses relations avec les élèves, au point de vue de la conscience.

Ce fut surtout au tribunal de la Pénitence que le P. Chanel se concilia l'estime et l'affection des élèves. Bien que libres dans le choix de leur confesseur, presque tous s'adressèrent à lui. Alors le nombre des pensionnaires, joint à celui de quelques externes, s'élevait à près de trois cents. Les maîtres et les domestiques de la maison le choisirent également pour leur guide spirituel. On ne tarda pas à reconnaître qu'il dirigeait admirablement dans les voies du salut. Nous-même qui écrivons ces lignes, nous pouvons en parler par expérience. Oh ! comme ses conseils étaient sages ! comme sa parole était douce, lumineuse, pénétrante ! Vous eussiez dit qu'il prenait votre cœur et qu'il l'enlaçait dans les liens de la charité, *vinculis charitatis*[1], pour le jeter tout enflammé dans le ciel.

---

[1] Osée, xi, 4.

C'est que le sien y était déjà; il s'efforçait d'y conduire tous ceux qui lui confiaient le soin de leurs âmes.

Un de nos amis, alors professeur au collége de Belley, s'exprime ainsi, en parlant du P. Chanel : « On retrouvait dans sa personne les qualités et les vertus que Fénelon recommande aux éducateurs de la jeunesse : « Pour entrer utilement dans vos fonctions, « leur dit-il, il faut qu'on n'ait qu'à vous voir, pour « savoir comment il faut faire pour aimer Dieu; il « faut que vous soyez une loi vivante de la piété; il « faut être doux et humble, ferme sans hauteur et « condescendant sans mollesse; il faut que l'amour « divin vous presse, et que, si Jésus-Christ vous de- « mandait comme à saint Pierre : *M'aimez-vous?* vous « puissiez lui répondre, non des lèvres mais du cœur : « *Vous savez, Seigneur, que je vous aime.* Alors vous « mériterez qu'il vous dise : *Paissez mes agneaux....* « *Paissez mes brebis* [1]. »

« La charité est une mère, » dit saint Augustin [2]. Aussi le P. Chanel eut-il un cœur maternel pour chacun de ses pénitents. D'abord il veillait à ce qu'ils vinssent le trouver régulièrement, et aussi fréquemment que le réclamait le besoin de leurs âmes. Loin de négliger les plus jeunes, il les instruisait à part, et n'at-

---

[1] « Pasce agnos meos.... Pasce oves meas. » Joan., XXI, 16, 17.

[2] « Charitas mater est. » *Ad Marcel.*, Ep. CXXXIX, n. 3, t. II, Col. 421.

tendait pas pour les absoudre l'époque de leur première communion. Quant à ceux qui touchaient à la fin de leurs études, il les éclairait sur leur vocation, et achevait de les affermir dans la pratique de la vertu.

Il ne bornait pas l'action de son zèle au simple ministère de la confession, il y joignait encore la direction spirituelle. Bien que ces relations fussent en dehors du saint tribunal, il les rattachait avec prudence et discernement aux intérêts de la conscience. Il avait soin de faire venir près de lui, à certains intervalles, chacun des élèves; et c'est alors que, s'informant de leurs dispositions à l'égard de leurs maîtres, de leurs condisciples, du règlement et de leurs devoirs de chrétiens et d'écoliers, il découvrait les plaies à guérir et les courages à relever. S'aidant des observations du préfet de discipline, il savait les utiliser sans provoquer le moindre soupçon sur cette légitime connivence. Souvent il recevait par cette voie des enfants qui commençaient à dévier. Ainsi, un élève qui, l'année précédente, avait remporté les premiers prix de sa classe, baissait de jour en jour, au point de se trouver parmi les médiocres; le préfet eut la sage pensée de le lui envoyer : « En voici un, lui dit-il, que je vous recommande tout spécialement; son intelligence s'est dérangée, parce que sa conscience a besoin d'être arrangée. » Le zélé directeur mit la main à l'œuvre, et avec plein succès; car bientôt le rétrograde remonta au premier rang.

Un autre élève d'une classe supérieure fut un jour soupçonné d'avoir reçu, contre la règle du collège, un livre dont la lecture pouvait lui être nuisible. Le P. Chanel n'en fut pas plutôt instruit qu'il se hâta de le mander chez lui. L'accueillant avec sa bonté ordinaire, il l'amena insensiblement au but qu'il se proposait dans cet entretien. Ici, nous laisserons parler cet élève : « Le bon Père, dit-il, m'ayant fait avouer que j'avais un livre dont les supérieurs n'avaient point autorisé la lecture, me pria de le lui remettre, s'engageant à me le rendre s'il ne renfermait rien d'impie ou d'immoral. Voyant que je ne voulais pas m'en défaire, et que l'esprit de vertige s'emparait de moi, il se jeta à mes genoux et me conjura, au nom de mes plus chers intérêts, de ne pas lui refuser plus longtemps le sacrifice qu'il demandait. Vivement frappé de ce mouvement de zèle inattendu, je fus ébranlé, et ne tardai pas à me rendre à ses vœux. Quand je quittai le collége, je reçus ses adieux avec ses derniers conseils qu'il me donna les yeux baignés de larmes. Le souvenir d'un si bon Père ne s'effacera jamais de mon cœur [1]. »

Le P. Chanel avait pour les élèves de Belley cet affectueux dévouement que saint Paul témoigne aux Philippiens : « Que Dieu notre Père, et Jésus-Christ

---

[1] Ce jeune homme, après avoir passé quelque temps dans le monde, entra au grand séminaire de Brou ; et maintenant élevé au sacerdoce et membre d'une société religieuse, il honore sa double vocation par sa piété, son zèle, son intelligence, sa modestie.

« Notre Seigneur vous donnent la grâce et la paix !...
« Je ne vous oublie jamais dans mes prières... J'ai
« une ferme confiance que l'Esprit-Saint, qui a
« commencé le bien en vous, ne cessera de le perfec-
« tionner... et il est juste que j'aie à votre égard ces
« sentiments, parce que je vous porte dans mon
« cœur... Dieu m'est témoin avec quelle tendresse je
« vous aime tous dans les entrailles de Jésus-Christ.
« Et je le conjure de faire croître de plus en plus dans
« vos âmes son divin amour, afin que votre conduite
« soit toujours pure et innocente [1]. »

Quelque zélé que fût le P. Chanel, il s'abstenait avec prudence d'engager les élèves dans la voie d'une perfection à laquelle Dieu ne semblait point les convier. La plupart d'entre eux étant appelés à vivre dans le siècle, il lui suffisait que leur conduite retraçât au moins les caractères essentiels de la vie chrétienne. Il s'appliquait donc à déraciner leurs vices naissants, à leur inspirer le goût du devoir, à mettre la vertu au-dessus des intérêts et des calculs matériels, et les tenait en garde contre ces élans d'exaltation factice qui

---

[1] « Gratia vobis, et pax a Deo Patre nostro, et Domino nostro Jesu Christo.... Semper in cunctis orationibus meis pro omnibus vobis.... Confidens hoc ipsum, quia qui cœpit in vobis opus bonum, perficiet... Sicut est mihi justum hoc sentire pro omnibus vobis, eo quod habeam vos in corde... Testis enim mihi est Deus quomodo cupiam omnes vos in visceribus Jesu Christi, et hoc oro ut charitas vestra magis ac magis abundet.... Ut sitis sinceri, et sine offensa. » Philip. I, 11, etc...

ne laissent dans l'âme qu'une sensibilité vague et une piété sans consistance. C'est ainsi qu'il préparait l'enfant à sa future position sociale; en sorte que, se trouvant en mesure de répondre aux différentes nécessités de son avenir, le disciple formé par un tel maître pouvait passer de la vie de collége à la vie du monde sans trop de secousses et de déceptions [1].

[1] Cette sage modération dans l'exercice du zèle ne rappelle-t-elle pas ce conseil du grand Apôtre : *Non plus sapere quam oportet sapere, sed sapere ad sobrietatem : et unicuique sicut Deus divisit mensuram fidei.* Rom., XII, 3.

CHAPITRE V

La vertu rendue aimable et facile.

La vertu du P. Chanel n'était pas seulement l'ornement de son âme ; elle avait encore un éclat extérieur. Elle répandait sur sa personne et sur les actes de sa vie un charme qui saisissait de prime abord et captivait les cœurs.

Les saints, même avec des vertus égales, ne sont pas tous également aimables. Il en est qui ont reçu de la nature un caractère ferme jusqu'à la rudesse, dont la piété ne détruit que les principales aspérités. D'autres ne sont pas doués de cette finesse et de cette vivacité d'esprit qui initient aux délicatesses du savoir-vivre. Beaucoup enfin n'ont jamais été placés dans un milieu favorable à la culture de ces qualités extérieures qui sont à la vertu ce que le poli est au diamant. Dieu sait distinguer tout cela ; mais il voit le cœur de ses saints, leur générosité, leurs efforts ; et voilà ce qu'il récompense. Toutefois, quand la vertu se révèle sous des traits aimables, quand elle met dans le regard, dans l'accent de la voix, dans les manières ainsi que dans les œuvres, cette douceur, cette dignité, cette modestie, en un mot, cette grâce céleste que l'on remarquait dans le P. Chanel, alors le monde même lui accorde son estime et ses sympathies.

Ce bon Père attirait ainsi les élèves de Belley à la pratique des sacrements, malgré la répulsion instinctive qui éloigne les enfants du tribunal de la pénitence. En allant à lui, ils étaient sûrs d'entendre cette parole amie qui exhorte plus qu'elle ne commande, qui compatit à la faiblesse plus qu'elle ne l'humilie, qui pénètre dans le cœur plus qu'elle ne le déchire, qui agit enfin avec le pénitent comme avec un malade tendrement aimé.

Parlait-il aux élèves réunis dans la chapelle du collége, il aimait à leur rappeler l'obligation imposée à l'homme de servir Dieu dès sa jeunesse; à leur dire que Dieu est jaloux des prémices du cœur, et que d'ordinaire l'accomplissement du devoir chrétien, dès les premières années, garantit la fidélité et la sainteté de la dernière période de la vie. Tout en montrant ce que la vertu exige de générosité et de sacrifice, il lui conservait toujours une physionomie douce et aimable, sachant que le degré d'amour pour un objet est la mesure des efforts qu'on fait pour l'atteindre; ce qui ne l'empêchait pas d'appeler quelquefois à l'aide de sa parole ces vérités fortes qui saisissent l'âme d'une

crainte salutaire : « N'oublions pas, s'écriait-il, que
« nous marchons vers l'éternité. Encore quelques an-
« nées, peut-être quelques mois, que sais-je? quel-
« ques jours... et le temps des mérites aura fait place
« à celui des récompenses ou des châtiments éternels!
« Alors plus d'espoir, plus de ressource, *judicaberis ;*
« il faudra rendre compte de ce temps qui ne nous
« avait été donné que pour faire fructifier les talents
« que nous avait confiés le Père de famille; et que ce
« compte sera terrible! O mon Dieu! j'en frémis!
« Vous nous demanderez raison même d'une parole
« oiseuse; que sera-ce donc d'une vie lâche et pares-
« seuse! Il est écrit, dans le saint Évangile, que le
« serviteur inutile sera jeté pieds et mains liés dans
« les ténèbres de l'enfer.... »

Ici le pieux orateur s'arrêta un instant, comme pour donner à réfléchir et pour calmer en même temps l'émotion qui le dominait; puis reprenant la parole :
« Mes enfants, dit-il, la mort frappe à tout âge. L'ado-
« lescence n'est point à l'abri de ses coups; n'en
« avons-nous pas une preuve au milieu de nous? A
« qui cette place que je vois déserte, et que je ne puis
« fixer sans douleur? Qui de nous, en voyant partir
« ce cher élève, croyait lui dire un dernier adieu? Il
« était jeune, il jouissait d'une santé florissante, nous
« devions après huit jours d'absence le revoir; et ce-
« pendant la mort l'a frappé!... Qui vous a dit que
« cette mort, si affligeante, n'est pas un de ces évé-

« nements dont se sert la Providence pour vous
« avertir et vous faire rentrer en vous-mêmes? Tout
« ce que Dieu fait, mes enfants, il le fait dans l'éco-
« nomie de sa miséricorde et de notre salut. Nul
« doute qu'il n'ait voulu vous instruire en ouvrant de-
« vant vous la tombe qui vient de se fermer. En ap-
« pelant à lui celui que nous pleurons, il l'a préservé
« de la contagion du siècle, avant qu'elle ait pu
« prendre racine dans son cœur. Nous admirions sa
« piété. Les sentiments chrétiens qu'il a manifestés au
« redoutable passage, nous consolent et nous rassu-
« rent sur son éternelle destinée. Hélas! vous n'avez
« pas plus que lui droit de compter sur de longs
« jours; tenez-vous donc sur vos gardes, réglez telle-
« ment votre conduite que vous soyez toujours prêts
« à comparaître devant Dieu [1]!... »

Bien que l'œuvre de notre salut doive s'opérer avec crainte et tremblement, ainsi que parle le grand Apôtre, le P. Chanel s'efforçait néanmoins de faire prédominer sur cette crainte l'espoir et la confiance en la divine miséricorde. Il désirait qu'on se formât habituellement de Dieu moins l'idée d'un juge que celle d'un père. Il ne concevait pas qu'on pût servir Dieu plutôt par contrainte que par amour. Pour dilater les cœurs, il parlait souvent de ses bontés, de sa providence, et des soins paternels dont il nous

[1] Extrait d'un manuscrit intitulé : *la Loi chrétienne du travail*.

comble chaque jour. S'il entr'ouvrait quelquefois devant son auditoire les abîmes de l'enfer, il s'empressait d'élever les regards et les cœurs vers le séjour glorieux des éternelles récompenses. Chacune de ses prédications en fournit des exemples. Nous empruntons à l'un de ses manuscrits les lignes suivantes : « La
« vie, mes enfants, n'est qu'une lutte incessante, *mi-*
« *litia est vita hominis super terram* [1]. Notre âme est
« comme une citadelle que l'ennemi attaque de tous
« côtés. Cet ennemi, vous le connaissez ; vous savez
« s'il vous laisse un moment de relâche... Il s'efforce
« de vous vaincre pour vous compter parmi ses es-
« claves. Ah! résistez-lui constamment. Quelque long
« que vous paraisse le combat, il ne dure que la vie ;
« or la vie, fût-elle deux fois séculaire, qu'est-elle, si
« nous la comparons à l'éternité, *quid hoc ad æterni-*
« *tatem*[2] ?... Si puissant que soit le démon, jamais il
« ne vaincra celui qui emploie contre lui la vigilance,
« la prière et la mortification. Ne cherchez pas le
« bonheur en dehors de cette victoire, vous ne ren-
« contreriez qu'un vide affreux et d'amères décep-
« tions. Ne vous attachez point à cette terre qui fuit
« sans cesse sous vos pas ; élevez plus haut vos affec-
« tions et vos espérances : *sursum corda !* Dans vos
« heures d'épreuves et de défaillance, portez vos re-

---

[1] Job, vii, 1.

[2] Parole familière à saint Louis de Gonzague.

« gards vers le ciel. Qu'elle est belle la couronne ré-
« servée à ceux qui combattent jusqu'au bout! *Si
« labor terret, merces invitet*[1]. Méritez-la au prix de
« la lutte, et ne reculez jamais devant les sacrifices
« que le devoir impose.... »

Dans un de ses discours contre le *Respect humain*, le P. Chanel après avoir, en quelque sorte, foudroyé ce faux honneur, cette passion des âmes lâches et serviles, s'adresse à Jésus-Christ en ces termes : « Heu-
« reux, ô mon divin Sauveur, celui qui préfère le titre
« de chrétien à toute la gloire du monde; qui marche
« le front haut dans la voie de vos préceptes; qui
« confesse publiquement votre saint nom dans l'as-
« semblée des justes et dans celle des pécheurs; qui
« loue la piété et ne craint pas d'élever la voix contre
« les maximes du monde! Vous le récompensez dès
« cette vie par une surabondance de grâces et de bé-
« nédictions; vous forcez même les impies de lui ac-
« corder en secret leur estime; vous vous servez de
« lui pour vous gagner des cœurs, et vous l'intro-
« duisez, après sa mort, dans l'éternelle félicité.... »

La vertu, qui apparaissait aimable dans les discours du P. Chanel, ne se manifestait pas avec moins de charmes dans sa personne et dans les actes de sa vie. Il lui avait donné un tel empire sur son âme, qu'elle se peignait dans ses traits, dans son regard et jusqu'

---

[1] Saint Augustin.

dans ses moindres actions. Accomplissait-il quelque devoir religieux, on ne remarquait en lui aucun air de contrainte ou d'affectation. Il était calme et recueilli; une douce joie rayonnait sur son front. Dans ses relations avec le prochain, il se montrait toujours bon, toujours affable; c'était l'homme aimable dont parle l'Écriture : *Vir amabilis ad societatem*[1]. Modeste et charitable, il aimait à se faire oublier pour ne penser qu'aux autres et leur être utile. Jamais on ne surprenait sur ses lèvres une parole de vanité ; encore moins surprenait-on la représaille d'un amour-propre qui blesse parce qu'on l'a blessé. Si, en matière d'opinion libre, il rencontrait des contradicteurs, il laissait tomber la discussion, mais sans dédain. Ami de la paix et de la concorde, il apaisait les orages qui s'élevaient autour de lui. Par ses conseils et surtout par ses exemples, il faisait régner, au collège de Belley, la piété et l'esprit de famille. Aussi eut-il la consolation de compter parmi les élèves les plus édifiants, certains jeunes gens qui s'étaient crus d'abord dispensés d'être pieux, parce qu'ils n'avaient point, disaient-ils, l'intention de *se faire prêtres*. Plus tard, quelques-uns d'entre eux ont embrassé non-seulement le sacerdoce, mais encore la vie religieuse.

[1] Prov., xviii, 24.

CHAPITRE VI

Catéchismes. — Retraites. — Congrégations. — Externat.

Le P. Chanel excellait dans l'art de catéchiser les enfants. Il faisait pénétrer dans ces jeunes âmes la doctrine chrétienne, et l'y gravait si fortement qu'elle demeurait ineffaçable. « Plusieurs fois, dit le T.-R. P. Colin [1], j'ai examiné les élèves qu'il était chargé d'instruire, et je me suis convaincu qu'il avait parfaitement réussi. »

Rien ne réjouissait plus ce digne ami de l'enfance que les progrès qu'elle faisait dans le bien. Pour en donner une preuve, nous extrayons de l'une de ses lettres [2] les lignes suivantes : « Une retraite vient
« d'avoir lieu dans notre collége. Elle a produit d'ex-
« cellents fruits. Nous avons eu la consolation de voir
« nos tribunaux de la pénitence baignés des larmes du
« repentir. Avec quelle piété nos élèves se sont appro-

---

[1] Fondateur de la Société de Marie.
[2] En date du 20 décembre 1832.

« chés de la Table sainte ! Aussi, avoir vu notre com-
« munauté à la rentrée des classes, et la voir mainte-
« nant, c'est voir, pour ainsi dire, le jour et la nuit.
« On ne la reconnaît pas. Nos enfants sont laborieux,
« dociles et contents à ravir. Quelques-uns même n'ont
« pu s'empêcher de venir en bondissant nous exprimer
« leur bonheur. Je vous assure que, pour ma part,
« j'en ai pleuré de joie... »

D'après la même lettre, ce fut à la fin de cette retraite qui s'érigèrent, dans la maison de Belley, la congrégation de la Sainte-Vierge et celle des Saints-Anges. Le P. Chanel les désirait depuis longtemps. La manière dont il en parle atteste et l'importance qu'il y attachait et le zèle avec lequel il s'y employait. « Nos jeunes
« congréganistes, dit-il, ont leur petit oratoire qui déjà
« commence à s'embellir. C'est là que chaque se-
« maine je les rassemble pour entretenir l'élan de
« ferveur, ou plutôt de bonne volonté que je remarque
« en eux.... Veuillez, s'il vous plaît, ne les oublier pas
« dans vos prières... Nous regardons ici ces deux asso-
« ciations comme un grand coup de la Providence...»

Bien que le P. Chanel eût appris, dès sa jeunesse, ce que doit être un congréganiste, il aimait cependant à prendre conseil de l'expérience des autres. Il demandait surtout par quels moyens il pourrait soutenir, dans la piété, ses chers *enfants de la Sainte-Vierge* et *des Saints-Anges* ; ensuite, quels étaient les livres dont il pourrait composer une bibliothèque à leur usage ;

enfin, quels ouvrages il pourrait consulter lui-même avec plus de fruit, soit pour ses instructions, soit pour la direction des consciences.

Au prix de tant de soins, les deux congrégations ne pouvaient que prospérer. Celle de la Sainte-Vierge avait pour préfet un jeune rhétoricien, modèle accompli de régularité, de candeur et de modestie. Aujourd'hui que le ciel a ravi à la terre cet ange mortel, il nous est doux de citer son nom à côté de celui du digne prêtre qui fut son guide et son père spirituel…

Nous voulons parler ici de Georges Vibert, de Seyssel [1]. Il avait à peine quinze ans, qu'on remarquait déjà

---

[1] L'abbé Lapierre, alors professeur de philosophie au collége de Belley, et plus tard supérieur du petit séminaire de Méximieux, a bien voulu nous adresser, au sujet de Georges Vibert, les lignes suivantes : « ….. Chez lui, ce n'était pas l'idée fugitive et faussement
« lumineuse de ces esprits brillants, mais légers, qui n'approfondis-
« sent rien ; c'était un système, une série d'idées nettes, précises,
« suivies et logiquement enchaînées. Jugement solide, mémoire heu-
« reuse, facilité à s'énoncer, application soutenue, imagination vive
« et réglée. Avec toutes ces qualités, il devait réussir. Aussi, malgré
« les obstacles d'une complexion délicate, il fit des progrès rapides
« et qui dépassèrent de beaucoup mon attente. Ses qualités intellec-
« tuelles recevaient un nouvel éclat de ses qualités morales, et la
« modestie, en lui, rehaussait encore toutes les autres vertus, dont
« la réunion fait le jeune homme accompli. On le vit toujours affable,
« toujours prévenant, toujours docile, toujours attentif en classe ;
« point d'opiniâtreté, point de volonté propre, aucune teinte de pré-
« tention…. et puis, quelle constante égalité d'âme et de caractère !
« Je puis affirmer que jamais je n'ai pu découvrir sur sa physionomie
« d'autre émotion que celle du contentement, de la piété et de la re-
« connaissance. Quant à ce dernier sentiment, j'ai su qu'il vivait en-

en lui un attrait particulier pour l'oraison, l'humilité et la mortification des sens. Animé de plus en plus du désir de sa propre perfection et du salut des âmes, il soupirait après le jour où il lui serait donné de s'incorporer à la Société de Marie, et de traverser les mers pour évangéliser les infidèles. « Qui sait, mon cher enfant, lui disait le P. Chanel, si nous ne partagerons pas ensemble le même bonheur!... » Tous deux nourrissaient l'espoir d'unir les efforts de leur zèle et le sacrifice de leur vie. Mais hélas ! ce doux espoir ne fut pas de longue durée... Vers la fin de sa première année de théologie, le jeune Vibert s'en allait mourant au sein de sa famille éplorée. Le 14 janvier 1837, son âme avait pris son essor vers le ciel.

Le P. Chanel ne perdait point de vue ses congréganistes. Il les encourageait et les réprimandait au besoin. Si tous ne répondaient pas également à ses désirs, tous du moins faisaient preuve de bonne volonté. Aussi, par leur conduite, exerçaient-ils une salutaire influence. Ils firent aimer de plus en plus la fréquentation des sacrements, et la discipline du collége. On les voyait se prêter au service de l'autel et à la déco-

---

« core dans son cœur quelques instants avant son dernier soupir.
« Lorsque j'appris la mort de ce jeune prédestiné, je le pleurai comme
« un de mes meilleurs élèves.... Je conserverai toujours son sou-
« venir, et si quelque chose peut me consoler de sa perte, c'est ma
« conviction qu'après avoir été l'ami et le modèle de tous ses con-
« disciples, il est devenu leur protecteur dans le ciel.... »

ration du saint temple. Ce sont eux qui figuraient dans les cérémonies religieuses. Nous qui en fûmes témoin, nous nous rappellerons longtemps les processions et les saluts magnifiques où ils déployaient leurs bannières et leurs oriflammes; pourrions-nous oublier cette admirable et touchante fête où fut inaugurée sur la façade intérieure de la maison, la statue de la Vierge immaculée qui, du haut de ce trône, semble bénir ses enfants et présider, tous les jours, à leurs jeux et à leurs délassements?...

Les élèves externes n'étaient point en dehors de la sollicitude du P. Chanel. Il se trouvait au milieu d'eux, quand ils entraient au collége et lorsqu'ils en sortaient. L'œil toujours ouvert sur leurs moindres relations avec les pensionnaires, il prévenait les déplorables abus qu'engendrent les lettres de contrebande et l'introduction des mauvais livres. « Que le démon est terrible pour la jeunesse, disait-il; quelle vigilance il faut employer pour la préserver du vice! »

Le P. Chanel veillait encore sur la conduite des externes pendant la sainte Messe qu'ils entendaient, le dimanche et le jeudi, dans la chapelle du collége. Une fois chaque semaine, il leur faisait le catéchisme et leur apprenait quelques cantiques. Le zèle et l'intérêt qu'il leur témoignait contribuèrent efficacement à leur bonne tenue et à leur régularité.

Nulle fonction ne convenait mieux, ce semble, au P. Chanel que la direction spirituelle d'un collége. A cette intelligence qui saisit la mesure des personnes et des choses, s'associait en lui un dévouement affectueux aux jeunes âmes dont la sienne était entourée, une tendresse innée qui attirait toutes les sympathies, une science profonde des aspirations de l'adolescence, une prudence et un tact exquis pour réprimer les mauvais penchants, en un mot, « cette charité qui soutient les faibles, encourage les forts, relève ceux qui tombent, craint de froisser ceux qui résistent encore, se courbe vers les uns, se redresse en face des autres, est bénigne pour ceux-ci, sévère pour ceux-là, n'est ennemie d'aucun, et porte à tous un cœur de mère[1]. »

[1] Saint Augustin, *De cat. rud.*, cap. x, n. 15, t. VI, col. 274.

CHAPITRE VII

Voyage et séjour à Rome.

En 1833, la Société de Marie comptait dix-huit ans d'existence. Elle s'était développée dans plusieurs diocèses. Son pieux fondateur pensa que le moment était venu de soumettre au Père commun des fidèles l'esprit et la marche de cette corporation naissante, et d'appeler sur elle cette haute approbation qui seule pouvait répondre à ses vues d'extension et protéger ses destinées. Un voyage à Rome fut donc résolu. Le R. P. Colin jugea convenable de le faire lui-même. Il se fit accompagner du P. Chanel et du Père qui écrit cette biographie. Le départ fut fixé au 26 août (1833), jour où s'ouvraient les vacances pour le collége de Belley.

Les trois voyageurs firent d'abord le pèlerinage de Notre-Dame de Fourvières ; ils offrirent le divin sacrifice dans ce sanctuaire béni qui fut comme le berceau de leur Société. Le lendemain, ils étaient à Marseille, à bord d'un brick au nom gracieux et rassurant de

Madone de buono Adjuto[1]. En sortant du port, deux bâtiments qui les précédaient s'entre-choquèrent violemment et ne purent continuer leur route. « N'ayons pas peur, s'écria le P. Chanel, le navire qui nous porte est le navire de la Sainte Vierge. » Mais voici bientôt une autre épreuve : notre brick n'avance pas ; il est trop chargé d'abord, puis on s'aperçoit qu'il fait eau, et la pompe ne joue pas ! chacun de se mettre à la chaîne et de vider à force de seaux la cale qui s'emplit. On peut ainsi gagner le port de la Ciota. Nous devons dire ici qu'au moment critique le P. Chanel invoquait avec ferveur l'*Étoile de la mer*. Huit jours se passèrent à réparer le navire.

Nous n'étions pas au terme de nos épreuves. A peine fûmes-nous en haute mer qu'un violent orage nous força de plier les voiles et de relâcher à l'île d'Elbe. Le mauvais temps nous contraignit encore de faire une halte dans le port de *San-Stephano*, en Toscane. Enfin, arrivés à Civita-Vecchia, on nous condamna à faire quarantaine, parce que, disait-on, nous venions de France où régnait encore le choléra. Une lettre que nous adressâmes au cardinal-gouverneur de la ville obtint notre mise en liberté. Nous laissâmes notre brick et nous prîmes la voie de terre. Le 12 septembre, nous étions à Rome.

Consacrée par un double aspect dans le passé et

---

[1] La Madone de bon Secours.

dans le présent, la Ville Éternelle rayonne constamment devant nous comme ces phares placés trop haut pour que les yeux humains essayent de se dérober à leur lumière. Aussi la curiosité qui se rattache à cette cité sans rivale ne décroît pas avec le cours des siècles. Le voyage d'Italie est le premier que rêve notre jeunesse, il est celui qui laisse le plus de souvenirs.

Ce qui d'abord impressionna vivement le P. Chanel, ce ne fut pas la pensée de se trouver au sein d'une capitale riche en monuments célèbres et en chefs-d'œuvre de tout genre, mais le bonheur de se sentir aussi rapproché du chef suprême de l'Église. « Le Pape, en effet, représente le Pontife saint et éternel des cieux. Non, à part la présence réelle de Jésus-Christ dans le sacrement eucharistique, rien ne nous fait sentir et toucher de plus près la personne du Sauveur que la vue de son Vicaire ici-bas [1]. »

Les Pères maristes, n'ayant pu trouver un pied-à-terre dans un couvent, prirent un logement dans le quartier de *Saint-Louis des Français*.

Pour ne pas nous écarter du sujet principal de notre récit, nous laisserons dans l'ombre, autant que possible, les détails de notre séjour à Rome qui n'ont trait qu'aux intérêts de la Société de Marie.

Chaque jour, le P. Chanel employait une partie de

---

[1] Mgr Pie, évêque de Poitiers. *Instruction synodale à son clergé diocésain sur Rome*, 1857.

son temps à rendre service au R. P. Colin. Il remplissait auprès de lui la fonction de secrétaire ; il l'accompagnait dans ses visites; et, afin de lui épargner bien des pas et des fatigues, il le remplaçait toutes les fois que, pour traiter une affaire, la présence du supérieur n'était point indispensable. En dehors de ces occupations, il visitait dans la cité et ses environs les monuments qui attirent les regards et se disputent, pour ainsi dire, les heures du voyageur. Mais s'il aimait à contempler, par exemple, le Capitole, le Forum, les arcs de la voie Triomphale, il aimait de préférence à porter ses pas vers les monuments et les objets qui, tout en parlant à l'esprit, parlent encore plus au cœur et à la piété. Sa première visite fut à la basilique de Saint-Pierre. Il s'agenouilla devant le tombeau du Prince des Apôtres ; puis, admirant les vastes proportions du temple et les richesses qu'il renferme : « Convenez, nous dit-il en souriant, qu'on a élevé en l'honneur de mon saint patron une église vraiment digne de lui. » Le lendemain il offrit le divin sacrifice à la *Confession de Saint-Pierre*. Pour satisfaire encore sa piété envers son glorieux patron, il visita la prison *Mamertine*[1] et le mont Janicule[2]. Il lui tardait de voir les catacombes de Saint-Sébastien et de Saint-Laurent, ainsi que l'amphithéâtre de Flavien, autrement dit le

---

[1] Saint Pierre passa plusieurs mois dans la prison *Mamertine*.
[2] Il fut crucifié sur le mont Janicule.

Colisée. Parcourant ces lieux que tant de vertus chrétiennes ont sanctifiés : « Une retraite qu'on ferait ici, nous dit-il, n'aurait besoin ni de livres ni de prédicateur ; chaque pas évoque un religieux souvenir, on respire un parfum de foi et de piété, l'air est comme imprégné du sang des martyrs.... »

Les sanctuaires où reposent quelques saints avaient pour lui un attrait particulier. Aussi se procura-t-il le bonheur d'offrir le divin sacrifice sur les tombeaux de saint Étienne, premier martyr, de saint Laurent, de saint Jérôme, de saint Philippe de Néri, de saint Ignace de Loyola, de sainte Catherine de Sienne, de sainte Cécile, etc. Un de ses premiers pèlerinages fut à l'église du Collége Romain. A la fin du XVIᵉ siècle, les élèves de ce collége perdirent un de leurs condisciples, que ses vertus angéliques avaient rendu l'objet d'un affectueux respect. Ce jeune homme avait été page de Philippe II ; il était allié aux maisons royales d'Autriche, de Bourbon et de Lorraine. Mais au milieu des grandeurs humaines, sous le brillant costume de cour, qui semblait lui promettre honneurs et fortune, à peine âgé de seize ans, il s'échappe de Madrid, il vient frapper à la porte du Collége Romain, et demande place au dortoir et à l'étude pour Louis de Gonzague, fils du comte de Castiglione. Pendant sept ans, Louis donna dans cette maison le touchant exemple d'une vie céleste ; puis ses jours *déclinèrent*, comme parle l'Écriture ; il avait assez vécu....

En célébrant les divins mystères sur la tombe de cet ange mortel, le P. Chanel payait un tribut de piété au saint qu'il avait pris, dès son enfance, pour patron secondaire. Il aimait trop les élèves de Belley pour les oublier auprès de leur protecteur et de leur modèle....

CHAPITRE VIII

Excursions. — Bénédiction papale. — Vatican.

« L'une des principales raisons qui me font aimer Rome, disait le P. Chanel, c'est le parfum de dévotion envers Marie qu'on y respire à chaque pas. » Son cœur, en effet, éprouvait une douce émotion à la vue des *Madones* qui sont à l'intérieur ou à l'entrée de presque toutes les maisons. Il fut encore plus ému, quand il visita *Sainte-Marie-Majeure*, Sainte-Marie *ad Martyres*[1], Notre-Dame *del Suffragio*, et Sainte-Marie *Scala-Cœli*.

Si telle était sa piété envers la très-sainte Vierge, on conçoit qu'elle devait être bien plus vive encore à l'égard de son divin Fils. La sainte crèche à Sainte-Marie-Majeure, la *Scala-Santa*[2] et la Table de l'Ins-

---

[1] Le pape Boniface IV ayant obtenu de Phocas le Panthéon d'Agrippa, en fit la consécration, et le dédia à la Sainte Vierge. Comme il y avait fait transporter les reliques d'un grand nombre de martyrs, il voulut qu'on le surnommât : *Sancta Maria ad Martyres*.

[2] L'*Échelle sainte* est formée de vingt-huit marches de marbre blanc :

titution eucharistique à Saint-Jean-de-Latran, la colonne de la Flagellation à Sainte-Praxède, etc., les reliques insignes de la Passion, à Sainte-Croix-de-Jérusalem, furent autant d'objets sacrés de son culte et de ses pèlerinages. S'inspirant alors d'un plus grand amour pour Jésus-Christ, il allait épancher son cœur aux pieds du divin Maître exposé tour à tour, dans les églises, pour *l'adoration des quarante heures*. « En France, disait-il, nous n'avons *l'adoration des quarante heures* qu'une fois chaque année. Ah! si, à l'exemple de Rome, elle devenait perpétuelle dans nos grandes villes! que d'âmes viendraient y puiser des grâces, et dédommageraient Norte-Seigneur des outrages qu'il reçoit dans le Sacrement de son amour[1]! »

ce sont les marches du prétoire, que Jésus-Christ monta et descendit plusieurs fois dans le cours de sa Passion. Sainte Hélène les envoya à Rome avec différents objets arrosés du sang de notre divin Sauveur.

[1] A l'heure où nous écrivons ces lignes, quelle joie doit éprouver le Vénérable Pierre-Marie-Louis Chanel! « Sur 86 diocèses, 46 pos-
« sèdent l'adoration perpétuelle avec exposition du Très-Saint-
« Sacrement. Dans ce nombre, 6, y compris le diocèse de Paris,
« font l'adoration jour et nuit, sans interruption; 10, l'adoration
« nocturne intermittente, c'est-à-dire au gré des paroisses, et 30,
« l'adoration divine seulement. Parmi ces 30 diocèses, 15 possèdent
« des œuvres spéciales d'adoration nocturne, dans lesquelles le Très-
« Saint-Sacrement est exposé une ou plusieurs fois par mois, dans
« un sanctuaire déterminé.

« Parmi les diocèses qui n'ont pas l'adoration perpétuelle, 11 se
« disposent à l'établir très-prochainement, et 7 ont déjà l'œuvre spé-
« ciale de l'adoration nocturne, au moins une fois par mois.

« Nos colonies n'ont pas voulu rester en arrière. Le diocèse d'Alger

Un jour, au sortir d'une église où l'avait attiré l'adorable Eucharistie, il rencontra une procession solennelle dont les bannières se dirigeaient vers le Quirinal. « J'entrai dans les rangs des fidèles, nous dit-il, et bientôt je pénétrai dans la cour du palais pontifical. Les chants sacrés qui retentissaient dans cette enceinte furent tout à coup interrompus par un roulement de tambours. La foule tomba d'un seul mouvement à genoux, et après quelques minutes d'attente, au milieu d'un profond silence, on vit paraître, sur un balcon tendu de riches draperies, le Souverain Pontife entouré de cardinaux et d'officiers militaires. Sa Sainteté, que je pus contempler d'assez près, promena sur la foule un regard plein de bonté, puis élevant vers le ciel ses mains augustes, elle les abaissa pour bénir ses enfants prosternés et recueillis. Quelle douce émotion j'éprouvai dans ce moment! je priai Dieu d'étendre à notre Société tout entière, à mes parents et à mes amis, cette bénédiction que j'étais si heureux de recevoir... »

Malgré ce vif intérêt qui entraînait le P. Chanel vers tout ce qui pouvait l'édifier et nourrir sa piété, il était loin cependant de passer avec indifférence devant les monuments célèbres au point de vue de l'art et de l'histoire. Il céda, même dans une assez large mesure, à

« a, depuis deux ans, l'adoration perpétuelle le jour, et, dans l'île de
« la Réunion, un essai de cette belle institution, accueilli avec une
« grande faveur, fait espérer que bientôt elle pourra y être complétée. » (*Le Monde*, mardi, 9 mai 1865.)

cette légitime curiosité. L'auteur de ce livre, son compagnon le plus assidu, l'a vu ainsi visiter le Capitole, le Colisée, les ruines des palais des Césars, les tombeaux des Camille, des Métellus et des Scipion, le temple de la Paix, etc... Tout en admirant ces monuments de l'antiquité païenne, il s'attristait au souvenir des illustres personnages qu'ils rappellent : « Hélas ! disait-il en soupirant, n'est-ce pas à ces grands hommes que s'appliquent ces paroles de saint Augustin: *Laudantur ubi non sunt, cruciantur ubi sunt* [1]. »

Entre toutes ses visites, il en est une, celle du Vatican, à laquelle il consacra de plus longues heures.

Voici comment il en parle lui-même : « J'admirai d'abord, à l'entrée de cet immense palais, l'*escalier royal* où le Bernin, par ses sculptures, a fait preuve d'un si beau talent. Introduit dans la chapelle Sixtine, je remarquai surtout, parmi les chefs-d'œuvre des artistes, ceux de Michel-Ange, entre autres sa peinture du *Jugement dernier*. A la chapelle Pauline, le pinceau du bienheureux de Fiésole me révéla tout ce qu'il y avait de piété dans son âme et de céleste beauté dans l'expression de son talent... J'entrai ensuite dans le Musée *Chiaramonti* [2], où je parcourus d'un œil rapide une collection très-nombreuse d'inscriptions grecques et latines, païennes et chrétiennes, gravées sur des cippes,

---

[1] On les loue où ils ne sont plus, on les tourmente où ils sont.
[2] Autrement dit : Musée des Inscriptions.

des urnes et des tables de marbre. Le Musée *Pio-Clémentin* m'offrit les chefs-d'œuvre de la sculpture antique : l'Apollon du *Belvédère*, le groupe de Laocoon, le Torse, etc. Je ne fis que traverser la bibliothèque ; c'est, dit-on, la plus riche du monde entier. Enfin, dans la galerie des peintures, une foule d'autres chefs-d'œuvre attirèrent mes regards ; je m'arrêtai surtout devant le tableau de *la Transfiguration*, par Raphaël, et celui de *la Communion de saint Jérôme*, par le Dominiquin. Le Vatican ! que de trésors il renferme dans l'intérêt de la science ! A ne parler que des monuments antiques, soit qu'on les considère comme très-utiles aux arts, soit qu'on les envisage comme des témoins irrécusables de l'histoire et des mœurs, on est forcé de rendre hommage aux Souverains Pontifes qui les ont recueillis et abrités contre les ravages du temps, de l'ignorance et de la barbarie. »

CHAPITRE IX

Ordres religieux. — Cardinaux. — Audience papale. — Départ de Rome.

Enfant de la Société de Marie, le P. Chanel plaignait ceux qui concentrent, à Rome, leur admiration sur les monuments antiques et les chefs-d'œuvre de l'art, et passent avec un ignorant dédain devant les manifestations de la foi chrétienne. Il était saisi de respect à la vue de ces couvents et de ces monastères qui servent d'asile à tant d'âmes saintes dont le monde n'est pas digne. Il disait avec S. Bernard que, « dans ces solitudes bénies, l'air est plus pur, le ciel plus serein, la rosée des grâces plus abondante, le mal plus rare, le retour au bien plus facile, la mort plus douce, la couronne plus assurée. » Eclairé par l'histoire sur la double merveille de l'origine et de la destinée des corporations religieuses, il ne pouvait douter qu'elles ne fussent l'œuvre de J.-C., la gloire du catholicisme et l'un des plus fermes instruments des conquêtes de l'Église. Elles resplendissaient à ses yeux de tout l'éclat de la vertu et de la science. Il voyait en elles une garde d'élite autour de la Chaire de Saint-Pierre. C'était pour lui un bonheur de se mettre en rapport avec les disciples de saint Benoît, de saint François d'Assise, de saint Bruno, de saint Dominique et de saint Ignace. Il était sûr de trouver auprès d'eux un accueil simple et cordial. Il avait de pieux entretiens avec le P. Eugène, supérieur des capucins; il sollicitait les conseils du P. Roothaan, général de la Compagnie de Jésus; et de sa conversation avec tous ces hommes d'un mérite éminent, il emportait entre autres convictions cette pensée que l'on gagne plus dans un commerce de quelques moments avec les saints, qu'on ne recueille de fruits de longues journées passées dans les plus savantes académies.

Durant son séjour à Rome, il fut agréablement surpris de se rencontrer avec deux jeunes Lyonnais qui, plus tard, se firent un nom cher aux amis des arts et de la science catholiques, nous voulons parler d'Hippolyte Flandrin et de Frédéric Ozanam.

Chargé par son supérieur général de diverses commissions importantes, il eut à faire des visites qui n'entraient guère dans la modestie de ses goûts, mais qui le mirent en relation avec plusieurs cardinaux. Il fut toujours accueilli avec bienveillance ; et plus on apprit à le connaître, plus on lui donna des témoignages d'estime. Parmi les princes de l'Église qui l'honorèrent ainsi, nous remarquons spécialement le cardinal Macchi, le cardinal Fesch et le cardinal Miccara. Pourrions-nous oublier le cardinal Lambruschini qui daigna l'inviter à un consistoire tenu au Quirinal[1]? Le Père, à son regret, ne put s'y rendre à l'heure précise. Le cardinal condescendit à cet excès de bonté de charger un officier de la garde suisse de l'attendre à l'entrée du palais et de l'introduire dans la chapelle consistoriale.

Une triste pensée se mêlait aux joies du P. Chanel : c'était de quitter Rome sans avoir déposé aux pieds du Souverain Pontife les hommages de sa piété filiale. Les obstacles venaient du grand nombre de demandes d'audience inscrites avant la sienne, et surtout des approches des vacances de la Cour romaine. Comme il en exprimait sa douleur auprès du cardinal Macchi : « Consolez-vous, lui dit son Éminence, je prierai moi-même Sa Sainteté d'accorder à mes bons Pères maristes la faveur qu'ils sollicitent. »

Le lendemain de cet entretien, le Père offrit le divin sacrifice dans le sanctuaire de *Notre-Dame de Consolation*[2]. Durant son action de grâces, il crut entendre au fond de son cœur une voix qui lui disait : *Tes vœux sont exaucés*. Désireux de savoir s'il n'était point le jouet d'une illusion, il se rendit aussitôt chez Monseigneur Fieschi[3], camérier du Pape. « Réjouissez-vous,

[1] Le 30 septembre 1833.
[2] Santa Maria del Consolato.
[3] Aujourd'hui cardinal.

lui dit le Prélat; grâce au cardinal Macchi, vous avez obtenu ce que vous désirez. C'est aujourd'hui que vous serez admis auprès du Saint-Père. Je viens d'en informer votre supérieur général. Vous n'avez point de temps à perdre; il faut que, dans une heure au plus, vous soyez au Quirinal. »

Ce jour-là même, les Pères maristes n'ayant point encore reçu de lettre d'information, s'étaient séparés de très-grand matin, et ne devaient se réunir qu'à la nuit tombante. Mais, par un coup de la Providence, ils rentrèrent de si bonne heure dans leur hôtel, qu'ils ne furent point en retard pour l'audience papale.

En pénétrant dans le palais pontifical, le P. Chanel éprouva ce profond sentiment qui a fait dire au digne et dernier successeur de saint Hilaire : « Pour moi, je n'ai jamais gravi les degrés qui conduisent au trône du Vicaire de Jésus-Christ, que tout haletant de cette émotion mêlée de crainte, de respect et d'amour, que l'on éprouve en s'approchant du tabernacle eucharistique [1]. »

Dans la soirée du 30 septembre (1833), le P. Chanel écrivit une lettre dont nous extrayons les lignes suivantes : « Aujourd'hui, bien cher confrère [2], nous avons « été admis auprès du Souverain Pontife [3]. Prosternés

---

[1] Mgr Pie, *Instruction synodale sur Rome*, 1857.

[2] Le R. P. Convert, mariste, mort à Notre-Dame de Bon-Encontre, le 11 février 1849.

[3] Grégoire XVI.

« devant lui, nous avons baisé ses pieds sacrés et *l'an-
« neau du Pêcheur*. Sa Sainteté nous a fait signe de
« nous relever. Elle s'est d'abord entretenue avec notre
« supérieur général, qui lui a présenté un abrégé de
« nos Constitutions et une supplique tendant à obtenir
« l'approbation de notre Société. Après avoir lu cette
« supplique, Sa Sainteté nous a chargés de la remettre
« à la Congrégation des évêques réguliers, puis Elle
« nous a adressé tour à tour la parole avec une bonté
« paternelle. Nous étant agenouillés de nouveau, Elle a
« daigné nous bénir et indulgencier divers objets de
« piété. Notre audience a duré près de trois quarts
« d'heure. Je ne puis exprimer ce qui s'est alors passé
« dans mon âme. Il me semble que je suis sous l'im-
« pression d'un songe... Au sortir du palais pontifical,
« nous avons récité, dans la première église que nous
« avons rencontrée, le *Te Deum* et le *Magnificat* en
« reconnaissance de la haute faveur que nous venions
« de recevoir... »

A ce récit nous ajouterons un petit incident qui, à raison des circonstances, est resté gravé dans notre souvenir. Quand nous eûmes reçu la bénédiction du Pape et que nous songions à nous retirer, les plis de la soutane du P. Chanel s'embarrassèrent entre ses pieds, de telle sorte qu'il ne pouvait se remettre debout. Sa Sainteté s'inclinait déjà pour lui venir en aide, lorsqu'il parvint à se dégager. Mais alors les trois Pères maristes, voulant se conformer au cérémonial, menaient assez mal leur marche à reculons. Voyant que nous faisions fausse route, le Souverain Pontife se prit à sourire, et nous dit avec bonté : *Andate voi come volete, e sara bene*[1].

Les vacances de la Cour romaine nous permirent de faire un pèlerinage à Notre-Dame de Lorette. En quittant Rome, le Très-Révérend P. Colin devait seul y rentrer bientôt ; les affaires de notre Société réclamaient encore sa présence auprès du Saint-Siége.

Le voyageur ne s'éloigne qu'à regret de la Ville Éternelle. Il la salue avec amour, il suspend sa marche pour jeter sur elle un dernier regard ; et, des foyers lointains où l'a ramené la Providence, il reporte encore vers elle sa plus chère pensée, ses plus doux souvenirs. « Rome, dit un célèbre écrivain[2], manquera toujours à celui qui l'a vue une fois. »

---

[1] Allez comme il vous plaira, et ce sera bien.
[2] Ch. de Montalembert, *Correspondant*, 25 octobre 1857.

CHAPITRE X

Pèlerinage à Notre-Dame de Lorette.

L'incrédulité peut rire, elle peut hausser les épaules, en lisant au fronton du temple qui renferme la Sainte-Maison cette inscription qu'y fit placer le grand Pape Sixte-Quint : *Deiparæ domus in qua Verbum caro factum est;* mais le chrétien adore; sa foi lui semble assez fortement appuyée, quand elle a avec elle le témoignage de quarante-quatre Souverains Pontifes, les monuments magnifiques élevés par eux, et celui de la reconnaissance et de la dévotion des peuples, et il répète avec l'auteur de *Rome et Lorette :* « Ou la terre s'est créée elle-même, et gravite par sa seule force et sa seule vertu dans l'orbe immense des espaces; — ou Celui qui créa la terre et qui la soutient ainsi à sa place parmi les mondes a bien pu transporter en un instant, du fond de la Judée au milieu de l'Europe, l'humble édifice où la Vierge Mère fit sa demeure et où le nouvel Adam fut conçu dans un sein immaculé [1]. »

[1] La *Santa Casa* fut miraculeusement transportée à Lorette, le 10

« Que je serais heureux, écrivait le P. Chanel[1], s'il m'était permis de faire un pèlerinage à Notre-Dame de Lorette! quel parfum céleste on doit respirer dans la Sainte-Maison de Nazareth! Après avoir vu de mes yeux cette humble habitation de Jésus, de Marie et de saint Joseph, j'aurais d'abord pour moi un sujet inépuisable de méditations; j'en profiterais pour les autres, surtout au collége de Belley, et plus tard, je l'espère, dans les missions étrangères. Ce serait un puissant moyen de réveiller dans les âmes la foi et la piété chrétienne.... »

L'âge et les infirmités du P. Colin ne lui permettant pas de faire la route à pied, nous prîmes place dans une patache. Après avoir gravi les sommets de l'Apennin, nous descendîmes dans la vallée qu'arrose la Néra; nous admirâmes en passant la cascade de Terni[2], et nous vînmes faire une halte à Spolette. Cette ville plut singulièrement au P. Chanel. « En parcourant ses rues, disait-il, on croirait se promener

---

décembre 1294, sous le pontificat de Célestin V. Ce fait ne peut être révoqué en doute que par l'ignorance ou la mauvaise foi. L'Église en célèbre chaque année la fête commémorative. *Laureti in Piceno Translatio sacræ Domus Dei Genitricis Mariæ, in qua Verbum caro factum est.* Martyrol. Rom., die 10 decembris.

[1] A une personne d'Ambérieux (Ain), le 27 janvier 1833.

[2] Cette cascade, dite *la Cascade des marbres* (*Cascata delle marmore*), est peut-être la plus belle qui soit en Europe. Elle forme trois colonnes d'eau, dont la principale, en tombant sur des rochers, se réduit en vapeur et remonte presque à l'origine de sa chute, qui a cent cinquante mètres d'élévation.

dans un immense couvent. Chaque maison a l'air d'une cellule. Presque toutes les portes adressent, comme dans une communauté religieuse, de pieux avis aux passants : *Iddio ci vede*. — *Eternita*. — *Viva Jesu!* — A l'angle d'une rue, vous voyez une affiche : c'est un *invito sagro* ; l'on vous annonce que tel jour, à telle heure, une paroisse de la ville célébrera la fête de son saint patron, et que ce jour-là l'Église, comme une bonne mère, ouvrira le trésor de ses indulgences à ses enfants. On voit partout des *Madones* ornées de fleurs nouvelles... Oh! que la foi est vive au sein de cette population! »

A deux ou trois kilomètres de Tolentino, la nuit nous força d'aller à pas lents pour ne pas nous jeter dans les ravins que nous côtoyions. Voilà que tout à coup nous rencontrons, dans un village, une jeunesse en belle humeur qui s'amuse à lancer des feux d'artifice. Nos chevaux prennent frayeur et se cabrent. Une fusée vient éclater à leurs côtés; soudain ils nous emportent avec la rapidité de l'éclair; déjà ils ont les pieds levés sur les bords d'un abîme, lorsque le frein parvient à les contenir. Nous remercions la Madone, ne doutant point qu'elle n'ait été notre libératrice. Encore tout émus du péril auquel nous venons d'échapper, nous suivons le cours de la Chienta, dans l'espoir d'atteindre bientôt le pont qui conduit aux portes de Tolentino. Vainement nous le cherchons : il vient de s'écrouler, au moment qu'une diligence achevait de le traverser. Nous aimons à reconnaître dans cette circonstance une nouvelle marque de la protection de Marie. Un bateau nous transporte à l'autre rive. Durant la nuit que nous passons à Tolentino, le R. P. Colin est gravement indisposé. Le P. Chanel ne cesse de veiller auprès de lui. « Ah! que j'ai souffert, nous dit-il le lendemain, en voyant tant souffrir notre supérieur général! J'ai cru un instant qu'il allait mourir. Je n'ai pu lui rendre que de faibles services. J'ai frappé à plusieurs portes, personne ne m'a répondu. Il est heureux qu'après un si terrible assaut, notre Révérend Père puisse aujourd'hui se remettre en route. Que d'actions de grâces ne devons-nous pas encore à la Sainte Vierge ! »

Nous arrivâmes à Lorette la veille de Notre-Dame du Saint-Rosaire. Le temps était propice aux nombreuses caravanes qui affluaient de toutes parts. Le P. Chanel admirait la foi de ces populations qui, pour visiter la *Santa-Casa* aux jours des grandes fêtes, font souvent de longs voyages, viennent par tous les chemins et toutes les routes, au chant des Litanies, aux accords du tambour de basque et de la cornemuse, s'en retournant le chapelet à la main, les enfants, les femmes dans des chariots, les hommes à pied, tous priant ou chantant, ce qui pour eux est prier encore.

Lorsque le P. Chanel aperçut, non pas la *Santa-Casa* elle-même, mais seulement la basilique qui la renferme, il parut impressionné jusqu'au fond de l'âme... Aussitôt que nous fûmes entrés dans le saint temple, il se jeta aux pieds du Saint-Sacrement et resta longtemps en adoration; puis, se mettant à la suite des pèlerins, il fit à genoux le tour de la *Santa-Casa*. Pénétrant dans sa modeste enceinte, il resta près d'une heure prosterné devant l'image de la Sainte Vierge. Nous étions à ses côtés. Nous entendions les soupirs qui s'échappaient de son cœur, au souvenir des mystères qui se sont accomplis dans ce lieu saint. Nous récitâmes ensemble le chapelet. Avec quelle ferveur il prononçait l'*Ave Maria*, à l'endroit même où l'archange Gabriel salua Marie pleine de grâce! Plus d'une fois, avant son départ, il revint dans ce sanctuaire béni....

En quittant Lorette, nous y laissâmes le R. P. Colin, qui devait bientôt reprendre le chemin de Rome. Pour nous, que des emplois rappelaient au collége de Belley, nous n'avions plus que trois semaines de vacances. Il nous fut permis de les consacrer à la visite de quelques villes intéressantes, et de pousser même notre course jusqu'à Venise.

CHAPITRE XI

Voyage à Venise.

A l'aspect d'Ancône, le P. Chanel nous rappela que, vers la fin du dernier siècle [1], on ne parlait dans cette ville et dans les environs que des *Madones* miraculeuses et des signes qu'elles donnaient de la colère céleste. Celle de Saint-Cyriaque d'Ancône avait attiré, durant plusieurs mois, les regards d'une foule immense. Nous eûmes l'un et l'autre le bonheur de dire la sainte Messe devant cette image bénie.

Quels que fussent les incidents de la route, le P. Chanel conservait toujours une amabilité, une douceur de caractère inaltérable. L'oraison, la récitation du bréviaire, l'examen de conscience, la lecture spirituelle et le chapelet avaient leurs heures réglées, dont il ne s'écartait point.

Aux approches de Ravenne, quoique le P. Chanel eût un violent mal de tête et des atteintes de fièvre, il

[1] Le 10 février 1797, l'armée républicaine, commandée par Bonaparte, était dans les murs d'Ancône.

descendit de voiture et fit un assez long trajet pour entrer dans l'église et prier sur le tombeau de saint Apollinaire. A Ferrare, après avoir visité le *palais des diamants*[1], la maison de l'Arioste, la prison et le tombeau du Tasse, il se prit à réfléchir en voyant la place de cette ville. « Elle me rappelle, dit-il, un touchant souvenir. » Un jour, en effet, sur cette place, un homme qui venait de prier longtemps à l'église fut entouré par les pauvres. Son équipage n'annonçait point quelqu'un en état de faire de grandes libéralités ; cependant, il s'empressa de donner tout ce qu'il avait, et si bien tout, qu'un moment après, comme la nuit approchait, il ne se trouva plus rien pour son gîte, ni pour son souper. Alors il mendia lui-même ; ce que voyant, les pauvres tout émus s'assemblèrent autour de lui, et se mirent à crier : « Le saint ! le saint !!... » L'étranger n'était pourtant encore que le gentilhomme espagnol Ignace de Loyola....

A la vue de Padoue et des campagnes qui l'environnent, le P. Chanel fut ravi de la splendeur de cette contrée, et il s'étonna moins que Constantin Paléologue eût dit que c'était l'*image du paradis terrestre*. Il offrit le divin sacrifice sur le tombeau de saint Antoine[2]. Il voulut voir la célèbre école que saint François de Sales fréquenta dans sa jeunesse.

---

[1] Le *Palazzo dei Diamanti* est l'ancienne résidence des ducs de Ferrare.

[2] Né à Lisbonne, en 1194, et mort à Padoue, en 1231.

Quittant la voie de terre pour s'embarquer sur l'Adriatique, une admirable perspective vint bientôt frapper ses regards : c'était Venise semblant sortir de la mer avec ses tours, ses palais et ses îles !... « Quel beau spectacle ! s'écria-t-il ; peut-on le contempler sans remercier Dieu, et sans regretter de n'avoir pas là tous nos amis ! »

Suivant sa pieuse habitude, il visita d'abord les églises, et ensuite les principaux monuments de la cité et des îles qui l'entourent. Il admira surtout la métropole et le musée de peinture. Le plus doux souvenir qu'il emporta de Venise fut d'avoir célébré la Messe sur le tombeau de saint Marc.

Chaque jour, le P. Chanel écrivait dans son *album* ses souvenirs et ses impressions de voyage. Voici une de ses notes sur la capitale de la Lombardie : « La ville de Milan, autrefois surnommée la *Nouvelle Athènes*, s'étend au loin dans la plaine qu'arrosent l'Adda et le Tésin. Fondée par les Gaulois, qui franchirent les Alpes vers le temps de Tarquin l'Ancien, elle devint la principale cité de la Gaule Cisalpine, et la résidence de plusieurs empereurs d'Occident. Dans le sixième siècle, les Ostrogoths, sous la conduite de Vitigès, la prirent et la dévastèrent. Elle ne tarda pas à recouvrer son antique splendeur. En 1162, Frédéric Barberousse, dont elle avait voulu secouer le joug, l'assiégea et la rasa de fond en comble. Malgré cette terrible catastrophe, on la vit renaître de ses cendres.

Aujourd'hui sa population est d'environ cent quarante mille âmes.

« Quelque limité que fût mon séjour à Milan, je me suis procuré le plaisir de visiter le *Grand Hôpital*, la *Bibliothèque Ambroisienne*, le séminaire, les célèbres fresques de Léonard de Vinci [1], l'église de saint Ambroise et celle où saint Augustin fut baptisé. J'ai eu le bonheur de dire la Messe sur le tombeau de saint Charles Borromée... »

Arrivé tard à Verceil, et ne devant y rester que le temps nécessaire pour un repas, le P. Chanel, au lieu de se mettre à table, se dirigea promptement vers la cathédrale. La trouvant fermée, il s'ingénia si bien qu'il lui fut permis d'y entrer. Après avoir épanché son cœur aux pieds de Jésus-Christ, il pria devant le tombeau de saint Eusèbe. De retour à l'hôtel, il prit un morceau de pain, et remonta gaiement en voiture.

Il ne s'arrêta à Turin que pour offrir le divin sacrifice dans la chapelle du Saint-Suaire. A Chambéry, il se procura le même bonheur au couvent des Capucins; puis il gravit à pied le mont Duchat, et, le soir (veille de la Toussaint), il embrassait plein de joie ses confrères de Belley.

---

[1] La Cène eucharistique. le martyre de sainte Natalc, etc.

CHAPITRE XII

Retour en France. — Larmes et deuil. — Traits de zèle et de dévouement.

A son retour d'Italie, le P. Chanel reprit ses fonctions de directeur spirituel au collége de Belley. Il continua de les remplir l'espace de deux années. Le suivre dans cette période, et rappeler le zèle qu'il déploya, ce serait, en quelque sorte, revenir sur nos pas. Toutefois, il est des circonstances qui, bien qu'étrangères à l'exercice de sa charge, réclament une place dans notre récit.

Ce fut à cette époque qu'il apprit la mort de l'abbé Trompier, curé de Cras. Que de larmes et de prières cette nouvelle lui fit répandre au pied des saints autels ! Sachant qu'on se proposait de lui ériger un monument funèbre, il appuya ce projet, qui ne tarda pas de se réaliser [1]. « Personne, dit-il, n'est plus redevable

---

[1] On lit sur ce monument l'épitaphe suivante :

A LA MÉMOIRE
DE M. J.-M. TROMPIER,
CURÉ DE CRAS,
NÉ LE 19 DÉCEMBRE 1772,
DÉCÉDÉ LE 18 AVRIL 1835.

Ses paroissiens et ses élèves reconnaissants.

R. I. P.

que moi à l'égard de M. Trompier. Sans lui, je ne serais point arrivé au sacerdoce. De berger que j'étais, dans mon enfance, il m'a fait son protégé, son fils adoptif. Il s'est chargé lui-même de ma première éducation ecclésiastique ; il m'a aidé à poursuivre mes études dans les séminaires ; il a été pour moi un père et comme une seconde Providence... »

Si pénible que fût pour le Père Chanel le sacrifice dont nous venons de parler, il y était du moins depuis longtemps préparé. Des lettres l'avaient informé de la maladie de M. Trompier, il en avait suivi la marche et les progrès. Mais voici que son cœur, à peine remis des premières impressions de cette douloureuse épreuve, reçoit une blessure encore plus profonde ; et, cette fois, le trait qui le déchire a été imprévu. « Le hameau de la Potière, lui écrit-on, est dans le deuil et l'affliction. Votre pauvre père vient de nous quitter, pour passer sans doute à une vie meilleure. Oserai-je vous apprendre l'accident qui nous l'a enlevé si rapidement ! Un soir, revenant seul de la culture de ses champs, il a été frappé d'apoplexie, et, dans sa chute, il est tombé dans un fossé rempli d'eau, où on l'a trouvé mort. Ce qui doit beaucoup vous consoler, c'est que votre père était un excellent chrétien. Son âme était toujours prête à comparaître devant Dieu... »
A cette accablante nouvelle, le P. Chanel se jette au pied de la croix, qu'il arrose de ses larmes. S'unissant à Jésus-Christ au Jardin des Olives, il accepte le ca-

lice d'amertume qu'il plaît à Dieu de lui envoyer.... Il irait bien consoler sa famille, mais la distance qui l'en sépare, et plus encore les devoirs de sa charge s'y opposent pour le moment. Il se contente de lui écrire. Il lui est cependant donné de voir une de ses sœurs à *Bon-Repos*[1], maison-mère des religieuses du Saint-Nom de Marie. Il lui fait part de l'affligeante nouvelle qu'il a reçue, et partage avec elle sa douleur et sa résignation. Le lendemain, il revient dans ce couvent, et offre le divin sacrifice pour l'âme de son père. Une communion générale a lieu à son intention. Il est tellement ému au saint autel, qu'il l'inonde de ses larmes.

Vers la fin de l'année scolaire, écrivant au successeur de l'abbé Trompier : « Encore quelques jours, lui dit-il, et nous serons en vacances. Si Dieu m'en donne la force, j'irai à Cras et à la Potière. Il est deux tombes vers lesquelles m'attirent la reconnaissance et la piété filiale. J'ai besoin de voir aussi ma famille et de consoler surtout ma pauvre mère.... »

Sous le poids de ces douloureuses épreuves, le P. Chanel conserva toujours, au milieu des maîtres et des élèves, sa même bonté, sa même activité de zèle.

Non content de se dévouer aux âmes qui l'entouraient, il en dirigeait encore bien d'autres que lui envoyait la Providence. Tantôt c'étaient des pécheurs

[1] Nous avons déjà fait remarquer que le couvent de *Bon-Repos* est situé à Belley.

qu'il remettait dans la voie du salut ; tantôt c'étaient des prêtres qui passaient, sous sa direction, quelques jours de retraite ; tantôt enfin il était appelé pour un malade à l'Hôtel-Dieu, situé en face du collége. Cet hospice n'ayant pour aumônier qu'un vicaire de la cathédrale, le Révérend Père se faisait un plaisir de le remplacer au besoin. Que de fois on est venu la nuit interrompre son sommeil et réclamer le secours de son ministère ! Toujours il est accouru auprès du chevet du moribond. Un pauvre, nommé Tranchand, fut, durant plusieurs mois, l'objet de son zèle. Des accès de folie et de fureur rendaient parfois cet homme si intraitable, qu'on s'était vu forcé de le lier et de le renfermer dans une cellule. On ne pouvait l'aborder que dans ses moments lucides, encore essuyait-on de sa part les plus révoltantes grossièretés. Abruti par l'ignorance et la débauche, il n'avait sur les lèvres que des paroles impies et obscènes. Vainement avait-on essayé de le ramener à Dieu. Touché de son déplorable état, le P. Chanel le recommanda aux prières du couvent de *Bon-Repos*. Soutenu de cet appui, il alla trouver son pauvre à l'Hôtel-Dieu, et lui témoigna le plus vif intérêt. Peu à peu il gagna son cœur. De temps en temps, il lui apportait quelques soulagements corporels, et l'instruisait des principales vérités de notre sainte Religion. Et cet homme, si éloigné des voies du salut, se convertit et mourut chrétiennement.

Personne n'ignore, dans le département de l'Ain,

l'affreux incendie qui réduisit en cendres presque tout le village de Virieux-le-Grand. Aux premiers cris lugubres qui l'annoncèrent à Belley, ni le mauvais temps, ni les ténèbres de la nuit, ni la distance des lieux, rien ne put empêcher le P. Chanel et son ami, le P. Bret, de se transporter sur le théâtre du sinistre. Ils déployèrent l'un et l'autre tout ce qu'ils avaient de force et de zèle. Leur dévouement fut signalé dans le *Journal de l'Ain*.

Les curés des environs de Belley se disputaient, en quelque sorte, le privilége d'avoir, à certains jours de fête, le P. Chanel dans leurs églises. Ils aimaient alors à lui céder la double fonction d'officier et de prêcher à leur place. Mgr Devie l'invita lui-même à occuper, dans sa cathédrale, la chaire sacrée. Comme on était aux jours de la semaine sainte, le R. Père prêcha sur la Passion de Notre-Seigneur Jésus-Christ. Le pieux et savant prélat, parlant de cette prédication, loua le discours, la modestie et l'onction de l'orateur.

CHAPITRE XIII

Le P. Chanel supérieur à Belley. — Son administration. — Sa conduite à l'égard des maîtres. — Ce qu'il entendait par des **études fortes.**

A mesure que grandissait la Société de Marie, le besoin se faisait sentir de régler, d'affermir sa marche, et de compléter ses Constitutions. Pour n'être point distrait dans ce travail, le T.-R. P. Colin voulut se trouver seul avec Dieu. En se retirant dans la solitude, il se déchargea sur le P. Chanel de la supériorité du collége de Belley.

S'il faut qu'un supérieur soit le plus possible en union avec Dieu, non-seulement aux heures de la prière, mais aussi dans tout le reste de la journée, afin que, puisant sans cesse à la source de tout bien, il devienne pour ses inférieurs le canal des dons célestes;

S'il faut qu'on voie briller en lui la charité envers le prochain, et que les charmes de son humilité le rendent aimable à Dieu et aux hommes; s'il faut que son extérieur soit tellement composé, son langage tellement réglé qu'on ne puisse rien remarquer en lui, pas même une parole qui ne serve à l'édification des maîtres et des élèves;

S'il faut qu'il ait une intelligence d'élite pour ne faillir ni dans les choses spéculatives, ni dans les choses pratiques; s'il est indispensable qu'il soit prudent, qu'il ait du tact, et qu'il sache joindre à la mansuétude cette fermeté, sans laquelle presque toujours elle dégénère en faiblesse;

Enfin si la force, la grandeur d'âme lui sont nécessaires pour aller droit à son but sans se laisser abattre par les contradictions;

Certes, nous ne prétendons pas retrouver dans le P. Chanel cet idéal du supérieur parfait; toutefois, il est permis de croire qu'il ne fut point au-dessous de la mission qu'il eut à remplir.

Deux mots semblaient résumer dans sa pensée la vie et la prospérité d'une maison d'éducation : l'autorité et le respect. Ces deux mots encore, il les traduisait en un seul : *le sacrifice réciproque*, c'est-à-dire le dévouement paternel d'un à tous, ce qui constitue la part du supérieur; l'obéissance filiale de tous à un, ce qui est la part des maîtres et des élèves. Il ne comprenait pas qu'une communauté grande ou petite, fût douée d'un principe vital, si elle était privée de l'un ou de l'autre de ces deux éléments.

« Celui-là sait user de la puissance, dit saint Grégoire, qui la sait limiter[1]. » Le P. Chanel, pour main-

---

[1] « Bene potestatem exercet, qui et retinere illam noverit. » Lib. XXVI, cap. XXVI, Col. 833.

tenir son autorité, ne souffrait ni aux autres de la diminuer, ni à elle-même de s'étendre trop; il la soutenait au dehors, et ce qui est bien plus difficile, il la réprimait au dedans. « Il est mal aisé à l'homme de se retenir, dit Bossuet, quand il n'a d'obstacle que de lui-même[1]. »

En qualité de supérieur, le P. Chanel se regardait comme le dépositaire des règles et le gardien des âmes, responsable de l'observation des unes et de la conservation des autres. Amateur jaloux de la discipline, peu soucieux de flatter, pourvu qu'il sauvât, il avait pour maxime que la crainte ne doit pas être tout à fait absente, même quand l'amour est présent; et il ne manquait pas à ce devoir de la correction, sanction nécessaire de la loi, qui prévient les abus par un avis, ou répare les fautes par la pénitence[2]. Du reste, cette austérité de principes se trouvait compensée dans la pratique et bien adoucie par des tempéraments. Ainsi, d'abord, la personnalité, cette chose odieuse dans un supérieur, n'y tenait aucune place, n'y jouait aucun rôle. S'il paraissait exigeant, ce n'était jamais pour lui-même, c'était uniquement pour la cause de Dieu, dans l'in-

---

[1] Sermon sur les devoirs des rois. Premier point.
[2] Il mettait alors en pratique ce conseil de saint François de Sales : « Il faut user de beaucoup de douceur et de dextérité, sans vouloir « violenter l'esprit des autres, car aussi ne gagne-t-on rien en prenant les choses rudement. » (*Le véritable esprit de saint François de Sales*, t. II, ch. X, art. v.)

térêt de la règle et pour le bien spirituel de ses inférieurs. De plus, en comparaison de la sévérité qu'il avait contre lui-même, il n'avait en vérité que de l'indulgence pour les autres; du moins observait-il le premier tout ce qu'il avait à prescrire. Il ne se dispensait d'aucune règle, d'aucun exercice de communauté, et la seule prérogative qu'il tirât de son office, c'était l'obligation d'édifier ses inférieurs et la charge de les servir.

Il avait compris que, dans une maison d'éducation, l'ordre ne peut être maintenu que par une surveillance intelligente et soutenue. Celle qu'il exerçait lui-même s'étendait à toutes les parties de l'administration : elle embrassait la piété, la discipline, les études, l'économat. Chacun de ces départements ayant un préposé d'office, il se tenait au courant de tout, sans faire tout par lui-même. « Le zèle, disait-il, ne craint pas la fatigue, mais quand il assume trop d'occupation, il se jette dans un mouvement perpétuel; ce mouvement essouffle l'âme et l'étourdit; il est contraire au succès des œuvres : *Qui trop embrasse, mal étreint*. Les supérieurs qui expédient le plus d'affaires, ne sont pas toujours ceux qui gouvernent le mieux; ils font l'ouvrage des autres, et, d'ordinaire, leur ouvrage à eux ne se fait pas. Saint Bernard disait au Pape Eugène III : « Il est des affaires « que vous traiterez seul; il en est que vous trai- « terez de concert avec d'autres; il en est enfin que « vous traiterez sans votre coopération. Où est le phi-

« losophe qui comprendra la sagesse de cette conduite?
« Ne vous endormez pas sur ce plan de vie[1]. »

Afin de gagner l'esprit et le cœur des maîtres, le P. Chanel commença par leur donner tout ce qu'il voulait qu'on lui rendît, c'est-à-dire, il leur témoigna lui-même et le premier de l'affection et de la confiance. La science qu'il avait acquise du cœur humain le persuadait qu'il ne suffit pas à un maître de passer aux yeux de son supérieur pour un homme vertueux, mais qu'il a besoin encore d'être estimé, au point de vue de la charge qu'il exerce. Quand on a perdu, en effet, cette considération, la foi aidant, on se résigne, on fait de son mieux, mais on souffre beaucoup, on finit, d'ordinaire, par manquer d'énergie, ou du moins on n'a pas celle que met au cœur l'encouragement. « Cette imaginaire insensibilité de ceux qui ne veu-
« lent pas qu'on soit homme, dit saint François de
« Sales, m'a toujours semblé une chimère[2]. »

Trop souvent les jeunes professeurs se découragent au milieu d'une classe d'enfants légers et paresseux. Le P. Chanel avait le don de raviver leur force et leur dévouement. « Vous le savez, leur disait-il, une semence ne lève pas aussitôt qu'elle est jetée en terre;

---

[1] « Quædam per temet facies ; quædam per te et alios simul; quædam per alios et absque te. Quis sapiens, et intelliget hæc? Non est quod inter ista dormitat consideratio tua. » *De Consideratione*, lib. IV, cap. VI.

[2] *Vie de saint François de Sales*, par M. Hamon. t. II. p. 325.

un arbre est planté longtemps avant qu'il porte des fruits : il en est de même de la culture des âmes. On travaille quelquefois beaucoup, sans voir avancer l'ouvrage ; néanmoins il se fait secrètement. »

Chaque semaine, et plus souvent encore si besoin était, il réunissait tous ses collaborateurs, les interrogeait sur la marche de la communauté, recueillait avec soin leurs observations, et leur faisait part des siennes avec modestie. Quelques mots d'édification et d'encouragement terminaient ces sortes de réunions.

Le travail étant pour l'homme la loi de sa vie, l'un de ses puissants moyens de perfectionnement, le P. Chanel recommandait aux maîtres d'en faire prendre à leurs élèves la sérieuse habitude. Il leur recommandait surtout de s'appliquer, tout en leur communiquant la science, à leur formation morale, c'est-à-dire à l'éducation du cœur, de l'intelligence et du caractère.

On parle souvent de *fortes études* : sait-on bien quel sens on attache à ce mot ? Le P. Chanel entendait par des études *fortes*, celles qui fortifient l'âme, en développent toutes les facultés, et rendent un élève capable de faire dans le monde quelque chose de sérieux et d'utile. Ce qu'il appelait études fortes, ce sont des études solides, qui, grâce à des répétitions fréquentes et des rapprochements continuels d'idées, d'hommes et de faits, de ce qu'on apprend aujourd'hui avec ce qu'on savait hier, laissent dans l'esprit des impressions nettes et profondes; ce sont des études larges et étendues, sans être superficielles, qui transportent en dehors de la sphère étroite d'idées que recouvre la poussière des classes : des études qui leur fassent voir dans une langue autre chose que des sons; dans l'histoire, autre chose que des dates et des noms propres; dans les mathématiques, autre chose que d'abstraites combinaisons de nombres et de figures; dans les arts, autre chose qu'un vain amusement; dans la nature, autre chose que des formes; dans le monde, enfin, autre chose que le monde même. Voilà les fortes études qu'il travaillait à soutenir; voilà l'instruction dont il voulait enrichir l'esprit des élèves, en même temps qu'il cherchait à enrichir leur cœur des vertus sans lesquelles les plus beaux talents seraient des instruments de ruine.

CHAPITRE XIV

Dévouement. — Prudence.

La charge de supérieur n'a été pour le P. Chanel qu'un sacerdoce de dévouement. Les maîtres et les élèves étant à ses yeux comme les divers membres d'un même corps : « Si je suis, disait-il, la tête de ce corps, je dois en être aussi le cœur. » Il ne concentrait pas sur un point de la communauté son attention et ses soins ; il les prodiguait à tous, sans acception de personne. Les seules préférences qu'il semblait avoir étaient commandées par les besoins de ceux qui en étaient l'objet. A l'exemple du bon Pasteur, il laissait les brebis fidèles pour courir après la brebis égarée et la ramener au bercail.

Son dévouement n'avait pas ses temps de vigueur et ses temps de défaillance. Ne cessant pas un moment d'être supérieur, il s'intéressait à toute heure aux âmes qui l'entouraient. Qui jamais a plus payé de sa personne dans l'exercice de ses fonctions ? qui jamais a moins su se refuser, je ne dirai point à un devoir, mais au simple désir de quiconque lui demandait le concours de sa présence? Accessible au moindre comme au plus élevé, il n'avait d'autre mesure pour son temps que la convenance de chacun. Interrompu sans cesse, il quittait sa tâche pour la reprendre avec une égalité d'âme que rien n'altérait, et sans que l'on pût découvrir sur cette figure toujours sereine aucune trace de lassitude ni d'ennui. Et pourtant quelle ponctualité dans ce labeur infatigable qui ne connut pas le retard, ne remit jamais au lendemain l'affaire de la veille! Il n'y avait qu'une trêve aux occupations multiples de cette vie toute dévouée : cette trêve, c'était le moment de la prière, le moment de se rendre à soi-même, après s'être donné aux autres [1]. Sitôt que l'heure était venue où l'Église place sur les lèvres du prêtre ces prières qu'elle distribue le long du jour, comme un aliment spirituel, on voyait le pieux supérieur se recueillir à l'instant même, et, cessant de traiter avec les hommes, converser avec Dieu dans le silence de son âme.

Parmi les vertus d'un supérieur, une des plus nécessaires est la prudence. Sans elle, en effet, malgré les meilleures intentions, il peut échouer complétement [2].

---

[1] « Memento vel interdum reddere teipsum tibi. » Saint Bernard, *De Consid.*, lib. 1, cap. v.

[2] Ayant un jour demandé au T.-R. P. Ventura quelle était la première qualité d'un supérieur, le célèbre Théatin nous raconta le trait

C'est elle qui dirigeait le P. Chanel dans l'accomplissement de ses fonctions. Ennemi de tout excès, il marchait dans ce juste milieu qui est le partage de la vraie sagesse. Doué d'un sens ferme et droit, il joignait à un tact sûr ce discernement qui saisit le point précis et délicat dans les affaires; cette souplesse d'esprit qui permet de tourner l'obstacle qu'on ne peut renverser; cette activité patiente qui ne précipite rien, mais sait attendre du temps ce que les circonstances lui refusent; cette retenue de langage qui conserve à la parole sa franchise et à l'action sa liberté; cette justesse de coup d'œil qui fait découvrir aisément dans

---

suivant : « Après la mort du prieur d'un couvent qu'habitait saint Thomas d'Aquin, la communauté se mit en prières pour le choix d'un successeur. Deux ou trois religieux de la maison étant venus près du Docteur angélique : « Frère Thomas, lui dirent-ils, si nous ne vous
« avons point élu, c'est pour vous laisser libre dans vos importants
« travaux ; notre choix s'est alors porté sur le frère **, qui nous pa-
« raît le plus instruit, le plus savant après vous. » A quoi le saint répondit : « *Si doctus est, doceat nos.* » On se remit en prières, puis on revint dire au Docteur angélique : « Notre choix s'est porté sur le
« frère **, qui nous semble avoir le plus de piété. » — « *Si sanctus*
« *est*, répondit saint Thomas, *oret pro nobis.* » Enfin, à la suite de nouvelles prières, on retourna vers l'illustre conseiller, et on lui dit :
« Notre choix s'est fixé sur le frère **, que nous croyons être le plus
« prudent. » — « *Si prudens est, gubernet nos.* » Telle fut la dernière réponse du grand docteur.... »

La prudence ne tient pas lieu des autres vertus, mais elle donne à chacune sa juste mesure et les empêche toutes de dégénérer en défauts ou en vices ; « Or ce qu'il y a de meilleur, dit saint Grégoire de Nazianze, c'est la mesure de toutes choses : *Modus omnis optimus est.* » (Or., XLIII, 63.)

les âmes le côté par lequel chacune est accessible aux influences morales. Il ne se contentait pas de ses propres lumières, il recourait encore à celles de ses conseillers. Une fois la mesure sagement prise, il l'exécutait avec fermeté. L'inconstance, à ses yeux, n'était pas moins opposée à la prudence que la précipitation. Quoique le P. Chanel eût l'âme très-expansive, il savait néanmoins porter un secret. La discrétion, chez lui, n'était point la dissimulation. Il dédaignait les ruses, les finesses et les artifices d'une prudence politique et mondaine. « Mon caractère de prêtre, disait-il, me commande la simplicité, la droiture et la loyauté. » Persuadé que la prudence est une plante fort rare et d'une culture difficile, il la demandait sans cesse à Dieu[1]. Comme elle est tout à la fois un don céleste et le fruit de l'expérience, il s'efforçait de l'acquérir par l'étude des hommes et des choses, mettant même à profit ses propres fautes.

Il parvint ainsi à éviter deux écueils également funestes : l'*optimisme* qui, excusant trop la faiblesse humaine, laisse languir la discipline et les abus se multiplier ; le *pessimisme* qui, considérant la loi dans sa rigueur, ne tient pas assez compte de l'infirmité humaine, s'exagère le mal, le croit incurable et n'engendre partout que le malaise et le

---

[1] « Da mihi sedium tuarum assistricem sapientiam, ut mecum sit et mecum laboret. » Sap., ix, 4.

découragement. Une telle sagesse lui a valu de pouvoir traverser des temps difficiles, sans que nul accident fâcheux soit venu entraver le bien qu'il opérait par une administration exempte à la fois de violence et de faiblesse.

CHAPITRE XV

Comment s'introduit, d'après le P. Chanel, le bon ou le mauvais esprit dans un collége. — Ce qu'il fit pour entretenir le bon esprit à Belley. — Admission des élèves; leur renvoi.

L'expérience avait appris au P. Chanel que chaque élève, dans un collége, verse ses influences, exhale, pour ainsi dire autour de lui, un air de vertu ou de vice, et, selon l'expression des Livres saints, une *odeur de vie* ou *de mort*; que l'exemple, la parole, le silence, le regard, la présence seule d'un condisciple vicieux, poussent les autres à faire ce que leur conscience désapprouve, et les détournent du bien qu'elle leur conseille; tandis que la société, la conversation, la vue, le souvenir même d'un autre élève, sont une prédication continuelle de candeur, de piété, de modestie, de docilité, de toutes les vertus qui font l'ornement de la jeunesse. « Lorsque, disait-il, l'une ou l'autre de « ces deux influences domine dans une maison, on y « voit s'établir un bon ou un mauvais esprit. »

Pour maintenir le bon esprit, faut-il exercer habituellement une inflexible sévérité ? faut-il, pour prévenir le désordre, s'entourer d'un rempart que ne puisse escalader l'esprit mauvais ? faut-il, pour découvrir le mal, organiser une surveillance inquiète et défiante, une police ombrageuse ? faut-il, pour punir les fautes, fermer son cœur à toute indulgence ? — Le P. Chanel ne le croyait point. Du reste, il eût accepté difficilement un rôle si pénible.

Le bon esprit consistant essentiellement, pour les élèves, dans la franchise, la confiance et l'amour chrétien, il pensait qu'on ne pouvait l'établir et le conserver parmi eux qu'en employant, à leur égard, un système de liberté, d'amour et de confiance. Il disait qu'on ne saurait trop aimer les enfants, mais que cette affection avait ses règles, parce qu'on pouvait les aimer mal. Quant à la liberté, il disait encore qu'il lui fallait des limites, et prendre garde de retirer d'une main ce qu'on lui accorde de l'autre. Il désirait que l'autorité témoignât de la confiance, sans préjudice pour la discipline et les études, et conciliât ainsi des principes, des besoins, des intérêts également sacrés. Il voulait, avant tout, que la Religion régnât sur les cœurs. « Heureux, s'écriait-il, le collége où l'action
« du supérieur et des maîtres n'éveille dans les jeunes
« âmes qui les entourent, que le respect et l'affec-
« tion ! » Ces sentiments réciproques restent toujours, en effet, la disposition dominante et remplissent de charmes les relations habituelles de ceux qui comman-

dent et de ceux qui obéissent, de ceux qui enseignent et de ceux qui étudient, de ceux qui ont la charge de diriger et de conduire, et de ceux qui comprennent que leur bonheur est de suivre la voie que leur trace le devoir. Si parfois des collisions presque inévitables là où il y a tant de choses à exiger, provoquent des mécontentements secrets ou des murmures, ces nuages sont promptement dissipés : la sérénité reparaît ; l'esprit d'un mutuel et affectueux dévouement reprend son doux et puissant empire.

Une seule brebis galeuse pouvant infecter un troupeau, le P. Chanel, pasteur vigilant, usait d'une prudence extrême dans l'admission des élèves. Il n'aurait reçu, s'il eût été libre, que des enfants tels que Dieu les donne et tels qu'ils sont élevés par des mères chrétiennes; rien ne lui souriait davantage que la continuation d'une œuvre si bien commencée. Presque toujours il repoussait les élèves qui avaient déjà fait l'apprentissage de la vie de collége. Nulle admission qui n'offrît les garanties nécessaires. Arrivait-il qu'un écolier se fût mis dans un cas d'exclusion, le P. Chanel ne précipitait point son jugement. Il assemblait son conseil, écoutait les dépositions, recueillait les avis, et pesait ensuite le tout devant Dieu. Bien que dans les mesures de rigueur, il eût besoin de prendre son cœur à deux mains, dès qu'une expulsion lui paraissait nécessaire, il en fulminait la sentence. Toutefois, il cherchait à l'adoucir en ménageant la sensibilité des parents et la réputation du coupable. « Il est des « fautes qu'un confesseur peut absoudre, disait-il, « mais dont le pardon est au-dessus des forces d'un « supérieur. Trop d'indulgence de sa part compro- « mettrait les intérêts communs[1]. »

Tant qu'un élève n'était pas contagieux, il s'attristait peu de sa légèreté et de ses étourderies. « Le cer- « veau des enfants, disait-il avec Fénelon, est comme « une bougie allumée dans un lieu exposé au vent; sa « lumière vacille toujours. L'enfant vous fait une « question, et, avant que vous répondiez, ses yeux « s'élèvent vers le plancher; il compte toutes les fi- « gures qui y sont peintes, ou tous les morceaux de « vitres qui sont aux fenêtres : si vous voulez le ra- « mener à son premier objet, vous le gênez comme « si vous le teniez en prison. Ainsi il faut ménager « avec grand soin ses organes, en attendant qu'ils « s'affermissent[2]. » Ce n'est point à dire que le P. Chanel fermât les yeux sur la paresse et la dissipation des plus jeunes écoliers: c'eût été, selon lui, renoncer à leur éducation.

---

[1] « Ferro abscisionis utendum est ne ovis morbida totum gregem maculet. » Saint Bernard, *De Consideratione*.

[2] *De l'éducation*, etc., ch. v.

CHAPITRE XVI

Rentrée des classes.

Le début et le terme de l'année scolaire étaient deux époques où le P. Chanel s'enflammait d'un nouveau zèle dans l'exercice de sa charge.

Il apportait d'abord le plus grand soin à ce que tout fût prêt, dans le collége, pour la rentrée des élèves. Ce jour-là, il offrait le divin sacrifice dans le double but d'attirer sur leur voyage la protection du ciel, et d'écarter de l'établissement le trouble et la confusion qu'amène trop souvent la réouverture des classes. Ami de l'ordre et du calme, il ne souffrait pas, même en cette circonstance, la moindre image du désordre et de la dissipation. Dès qu'on franchissait le seuil de la maison, on sentait qu'à l'intérieur résidait une autorité. Si cette autorité imprimait du respect pour la discipline, on reconnaissait bientôt, en l'abordant, qu'elle était néanmoins douce et paternelle. Avec quelle bonté, en effet, le digne supérieur accueillait les élèves ! Bien qu'assailli de préoccupations et de visites, il dévoilait à chacun d'eux les sentiments, le cœur d'un père. Le plaisir de revoir ses chers enfants le payait largement de ses fatigues. Sa joie néanmoins n'était pas sans nuage. Il ne pouvait se défendre de la pensée que beaucoup d'entre eux n'étaient pas aussi pieux qu'à leur départ pour les vacances. Il ne se dissimulait pas non plus les difficultés qu'ils auraient à vaincre pour se plier de nouveau à l'accomplissement du devoir.

Dès le soir même de la rentrée, il annonçait aux élèves qu'à partir de ce moment les règlements de la maison étaient en pleine vigueur ; qu'il espérait, connaissant déjà leur bonne volonté, qu'ils y seraient tous fidèles ; et qu'au prix de cette fidélité, ils passeraient une année heureuse et bénie de Dieu. « Mes enfants, ajoutait-il, que le collége soit pour vous comme une seconde famille, que votre âme s'y puisse épanouir à l'aise, que vous y trouviez de l'affection, du bonheur même ; ce sont là des idées que nous avons plus d'une fois exprimées, c'est le caractère que nous avons voulu donner à notre établissement et que nous nous efforcerons de lui maintenir. Mais que rien ne contrarie jamais vos goûts et vos désirs, que vous n'ayez point de violence à vous faire, point de peine à endurer, point de privation à subir ; que le chemin de la vertu et de la science soit pour vous dégagé de toute épine, c'est ce qu'il serait aussi funeste de tenter qu'impossible de réaliser. La vie d'écolier est un apprentissage de la vie d'homme, habituez-vous donc d'avance à savoir souffrir, donnez à votre caractère une attitude ferme, à votre cœur de la force, à votre volonté de l'énergie. Si votre sommeil est court et votre travail assidu, si votre habitation est moins chaude et votre nourriture moins délicate qu'au sein de vos familles, n'en n'exprimez aucune plainte; vous savez, par l'histoire de Cyrus, combien dure et laborieuse était l'enfance des jeunes Perses. Les plus anciennes législations grecques et romaines entraient à cet égard en des détails qui choqueraient la délicatesse moderne. Sous l'empire même des idées plus douces du christianisme, on a toujours regardé l'éducation comme l'initiation à une vie de labeur et de sacrifice... »

Le lendemain de la rentrée, les élèves se réunissaient dans la chapelle pour la *Messe du Saint-Esprit*, et le R. P. leur adressait encore la parole. « Il y a deux mois, leur disait-il (en 1835), nous célébrions, dans les murs de ce collége, une grande solennité : c'était la fête du travail, le jour de sa récompense. Un temps vous fut ensuite donné pour vous remettre des fatigues de l'étude. Ce temps s'est écoulé. Après le travail le repos, et après le repos la reprise du travail.

« Notre âme, mes chers enfants, est une puissance active, et cette activité la distingue essentiellement de la matière, dont le propre est l'inertie. Elle se plaît au jeu de ses facultés, et comme toute puissance grandit par l'exercice, elle voit ses forces s'accroître à mesure qu'elle les emploie. Que chacun de vous soit donc laborieux, dans la sphère de ses études : sa mémoire deviendra plus heureuse, son imagination plus réglée, son jugement plus sûr, son esprit plus pénétrant et plus orné de connaissances...

« Votre tâche, mes enfants, ne se borne point là. Vous devez avant tout mettre Dieu dans vos intérêts. Votre travail, en effet, ne sera fructueux qu'autant que Dieu le bénira : *Incrementum dat Deus*[1]. La Religion n'est point une théorie à part des réalités humaines, une abstraction sans influence, qui ne se lie à rien de ce qui constitue la vie positive. Elle embrasse l'homme dans la double sphère de son intelligence et de sa volonté; elle doit, par conséquent, se lier à tout dans l'éducation, et l'enseignement même des sciences se trouve avoir avec elle des rapports intimes et nécessaires. « Le sceptre de la science n'appartient à l'Eu-
« rope, dit M. de Maistre, que parce que l'Europe est
« chrétienne. » Ce grand écrivain, qui a jeté une partie de sa gloire sur notre siècle, était donc loin de croire, avec quelques insensés, que la Religion est opposée aux progrès des lumières. La philosophie antique proclamait par la bouche de l'un de ses sages, que « les âges les plus religieux étaient toujours ceux
« où le génie se manifestait davantage[2]. »

---

[1] I Cor. III, 7.
[2] Xénophon.

« L'histoire est là pour attester que la civilisation a des phases différentes, et qu'elle n'est point garantie par les seules forces de l'intelligence humaine. L'antique civilisation de l'Orient ne fut pas moins orgueilleuse que la nôtre ; elle n'eut pas moins sujet de l'être, et cependant on l'a vue s'éteindre. Quelques peuplades ignorantes et barbares font paître leurs troupeaux sur les ruines de Ninive et sur les débris de l'empire assyrien. Selon la prophétie de Jérémie, « les serpents « sifflent » dans les marécages où fut autrefois Babylone, la merveille de l'Asie, et les antiquaires ne sont pas d'accord sur ce qui nous reste de Thèbes aux cent portes, et de la magnifique Palmyre où régna Zénobie. Ni la gloire des arts, ni les lettres, ni l'éloquence, ni la poésie n'ont sauvé la Grèce de Périclès et de Philopœmen. Les barbares ont passé sur cette Afrique du Nord où, du temps des Césars, la civilisation comptait de nombreuses cités, et, dans cet espace immense, on ne rencontre que des tribus errantes, dressant parfois leurs tentes sur des ruines. Est-il besoin de mentionner ici Rome, qui avait rassemblé toutes les nations sous l'autorité de ses faisceaux consulaires, et qui ne serait plus qu'un souvenir, si une seconde Rome, fondée par les Apôtres et cimentée du sang des martyrs, n'avait à son tour pris dans ses mains le sceptre du monde !...

« Vous voyez, mes chers enfants, ce que peut la science humaine, en dehors du Catholicisme. Loin de préserver les peuples de leur ruine, elle les y conduit par une pente rapide. Ne conservant rien par elle-même, et ses tendances au bien ou au mal étant déterminées par la doctrine dont elle s'inspire, si cette doctrine est impie, la science hâte de son mouvement propre le cours des mœurs qu'elle entraîne, jusqu'à ce qu'elle se perde avec la société entière dans le même abîme...

« Sans doute, la Religion ne donne pas le talent, mais partout où elle le trouve, elle est sa meilleure amie et sa plus zélée protectrice. Elle l'abrite contre les passions mauvaises qui pourraient l'obscurcir et même l'étouffer. Elle attire sur ses labeurs les bénédictions de Celui qui l'a créé et qui dispense à son gré la science : *Deus scientiarum Dominus*...

« *La piété*, dit l'apôtre saint Paul, *est utile à tout : elle a sa récompense et dans le ciel et sur la terre*[1]. C'est pour cela, mes chers enfants, que nous sommes dans ce moment au pied du saint autel. Unissez-vous à moi pendant le divin sacrifice. Demandez à Jésus-Christ les grâces dont vous avez besoin pour accomplir, durant cette année, tous vos devoirs de chrétiens et d'écoliers... »

Après la sainte Messe, le zélé supérieur consacrait les élèves à la Sainte Vierge; il mettait sous ses auspices leurs études, leurs récréations, leur repos.

[1] I Tim., IV, 8.

Tous les soirs, durant surtout les premières semaines, il présidait la communauté, et remplaçait *la lecture spirituelle* par l'explication des règlements de la maison, et quelques paroles d'encouragement. Enfin, par une retraite de quelques jours, il achevait de les affermir dans le bien.

Ces petits détails ne sont peut-être rien pour quelques-uns de nos lecteurs, mais ils sont beaucoup pour les confrères et les amis du P. Chanel. Devions-nous, par un respect littéraire, les priver de ces souvenirs par lesquels il leur appartient plus intimement? La mémoire de l'esprit est peu avide ; elle se contente du souvenir des grandes œuvres. La mémoire du cœur ne se satisfait qu'en ressuscitant la personne sous les traits les plus naturels et les plus secrets. « Pour moi, dit un écrivain de nos jours [1], je suis ainsi pour ceux que j'ai aimés. Il est des gestes familiers de mon père dont le souvenir me fait tressaillir ; il est de certaines larmes de ma mère, le jour où ses six enfants lui souhaitaient sa fête et se suspendaient tous à son cou, qui sont comme le premier point par où, peu à peu, mon cœur la fait revivre et me la représente tout entière. C'est souvent le sourire de C*** qui le remet sous mes yeux, et ce premier souvenir réveillant tous les autres, après son sourire, c'est son allure, c'est lui que je vois, c'est sa voix que j'entends... »

---

[1] D. Nisard, *Mélanges*, t. II, p. 195 (1838).

CHAPITRE XVII

Maîtres d'étude.

Trop jeune encore pour diriger seule le collège de Belley, la Société de Marie s'adjoignait quelques auxiliaires. Le P. Chanel, à qui le mérite d'autrui ne fit jamais ombrage, s'aidait des conseils de Mgr Devie et du T.-R. P. Colin, afin de n'admettre, parmi ses collaborateurs, que des hommes intelligents, pieux et dévoués.

Il se montrait difficile surtout dans le choix des maîtres d'étude. Leur fonction disciplinaire était à ses yeux comme la gardienne des mœurs, la protectrice de la piété, l'inspiratrice du bon esprit, la conservatrice de la docilité, du respect et de l'affection même, la trésorière et la dispensatrice du temps... Il disait que les maîtres d'étude devaient être, par la force même des choses, les véritables instituteurs de la jeunesse, les agents les plus actifs et les plus révérés de son éducation; qu'ils retraçaient le mieux l'image du père de famille, puisqu'ils ne se séparaient point des enfants, et que, les surveillant partout, à la chapelle, à la salle d'étude, au réfectoire, à la récréation, au dortoir, ils étaient à même de connaître, plus que tout autre, leurs caractères, leurs habitudes, les détails intimes de leur vie, et d'agir plus efficacement sur leur âme, sur leur cœur et leur conduite.

Il ne concevait pas que, dans la plupart des colléges, les maîtres d'étude appartinssent exclusivement à l'une de ces deux catégories : la première se composant d'hommes d'une éducation commune, sans avenir, forcés par les nécessités de la vie de prendre, faute de mieux, cet emploi qui leur assure, au prix d'une accablante servitude, un abri, des vêtements et du pain ; l'autre, formée de jeunes gens instruits, mais qui, ne pouvant suffire aux dépenses qu'exigent des études préparatoires, se sont condamnés à traverser, durant trois ou quatre ans, la vie la plus semée de dégoûts, pour se mettre en mesure plus tard d'aborder une des carrières libérales, peut-être même celle de l'enseignement.

« Maintenant, se demandait-il, quelle est, dans le collége, la position de ces hommes, comme maîtres d'étude ? — La dernière de toutes. Les distinctions, les faveurs, l'avancement ne sont point pour eux. Ils savent trop bien que la condition qui leur est faite est infime, et plus d'une fois la malignité grossière et sarcastique d'un écolier le leur fait sentir. Et le budget, comment *tarife-t-il* leur mérite ? Dans une carrière où l'on ne peut dire, comme on le répète souvent de la magistrature, que le fonctionnaire est dédommagé en honneurs et en prérogatives de l'exiguïté du traitement, ils sont placés pour le salaire tout au plus bas de l'échelle. De quel secours peuvent être pour l'éducation morale des hommes attirés dans les colléges par de tels mobiles?...

« Ceux qui arrivent pourvus d'un certain savoir, et avec la résolution de traverser le plus rapidement possible leurs pénibles fonctions, pour parvenir à un but plus en harmonie avec leurs goûts et leur capacité, ceux-là d'ordinaire détestent leur position; ils en sentent toutes les amertumes, et s'y résignent tristement, comme s'ils étaient dans l'octroi ou dans la police des marchés. Aigris par la nécessité qu'ils subissent, ils ne sauraient se pénétrer de cet esprit doux et affectueux que les soins de l'éducation réclament; ils sont le plus souvent, dans leurs rapports avec les élèves, d'une humeur sèche, d'une sévérité chagrine.

« Ceux qui, sans distinction aucune dans les habitudes et dans l'esprit, ont choisi cet état pour y user leur vie, comme ils l'auraient usée dans les emplois tout matériels, ceux-là se font un caractère et adoptent un rôle. Tantôt ils en viennent à une insouciance routinière qui s'accommode de tout, et qui leur épargne de sentir trop vivement tant d'ennuis et de déboires qu'ils ont à supporter; ou bien ils contractent l'habitude d'un ton grondeur, et des manières brusques par lesquelles ils se plaisent à intimider les enfants, et qui semblent parfois des réminiscences de la caserne ou de la geôle. Sachant bien qu'ils ne jouissent ni de l'estime, ni de l'affection des élèves, ils n'ont sur eux aucun ascendant moral. Au lieu de se mêler à leurs conversations et à leurs jeux, afin d'étudier leurs caractères et d'en corriger les vices naissants, ils s'en tiennent à distance, et ne pensent qu'à les dompter par une discipline rigide. Ils croient avoir rempli leur tâche, si la tenue des élèves est bonne, s'ils marchent bien dans les rangs quand ils passent d'un exercice à un autre, s'ils ne sont ni causeurs à la salle d'étude, ni tapageurs à la récréation. Rencontrent-ils de la part d'un écolier quelque résistance, ils s'irritent, ils ne savent qu'employer le *code pénal* : la retenue et la salle de police sont leurs seuls moyens d'éducation. Les élèves se liguent contre eux; ils se complaisent à les tracasser, à les humilier même; et par le plus détestable régime disciplinaire, des enfants apprennent à l'égard de leurs maîtres et à leurs dépens les raffinements de la malice ou les grossièretés du dédain. »

D'où le P. Chanel concluait que, s'il y a dans certains colléges quelque chose d'essentiellement contraire à l'éducation morale, c'est le rôle des surveillants, si tristement connus sous le nom de *maîtres d'étude;* que là tout est à changer : l'idée, les hommes chargés de la mettre en œuvre, et la position qui leur est faite.

CHAPITRE XVIII

Soin qu'il prenait des santés.

Le P. Chanel avait soin d'écarter tout ce qui pouvait interrompre ou ralentir la marche des études. De loin en loin cependant, quand il était satisfait du travail des élèves, il leur accordait, en forme de récompense et dans l'intérêt des santés, une promenade extraordinaire. « Nous venons d'avoir un jour de congé, écrivait l'un d'eux à sa mère. Nous sommes allés à la cascade d'Artemare. Les plus jeunes d'entre nous ont fait la route en voiture. Nous avons dîné sur la pelouse, à l'ombre des sapins. L'appétit ne manquait pas. On s'est beaucoup amusé. Nous travaillons maintenant avec une nouvelle ardeur. Que tu as bien fait de me sortir du collége de B***, et de me placer à Belley! Là-bas, on n'apprend rien, on ne fait que se battre et se moquer des maîtres. Si l'on veut prier, il faut se cacher, tandis qu'ici il faudrait se cacher pour faire le mal. Nos professeurs, que nous aimons tous, nous font beaucoup travailler. Notre supérieur a pour nous un cœur de père... »

Tous les soins concernant la santé, la nourriture, la propreté, le développement des forces physiques, étaient de la part du P. Chanel l'objet d'une attention sérieuse. Sans parler du médecin de l'établissement, qui faisait sa visite tous les jours, et même plusieurs fois par jour, si l'état des malades le réclamait, il exerçait lui-même une vigilance continuelle; il se multipliait en quelque sorte, afin de prévenir les imprudences, les accidents fâcheux.

On vint un soir l'avertir en toute hâte qu'un élève éprouvait une crise violente; accourant aussitôt à l'infirmerie, et s'exposant à tous les coups d'un jeune homme vigoureux, il passa la nuit auprès de son lit, l'entoura des soins les plus paternels, et ne se retira, pour prendre un peu de repos, que lorsque l'état du malade l'eut parfaitement rassuré.

Mais voici que, la même année, le collége est en proie à une épidémie. Le fléau envahit d'abord une classe, puis se propage dans tous les rangs; l'établissement n'est bientôt plus qu'un hôpital. Le P. Chanel reçoit chez lui les plus malades. Il est sur pied jour et nuit. Attentif à faire exécuter les prescriptions des médecins, il remplit lui-même l'office d'infirmier. Durant ces jours d'épreuves, il allait de temps en temps se jeter aux pieds de la Sainte Vierge, laissant un cierge toujours allumé à son autel.

Le fléau régna près de quatre semaines. Quand il eut entièrement disparu, on rendit grâces à Dieu de ce qu'il n'avait fait aucune victime.

Plus d'une fois déjà nous avons fait observer que l'esprit de prière était familier au P. Chanel. Écoutons encore, à ce sujet, ce que raconte une personne qui a longtemps vécu avec lui au collége de Belley : « Quand la pluie tombait par torrents, dit-elle, « quand la foudre éclatait dans les nues, quand la « grêle menaçait les récoltes; en un mot, toutes les « fois que le P. Chanel se trouvait en présence de « quelque calamité, il allait vite à la chapelle se pros-« terner devant le Saint-Sacrement. La maladie d'un « élève faisait-elle des progrès, il redoublait ses vi-« sites au Saint-Sacrement et à la Sainte Vierge. Les « finances de la maison s'épuisaient-elles, il s'adres-« sait à saint Joseph, pourvoyeur de la sainte Famille, « et faisait brûler un cierge devant son image. Un « jour, la communauté étant en promenade, un in-« cendie se déclara sur un point de la maison. Le « Père accourut aussitôt, suivi de quelques domesti-« ques, et joignit ses forces aux leurs pour maîtriser « la flamme. Dès qu'elle fut éteinte, il descendit à « l'église et remercia Dieu d'avoir béni ses efforts. »

CHAPITRE XIX

Sa conduite envers les domestiques.

Personne, moins que le P. Chanel, n'avait l'esprit de domination; personne, moins que lui, ne faisait sentir à ses inférieurs le poids de son autorité. Non-seulement il agissait ainsi envers les maîtres et les élèves, mais encore à l'égard des domestiques. Il voyait en eux des frères en Jésus-Christ; leur humble condition était relevée à ses yeux par la pensée que le Fils de Dieu lui-même a bien voulu, par amour pour les hommes, prendre la nature, le nom et l'état de serviteur. Dès lors il était pour eux plein de bonté. Jamais il ne les heurtait par la rudesse de son commandement. Son aménité lui frayait le chemin de leur cœur; avec elle seule, il était assez puissant pour se faire obéir. Il portait ce caractère de mansuétude jusque dans les réprimandes. Nous en citerons un simple trait. A l'approche d'un jour de grand congé, un domestique ayant par mégarde laissé ouverte la porte de la basse-cour, toute la gente volatile, destinée à figurer au réfectoire, s'échappa et fit les délices d'une table étrangère. Quelle ne fut pas la surprise, la douleur du pauvre Antoine, en ne retrouvant plus les hôtes de sa basse-cour! De suite il se rendit chez le supérieur, et l'abordant tout en pleurs : « Ah! mon Père, s'écria-t-il, si vous saviez...! quel « malheur!! — Qu'y a-t-il donc? — Mes dindons « et mes canards ont tous disparu! — J'en suis « fâché pour les élèves, répondit sans humeur le « bon Père; c'est un malheur, mais on peutle ré- « parer. Allons, Antoine, consolez-vous ; une autre « fois seulement, faites meilleure garde, fermez bien « les portes. »

Non-seulement le P. Chanel respectait et aimait ses domestiques, mais encore il condescendait à leurs fatigues, s'efforçant quelquefois de les alléger. Apercevait-il l'un d'eux se ployer pour soulever un lourd fardeau, il lui prêtait main-forte. « Un jour que j'al- « lais dans sa chambre pour enlever une caisse de « cendres, raconte une vieille domestique, sachant « que j'étais indisposée, le bon Père la sortit lui- « même. Quand j'étais reprise d'un rhumatisme, et « que j'avais grand'peine à balayer les corridors, pen- « sant qu'il n'était vu de personne, il me remplaçait « quelques instants dans mon office. »

Cette charité du bon Père brillait à l'égard des domestiques, surtout quand ils étaient malades. L'un d'eux ayant fait une chute grave, il le fit aussitôt transporter à l'infirmerie, et l'entoura des soins les plus assidus jusqu'à sa complète guérison.

De temps en temps il réunissait les domestiques pour les instruire de leurs devoirs, les plier aux habitudes de la maison, et leur apprendre à sanctifier les plus petits actes de leurs journées. Il se croyait trop responsable devant Dieu du salut de leur âme pour ne pas en prendre un soin plus spécial encore. Devenu leur guide spirituel, par le libre choix de leur volonté, il les invitait à venir fréquemment le trouver au tribunal de la Pénitence. Son confessionnal était-il, à certains jours, envahi par les élèves, dès qu'il apercevait auprès d'eux quelques domestiques, il leur faisait signe d'approcher et leur donnait la préférence. « Plus d'une fois, raconte encore la vieille servante, « lorsqu'il était harassé de fatigue à la suite des tra- « vaux du saint ministère, je l'ai trouvé assis dans sa « chambre, ne voulant aucun secours, se conten- « tant de prier en silence, les yeux fixés sur un cru- « cifix. »

CHAPITRE XX

Visites. — Correspondances.

Le P. Chanel n'aimait point à se répandre au dehors. « Un supérieur, disait-il, qui cherche son plaisir dans les sorties et les visites perd bientôt le goût de son emploi et se met dans l'impossibilité d'en remplir tous les devoirs. » Il n'acceptait d'autres repas, en ville, que ceux de l'évêque; encore n'était-ce que de loin en loin, et à son corps défendant. De temps en temps néanmoins, il se rendait auprès de Mgr Devie pour s'éclairer de ses conseils. Il allait voir aussi, à quelques pas du collége, ses confrères de la *maison dite des Capucins* [1], et, au couvent de *Bon-Repos*, sa sœur, connue en religion sous le nom de sœur Saint-Dominique. Ses entretiens avec elle ne roulaient que sur les devoirs et le bonheur de la vie religieuse. Celle-ci, ange de piété, recueillait avec intérêt les sages conseils de son frère. Prenant à son tour la parole, elle le félicitait d'avoir quitté le ministère du sacer-

[1] Maison de théologie, à quelques pas du collége de Belley.

doce séculier pour s'attacher à la Société de Marie. Elle l'encourageait même à poursuivre la vocation qui l'appelait aux missions étrangères. Le plus souvent elle lui révélait ses propres imperfections, et le priait de lui enseigner les moyens de pratiquer les vertus du saint état de vie qu'elle avait embrassé. « N'ou-
« blions pas, lui répondait-il, que c'est pour nous
« rendre plus humble que Dieu nous laisse nos mi-
« sères. Nous devons croire qu'il pense à nous et
« qu'il nous aime. Ayons les yeux fixés sur lui plutôt
« que sur nos défauts. *N'examinons pas*, dit saint
« François de Sales, *si notre cœur lui plaît, mais bien*
« *si son cœur nous plaît.* »

Au milieu de ses nombreuses occupations, le P. Chanel savait trouver du temps pour ne pas laisser sans réponse les lettres qui sollicitaient de sa part un encouragement ou un conseil. Une de ses nièces, novice au monastère de la Visitation de Bourg, lui ayant écrit qu'elle voulait rentrer dans sa famille : « Eh quoi! lui répondit-il, vous déposez le glaive du sacrifice avant d'avoir saisi la couronne! Reprenez courage, ma chère fille! affermissez-vous dans votre vocation, redoublez d'exactitude et de ferveur dans vos prières, jetez-vous aux pieds de la Sainte Vierge et conjurez-la d'être votre lumière et votre force dans la voie que vous avez à suivre pour arriver au ciel. La vie, songez-y bien, n'est qu'une rapide traversée sur la planche du temps à l'éternité...

« Que l'on puisse opérer son salut dans le monde, je vous l'accorde; mais si, au témoignage de saint Paul, *nous sommes partout et à toute heure en danger de nous perdre*[1], le monde vous offrira-t-il un abri aussi sûr que la solitude bénie où Dieu vous a conduite? Qui pourrait compter les âmes qui, sorties du cloître avec l'espoir de se sanctifier dans le monde, se sont écartées du droit chemin, et sont tombées dans l'abîme? C'est ce malheur, le dernier de tous, que je voudrais au prix de mon sang, s'il le fallait, vous faire éviter... »

Écoutons une autre réponse du P. Chanel : « Ma révérende Mère, écrit-il à la supérieure d'une nombreuse communauté, je viens de lire une lettre de Fénelon qui est bien propre à dissiper vos ennuis et à relever votre courage. Je vais en extraire les pensées sur lesquelles il vous importe le plus de réfléchir.

« Rappelez-vous que vous ne vous êtes point donné la charge que vous exercez dans votre maison; vous l'avez reçue, par l'obéissance religieuse, de Celui de qui relève toute autorité. Or Dieu ne demande point l'impossible. Vous n'aurez à lui rendre compte que des choses que vous aurez pu faire. On trouve partout, quand on gouverne, des esprits plus ou moins indociles. Si vous voulez les plier au devoir, n'exigez point d'abord une régularité trop exacte. Vous n'en

---

[1] « Nos periclitamur omni hora. » I Cor., xv, 30.

viendriez pas à bout. Mais faites-vous aimer et faites sentir que vous aimez Dieu.

« Portez vos inférieures à vous dévoiler leurs défauts avec confiance. Montrez-leur un cœur de mère et une condescendance qui aille aussi loin que les règles essentielles le permettront. Conduisez-les, non par des décisions générales, mais en vous proportionnant au besoin individuel. Il faut supporter les faibles pendant qu'on perfectionne les forts. On voit même souvent le bout de son autorité, quand on la pousse trop loin. On tolère ce qu'on ne peut empêcher; on attend, on espère, on montre de loin le but, on tâche d'encourager ceux qui n'osent même le regarder; on les accoutume peu à peu à faire les premiers pas. Dieu bénit cette conduite douce et patiente. C'est l'œuvre de la foi, où l'on travaille dans les ténèbres, sans voir le fruit de sa peine. On ne sent dans certaines âmes que mollesse, murmure, répulsion; mais, parmi ces épines, il croît un peu de bon grain.

« Je souhaite fort que vous ayez le cœur en paix dans vos fonctions, et que vous attendiez sans trouble que Dieu dispose les esprits à vous laisser faire un bien plus parfait et plus étendu. Faites donc ce que vous pourrez au jour la journée, et ne prétendez pas procurer la gloire de Dieu plus qu'il ne la veut.

« C'est dans la prière seule que vous trouverez le conseil, le courage, la patience, la douceur, la fermeté, le ménagement des esprits. C'est là que vous apprendrez à gouverner sans trouble. C'est dans le silence que Dieu vous ôtera votre esprit pour vous donner le sien. Il faut qu'il soit lui seul tout en toutes choses. Quand Dieu sera tout en vous, il atteindra d'un bout à l'autre avec force et douceur. Vous ne sauriez donc trop prier.

« Si vous décidez et si vous agissez sans prière, votre propre esprit vous agitera beaucoup, vous attirera bien des contradictions, vous causera des doutes et des incertitudes très-pénibles, et vous vous épuiserez à pure perte; mais si vous êtes fidèle à la prière, votre purgatoire se changera en un paradis terrestre, et vous ferez plus de bien en un jour dans la paix que vous n'en faites en un mois dans le trouble. Ceux qui sont intimement unis en Dieu se trouvent sans cesse ensemble, au lieu que ceux qui habitent la même maison sans habiter le cœur de Dieu sont dans un éloignement infini sous le même toit.

« Dieu vous ôtera votre propre esprit et vous donnera le sien pour faire son œuvre. L'œuvre de Dieu est de le faire aimer et de nous détruire, afin qu'il vive seul en nous. Votre fonction est donc de faire mourir l'homme et aimer Dieu. Ne devez-vous pas mourir pour faire mourir les autres? Nulle instruction n'est efficace que par l'exemple. Nulle autorité n'est supportable qu'autant que l'exemple l'adoucit. L'action parle et persuade.

« Soyez la plus petite, la plus pauvre, la plus obéissante, la plus recueillie, la plus détachée, la plus régulière de toute la maison. Obéissez à la règle, si vous voulez qu'on vous obéisse : ou pour mieux dire, faites obéir, non à vous, mais à la règle, après que vous lui aurez obéi la première. Ne flattez aucune imperfection, mais supportez les infirmités. Attendez les âmes qui vont lentement, vous courriez risque de les décourager par votre impatience. Plus vous aurez besoin de force, plus il faudra y joindre de douceur et de consolation. Puisque le joug du Seigneur est doux et léger, pourquoi faut-il que celui des supérieurs soit rude et pesant? Ou soyez mère par la tendresse et la compassion, ou ne la soyez point que de nom.

« Souffrez : ce n'est que par la croix qu'on reçoit l'esprit de Jésus-Christ et sa vertu pour gagner les âmes. Les supérieurs sans croix sont stériles pour former des enfants de grâce. Une croix bien soufferte attire la bénédiction sur tout ce qu'on fait. Il ne fut montré à saint Paul le bien qu'il devait faire qu'avec les maux qu'il devait endurer. Ce n'est que par la souffrance qu'on apprend à compatir et à consoler. Prenez conseil des personnes expérimentées. Parlez peu, écoutez beaucoup. Songez bien plus à connaître les esprits et à vous proportionner à leurs besoins qu'à leur dire de belles choses. Montrez un cœur ouvert, et faites que chacun voie par expérience qu'il y a sûreté et consolation à vous ouvrir le sien.

« Fuyez toute rigueur; corrigez même avec bonté et

avec ménagement. Ne dites que ce qu'il faut dire ; mais ne dites rien qu'avec une entière franchise. Que personne ne craigne de se tromper en vous croyant. Décidez un peu tard, mais avec fermeté. Suivez chaque personne sans la perdre de vue. Il faut vous faire toute à tous les enfants de Dieu, pour les gagner tous. Corrigez-vous, pour corriger les autres. Faites-vous dire vos défauts, et croyez ce qu'on vous dira de ceux que l'amour-propre vous cache.

« Quand vous n'agirez plus par vivacité naturelle, vous serez sage sans sagesse propre. La grâce s'accommode aux divers caractères ; elle n'a aucune forme propre, mais elle prend toutes celles des gens qu'elle doit édifier. Elle se proportionne, se rapetisse, se replie. Elle ne nous parle point selon sa propre plénitude, mais suivant nos besoins présents. Elle ne dit au prochain que ce qu'il est capable de porter ; au lieu que la nature s'évapore dans la chaleur d'un zèle inconsidéré. »

Le P. Chanel, répondant à une personne d'Ambérieux : « ..... Il y a quelques jours, lui dit-il, vous étiez dans une profonde affliction. La joie est rentrée dans votre âme. Ah ! que vous aviez tort (vous en convenez vous-même) de vous plaindre de la divine Providence ! Elle vous prouve bien, malgré votre peu de confiance en elle, qu'elle a pour vous un cœur de mère. J'espère que vous lui ferez amende honorable, tout en lui payant un tribut de reconnaissance. Je me réjouis avec vous du rétablissement de vos affaires. Comptez moins cependant sur vous-même que sur Dieu. Soyez, à l'avenir, sa digne enfant. Reposez-vous dans ses bras, pendant le calme comme pendant la tempête.

« Cette année est la plus heureuse que j'ai passée au collége de Belley. Le bon esprit des maîtres et des élèves m'édifie et m'encourage. Ce n'est pas à dire pour cela que je cueille des roses sans épines. Il est difficile, pour ne pas dire impossible, qu'un supérieur n'ait pas au moins quelques petites tribulations. Je sens, du reste, qu'il m'en faut; autrement, il serait à craindre que le démon n'eût trop beau jeu de moi... »

Informé par la même personne de la perte d'une proche parente qui la rendait inconsolable, le P. Chanel lui adressa la lettre suivante[1] : « Hélas! ma chère fille, j'avais appris déjà par M. Ruivet, vicaire général, la douloureuse nouvelle que vous m'annoncez... Nos thèses publiques, le départ de nos mathématiciens et de nos philosophes, tout est venu, dans ces derniers jours, m'accabler d'occupations. Je souffrais beaucoup de ne pouvoir vous dire combien je partage votre affliction...

« Toutefois, les détails que vous me donnez sur la mort de madame votre tante sont si édifiants, qu'au lieu de réciter un *De Profundis*, je me sens porté à chanter un *Te Deum*. Oh! qu'une telle mort est digne

---

[1] En date du 25 juillet 1836.

d'envie ! Si toutes les âmes qui comparaissent devant Dieu étaient aussi bien préparées que celle de notre chère défunte, on n'aurait aucune inquiétude sur leur éternelle destinée.

« Que je regrette d'avoir traversé votre village, il y a deux semaines, sans avoir pu descendre de voiture ! J'aurais renouvelé à votre bonne tante mes commissions pour le ciel. Si du moins vous l'aviez fait pour moi ! Mais pourrait-elle m'oublier maintenant qu'elle voit tout en voyant Dieu, maintenant qu'elle sait mieux que jamais le prix des âmes, et qu'il y en a tant encore à ramener au divin bercail ?... Je compte sur sa protection ; j'en ai grandement besoin.

« Recueillez par écrit tout ce que vous pourrez trouver d'édifiant dans la vie, surtout dans la dernière maladie de madame votre tante. Je vous demanderai bientôt ces pieux souvenirs, en passant par Ambérieux pour me rendre à Lyon.

« Rien n'est plus consolant, dans la perte des personnes qui nous sont chères, que le souvenir de leurs vertus. La Religion nous apprend qu'elles ne sont pas perdues pour nous, et qu'il y a une patrie, dont nous approchons sans cesse, qui nous réunira tous. Ne nous affligeons donc pas comme ceux qui n'ont point d'espérance. Ceux qui meurent ne sont absents que peu de temps. Leur perte apparente doit servir à nous détacher du lieu où tout se perd, et à nous faire aimer celui où tout se retrouve.

« Votre piété, ma chère fille, me fait espérer que le sacrifice qu'il a plu à Dieu de vous imposer vous sera salutaire. Dieu ne frappe que par amour, et il n'ôte que pour donner. Je le prie de fortifier votre âme et de la tourner entièrement vers lui...

« Bien que nous soyons fondés à croire que madame votre tante a reçu la récompense de ses mérites, prions cependant pour elle ; il faut être si pur pour entrer au ciel sans passer par les flammes du Purgatoire ! J'ai déjà offert et j'offrirai encore le divin sacrifice pour le repos de son âme... »

Nous ferons observer que, dans toutes ses correspondances avec les personnes de l'autre sexe, le P. Chanel se faisait une loi d'être plein de gravité et de réserve, comme s'il eût sans cesse présente à l'esprit cette recommandation d'un docteur de l'Église : *Blandas et dulces litterulas, sanctus amor non novit*[1].

Un ancien élève de Belley lui ayant demandé quelques conseils pour surmonter les obstacles que la vertu rencontre dans le monde : « Mon cher enfant, lui répondit-il, je vois avec plaisir que vous prenez toujours au sérieux l'affaire de votre salut. Continuez à marcher d'un pas ferme et soutenu dans cette voie : *Celui-là seul sera couronné*, dit Jésus-Christ, *qui aura persévéré jusqu'à la fin*[2].

---

[1] S. Hieronymus. *Epist.* 2, *ad Nepot.*

[2] « Qui autem perseveraverit usque in finem, hic salvus erit. » Matth., x, 22.

« Pour répondre à votre confiance, je réglementerai pour vous sur quelques points importants de la vie chrétienne.

« Le matin, avant de vous livrer aux affaires, recueillez-vous devant Dieu, priez et méditez quelques instants. La méditation éclaire l'âme, lui rappelle ses devoirs et la dispose à les remplir. Aidez-vous de livres propres à cet exercice, tels que *le Combat spirituel, le Guide des pécheurs* et le *Pensez-y bien.*

« Confessez-vous au moins tous les mois. Ne vous endormez jamais avec un péché mortel sur la conscience. A votre âge, on a dans le cœur de quoi faire bien des fautes; mais avec la foi, dont les principes sont enracinés chez vous, vos retours à la vertu seront prompts et faciles.

« Tenez-vous en garde contre les mauvaises lectures et contre les fréquentations dangereuses.

« Ne vous laissez point aller à d'inutiles loisirs. Suivant les besoins, appliquez votre corps ou votre intelligence à un travail varié peut-être, mais soutenu. Le travail abrite l'homme contre les traits du démon : *Semper te diabolus occupatum inveniat*[1].

« Quoique vous soyez encore plein de jeunesse et de santé, rendez-vous familière la pensée de la mort. Elle éloigne du mal et porte à la vertu; elle n'effraye que le crime.

---

[1] *Cass. L. Instit.*, xx.

« Enfin, mon cher enfant, ayez une piété filiale envers la Sainte Vierge. On l'a dit bien souvent, et on ne saurait trop le répéter : *Devotus Mariæ non peribit*[1]. »

Les lettres que le P. Chanel adressait à sa famille portent l'empreinte de son zèle et de sa piété filiale. En voici quelques fragments : « Je voudrais bien, pour répondre à vos désirs, faire le voyage de la Potière, mais je suis retenu à Belley par les obligations de ma charge. Je ne vous oublie point dans mes prières, surtout au saint autel. Je n'ai pas de meilleure monnaie pour acquitter tout ce que je vous dois... » — «... O mes chers parents, qu'une âme vraiment chrétienne est agréable à Dieu, et que sa couronne sera belle au delà de cette vie, qui nous échappe sans cesse!... » — «..... Vous m'annoncez, bien chère mère, que vos champs n'ont presque rien produit cette année. Je savais déjà que la récolte du blé et des pommes de terre a été généralement très-médiocre. Aussi le prix du pain augmente-t-il chaque jour. Quel rude hiver nous allons passer, et que les pauvres seraient à plaindre s'il n'y avait pas une Providence! Efforçons-nous d'en être les instruments. Plus les temps sont difficiles, plus nous devons, dans la mesure de nos ressources, soulager les indigents. La moindre aumône (ah! que cette pensée m'impressionne!) est recueillie par les

---

[1] Le serviteur de Marie ne périra point. *S. Hil.*

Anges, qui la présentent à Celui qui a dit : *Donnez, et l'on vous donnera*[1] ; — *Ce que vous ferez au plus petit de mes frères, je le tiendrai fait comme à moi-même*[2] ; — *N'eussiez-vous donné qu'un verre d'eau froide, vous aurez une récompense*[3]... » — « ... Voici le beau mois de mai, qui réjouit tous les enfants de Marie. Nous nous apprêtons à le célébrer de notre mieux. Sans doute, bien chère mère, vous ferez comme nous. Heureuses les familles où règne la dévotion envers la Sainte Vierge! Je ne saurais trop vous remercier de me l'avoir inspirée de bonne heure. Resserrons de plus en plus les liens qui nous unissent à Marie! Recourons à Elle dans tous nos besoins. Dispensatrice des grâces, elle nous rendra forts et invincibles contre les ennemis de notre salut; *Consolatrice des affligés*, elle adoucira nos peines et nos souffrances... Honorons aussi et invoquons fréquemment saint Joseph. Quel admirable modèle de la vie humble et laborieuse! quel puissant patron à l'heure de la mort!... » — « ... Rappelons-nous, bien chère mère, que la sainteté ne consiste point à faire de grandes choses, mais à vivre chrétiennement dans la condition où nous a placés la Providence. Nos moindres actions, nos pen-

---

[1] « Date, et dabitur vobis. » Luc., vi, 38.

[2] « Amen dico vobis, quamdiu fecistis uni ex his fratribus meis minimis, mihi fecistis. » Matth., xxv, 40.

[3] « Quicumque potum dederit... calicem aquæ frigidæ tantum... non perdet mercedem suam. » Matth., x, 42.

sées même, quand nous les rapportons à Dieu, sont inscrites dans le livre des récompenses. Oh! qu'il est facile d'amasser pour le ciel un riche trésor de mérites!... »

CHAPITRE XXI

Son admission pour l'apostolat de l'Océanie.

L'année scolaire 1836 touchait à son terme. Sa Sainteté Grégoire XVI venait d'approuver la Société de Marie, et de lui confier les missions de l'Océanie orientale [1].

Cette insigne faveur combla de joie le P. Chanel;

---

[1] L'Océanie orientale est évangélisée par la *Société de Picpus*.

« Notre Société, écrivait (le 16 mai 1857) le Prieur de Picpus, a été canoniquement approuvée par le Souverain Pontife Pie VII, en 1817, sous le titre de *Congrégation des SS. Cœurs de Jésus et de Marie, et de l'Adoration perpétuelle du Très-Saint Sacrement de l'autel.*

« Elle a pris naissance à Poitiers (Vienne) au plus fort de la révolution de 93. Elle se compose de deux branches. Le fondateur de *la branche des hommes* fut un vénérable ecclésiastique du Poitou, feu M. l'abbé Coudrin, ancien vicaire général de Mende, de Troyes en Champagne et de Rouen. La fondatrice de *la branche des femmes* fut une pieuse dame, également du Poitou, madame Aymer de la Chevalerie.

« En 1805, M. l'abbé Coudrin et madame Aymer de la Chevalerie vinrent fonder chacun un établissement à Paris, rue de Picpus, à l'endroit même où avaient été d'autres religieux : de là le nom de *Congrégation de Picpus* que nous portons... »

elle lui ouvrait la carrière de l'apostolat. Déjà, plusieurs fois, il s'était offert pour le premier départ de missionnaires; enfin il fut agréé. Écrivant à l'un de ses amis : « Ah! lui dit-il, la bonne nouvelle que j'ai à vous donner! Notre petite Société vient d'être approuvée par le Vicaire de Jésus-Christ, qui a daigné encore lui confier les missions de l'Océanie. Quelles actions de grâces ne devons-nous pas à Dieu !...

« J'ai manifesté mes vieux désirs, et mon cœur ne cesse de battre de joie depuis que mon nom est inscrit pour le premier envoi de missionnaires. Nous serons d'abord huit : cinq prêtres et trois frères catéchistes. Le P. Bret, que vous connaissez, est de ce nombre. Il est au comble du bonheur. Toutefois il paraît plus sérieux, plus recueilli qu'à l'ordinaire. Depuis quelques jours, je ne lui vois dans les mains que son chapelet ou la *Vie de saint François Xavier*...

« Nous serons prêts au premier signal de départ que nous donnera le Souverain Pontife. Il nous tarde de monter à bord du navire qui doit nous transporter en Polynésie. Il est impossible que, dans une si longue traversée, nous ne courions pas de très-grands dan-

« En 1826, commença la mission des Sandwich; vint ensuite celle des îles Gambier.

« C'est à partir de 1843 que datent les missions des îles *Marquises* et de *Tahiti*.

« La Congrégation a un évêque résident aux *Sandwich*, un autre aux *Marquises*, un autre à *Tahiti*, et un autre à *Valparaiso* (Chili), en qualité de provincial et de procureur des missions... »

gers ; je ne m'en effraye pas le moins du monde : j'ai déjà fait à Dieu le sacrifice de ma vie. Une seule chose m'épouvante, c'est d'être si indigne de la vocation apostolique. J'ai un si grand besoin de l'assistance de Dieu et de la Sainte Vierge, que je *quête* partout des prières. Je compte sur les vôtres. Mgr Devie, qui m'a fort encouragé, m'a promis le secours des siennes [1]... »

Pour disposer sa famille au sacrifice d'une prochaine séparation, le P. Chanel alla passer quelques jours à la Potière. «... Je reviens du pays natal, écrit-il à la même personne; j'ai laissé, grâce à Dieu, mes parents en bonne santé. Tout en leur parlant des missions étrangères, je ne leur ai point dévoilé mon projet; j'aurais fait couler trop de larmes. J'ai cependant confié mon secret à deux curés du voisinage, les chargeant de préparer les cœurs à la terrible nouvelle de mon départ, de consoler surtout ma pauvre mère...

« Pardon si j'ai traversé votre village sans m'y arrêter; j'étais trop pressé de rentrer à Belley : le cri de mon devoir faisait *un bruit de tonnerre*...

« Depuis qu'on a daigné m'admettre pour les missions de l'Océanie, mon esprit et mon cœur sont presque toujours au delà des mers. Il me semble que je suis déjà au milieu de mes chers sauvages; je crois les voir et leur parler. Oh ! qu'il me tarde que cette douce illusion se convertisse en réalité !

[1] Lettre adressée à M. B***, d'Ambérieux.

« J'étudie, dans ce moment, la carte géographique et les mœurs des diverses peuplades de l'Océanie. Plusieurs lettres des missionnaires de Picpus nous annoncent que leurs travaux sont fructueux dans les îles *Marquises* et *Gambier*... Tout nous fait espérer que les nôtres seront également bénis de Dieu. Mes confrères sont animés des meilleures dispositions. J'ai bien, il est vrai, le désir de me dévouer corps et âme au salut des infidèles, mais je me sens si indigne d'une telle mission !... Priez donc ardemment Jésus-Christ et sa Très-Sainte Mère de me venir en aide ; oh! pensez à moi dans vos chapelets, dans vos aumônes, et surtout dans vos communions.

« Je recommande également à vos prières l'un d'entre nous, l'abbé Pompallier, qui est parti pour Rome (le 12 mai 1836), afin d'y recevoir la consécration épiscopale. Ce pieux et zélé ecclésiastique n'est pas précisément de notre Société, mais il l'honore de son estime et de ses plus vives sympathies. Souvent il a pris part à nos travaux de missions dans les campagnes. Nous l'attendons de jour en jour. Ce sera une grande consolation pour nous et un immense avantage pour notre mission d'avoir un Vicaire apostolique.

« Le T.-R. P. Colin, notre supérieur général, espère recevoir bientôt nos feuilles de pouvoir. Il activera de tout son zèle notre départ pour ne pas avoir à se reprocher la perte d'une seule âme. On ne peut

lui parler de cette mission sans l'attendrir jusqu'aux larmes. Il nous accompagnerait volontiers, s'il pouvait se dégager des liens qui le retiennent en France[1]... »
— S'adressant encore à la même personne : « ... Voulez-vous savoir, lui dit-il, sur quel point du globe nous débarquerons, prenez votre atlas : doublez le cap Horn, situé à l'extrémité de l'Amérique méridionale, et arrivez jusqu'à nos antipodes. Notre mission embrasse tous les archipels compris entre le sud de la Nouvelle-Zélande et le nord de l'océan Pacifique. Quel vaste champ nous avons à défricher ! que n'avons-nous mille vies pour une telle entreprise ! Ah ! qu'il me tarde de me confier à la mer ! Une voix me crie au fond du cœur que ma véritable patrie est dans les îles qui viennent de nous échoir en partage. Je ne suis plus maintenant qu'un exilé en France... Ne croyez pas cependant que j'oublie jamais ma famille, mes bienfaiteurs et mes amis. Priez, ah ! priez pour moi... »

---

[1] Il termine cette lettre par une petite saillie de gaieté, à l'occasion d'un gros rhume dont il était pris. « Je serais bon maintenant, « dit-il, pour parler à des sauvages ; ma voix est devenue rauque, « mais d'une façon extraordinaire... »

CHAPITRE XXII

Retour des vacances.

C'était un plaisir pour le P. Chanel de voir les élèves à l'heure des récréations. Le mouvement et les jeux, la joie peinte sur tous les visages, ne le charmaient pas moins que le calme et le sérieux des études. « Je n'aime pas, disait-il, la maturité précoce de ces *vieillards de quinze ans* qui, dédaigneux des amusements et des joyeux ébats, s'asseient ou se promènent gravement. S'ils se taisent, à quoi pensent-ils? s'ils causent, de quoi parlent-ils? Je me défie et de leurs pensées et de leurs conversations. A leur âge, le corps a besoin d'exercice; du reste, si le travail appelle la récréation, la récréation, à son tour, rappelle le travail. Un bon élève fait bien chaque chose en son temps. »

Quant aux vacances, le P. Chanel les redoutait. Tout en les jugeant nécessaires, il les regardait comme très-funestes à la plupart des écoliers. « Trop souvent, disait-il, nous perdons alors les fruits qui nous ont coûté dix mois de soins et de travaux. Saint Augustin, ainsi qu'il nous l'apprend lui-même, eut à déplorer, dans sa jeunesse, cette longue trêve aux études[1]. »

Le P. Chanel avait soin de prémunir les élèves contre les écueils dont leur vertu est menacée durant les vacances. Dans les dernières semaines de l'année scolaire, il redoublait de zèle pour affermir leurs âmes dans la piété. Il les invitait à la réception plus fréquente des Sacrements; il faisait avec eux une neuvaine de prières au pied des autels de la Sainte Vierge et de saint Louis de Gonzague. Chaque soir, il les entretenait des devoirs qu'ils auraient à remplir. Par *devoirs* de vacances, il n'entendait pas seulement cette tâche qui leur serait imposée pour prévenir les funestes effets du désœuvrement, mais d'autres devoirs, plus dignes de ce grand nom et de leur sérieuse attention. Il leur rappelait qu'au sein de leurs familles, comme sous le toit du collége, le devoir de servir Dieu est toujours le même, c'est-à-dire toujours le premier, le plus noble, le plus indispensable de tous. Leur montrant ensuite dans l'autorité paternelle un reflet de l'autorité divine, il voulait qu'en rentrant au foyer domestique ils y portassent l'affection filiale, le respect et l'obéissance. Il les conjurait de ne jamais contrister leurs parents par cette brusquerie de ton, cette

---

[1] « Ubi sexto illo et decimo anno, interposito otio,... feriatus ab omni schola, cum parentibus esse cœpi, excesserunt caput meum vepres libidinum; et nulla erat eradicans manus. » *Confess.*, lib. II.

grossièreté de langage ou de manières, en un mot, par cette rudesse de formes qui accuse la mauvaise éducation.

Pour les préserver des lectures dangereuses, il leur disait que si l'ignorance n'est pas une vertu, il est aussi une curiosité indiscrète qui, trop souvent, est le prélude, le chemin du vice; qu'il y a des désirs de savoir qui viennent des basses régions de l'âme, et dont la satisfaction empoisonne le cœur; que tout ce qui se présente sous un aspect équivoque doit être repoussé, ou du moins *faire la quarantaine*.

Il leur recommandait de se tenir en garde contre tout ce qui pourrait les entraîner au mal, leur signalant, entre autres dangers, la compagnie des jeunes gens vicieux. Il les engageait beaucoup à faire régulièrement les prières de la journée, à ne point manquer aux offices du dimanche, à se confesser de temps en temps, et à se mettre sous la protection de la Sainte Vierge et de leurs Anges tutélaires.

CHAPITRE XXIII

Ses adieux au collége de Belley.

Quoique préoccupé de ses nouvelles destinées, le P. Chanel ne perdait point de vue ses fonctions de supérieur au collége de Belley; tant qu'il en fut chargé, il les remplit avec dévouement.

Le retour des vacances, fixé au 18 août, lui permit enfin de déposer le fardeau de l'administration. Ce fut dans le saint temple qu'il annonça la nouvelle de son départ. Son cœur, à l'heure de la séparation, avait besoin de se rapprocher du divin Maître. Près de trente années plus tard, un témoin oculaire de cette scène attendrissante nous adressait la lettre suivante :

« Élève au collége de Belley, j'eus le bonheur d'avoir le P. Chanel pour supérieur. Tous ceux qui l'ont connu se rappellent sa bonté sans faiblesse, sa douceur sans afféterie, sa fermeté sans rudesse, son intelligence sans prétention, sa charité sans bornes. Rien n'égalait la chaleur onctueuse et pénétrante de sa parole à la chapelle du collége, ni la grâce de son esprit dans les allocutions familières en salle d'étude et dans les classes privées.

« Quand il traversait nos cours de récréations animées de tant de jeux variés, simples et francs, que la jeunesse ne connaît plus guère aujourd'hui, on s'interrompait; tous les regards, tous nos sourires d'enfant se tournaient de son côté, et volaient au-devant de lui pour entendre deux mots de ses lèvres, ou le voir avec une dignité gracieuse prendre part à nos amusements.

« Il avait une grande délicatesse, quoique rien d'affecté dans le ton et les manières, de la noblesse dans le port et la démarche, et pourtant rien de compassé; c'était la nature belle de simplicité, de candeur et de paternelle tendresse. Son front, assez élevé, était calme et pur, son teint de cette belle pâleur mate et légèrement transparente qui accuse la vie ardente, mais dirigée, disciplinée par une grande âme. Ses yeux étaient grands; son regard doux, pénétrant, profond vous parlait; son sourire avait plus de mansuétude et de sympathie que de finesse; l'ensemble de tous ses traits lui conciliait de prime abord l'estime et l'affection.

« Si je parle ainsi de celui que je crois et que j'ai toujours cru un élu de Dieu, c'est qu'il me fut donné de le connaître encore sous un autre point de vue : je me confessais à lui, et j'ai vu ses saintes larmes remplir ses yeux attachés sur un crucifix pendant le cours de mes aveux. Quelle bienveillance après! quelle bonté, quelle tendresse pour cette âme d'enfant dont il prévoyait déjà sans doute les luttes inouïes et les nombreuses défaillances sur la route douloureuse de la vie !

« Personne de ceux qui étaient alors au collége n'a oublié les adieux du saint prêtre le jour où, fidèle à sa vocation, il dut nous quitter pour franchir les mers et éclairer des rayons de sa foi les sauvages de l'Océanie. Prévoyant qu'il ne reverrait plus son pays ni ses chers enfants de Belley, lorsqu'il descendit du saint autel où il venait de célébrer une dernière fois les saints mystères pour nous, il prit dans ses mains une petite statue bénite de la Sainte Vierge, et la plaça sur une console en face de la communauté. Il l'entoura de ses bras et la baigna quelques instants de ses larmes brûlantes et silencieuses. Notre émotion était à son comble. « O Mère ! s'écria-t-il d'une voix entrecoupée
« de sanglots, bonne Mère, vous savez combien je les
« aime, ces enfants, que votre Fils et Vous m'aviez
« confiés ; veillez sur eux, je vous les rends, puisque
« je m'en vais ; prenez-les, gardez-les toujours sur
« votre sein maternel ! » Il nous donna sa dernière bénédiction et partit. Ceux de nous, en grand nombre, qui avaient le plus approché de sa sainte intimité, voulaient le suivre et pleuraient : ils perdaient un père, un ange tutélaire de leur adolescence [1]... »

[1] François Modelon, ex-professeur de rhétorique à Sorèze, professeur de Seconde au collége Stanislas, à Paris. *Lettre* en date du 7 septembre 1865.

CHAPITRE XXIV

Épreuve et victoire dans sa vocation à l'apostolat.

Depuis quelques jours, le P. Chanel paraissait plus réfléchi, plus sérieux qu'à l'ordinaire. Deux sentiments luttaient violemment dans son âme : le désir et la crainte de l'apostolat. Envisageant les difficultés, les nombreux dangers que présentaient au salut de son âme les missions lointaines, et les comparant ensuite à ses forces, dont il s'exagérait la faiblesse, il lui vint en pensée qu'il était de la prudence de ne point céder à l'entraînement d'un zèle qui pourrait lui devenir funeste. La recommandation de saint Paul à son disciple : *Attende tibi*[1], dominait son esprit. Toutefois il ne voulut point trancher une question si grave sans avoir imploré les lumières d'en haut. C'est dans cette disposition qu'il vint un jour trouver, à *Bon-Repos*, la supérieure générale de la Congrégation du Saint-Nom de Marie. En lui demandant les prières de sa commu-

---
[1] Prenez garde à vous-même. 1 Tim., IV, 16.

nauté, il lui exposa en même temps ses appréhensions et le trouble de son âme. La vénérable religieuse, se prenant alors d'une sainte indignation : « Eh quoi !
« mon Père, lui dit-elle, vous laisseriez échapper de
« vos mains la palme de l'apostolat, peut-être même
« celle du martyre ! Voudriez-vous donc résister à la
« voix de Dieu qui vous appelle ? On doit partout,
« sans doute, opérer son salut avec crainte et trem-
« blement, mais si, quelque part, les difficultés sont
« plus grandes, n'est-il pas certain que la mesure des
« grâces est en rapport avec elles ? Confiance donc et
« courage ! N'hésitez point à partir pour l'Océanie !
« Nos prières vous sont assurées, nous comptons sur
« les vôtres... »

Ces paroles émurent profondément le P. Chanel ; elles dissipèrent à l'instant même les nuages qui enveloppaient son âme, et relevèrent pour toujours son cœur à la hauteur de sa vocation.

Il parle de cette rude épreuve à sa pieuse correspondante d'Ambérieux, et l'invite à s'unir à lui pour remercier la Sainte Vierge de la victoire qu'il a remportée. « Avant de clore cette lettre, ajoute-t-il, je vous dirai, ma chère fille, que nous hâtons les préparatifs de notre départ pour l'Océanie. Notre Vicaire apostolique a été sacré évêque de Maronée, *in partibus infidelium*, le 30 juin dernier, par le cardinal Préfet de la Propagande. Il doit arriver à Lyon le 4 ou le 5 septembre prochain. Je l'accompagnerai dans son voyage à Paris, où nous solliciterons, pour notre mission, la protection du gouvernement. Nous espérons même obtenir des places gratuites sur un bâtiment français. Dans notre traversée, nous doublerons le cap Horn, et nous ferons une halte à Valparaiso. Ah! qu'il me tarde de me confier à la mer! J'aurais mille vies de prêtre à moi seul, que vous ne pourriez pas me désapprouver de les consacrer au salut des pauvres insulaires qui viennent de nous échoir en partage...

« Il est inutile de vous dire combien notre mission est belle et difficile. Vous devriez prier pour nous, et surtout pour moi, le jour et la nuit... »

CHAPITRE XXV

Sa profession religieuse. — Ses adieux à Mgr Devie,
évêque de Belley.

A la suite d'une retraite, présidée par Mgr Devie et Mgr de Maronée, Vicaire apostolique de l'Océanie orientale, les prêtres[1] de la Société de Marie se réunirent

---

[1] C'étaient les RR. PP. :

Jean-Claude-Marie COLIN, fondateur de la Société de Marie, supérieur des missionnaires du diocèse de Belley ;

Pierre COLIN, ancien curé de Cerdon (Ain) ;

Marcellin CHAMPAGNAT, fondateur de la Congrégation des *Petits frères de Marie ;*

Étienne TERRAILLON, ancien curé de Notre-Dame, à Saint-Chamond (Loire) ;

Denis-Joseph MAITREPIERRE, supérieur du petit séminaire de Meximieux, actuellement supérieur du grand noviciat de la Société de Marie ;

Pierre-Marie-Louis CHANEL...

Pierre BATAILLON, aujourd'hui évêque d'Énos, Vicaire apostolique de l'Océanie centrale ;

Jean-Antoine BOURDIN, professeur de rhétorique au collège de Belley ;

Claude-Marie-Xavier BRET, directeur des études au collège de Belley ;

dans leur *maison* dite *des Capucins*, à Belley, le 24 septembre (1836), samedi fête de *Notre-Dame de la Merci*. Ce jour-là, le R. P. Jean-Claude-Marie Colin, fondateur de la Congrégation naissante, en devint, par *élection canonique*, le supérieur général. Pendant qu'à son exemple chacun de ses premiers disciples fit sa profession religieuse, le P. Chanel témoigna, entre tous, d'un saint empressement. Ayant reçu d'un jeune confrère l'aveu de quelque hésitation, il le prit par la main, et, l'embrassant : « Ah! cher ami, lui dit-il, n'ayez peur; je vous connais de trop vieille date pour mettre en doute votre vocation[1]. » Et le jeune confrère, sans plus tarder, s'enrôla sous la bannière de la Société de Marie.

Pierre CONVERT, ancien supérieur d'une institution ecclésiastique, à Marboz (Ain);

Pierre CHANUT, docteur en théologie;

Catherin SERVAN, devenu plus tard Préfet apostolique à Futuna (Océanie);

Claude-André BATY, professeur au collège de Belley, et plus tard missionnaire en Océanie;

Étienne SÉON,
Antoine SÉON,
CHAVAS,
FOREST, } missionnaires du diocèse de Lyon;

DESCLAS,
JALLON,
HUMBERT, } missionnaires du diocèse de Belley.

[1] L'auteur de ce livre a cru devoir, en racontant ce détail personnel, témoigner d'une manière plus particulière la reconnaissance qu'il a vouée à la mémoire du Vénérable Pierre-Marie-Louis Chanel.

Le P. Chanel fit ensuite ses adieux à Mgr Devie. Le vénérable prélat, qui s'attendait à cette visite, l'accueillit cette fois avec une bonté mêlée de tristesse. « Mon enfant, lui dit-il, vous allez donc nous quitter ! Vous allez voir se réaliser l'aspiration qui remplit votre âme depuis tant d'années. Vous dirais-je que c'est le premier chagrin qui me vient de vous? et cependant je m'en réjouis, puisque vous obéissez, je ne puis en douter, à la volonté de Dieu qui vous appelle aux travaux apostoliques. Plus d'une fois, j'ai dû vous contrarier en m'opposant à votre départ pour le Nouveau-Monde; mais je n'ajournais le commencement de votre mission que pour m'éclairer devant Dieu sur la réalité d'une vocation qui sort de la voie commune. Du reste, il était bon que vous y fussiez préparé par l'exercice du saint ministère. La divine Providence a fait mieux encore : elle vous y a disposé par la vie religieuse. La carrière dans laquelle vous entrez est à la fois belle et difficile. Attendez-vous à des privations et à des fatigues sans cesse renaissantes ; mais courage ! la Sainte Vierge, dont vous êtes devenu l'enfant de prédilection, vous soutiendra, vous consolera et vous fera triompher des obstacles. Adieu, recevez la bénédiction de celui qui ne vous reverra plus sur la terre. » Et le jeune apôtre se prosterna aux pieds du prélat qui, attendri jusqu'aux larmes, l'embrassa pour la dernière fois.

CHAPITRE XXVI

Ses adieux au couvent de Bon-Repos

On doit se rappeler avec quel humble silence le P. Chanel quitta la paroisse de Crozet. S'il n'eût suivi que l'impulsion de sa modestie, il aurait également quitté sans bruit la France pour se rendre dans sa mission lointaine. Il craignait de donner, par ses visites d'adieu, un air de solennité à son départ. Mais, outre les convenances sociales, dont il était l'observateur si délicat, la reconnaissance, l'amitié fraternelle, la piété filiale, et peut-être plus encore les intérêts religieux de sa mission lui rendaient indispensables quelques dernières relations.

Dès son arrivée au couvent de Bon-Repos, les religieuses se réunirent dans leur chapelle pour y recueillir une fois encore ses conseils et ses encouragements. Il leur parla des missions apostoliques. Nous voudrions pouvoir reproduire textuellement cette allocution; nous sommes cependant heureux d'en donner ici l'analyse fidèle qu'on nous a communiquée :

« La magnifique destinée, leur dit-il, que celle de l'Église, notre mère! Elle doit, comme l'astre du jour, faire le tour du monde pour l'éclairer et le vivifier. Sa course lui est tracée par son divin Époux; il faut qu'elle la poursuive et qu'elle l'achève, sans qu'aucun obstacle puisse l'arrêter. Le ciel et la terre passeront avant que passe cette parole de Jésus-Christ : *L'Évangile du royaume sera annoncé sur tous les points du globe*[1]. Il n'y aura point de contrée, si reculée et si barbare, où ne pénètre sa divine lumière[2].

« Que les Juifs conspirent contre l'Église et lui préparent des chaînes, elle se tourne vers les Gentils[3]; et bientôt toute une région idolâtre est peuplée de chrétiens...

« Que, durant trois siècles, la puissance romaine s'arme contre elle, ses blessures et les palmes de ses martyrs ne la rendent que plus forte et plus belle. Les pieds, pour ainsi dire, dans le sang, et toute mutilée par le fer des persécutions, elle ne cesse de répandre à flots les lumières et les bienfaits de l'Évangile...

« Qu'à une époque plus rapprochée de nous, le schisme et l'hérésie lui enlèvent une portion de sa famille; pour réparer ses pertes, elle pénètre dans la Chine, le Japon, le Tong-kin, la Cochinchine, les

---

[1] « Prædicabitur hoc Evangelium regni in universo orbe. » Matth., xxiv, 14.

[2] « Nec est qui se abscondat a calore ejus. » Ps., xviii, 7.

[3] « Ecce convertimur ad Gentes. » Act., xiii, 46.

Indes et le Nouveau-Monde. Par un seul de ses apôtres[1] elle conquiert trente royaumes et des îles sans nombre...

« De nos jours encore, elle a entrepris la conversion de l'Océanie. Déjà, aux Sandwich et dans les îles Gambier, elle compte des chrétientés ferventes...

« Partout elle opère des prodiges. Là où régnaient l'idolâtrie, le sensualisme, l'esclavage, l'anthropophagie même, on voit briller la dignité humaine, la civilisation, l'industrie et les plus admirables vertus. Ainsi se réalise, au point de vue religieux et social, cette promesse prophétique : « La terre qui était déserte et sans « chemin tressaillera de joie ; la solitude fleurira « comme le lis des champs. La gloire du Liban lui « sera donnée ; elle aura tout l'éclat du Carmel[2]. »

« Et pourtant, mes chères sœurs, que d'âmes *gisent* encore *dans les ténèbres de la mort*[3] ! Plus de trois cent millions sont, à l'heure qu'il est, sous l'empire du démon. Représentez-vous seulement la Polynésie, dont les missions nous sont échues en partage ; qui nous dira le nombre de ses peuplades encore idolâtres et anthropophages ? Des sectes ennemies mettent en jeu toutes leurs ruses, déploient toute leur puissance pour exploiter à leur profit ces populations sauvages. Les méthodistes, apôtres spéculateurs, mis-

---

[1] Saint François Xavier.
[2] Is., xxv.
[3] « In tenebris, et in umbra mortis sedent. » Cant. Zach.

sionnaires industriels qui ont une fortune à faire, des enfants à établir, des jouissances à se créer, nous ont précédés dans ces lointaines régions, avec leur Église sans unité, leur temple sans culte, leur ministère sans prêtres, leur parole sans vie, leurs mille symboles sans croyances. A la vue d'un tel spectacle, pouvons-nous être insensibles?...

« Dans l'impuissance où vous êtes d'aller prêcher la foi aux extrémités de la terre, ah! mes chères sœurs, soyez autant de missionnaires dans votre solitude bénie. L'apostolat de la prière n'est pas moins efficace que celui du sacerdoce. Il l'avait bien compris, l'apôtre des Indes, lorsque du fond de l'Asie il écrivait à ses frères bien-aimés de Rome : *Je ne suis qu'un pécheur et je ne mérite pas de servir d'instrument aux miséricordes de Dieu sur les Indiens ; cependant souvenez-vous de moi dans vos prières, et je ne désespère pas que Dieu m'emploie à planter la foi sur ces terres idolâtres*[1]. Il fut révélé à sainte Thérèse que la conversion de plusieurs milliers d'infidèles avait été le fruit de ses prières. Peut-être, direz-vous qu'il ne vous est pas donné de prier avec la ferveur de cette âme séraphique, mais vous êtes les membres vivants de cette Église qui ne prie jamais en vain, et, à ce titre, n'avez-vous pas le droit d'unir vos vœux à

---

[1] *Lettres de saint François Xavier aux RR. PP. Jésuites de Rome.* Liv. I, lettre 1re.

ceux de l'Épouse de Jésus-Christ? C'est plus qu'un droit, c'est un devoir sacré...

« Ce serait, en effet, bien mal comprendre ce précepte : *Vous aimerez le prochain comme vous-même*[1], que d'en restreindre l'accomplissement à notre famille, à nos amis, à nos concitoyens. L'insulaire des antipodes, l'idolâtre, l'anthropophage sont nos frères par l'unité d'origine et de vocation ; comme nous, ils descendent d'Adam ; comme nous, ils sont appelés au royaume des cieux. *Dieu*, dit saint Paul, *veut le salut de tous les hommes*[2].

« Nous vivons dans l'abondance des biens spirituels. Du berceau à la tombe, que de soins nous prodigue la Religion ! Elle nous régénère par le Baptême, elle nous éclaire de sa doctrine, elle nous nourrit du Pain des Anges, elle nous communique les dons de l'Esprit-Saint, elle guérit les plaies de notre âme, elle perpétue le sacerdoce au milieu de nous, elle nous console dans nos larmes, elle nous soutient et nous encourage dans les épreuves, elle nous tend la main au passage du temps à l'éternité. Refuser à l'infidèle l'aumône de la prière, ne serait-ce pas ressembler au mauvais riche qui refusa au pauvre les miettes d'un somptueux festin ?...

« Heureux celui qui comprend et soulage les be-

---

[1] « Diliges proximum sicut teipsum. » Matth., XXII, 39.
[2] « Omnes homines vult salvos fieri. » I Cor., II, 4.

soins de l'indigent[1] ! Dieu, qui ne laisse pas sans récompense un simple verre d'eau donné en son nom, lui déclare que, « ramener une âme de la voie de per« dition, c'est acquérir pour soi-même un gage de « salut[2]. »

« Votre charité, je n'en doute pas, mes chères sœurs, s'enflammera d'un nouveau zèle pour la conversion des infidèles. Vous appellerez les bénédictions du ciel sur les travaux de l'apostolat...

« Souvent je vous ai priées de me venir en aide par vos communions ferventes. Je ne puis mettre en doute l'efficacité du secours que vous m'avez prêté dans l'exercice de la charge que je viens de déposer. Si jusque-là vos prières m'ont soutenu, pourrez-vous me refuser leur appui alors que j'en aurai plus besoin que jamais ?...

« A quelque distance que nous soyons les uns des autres, efforçons-nous de travailler à la gloire de Dieu, au bien des âmes, et à notre propre sanctification ! En vivant de la sorte, nous ne serons point séparés : nous marcherons ensemble, et, tôt ou tard, nous nous retrouverons au ciel... »

Ces paroles, prononcées d'une voix émue, firent verser des larmes. Le pieux auditoire s'agenouilla et reçut la bénédiction du missionnaire.

---

[1] « Beatus qui intelligit super egenum ! » Ps. xl.

[2] « Qui converti fecerit peccatorem ab errore viæ suæ... operiet multitudinem peccatorum. » *Epist. Cath. B. Jac.*, v. 20.

Au sortir de la chapelle, le P. Chanel vit à part sa sœur, alors professe de la Congrégation du *Saint-Nom de Marie*. Il lui adressa quelques paroles sur le prix de sa vocation; il l'encouragea à tendre incessamment vers la perfection, et se recommanda à ses prières. La jeune religieuse, à son tour, félicita son frère de l'insigne faveur que lui faisait Dieu en l'appelant à l'apostolat. Elle le pria de ne point l'oublier au saint autel. Leurs adieux furent aussi calmes que s'ils avaient dû se revoir le lendemain. Ils ne devaient cependant plus se revoir que dans le ciel.

A peine le jeune apôtre eut-il dépassé le seuil du couvent que sa digne sœur, ne pouvant contenir son émotion, vint se jeter aux pieds de sa supérieure; et, par un mouvement d'étrange mais sublime obéissance, lui demanda la permission de pleurer.

CHAPITRE XXVII

Dernières entrevues du P. Chanel avec sa famille et ses amis

En quittant Belley, le P. Chanel eut à remplir le doux et pénible devoir de prendre congé de sa famille, moins préparée que lui aux tristesses de la séparation. Cette entrevue, qu'il appréhendait comme une douleur réservée aux siens plus encore qu'à lui-même, il la mit d'avance sous la garde de la Vierge *Consolatrice des affligés.* Il se rendit de grand matin à la Potière, pour n'être point obligé d'y passer la nuit. Sa présence, inattendue mais significative, fit naître dans le cœur de ses proches des pressentiments dont ils ne pouvaient maîtriser l'amertume. Afin de ménager leur sensibilité, surtout celle de sa mère, il leur fit ses adieux, sans laisser soupçonner l'éloignement des îles de sa mission, la durée de son absence, et, par suite, toute l'étendue de leur commun sacrifice. Le P. Chanel sentait, lui aussi, quelques déchirements, mais une voix plus forte que celle de la nature, la voix du divin Maître, lui disait : *Celui qui aime son père ou sa mère plus que moi n'est pas digne de moi*[1]. Pour ne point faiblir devant les larmes, il se mit en route, malgré une pluie battante, et arriva, le soir du même jour, au grand séminaire de Brou [2].

Ce fut un bonheur pour l'abbé Perrodin de le revoir et de lui donner l'hospitalité. Le vénérable supérieur nous parlant plus tard de cette visite : « Quel saint prêtre, dit-il, que ce bon P. Chanel ! C'était, du reste, un séminariste modèle. » Et comme nous insistions sur ce souvenir qui nous était si cher, l'abbé Perrodin ajouta : « Quand il vint me faire ses adieux, nous nous entretînmes des missions de l'Océanie. Il était joyeux, il était aux anges. Il me conjura de prier et de faire prier beaucoup pour lui. *Je vais chercher mon salut bien loin*, me dit-il en souriant ; *et j'ai grand espoir de le trouver.* »

Le jeune missionnaire se rendit ensuite au presbytère d'Attignac, dans le voisinage de Brou. L'abbé V***, curé de l'endroit et son ancien condisciple, avait réuni, pour le recevoir, tout le clergé du canton. A la suite du *repas d'adieu*, le P. Chanel prit modestement la parole en faveur de sa mission. Il demanda une aumône et surtout des prières. Les prêtres qui l'entouraient rivalisèrent de charité. Une somme, relativement assez

---

[1] « Qui amat patrem aut matrem plus quam me non est me dignus. » Matth., x, 37.

[2] De la Potière à Brou, on compte à peu près six kilomètres.

forte, lui fut remise avec promesse qu'on ne l'oublierait point au saint autel.

Parmi ceux qui recevaient ses suprêmes adieux, un de ses amis, alors économe au grand séminaire de Brou, et plus tard admis dans la Société de Marie[1], remarquant l'altération dont la figure du missionnaire était empreinte, se méprit sur le caractère de cette émotion. Il s'approcha de lui, comme pour raviver sa force. « Ah! cher ami, lui dit le P. Chanel, je suis moins découragé que jamais; je ne suis ému que par le bonheur de ma vocation et l'espoir du martyre. »

[1] Nous parlons ici de l'abbé Gouchon, Jean-Baptiste, mort profès de la Société de Marie, le 7 juin 1851.

CHAPITRE XXVIII

Luttes suscitées contre sa vocation.

Quelques amis du P. Chanel combattirent son projet de départ pour l'Océanie, ainsi que d'autres avaient cherché à l'arrêter sur le seuil de la vie religieuse. Tout en louant son zèle, ils lui disaient que, pour l'exercer, il n'était pas nécessaire d'aller aux antipodes, lorsque, si près de nous, il y avait encore tant d'âmes à convertir ; qu'il se devait d'abord à son pays avant de songer à des plages étrangères ; que, d'ailleurs, il n'était pas assez robuste pour supporter les fatigues d'une si longue traversée, et que sa mission devenait impossible chez un peuple dont il ignorait la langue. Ils ajoutaient enfin que travailler au salut des insulaires les plus abrutis et les plus sauvages, c'était exposer son propre salut aux plus imminents dangers... A toutes ces objections, le P. Chanel se contentait de répondre qu'il avait réfléchi, pris conseil et tout pesé devant Dieu.

« Je ne le vous cacherai pas, nous racontait plus

tard un de ses camarades d'enfance, j'aimais tant ce bon Père (le P. Chanel), que j'ai fait tout mon possible pour l'empêcher de partir. Comme nous étions à peu près de même âge et très-familiers : « Cher ami, « me répondit-il en souriant, tout ce que vous me « dites là entre par une oreille et sort par l'autre. » Et cependant, quand je l'embrassai pour la dernière fois, je vis quelques larmes rouler dans ses yeux; il avait un si bon cœur ! »

Dirons-nous que, pour faire échouer son projet de départ, certaines personnes, honorables d'ailleurs, entraînées par leur estime et leur attachement pour le saint prêtre, lui firent des reproches dont tout autre que lui se serait cru offensé : les uns, en effet, l'accusèrent d'insensibilité, les autres d'exaltation et même de folie. Une de ces personnes lui en demanda pardon dans une lettre qu'elle lui adressa au Havre-de-Grâce. « Vous me rappelez, lui répondit l'humble et charitable missionnaire, un souvenir qui pèse sur votre cœur, et qui n'a pas même effleuré le mien. Allons, cher ami, ne pensez plus à ces *petits coups de bec* que vous m'avez donnés au moment de nos adieux. L'estime et l'affection que je vous ai vouées n'ont rien souffert dans cette circonstance... »

Pour s'affermir de plus en plus dans sa vocation, et pour attirer sur sa mission les bénédictions du ciel, le P. Chanel priait et faisait prier beaucoup, ainsi qu'on a déjà pu s'en convaincre. C'était ce qu'il appelait, avant tout, *ses préparatifs de départ*. Il fit graver et distribua par centaines une image de la Vierge immaculée, avec cette invocation : *Que par vous, ô Marie, le nom du Sauveur des hommes soit connu et adoré sur toute la terre*[1]! Il exhortait les âmes ferventes à répandre cette invocation dans les écoles et les familles chrétiennes. De son côté, il s'engageait à prier pour les auxiliaires de son apostolat. Il promettait aussi d'associer à sa reconnaissance tous ses futurs néophytes.

---

[1] Dans cette image, l'invocation suivante entourait, comme d'une auréole, la tête de la Vierge immaculée : *Regina Societatis Mariæ, ora pro nobis et ora pro salute infidelium.* « Reine de la *Société de Marie*, priez pour nous et pour le salut des infidèles. »

CHAPITRE XXIX

Le P. Chanel est nommé provicaire apostolique. — Divers petits voyages dans le diocèse de Lyon. — Visite à l'**Ermitage,** près Saint-Chamond (Loire).

Personne n'estimait plus le P. Chanel que Mgr l'évêque de Maronée. Aussi le jeune prélat s'empressa-t-il de le nommer son provicaire apostolique. Déjà le T.-R. P. Colin l'avait établi supérieur des Pères et des Frères qui devaient s'embarquer pour l'Océanie [1].

Les nouveaux missionnaires se réunirent à Lyon, dans une modeste habitation, située au pied de la colline de Fourvières [2]. Le P. Chanel, pouvant disposer de quelques jours, fit quelques petits voyages dans l'intérêt de sa mission. Il n'eut qu'à se féliciter d'avoir

[1] Le personnel de ce premier départ se composa de Mgr Pompallier, évêque de Maronée (*in partibus infidelium*), vicaire apostolique de l'Océanie occidentale, des RR. PP. Chanel, Bataillon, Bret, Servant, et des Frères Élie Régis, Marie Nizier et Joseph-Xavier.

[2] Cette habitation, qu'avaient louée les PP. Maristes, n'existe plus ; elle a fait place à une maison d'éducation que dirigent les Frères des Écoles Chrétiennes. A quelques pas de là, la Société de Marie a sa maison mère, connue sous le nom de *Puylata*.

vu quelques familles à Saint-Romain de Couzon[1], à Saint-Chamond et à Saint-Étienne. Partout, sur son passage, il recueillit des prières et des aumônes.

Avant de rentrer à Lyon, il fit une courte halte à l'*Ermitage*, berceau et maison mère de la *Congrégation des Petits-Frères de Marie*[2]. Dans cette solitude pittoresque, sur les rives du Gier, au pied du mont Pilat[3], ce fut comme une fête pour lui de se retrouver auprès de quelques confrères, et notamment du P. Champagnat, fondateur de la Congrégation. Celui-ci le conduisit, au moment des adieux, au sein de sa communauté, et le pria de lui adresser quelques paroles. Le P. Chanel, après avoir félicité les *Petits-Frères de Marie* de l'insigne faveur que Dieu leur avait accordée en les appelant à la vie religieuse, fixa

---

[1] « J'étais curé de Saint-Romain de Couzon, dit le P. Balmet, mariste, lorsque le P. Chanel vint dans cette paroisse. C'est lui qui m'a déterminé à embrasser la vie religieuse. »

[2] L'Institut des Petits-Frères de Marie a été fondé, en 1816, par le R. P. Champagnat, de la Société de Marie. Son but est l'éducation chrétienne et l'instruction primaire de l'enfance et de la jeunesse. Un décret du 20 juin 1851, portant approbation des statuts qui le régissent, l'a reconnu et autorisé pour toute la France comme établissement d'utilité publique.

Sa Sainteté Pie IX a daigné, le 13 janvier 1863, approuver cet Institut et ses Constitutions.

A l'heure qu'il est, cette corporation religieuse compte plus de 400 maisons et près de 2,000 sujets, donnant l'instruction à 60,000 enfants. Elle a pour supérieur général le Frère Louis-Marie, et sa maison mère à Saint-Genis-Laval (Rhône).

[3] Entre le village de Lavalla et la ville de Saint-Chamond (Loire).

leur attention sur l'admirable mission qu'ils remplissent dans les villes, et surtout dans les campagnes. Il leur dit que, chargés d'instruire l'enfance et la jeunesse, ils cultivaient une portion choisie de la *vigne du Seigneur*; qu'ils réalisaient par leurs fonctions cette invitation touchante du divin Maître : *Laissez venir à moi les petits enfants*[1]; qu'en éclairant de la doctrine céleste les jeunes intelligences, et qu'en formant à la vertu des cœurs encore purs, ils offraient à Dieu les prémices de la vie, dont il est si jaloux; ils préparaient l'avenir de l'enfant, et travaillaient au bonheur de la société. Enfin il les exhorta à entretenir parmi eux le feu du zèle apostolique, leurs fonctions n'étant autre chose qu'un apostolat. « Mais, ajouta-t-il, combien plus ce zèle deviendrait nécessaire à ceux d'entre vous qu'il plairait à Dieu d'appeler aux missions étrangères! Or, mes chers Frères, le zèle n'est que la charité en action; et un bon religieux l'alimente chaque jour dans la prière et l'accomplissement de ses devoirs... »

A la suite de cette pieuse allocution, l'auditoire s'agenouilla et reçut la bénédiction du missionnaire.

---

[1] « Sinite parvulos venire ad me. » Marc, x, 14.

CHAPITRE XXX

Cérémonie religieuse de départ. — Allocution
du T.-R. P. Colin.

La veille de leur départ pour le Havre-de-Grâce, les nouveaux missionnaires de l'Océanie firent ensemble un pèlerinage au sanctuaire de Notre-Dame de Fourvière. Mgr de Maronée y célébra la sainte Messe, assisté du P. Chanel, son provicaire. Après le divin sacrifice, les missionnaires s'étant agenouillés autour de l'autel, le zélé prélat fit, au nom de tous, une consécration solennelle à Marie de leur personne, de leurs travaux et des îles sauvages qu'ils allaient évangéliser. Le P. Chanel reçut ensuite des mains du P. Bataillon un cœur en vermeil [1] qu'il suspendit au col de la statue de la Vierge, si justement chère aux Lyonnais.

Le soir du même jour, le T.-R. P. Colin, ayant réuni les missionnaires, leur adressa les paroles suivantes :

---

[1] Ce cœur renferme la consécration signée de la main des missionnaires.

« Mes bien chers Frères en Jésus et Marie, que la grâce et la paix de Notre-Seigneur Jésus-Christ et la puissante protection de Marie, notre auguste et tendre mère, soient avec vous, et vous accompagnent partout !

« Si je ne puis, mes bien-aimés confrères, malgré l'extrême désir qui est en moi, partager vos travaux et vos peines, souffrez du moins que je vous donne quelques avis au moment de votre départ, comme un nouveau témoignage de mon affection et de ma sollicitude...

« Ne comptez jamais sur vous ni dans les succès ni dans les revers, mais uniquement sur Jésus et Marie. Plus vous serez pleins de cette défiance de vous-mêmes et de cette confiance en Dieu, plus aussi vous attirerez sur vous les lumières et les grâces du ciel. L'homme de foi est inébranlable au milieu même des plus grands périls; il n'est ni téméraire ni pusillanime, il dit sans cesse : *Scio Cui credidi*[1], — *Omnia possum in Eo qui me confortat*[2]. Souvenez-vous donc continuellement que, de la mesure de votre foi et de votre confiance en Dieu, dépend la mesure des succès de votre mission.

« Ne perdez jamais de vue la présence du divin Sauveur; c'est en son nom que vous partez, c'est lui qui vous envoie : *Ego mitto vos*[3]. Il sera toujours

---

[1] « Je sais en qui j'ai mis ma confiance. » II Tim., I, 12.
[2] « Je puis tout avec Celui qui me fortifie. » Philip., IV, 13.
[3] « Je vous envoie. » Matth., X, 16.

avec vous comme avec ses apôtres. Oui, mes bien-aimés Confrères, pénétrez-vous fortement de cette pensée de foi : Jésus-Christ sera avec vous dans vos travaux, dans vos voyages, sur mer comme sur terre, dans la tempête comme dans le calme, dans la maladie comme dans la santé. Si vous avez faim et soif, il aura faim et soif avec vous : c'est lui qu'on recevra dans votre personne; que l'on rebutera, si l'on vous rebute; que l'on persécutera, si l'on vous persécute; voyez-le donc partout, je vous en conjure, pour votre consolation et votre bonheur; voyez-le en tout temps, dans les circonstances heureuses ou fâcheuses; voyez-le intimement uni à vous, partageant vos travaux, vos afflictions, vos souffrances ainsi que vos consolations et vos joies; rapportez-lui la gloire de toutes vos actions, vous oubliant vous-mêmes et ne vous regardant habituellement que comme des instruments indignes. C'est dans la pensée continuelle de ce divin Sauveur que vous trouverez votre force, votre paix et toutes les lumières dont vous aurez à chaque instant un si pressant besoin.

« Dans les persécutions, dangers, privations, tentations, etc., ne raisonnez jamais avec vous-mêmes, ne vous concentrez point au-dedans de vous-mêmes, autrement les désolations, les regrets et la tristesse s'empareront de vous, et vous sentirez singulièrement s'affaiblir votre courage et votre vertu; mais, sans raisonnement et sans retour sur vous-mêmes, portez tout de suite vos regards sur Jésus et Marie... Je vous recommande extrêmement cette pratique; vous en comprendrez bientôt l'importance.

« Soyez hommes de prière et d'oraison. Convertir une âme, c'est plus que ressusciter un mort; or cela ne peut se faire sans le secours d'en haut; implorez-le donc sans cesse; offrez à Dieu, pour la conversion de vos infidèles, le divin sacrifice, la récitation de votre *bréviaire*, vos privations, vos entreprises, vos travaux, vos fatigues, et, un jour par semaine, toutes les bonnes œuvres qui se feront ce jour-là dans notre Société. Vous attirerez ainsi de grandes grâces sur vous et sur votre ministère.

« Je ne vous dis rien de la confiance que vous devez avoir en Marie, du zèle à la faire connaître et honorer : vous êtes ses enfants, vous ne sauriez l'oublier. C'est sous ses étendards que vous partez; voyez-la donc continuellement à votre tête et au milieu de vous. Quelque occupés que vous soyez, ne passez aucun jour sans réciter au moins quelques dizaines de chapelet. Soyez toujours empressés à mettre sous sa protection et à lui consacrer chacune des îles où vous aboutirez, y laissant une médaille ou une image de cette Reine du ciel, en signe du domaine qu'elle a sur cette île et de la consécration que vous lui en faites...

« *Væ soli!* a dit l'Esprit-Saint[1]; et je ne vous le dis-

---

[1] « Malheur à celui qui est seul! » Eccle., IV, 10.

simulerai pas, mes chers Confrères, c'est surtout en Océanie que l'isolement sera dangereux. Je croirais donc manquer à mon devoir et à un point essentiel de ma sollicitude pour le salut de vos âmes, si je ne vous recommandais expressément d'éviter avec soin cet isolement. Souvenez-vous qu'il n'y a que des circonstances urgentes et absolument nécessaires qui puissent vous permettre de sortir ou de rester seuls, surtout au début de votre apostolat. En dehors de ces cas, vous devez porter jusqu'au scrupule l'attention d'être toujours au moins deux ensemble, ne fût-ce que pour aller vous promener ou voir un malade. Cette précaution mettra votre vertu à l'abri de nombreux dangers.

« Soyez partout et toujours simples, modestes, pauvres. Rien de plus conforme à l'esprit de notre Société que cette simplicité exempte de toute espèce de prétentions dans votre personne et dans chacune de vos démarches.

« Soyez unis, mes bien-aimés Confrères, et ne contestez jamais ensemble ; vous êtes les membres d'un même corps, dont Jésus-Christ est le chef. Les misères, les tribulations, ainsi que les joies de vos confrères, doivent vous être communes. C'est à cette parfaite union que l'on connaîtra si vous êtes vraiment humbles, si vous êtes les apôtres d'un Dieu qui est tout charité, et les véritables enfants de Marie. N'oubliez pas qu'il y a du mérite à suivre les avis des autres, même au préjudice de son propre jugement, toutes les fois que la gloire de Dieu n'y est pas intéressée.

« Que vous dirai-je de l'obéissance qui, suivant l'expression de nos Constitutions, *recta et secura via, quasi manu apprehendens, ducit ad Cœlum*[1]? Si vous êtes des hommes d'obéissance, vous remporterez des victoires; c'est l'Esprit-Saint lui-même qui vous en assure[2]. Et je ne crains pas de vous dire que, par cette vertu, vous mettrez votre âme à l'abri de tout danger. En toutes choses, soyez donc soumis à celui qui doit disposer de vous selon la volonté de Dieu. Considérez-le toujours comme tenant notre place à votre égard. Si quelquefois les besoins de la mission ne vous permettent pas de rester sous sa conduite immédiate, ayez recours à vos confrères qui travaillent avec vous, ne faisant jamais rien sans vous entendre, vous demandant réciproquement les diverses permissions, afin de ne pas vous priver des mérites de l'obéissance.

« C'est afin de vous pénétrer de plus en plus des sentiments de respect et de soumission que vous devez surtout aux Vicaires apostoliques, que je vous rappellerai ici ce passage de nos Constitutions : *Episcopis pariter, quorum jurisdictioni.... subjectos se profitentur, honorem ac debitam observantiam sedulo præstent; nec ullas novas fundationes instituere præsu-*

---

[1] *Constit. presbyt. Societatis Mariæ*, cap. VII, artic. III, 49.
[2] « Vir obediens loquetur victorias. » Prov., XXI, 28.

mant, aut ullam sacri ministerii functionem exercere, nisi consentiente et approbante loci Ordinario. Ab illo exquirere consilia, in officiis quæ ad diœcesis bonum pertineant, eos juvabit ; et, quantum fieri poterit, rationem referre, ut pax et œdificatio magis ac magis inde convalescant. Denique tanta cum prudentia et reverentia ubique se gerant, ut humilis ea nostra Societas digna fiat quam Episcopi diligant, foveant, tueantur, et quasi suam habeant[1].

« Vous allez à la conquête des âmes. Celui qui vous a choisis et vous arme pour le combat, c'est Jésus-Christ lui-même ; il met entre vos mains la puissance de sa Croix. Ne recherchez point vos intérêts propres, mais uniquement les siens par une intention toujours pure et droite. Ah ! voilà un point essentiel, qui peut faire souvent le sujet de vos méditations.

« Offrez, chaque jour, à Dieu le Père les mérites infinis de son adorable Fils, et à ce divin Sauveur le trésor immense caché dans le cœur immaculé de sa Mère. Vous serez exaucés tant que vous irez à Jésus par Marie, et à Dieu le Père par Jésus…

« Je termine par où j'ai commencé : je vous souhaite la grâce et la paix de Notre-Seigneur Jésus-Christ, et la protection de la *Reine des Apôtres*, notre puissante et tendre mère !… »

---

[1] *Constitut. presbyt. Societatis Mariæ*, cap. v, de Societatis spiritu, p. 20.

Une copie de cette instruction fut remise au P. Chanel qui, en qualité de supérieur, devait la rappeler de temps en temps à ses confrères. Écrivant de Futuna au T.-R. P. Colin : « Souvent, lui dit-il, je relis les sages conseils que vous nous avez donnés au moment de nos adieux ; je les médite, et je m'efforce d'en faire la règle de ma conduite... »

CHAPITRE XXXI

Mgr de Maronée et le P. Chanel à Paris.

Mgr de Maronée partit de Lyon avec tout le personnel de sa mission. Le 15 octobre (1836), il arrivait à Paris. Obligé d'y traiter quelques affaires, il retint près de lui le P. Chanel, et envoya ses autres missionnaires au Havre-de-Grâce, pour veiller au transport de leurs effets et à leur embarquement. Le navire *la Delphine,* sur lequel il avait pris passage, devait mettre à la voile le 25 du même mois. Le départ, quoique désiré, se trouvait à une époque trop rapprochée. Le mauvais temps força de l'ajourner jusqu'à la mi-novembre.

Le prélat s'occupa d'abord d'une commission dont l'avait chargé Mgr Jean-Paul-Gaston de Pins, administrateur apostolique du diocèse de Lyon. Il sollicita auprès du gouvernement l'approbation légale de l'Institut des *Petits-Frères de Marie.* Le 10 novembre, il écrivait au vénérable archevêque d'Amasie une lettre dont nous extrayons le passage suivant : « .... Je m'empresse, Monseigneur, de vous rendre compte des démarches que j'ai faites dans l'intérêt de nos bons *Frères de Marie*. Je suis allé avec mon provicaire chez M. Génie, à qui j'ai remis votre lettre de recommandation. Cet excellent monsieur a été très-sensible à votre souvenir. Il m'a conseillé de m'adresser directement au Ministre de l'instruction publique. J'ai suivi son conseil. M. Guizot, qui m'a fort bien accueilli, a pris votre supplique en grande considération ; il ne doute nullement de son succès. « Favoriser l'éduca« tion chrétienne en France, m'a-t-il dit, c'est assurer « de bons sujets à l'État lui-même[1]... »

C'était surtout dans l'intérêt de sa mission que Mgr de Maronée s'était rendu à Paris. Aussi s'empressa-t-il de solliciter une audience royale. Elle lui fut accordée. « Samedi dernier, ajoute-t-il dans la même lettre, j'ai été reçu avec mon provicaire au palais des Tuileries. La famille royale porte un vif intérêt à la mission dont je suis chargé. Elle m'a promis de la protéger. Le jour même de cette audience, le Roi m'a envoyé 1,000 francs, la Reine 500 francs, et la princesse Adélaïde une provision d'étoffes pour vêtir nos futures catéchumènes. Béni soit le souverain Maître des cœurs ! qu'il comble de ses grâces tous ceux qui coopèrent à l'établissement de son règne dans les âmes !... »

[1] Et cependant l'Institut des *Petits-Frères de Marie* ne fut autorisé que quinze ans plus tard !...

A la suite de ces lignes, Mgr de Maronée annonce qu'il va quitter Paris ; qu'il s'arrêtera quelques heures à Rouen, et que, de là, il se rendra au Havre, où il attendra le premier coup de vent favorable qui lui permette de s'embarquer. En terminant cette lettre, il se félicite d'avoir encore reçu pour lui et ses collaborateurs la bénédiction de Notre Saint-Père le Pape ; puis s'adressant à l'Administrateur apostolique du diocèse de Lyon : « Monseigneur, lui dit-il, je suis à la veille de quitter pour toujours ma patrie, ou plutôt la France, car notre patrie véritable, c'est le ciel. Recevez donc de nouveau mes adieux. Que je suis heureux d'aller au delà des mers recueillir au Bon Pasteur des ouailles qui n'ont jamais été de son bercail ! Que je suis heureux d'être appelé à sacrifier ma vie à leur salut, ainsi qu'à la gloire de Jésus-Christ et de la très-sainte Vierge ! Votre Grandeur aime à visiter la chapelle de Marie, qui domine votre cathédrale et la cité où la *Propagation de la Foi* a pris naissance ; ah ! priez, dans ce sanctuaire béni, priez pour ma mission ! Vos regards ne peuvent se porter vers Notre-Dame de Fourvière sans rencontrer le cœur dont nous lui avons fait hommage. Ce cœur renferme une consécration que j'ai signée, ainsi que tous ceux qui m'accompagnent. Il est destiné à recevoir les noms des futurs missionnaires de l'Océanie occidentale...

« Bientôt, Monseigneur, des mers immenses nous sépareront, mais nos cœurs seront toujours unis dans celui de Jésus-Christ. Vos prières et vos bonnes œuvres nous soutiendront au milieu des épreuves, et attireront la bénédiction du ciel sur nos travaux. Nous n'oublierons jamais le vif intérêt que vous portez à la Société de Marie. Former des vœux pour la prolongation de vos jours, c'est acquitter en partie la dette de notre reconnaissance; c'est aussi, Monseigneur, désirer le bien du diocèse qui vous est confié. C'est dans ces sentiments que j'ai l'honneur d'être avec tous mes collaborateurs, etc... »

De son côté, le P. Chanel écrivait à l'un de ses confrères[1] : « Mgr de Maronée, lui-dit-il, a terminé les affaires qui le retenaient à Paris. J'ai eu l'honneur de l'accompagner dans ses courses. Nous sommes fort contents des résultats que nous avons obtenus. La famille royale s'est montrée bienveillante et généreuse pour notre mission. Demain (11 novembre) nous partons pour le Havre. Le capitaine de notre navire a plusieurs fois ajourné notre départ. Il vient de nous écrire que la mer est encore si mauvaise et le vent si contraire qu'il lui est impossible de fixer le jour où il mettra à la voile. De deux vaisseaux qui sont sortis du port tout récemment, l'un y est rentré, et l'autre a été contraint de relâcher à Cherbourg. Sans ces retards, que de chemin nous aurions déjà fait sur l'Océan!

---

[1] Le R. P. Convert.

« En arrivant à Paris, nous avons demandé l'hospitalité au séminaire des *Missions-Étrangères*[1]; elle nous a été donnée avec un empressement fraternel. Je ne puis vous exprimer tout ce que j'ai ressenti au fond de mon âme dans cette pieuse retraite où tant de prêtres se sont préparés à l'apostolat et au martyre. Que de fois je me suis recueilli dans la salle où l'on a déposé quelques-unes de leurs reliques !

« La congrégation des *Missions-Étrangères* a pour but non-seulement de porter la foi chez les infidèles, mais encore d'établir au sein des chrétientés l'ordre hiérarchique du sacerdoce. Le P. de Rhodes, jésuite, à qui elle doit sa naissance, avait compris que les nouvelles Églises ne pouvaient se soutenir qu'à l'aide d'un clergé indigène. La ruine du christianisme dans le Japon l'avait convaincu de cette vérité. Craignant le même malheur pour la Cochinchine, dont la persécution l'avait forcé de se réfugier à Macao, il vint à Rome, le 27 juin 1649, et soumit au Saint-Siége toutes les raisons qui nécessitaient la création d'un clergé inamovible parmi les chrétiens d'Orient. Le pape Innocent X applaudit à sa proposition, et voulut le sacrer lui-même pour premier évêque du Tong-King, mais l'humble religieux refusa constamment cette dignité. Pour seconder les intentions du Souverain Pontife, le

---

[1] La Société de Marie n'a une résidence à Paris que depuis le 15 octobre 1843.

P. de Rhodes fit appel au zèle du clergé italien. N'ayant pas réussi selon ses vœux, il se tourna vers la France. Il vint à Paris, et se mit en relation avec les membres d'une société de pieux jeunes gens, dont le but était de se livrer aux œuvres de zèle et de charité[1]. Bientôt la plupart d'entre eux reconnurent que Dieu les appelait à l'apostolat. Dès lors ils se préparèrent au sacerdoce, sous la direction du P. Bagot, de la Compagnie de Jésus. Leur communauté fut transférée du faubourg Saint-Marcel dans celui de Saint-Germain, à l'endroit même où elle réside actuellement sous le nom de *Séminaire des Missions-Étrangères*. Ce local leur fut donné, en 1663, par Dom Bernard de Sainte-Thérèse, évêque de Babylone[2]. Ce vénérable prélat, que son âge et ses infirmités avaient forcé de rentrer en France, voulut assurer par cette donation l'avenir des missions d'Orient, qui lui étaient si chères. Le nouveau séminaire, béni et encouragé par le Souverain Pontife, attira la bienveillance et la générosité de Louis XIV. Il est devenu le centre d'action et le point de réunion des différentes missions dont la Congrégation s'est chargée.

« J'ai cru, mon Révérend Père, que ces détails historiques vous feraient plaisir. Je les ai recueillis à la

---

[1] Cette société ressemblait beaucoup à l'admirable réunion formée de nos jours sous le patronage de saint Vincent de Paul.

[2] La rue de *la Fresnaie*, à l'angle de la rue du Bac, prit le nom de *Babylone*, du titre même de l'évêque.

suite d'un long entretien que j'ai eu avec le supérieur de cette maison sainte, dont je m'éloigne à regret.

« Recevez de nouveau mes adieux. Priez et faites beaucoup prier pour notre mission. Si nous n'avons pas l'espoir de nous revoir ici-bas, ayons du moins celui de vous revoir au ciel.... »

CHAPITRE XXXII

Le P. Chanel au Havre-de-Grâce.

A la veille de monter à bord du navire *la Delphine*, le P. Chanel, jetant un regard sur la France qu'il ne doit plus revoir, se hâte d'écrire quelques lettres, comme dernier épanchement de son cœur. Voici d'abord celle qu'il adresse à sa sœur, religieuse de la Congrégation du Saint-Nom de Marie :

« Encore un petit mot entre nous deux, ma bonne sœur. Il y a près d'un mois que je suis au Havre, ou, pour mieux dire, à Ingouville, situé à quelques minutes du Havre. Le mauvais temps nous retient sur le rivage, malgré la ferveur des prières qui se font pour nous. Tous les jours nous consultons les nuages, qui ne cessent de nous apporter pluie, grêle ou neige, éclairs et tonnerres. Cependant, samedi dernier, le beau temps a commencé à poindre. Dimanche, il a été meilleur encore. Aujourd'hui, fête de la Présentation de la Sainte Vierge, nous avons contre nous les vents et la pluie. Dieu soit béni de tout !

« Une pieuse dame[1], âgée de quatre-vingt-trois ans, se fait ici un bonheur de donner l'hospitalité aux prêtres qui viennent s'embarquer au Havre pour les missions étrangères. Son hôtel est actuellement rempli. Nous sommes 34 missionnaires, dont 22 avec Mgr Blanc, évêque de la Nouvelle-Orléans. Les 12 autres sont pour l'Océanie : 4 pour la partie orientale, et les 8 autres pour la partie occidentale, qui nous est échue en partage. Il nous tarde à tous de mettre à la voile. Les abîmes de l'Océan, les fatigues et les périls d'une si longue traversée n'ont rien d'effrayant pour nous. La divine Providence est tout notre espoir, et sans aucune appréhension, nous nous jetons entre ses bras. Heureux, mille fois heureux ceux qui ont tout quitté pour Jésus-Christ et le salut des âmes ! Adieu, ma bonne sœur ; je compte sur vos prières et sur celles de votre communauté... »

La lettre suivante, en date du 29 novembre (1836), est adressée à M. Levrat, curé de Crozet :

« Depuis plus d'un mois, bien cher ami, il ne nous manque pour partir qu'un vent favorable. Nous le demandons ardemment au ciel ; et, comme d'un jour à l'autre il peut nous arriver, je n'ai plus qu'un pied, pour ainsi dire, sur le sol de la patrie. N'ayant pu vous voir à mon départ du diocèse de Belley, je ne veux point quitter la France sans m'entretenir un instant avec vous.

[1] Madame Dodard.

« Faites agréer à tous mes anciens confrères, qui vous avoisinent, mes respects et mes adieux ; recommandez-moi à leurs prières et saints sacrifices.

« Quant à vos chers paroissiens, j'ai la confiance qu'ils ne m'oublieront pas devant Dieu. Dites-leur que je partagerai toujours à leur égard votre sollicitude. Tant que j'étais au milieu d'eux, il ne m'eût guère été possible de manifester mon attrait pour les missions étrangères, sans nuire au ministère pastoral que j'avais à remplir. J'ai attendu pendant cinq ans l'heure de la Providence. Actuellement je suis au comble de mes vœux. Souvent j'essaye de mesurer des yeux l'espace qui me sépare des pauvres sauvages que j'ai à évangéliser. Hélas ! mes regards se perdent sur la vaste étendue de l'Océan. A vol d'oiseau, nous serons à 4,500 lieues de notre patrie lorsque nous débarquerons dans les îles de l'Océanie occidentale. Pour nous y rendre, nous aurons une traversée de 6,000 lieues, sans compter les faux pas.

« Notre mission s'étend des îles russes au pôle austral, et depuis le 158° degré de longitude, en passant par l'archipel Mangia, jusqu'aux grandes îles de l'Asie. Elle contient, suivant l'estimation commune, environ quinze millions d'âmes. Quelle immense carrière ouverte à l'apostolat ! L'hérésie ne néglige rien pour s'établir dans ces contrées ; elle a ses navires, son or et ses missionnaires, en un mot, tous les moyens de séduction. Mais le véritable apôtre ne redoute pas les puissances de l'erreur, parce qu'il a pour appui l'auguste Reine des cieux....

« Dites encore à vos paroissiens, mon cher confrère, que, depuis mon départ de Crozet, je n'ai passé aucun jour sans prier pour eux. C'est un témoignage d'affection et d'intérêt dont je leur promets la continuation. Sachant que j'aurai pour ma part à répondre devant Dieu de leur salut, si je n'ai pas assez fait par mon exemple et ma parole, tandis que j'étais leur pasteur, je veux tâcher d'y suppléer par mes prières; c'est l'unique moyen qui me reste pour acquitter ma conscience.

« Si quelques-uns d'entre eux ont eu le malheur de s'écarter de leurs devoirs religieux, ils ne tarderont pas, je l'espère, à rentrer dans la bonne voie. Je désire ardemment, bien cher confrère, que Dieu compte autant d'élus dans votre paroisse que vous y comptez d'habitants....

« Autrefois, ceux qui manquaient aux offices divins s'en prenaient à mon église, qu'ils trouvaient et trop petite et trop incommode. Ce prétexte, qui couvrait mal leur négligence, serait aujourd'hui par trop ridicule. Votre nouvelle église, en effet, ne laisse rien à désirer. Elle est si belle, au dire de tous ceux qui l'ont vue, qu'elle suffirait seule pour ranimer l'esprit de piété.

« Souvent j'ai recommandé à vos paroissiens la dévotion envers la Sainte Vierge; je regrette cependant de n'avoir point établi parmi eux l'heureuse habitude de se mettre tous les matins sous sa protection.

« Dites-leur à tous, s'il vous plaît, que leur souvenir est si vivant dans ma mémoire, ou plutôt dans mon cœur, que chacun d'eux, ainsi que leurs maisons, leurs terres, leurs chemins, semblent être encore sous mes yeux...

« Si je n'ai pas eu le bonheur de ramener à Dieu certains pécheurs, moins méchants qu'irréfléchis, j'ai du moins la consolation d'avoir laissé à Crozet des âmes dont la conduite m'a beaucoup édifié. Puisse leur nombre s'être accru de celles qui étaient restées en arrière !

« Je ne vous fais aucun adieu, bien cher confrère ; j'aime mieux vous dire, ainsi qu'à vos paroissiens : Au revoir dans le ciel ! Si, ce qu'à Dieu ne plaise ! il s'en trouvait un parmi eux qui ne voulût pas absolument travailler à mériter le ciel, à celui-là pourtant je dirais : Adieu ! car, malgré toute la charité que je lui dois, je ferai tous mes efforts pour suivre une route opposée à la sienne, et qui, je l'espère, me conduira vers un terme plus heureux que celui vers lequel il tend...

« Priez, bien cher confrère, et faites prier pour moi vos paroissiens. Je ne me lasserai jamais d'appeler sur vous et sur eux les plus amples bénédictions du ciel...

« Soyez l'interprète de mes sentiments auprès de MM. les curés et de MM. les vicaires de l'arrondissement de Gex. Quand j'étais leur voisin, j'admirais leur union, leur zèle, leur piété. Je les embrasse tous dans la charité du divin Pasteur, en me recommandant à leurs prières et saints sacrifices.

« Le beau temps vient enfin de se lever ; nous allons monter à bord de notre navire, *la Delphine*... Je n'ai que le temps de me dire

« Votre affectionné confrère... »

CHAPITRE XXXIII

Dernières correspondances datées du Havre. — Lettre du T.-R. P. Colin, supérieur général de la Société de Marie.

Le capitaine du navire *la Delphine* allait mettre à la voile, lorsque soudain le temps changea, et devint si mauvais que force fut d'ajourner encore le départ. Ce nouveau délai se prolongea jusqu'au 24 décembre (1836), c'est-à-dire l'espace de quatre semaines.

Durant son séjour au Havre, le P. Chanel ne perdit aucun instant. Il s'occupa d'abord des intérêts de sa mission ; puis, avec ses confrères, il se livra à l'étude de l'anglais, qui lui semblait indispensable. Il regrettait beaucoup de n'avoir pu trouver à Paris une grammaire qui lui donnât la clef des idiomes polynésiens.

Sa plus douce récréation était de s'entretenir par lettres avec ses amis, et surtout avec ceux qui avaient été l'objet spécial de son zèle. Le 15 décembre, il écrivait ainsi aux élèves du collége de Belley :

« Déjà quatre mois se sont écoulés, mes chers enfants, depuis le jour de notre séparation. Bien souvent votre souvenir est revenu à mon esprit. Quand j'étais au milieu de vous, rien ne m'encourageait plus dans l'exercice de ma charge que vos progrès dans la vertu et la science. Parfois cependant j'avais besoin de vous exciter au travail et à l'observation de vos règlements. J'admirais alors le bon esprit avec lequel vous receviez mes avertissements, et les efforts que vous faisiez pour les mettre à profit...

« Je suis maintenant sur les bords de la mer avec Mgr de Maronée, que vous avez l'honneur de connaître, et six missionnaires, tant prêtres que frères catéchistes. Il nous tarde à tous de porter le flambeau de l'Évangile à des millions d'âmes qui se perdent dans les nombreuses îles de l'Océanie. Je sais que, parmi vous, il en est qui brûlent déjà du désir de s'associer aux travaux de notre ministère. Vous avez tous, mes chers enfants, des droits acquis à mon affection; mais vous me permettrez bien de vous dire que ceux d'entre vous qui se préparent à faire à Dieu le sacrifice de tout ce qu'ils ont de plus cher en ce monde doivent avoir des droits plus particuliers à mon estime et à ma tendresse...

« Quoiqu'à 6,000 lieues de la France, je veux n'être pas aussi éloigné de vous que vous pouvez bien le penser. Mon cœur sera tout à la fois et au milieu de vous, et parmi les insulaires, qui sont devenus ma famille. De la Polynésie, j'assisterai par la pensée à votre réveil et à vos divers exercices de la journée; je vous verrai à la chapelle, à l'étude, au réfectoire, en classe, en récréation, à la promenade, en un mot, partout. Vous pouvez être sûrs de trouver mon cœur au milieu des vôtres, toutes les fois que vous aurez le bonheur de communier ou de célébrer quelque fête en l'honneur de Marie, notre auguste et tendre mère. Il prendra part également à toutes les pieuses réunions des Congréganistes de la Sainte Vierge et des Saints Anges. Ainsi voyez un peu si je vous ai quittés tout de bon ?...

« La divine Providence vous a montré combien elle vous aimait en vous donnant, dans la personne de mon successeur[1], beaucoup plus qu'un autre moi-même. Je ne puis que m'en réjouir avec vous. Je ne voulais que votre bien au point de vue moral et intellectuel; votre nouveau supérieur ne veut pas autre chose. Rendez-lui donc léger le poids de ses fonctions par une constante et filiale docilité. Tout ce que j'ai pu voir et entendre, en traversant la France d'un bout à l'autre, m'a fait apprécier davantage le bonheur que vous avez de recevoir une éducation religieuse, jointe à une solide instruction.

« Allons, mes chers enfants, soyez toujours fidèles à vos devoirs de chrétiens et d'élèves ! Probablement je serai en pleine mer quand on vous lira cette lettre,

---

[1] M. L'abbé Bertrand, aujourd'hui vicaire général de Mgr de Langalerie, évêque de Belley.

que j'ai tant de plaisir à vous écrire. J'aurai alors grand besoin de vos bonnes prières; ne vous lassez pas plus d'en faire que je ne me lasserai d'en être reconnaissant. Au revoir, mes chers enfants, sinon en Polynésie, du moins au ciel !... »

Dans une autre lettre, qui porte la même date, le P. Chanel s'adressant au Général de la Société de Marie : « Mon Très-Révérend Père, lui dit-il, nous ne tarderons pas à mettre à la voile. Le navire *la Joséphine,* qui doit transporter jusqu'à la Nouvelle-Orléans Mgr Blanc et ses missionnaires, partira en même temps que nous. Il est convenu qu'on chantera l'*Ave, maris Stella* sur les deux bâtiments. Nous sommes tous heureux d'affronter les dangers de l'Océan pour l'amour de Jésus-Christ et de sa très-sainte Mère.

« En arrivant au Havre, nous avons reçu l'hospitalité chez une pieuse et charitable dame[1], âgée de quatre-vingt-trois ans. Elle a pris soin de nous avec une bonté maternelle. Tous les jours elle nous a donné quelque chose pour notre mission. Nous ne savons comment lui témoigner notre reconnaissance.

« Mgr de Maronée, qui vous écrit de son côté, se charge de vous nommer toutes les personnes qui, dans la suite, pourront vous rendre les plus grands services...

---

[1] Madame Dodard, dont nous avons déjà parlé.

« Nous emportons avec nous une ample provision d'objets nécessaires, ou du moins très-utiles, qu'on ne peut se procurer au delà des mers...

« Je suis bien édifié de la conduite de mes confrères. Au lieu de donner le bon exemple, je le reçois ; voilà comme j'ai le malheur de renverser les choses. Il me semble néanmoins que je suis déterminé de tout mon cœur à travailler à la gloire de Dieu et au salut des âmes...

« Je me jette à vos pieds, mon très-révérend Père, et vous demande pardon de toutes les fautes que j'ai commises à votre égard. Mes confrères se joignent à moi pour appeler sur eux la même indulgence. Nous nous recommandons tous à vos prières et à celles de notre chère Société.

« Daignez encore nous bénir, mon Très-Révérend Père, et nous compter parmi les plus respectueux et les plus dévoués de vos enfants... »

La réponse à cette lettre ne se fit pas attendre ; la voici textuellement :

« Mes bien-aimés Confrères, que la miséricorde de Notre-Seigneur, que la tendresse de Marie, notre mère, que la protection de saint Joseph soient avec vous et vous accompagnent partout !

« Ces vœux de bonheur me soulagent, mes chers Confrères, dans ce moment de séparation. Mon cœur a besoin de vous les exprimer de nouveau, et il a une ferme confiance que Dieu les exaucera. Chaque jour, il aimera à les renouveler aux pieds du Crucifix, et à vous déposer dans les cœurs de Jésus et de Marie. Quoique vous alliez à l'extrémité du monde, nous demeurerons cependant toujours unis par la prière et les liens d'une même Société.

« Courage donc, mes bien-aimés Confrères! Vous partez à la conquête des âmes rachetées au prix du sang du divin Sauveur. Les Anges gardiens de ces âmes privées de la lumière de l'Évangile vous pressent de hâter le pas; ils viennent à votre rencontre, et s'apprêtent à vous servir de guides et de protecteurs. Ouvrez les yeux de la foi, vous les apercevrez autour de vous, vous encourageant, vous félicitant de votre dévouement, vous fortifiant, et sollicitant déjà des palmes pour prix de vos sacrifices. Unissez-vous à ces anges tutélaires de l'Océanie et aux vôtres. Mettez-vous continuellement sous leur protection, et puis ne craignez rien. N'oubliez pas non plus que la Reine des cieux marche à votre tête, et que vous allez combattre à l'ombre de son étendard. Ayez sans cesse son doux nom sur vos lèvres, et encore plus dans votre cœur. Avec elle, vous ne pouvez périr.

« Après les sacrifices que vous venez de faire, et dans les dispositions où vous a placés la grâce, la mort serait pour vous un gain et la porte du ciel. Ne tenez donc nullement à la vie, mais uniquement à la volonté de Dieu, sans la permission duquel rien ne vous arrivera.

« Pendant la traversée, souvenez-vous que vous êtes religieux et apôtres. Que tout, dans votre conduite, porte l'empreinte de votre sainte vocation : que tout soit modeste, charitable, édifiant. Unissez la douce gravité à une pieuse gaieté. Supportez-vous les uns les autres, ne contestez avec personne. Faites-vous aimer des gens de l'équipage, et que votre charité soit industrieuse à trouver les moyens de leur rendre service ; instruisez les ignorants, et ramenez les pécheurs dans la voie du salut.

« Enfin, mes bien-aimés Confrères, saisissez toutes les occasions favorables pour nous tenir au courant de votre mission. Ce sera m'éclairer dans votre direction, et répondre en même temps au désir que m'a exprimé le Conseil de l'administration de la *Propagation de la Foi*.

« Je ne sache pas, mes bien-aimés Confrères, que j'aie à vous pardonner quelques fautes échappées à mon égard. Que le passé donc ne vous laisse aucune inquiétude. Je vous bénis, en vous rappelant ces paroles du divin Maître : *Posui vos ut eatis, et fructum afferatis, et fructus vester maneat*[1]... »

---

[1] « Je vous ai établis *mes apôtres*, afin que vous alliez *prêcher ma doctrine*, que vous rapportiez du fruit *par la conversion des peuples*, et que votre fruit demeure *toujours par leur salut éternel.* » Saint Jean, ch. xv, v. 16.

LIVRE QUATRIÈME

APOSTOLAT. — MARTYRE.
(1836-1841)

> « .... Souvenez-vous, mes chers Pères, du Vénérable
> « Pierre-Marie-Louis Chanel, si dévoué à Jésus, à
> « Marie, et marchez généreusement sur les traces de
> « ce modèle des missionnaires Maristes... »
>
> (*Extrait du Cérémonial actuellement usité au départ des PP. Maristes pour les missions de l'Océanie.*)

CHAPITRE PREMIER

Départ. — Horrible tempête. — Relâche aux îles Canaries.

La veille de Noël (1836), un vent favorable s'étant levé dans la matinée, les nouveaux apôtres de l'Océanie furent enfin convoqués à bord de *la Delphine*. De leur côté, et à la même heure, Mgr Blanc et ses missionnaires s'embarquèrent sur *la Joséphine*. Dès que les voiles furent déployées, l'air retentit de l'hymne *Ave, maris Stella*, chantée sur les deux ponts, d'une voix unanime. Les navires eurent de la peine à sortir du port. Une fois dégagés des obstacles imprévus qui les retenaient, ils prirent en peu de temps le large, et disparurent aux yeux de la foule accourue sur le rivage.

Debout, sur l'arrière du bâtiment, le P. Chanel aimait à considérer la plage qui s'enfuyait au loin. Toutefois, il paraissait ému. Ce n'était chez lui ni regret ni tristesse, mais ce profond sentiment qui nous attache au pays qui nous a vu naître. Se laissant bientôt aller à une douce gaieté avec ses confrères : « Mes amis, leur dit-il, si nous n'avions pas hâte d'arriver en Océanie, ce serait le moment de nous écrier avec un poëte :

> « Dors, mon vaisseau, dors, je t'en prie,
> « Ou du moins fais peu de chemin,
> « Afin qu'à mon réveil demain
> « J'aperçoive encor ma patrie ! »

Sur l'invitation qui lui en fut faite, le bon Père chanta la strophe suivante :

> « *O belle France, ma patrie*[1],
> « Champs et vallons aimés des cieux,
> « Heureux climat, terre chérie,
> « Recevez mes derniers adieux ! »

« Nous partons tous contents, écrit le P. Bret[2]; nous nous reposons en paix, entre les mains de la Sainte Vierge, du succès de la traversée. Combien qui

---

[1] Au lieu de : « O beau pays de l'Ibérie. »
[2] Extrait du journal de la traversée des premiers missionnaires en Océanie occidentale. Ce journal, rédigé en partie par le P. Bret, fut envoyé à la maison mère des PP. Maristes, à Lyon.

envient notre sort, et méritaient plus que moi d'être choisis pour la mission que nous allons remplir !... »

Viennent ensuite dans la même lettre quelques détails où se peint la gaieté du jeune missionnaire. « Le personnel du navire, ajoute-t-il, est trop nombreux pour que chacun de nous ait une cabine à lui seul. Loin de m'en plaindre, je m'en réjouis. J'ai, en effet, pour conchambrier le bon P. Chanel, notre supérieur. Deux hamacs, une chaise et un petit placard, voilà tout notre mobilier. Quant à la cellule, je ne saurais dire si elle est ronde ou carrée; ce que je sais très-bien, c'est qu'elle est tellement étroite que l'on n'y peut aisément quitter son habit. Mais l'on ne reste là que la nuit; le jour, quand il fait beau, on se tient sur le pont, et, quand le temps est mauvais, on se réfugie dans la salle à manger.

« J'ai un avantage sur les autres. La salle n'est pas haute; souvent mes confrères se donnent des coups à la tête, et moi, nouveau Zachée, je marche droit sans me faire mal. Hier cependant, j'ai heurté du front contre une poutre, mais j'étais monté sur une table...

« Nos matelots paraissent assez bons. Quelques-uns d'entre eux ont trouvé des médailles échappées de nos poches, et les ont suspendues à leur cou, après nous les avoir montrées. Le capitaine et le lieutenant sont fort honnêtes... »

« Nous faisions bonne route, ajoute le P. Chanel, lorsque soudain nous fûmes en proie aux alarmes les plus vives et les plus fondées. Une affreuse tempête menaça de nous engloutir. Nous apprîmes plus tard que trente-deux navires, partis du Havre le même jour que nous, avaient été jetés sur la côte. *La Delphine* et *la Joséphine* avaient seules résisté à la violence de l'orage. Évidemment la Sainte Vierge nous a protégés.

« Au moment de notre départ, le capitaine de port avait tendu une amarre pour empêcher les navires de sortir tous ensemble. Cette amarre s'est trouvée engagée entre notre gouvernail et l'arrière du bâtiment. Comme on ignorait les obstacles qui s'opposaient à notre sortie, on a usé de tous les moyens de force pour nous tirer d'embarras; et, une fois dégagés, on ne s'est point mis en peine s'il y avait des avaries. Cependant des quatre tenons qui attachaient le gouvernail au vaisseau, deux étaient brisés, et le troisième fort endommagé. On ne s'en est aperçu qu'après huit jours de navigation. Nous étions à quatre-vingts lieues de terre... Nous hissons le pavillon de détresse, en vue d'un vapeur anglais; on nous répond par le même signe. Le ciel se couvre de nuages, l'Océan nous ouvre ses abîmes, tout l'équipage est consterné. Je me jette à genoux avec mes confrères, et nous récitons le *Sub tuum* et le *Memorare*. Notre capitaine veut relâcher aux Canaries, mais ne pouvant découvrir le Ténériffe, il est forcé de louvoyer. Une goëlette nous apparaît; nous allons à elle pavillon hissé. Nous demandons, avec le porte-voix, un pilote pour nous conduire. On nous vient en aide ; toutefois, à chaque minute, nous pouvons perdre notre gouvernail, et, avec lui, tout espoir de salut. Enfin nous découvrons le port de Santa-Cruz, et nous avons le bonheur d'y jeter l'ancre. Notre premier devoir fut de réciter, en action de grâces, le *Te Deum* et les Litanies de la Sainte Vierge.

« C'était dans la matinée du 8 janvier 1837. Nous aimions à reposer nos regards sur la capitale de l'île de Ténériffe et la riche campagne qui l'environne. Une multitude de barques voguaient dans le port. Quelques-unes d'entre elles s'approchèrent de nous et nous offrirent des fruits. Nous rentrâmes bientôt dans notre petit oratoire, où nous célébrâmes les divins mystères. Le lendemain, nous descendîmes à terre. Nous nous dirigeâmes vers la cathédrale, où l'évêque de l'endroit, informé de notre arrivée, nous attendait avec tout son clergé. Nous admirâmes la foi simple et naïve de la population qui se pressait sur notre passage.

« Il fallut cinquante-deux jours pour mettre notre navire en état de continuer sa route... »

CHAPITRE II

La Delphine reprend la mer. — Mort et funérailles du P. Bret. — Mission à bord du navire. — Arrivée à Valparaiso.

Fatigués par les rudes épreuves de la traversée du Havre à Santa-Cruz, nos missionnaires avaient espéré trouver dans ce port non-seulement un abri et le moyen de réparer leur navire, mais encore le repos et les secours que réclamait leur santé. Il n'en fut point ainsi. La saison étant mauvaise et une espèce d'épidémie régnant sur ce rivage, tous en ressentirent plus ou moins les atteintes. Quand on se remit en mer, ils n'étaient point encore rétablis; le P. Bret surtout était en proie à un violent mal de tête, auquel se joignit bientôt une fièvre très-ardente. On vit alors se révéler, dans les soins que lui prodigua le P. Chanel, les sentiments qui l'attachaient au malade, en sa triple qualité de supérieur, de guide spirituel et d'ami d'enfance. Mais, hélas! rien ne put détourner le coup terrible qui devait jeter le deuil dans tout l'équipage. Dieu, content des aspirations de zèle et du sacrifice de son jeune apôtre, voulut le récompenser avant qu'il fût à l'œuvre. Et lui, calme et résigné, muni des sacrements et entouré de ses confrères, voyait d'un œil serein approcher sa dernière heure. Pressant une fois encore sur ses lèvres le *Crucifix* et l'image de la Sainte Vierge, il s'endormit paisiblement dans le Seigneur, à sept heures du soir, le lundi saint, 20 mars (1837).

Le lendemain eurent lieu les funérailles. Tous les gens du bord entouraient le cercueil. Mgr de Maronée, assisté du P. Chanel, offrit le divin sacrifice; puis, au moment de la sépulture, il adressa d'une voix entrecoupée de sanglots quelques paroles à l'équipage, déjà ému jusqu'aux larmes. Tout le jour, le drapeau de deuil flotta sur le navire. On était sous la ligne; aucun matelot ne songea à se divertir aux dépens des missionnaires par la cérémonie d'usage, connue sous le nom de *baptême*...

Le P. Chanel se fit un devoir d'informer le T.-R. P. Colin de la perte qu'avait faite la mission de l'Océanie. « Mon Très-Révérend Père, lui dit-il, le brick *le Hudson*, qui se rend à Bordeaux, vous porte une nouvelle bien affligeante ! La mort vient de nous enlever le bon P. Bret. Atteint d'une fièvre brûlante, que rien n'a pu maîtriser, notre cher confrère a succombé le 20 mars, lundi de la semaine sainte. Les chaleurs de la ligne, dont nous étions très-rapprochés, nous ont contraints de hâter les funérailles. Elles ont eu lieu dans la matinée du mardi saint. L'Océan a servi de tombeau!...

« Je ne sache pas que, dans le cours de ma vie, un événement m'ait plus ému et affligé que celui-ci. Toutefois, au souvenir des vertus de notre cher défunt, je sens mon cœur soulagé. Pourquoi pleurer, en effet, ceux qui ont échangé l'exil contre la patrie?... Le ciel, ainsi que vous aimez à nous le dire, est assuré aux vrais enfants de notre Société...

« Quoique je fusse intimement lié avec le P. Bret, vous avez pu mieux que moi apprécier les qualités de son esprit et de son cœur. Son intelligence, son jugement et son expérience précoce donnaient une grande valeur à ses conseils. Son amabilité lui conciliait promptement toutes les sympathies. Personne n'a rapporté de ses relations avec lui la plus légère amertume; personne n'a jamais rencontré dans cette âme que candeur, franchise et générosité, vertus qui prenaient leur source dans une vocation au sacerdoce, qu'on pourrait presque appeler native...

« Vous parlerais-je, mon Très-Révérend Père, de son esprit de foi et de piété? C'est là qu'il a trouvé le secret de soutenir avec une résignation exemplaire l'épreuve de sa courte mais cruelle maladie. Conservant jusqu'à son dernier soupir toute l'activité de son intelligence, et par conséquent toute la conscience de sa situation, il s'est composé un trésor de mérites; il a tiré parti de ces souffrances passagères que saint Paul nous signale comme l'occasion et l'élément d'une gloire éternelle[1]. A tous égards, mourir lui paraissait un gain[2]; néanmoins ce n'est que dans la mesure où le permet une soumission filiale à la volonté divine qu'il appelait de ses vœux le jour où son âme, affranchie des liens de la mortalité, pourrait se réunir à Jésus-Christ et entrer dans le repos de Dieu, son Créateur[3]... »

« En nous quittant, ce bien cher confrère n'a fait qu'échanger son nom de missionnaire contre celui de protecteur de notre mission[4]... »

Dans la traversée, comme ailleurs, le P. Bret était d'un caractère liant, d'un commerce agréable, d'une ouverture d'esprit et d'une bonté de cœur qui lui avaient concilié l'estime et l'affection de toutes les personnes qui l'entouraient. Aussi fut-il vivement regretté. Sa mort ne fit pas seulement couler des larmes, elle fut comme une prédication éloquente qui détermina bien des conversions. Déjà le P. Chanel et ses confrères avaient instruit et ramené à Dieu plusieurs matelots; mais, à partir du jour des funérailles du jeune missionnaire, ce fut un ébranlement général, tous les passagers et les gens du navire se confessèrent et s'approchèrent de la Table sainte avec de grands

---

[1] II Corinth., IV, 17.
[2] Philipp., I, 21.
[3] Philipp., I, 23.
[4] Valparaiso, 5 juillet (1837).

sentiments de foi. « Non, jamais, écrivait plus tard le P. Bataillon, aujourd'hui Vicaire apostolique de l'Océanie centrale, je n'oublierai cette mission à bord de *la Delphine* : notre vaisseau changé, pour ainsi dire, en un temple où se célébraient les divins mystères; l'écho des mers répétant le chant des Litanies et des cantiques; de vieux marins attendris, arrosant de leurs larmes les pieds des missionnaires, qui se faisaient un bonheur de les instruire, de les réconcilier avec Dieu, de les admettre au banquet eucharistique, et de laisser dans ces cœurs, peu accoutumés aux émotions de la piété, des impressions profondes de respect et d'amour pour notre sainte Religion...

« Au milieu de ces consolations, survint une tempête si violente qu'elle menaça plus d'une fois de nous engloutir dans les flots. La Sainte Vierge, à coup sûr, nous a préservés du naufrage...

« Le 28 juin (1837), nous débarquions à Valparaiso [1]... »

[1] Extrait d'un *Mémoire*.

CHAPITRE III

Le P. Chanel et ses confrères à Valparaiso.

« Nous arrivâmes à Valparaiso, dit le P. Chanel, la veille de la fête des apôtres saint Pierre et saint Paul. A peine eûmes-nous jeté l'ancre, que trois prêtres de la congrégation de Picpus montèrent à bord de notre navire, nous embrassèrent comme des frères, et nous offrirent l'hospitalité. Nous nous rendîmes d'abord à l'église de leur couvent, où nous chantâmes, en action de grâces, le *Te Deum* et les Litanies de la Sainte Vierge.

« Le lendemain, Mgr de Maronée officia solennellement. La foule se pressait dans le saint temple. Quelle édification pour elle, et pour nous quelle douce consolation! Les officiers et les matelots de *la Delphine*, que nous avions préparés à cette fête, s'approchèrent tous de la Table sainte. La plupart d'entre eux reçurent, le même jour, le sacrement de Confirmation... »

La halte des missionnaires à Valparaiso fut d'un mois et demi.

Avant de reprendre la mer, le P. Chanel adressa la lettre suivante aux élèves du collége de Belley :

« Il y a près d'un an, mes chers amis, que je vous ai fait de vive voix mes adieux. Vous savez qu'en cessant d'être votre supérieur, je n'ai pas voulu cesser d'être votre père. Aussi, jusqu'à présent, ai-je tenu la promesse que je vous ai faite d'être toujours au milieu de vous par mon cœur. Tandis que notre navire m'emportait loin de vous, j'aimais à vous suivre dans les divers actes que vous accomplissez journellement.

« Je ne suis point encore dans l'île que me destine la Providence. Tout ce qu'on nous dit des sauvages que nous allons évangéliser est bien capable d'enflammer notre zèle. Non-seulement des missionnaires, mais des voyageurs, qui ont vu de près ces pauvres insulaires, nous assurent que c'est une moisson toute prête à être recueillie.

« Quelle ne serait pas notre joie, si Dieu suscitait parmi vous des ouvriers pour partager nos fatigues et nos consolations ! Ne calculez point avec les sacrifices : plus ils seront grands, plus vous devrez vous estimer heureux de pouvoir les offrir à Celui qui a sacrifié sa vie pour nous.

« La mort nous a enlevé le P. Bret, qui a passé plusieurs années au milieu de vous. Malgré cette perte douloureuse, nous sommes plus encouragés que jamais. Si notre mission compte un ouvrier de moins, elle a au ciel un protecteur de plus.

« Encore quelques semaines, mes bien chers amis, et nous serons à l'œuvre. Nous vous raconterons les miséricordes du Seigneur à l'égard des peuplades de l'Océanie occidentale.

« L'*Europa*, brick américain, va nous transporter jusqu'aux îles Sandwich; puis nous monterons à bord d'un autre navire pour faire voile vers l'archipel des îles Carolines. L'île de l'*Ascension*, autrement connue sous le nom de *Pounipet*, paraît être celle où nous commencerons les travaux de notre apostolat. Vous nous permettez bien, je pense, de dire à nos futurs néophytes que nous avons laissé dans notre patrie de jeunes missionnaires qui hâtent par leurs désirs le moment où ils pourront venir nous aider à faire connaître et aimer Celui qui est seul *la voie, la vérité et la vie*[1].

« Appréciez de plus en plus, mes chers amis, l'éducation que vous recevez! Que de jeunes gens j'ai rencontrés, en France et ailleurs, qui sont entièrement privés des puissants moyens que vous avez de vous former à la vertu et à la science!...

« Adieu, mes chers amis. Ce sera toujours pour moi un plaisir d'échanger avec vous quelques lettres, de vous raconter les faits édifiants de nos premiers néophytes, et d'apprendre que vous, leurs frères aînés dans le christianisme, vous ne leur cédez rien en piété.

---

[1] « Ego sum via, et veritas, et vita. » Joan., XIV, 6.

« Je compte sur vos prières, et vous embrasse tous dans la charité qui nous unit à Jésus-Christ et à la très-sainte Vierge [1]... »

Le P. Chanel écrivit ensuite à sa mère. Il commence par lui dire qu'il est heureux de pouvoir encore s'entretenir avec elle; puis il lui parle de la traversée du Havre à Santa-Cruz, et de son séjour dans cette cité. « Le 28 février, ajoute-t-il, nous avons quitté les îles Canaries, et, la veille de la Saint-Pierre, nous sommes arrivés à Valparaiso [2]. Au lieu de quatre mois, deux pouvaient suffire, et au delà, pour faire le trajet. Le bon Dieu, qui est le maître des vents comme de toute autre chose, ne leur a pas toujours dit de souffler selon nos désirs.

« Il y a sur mer des jours où la navigation est fort agréable; il y en a d'autres aussi qui sont bien propres à dégoûter de la navigation. Si je ne m'étais embarqué que pour le plaisir de voyager, les tempêtes qui nous ont assaillis diminueraient bien l'envie de recommencer cette promenade. Mais, grâce à Dieu, qu'il fasse beau ou mauvais temps, le missionnaire est toujours content de s'être mis en route...

« Nous avons célébré, dans notre traversée, les plus belles fêtes de l'année. Quelquefois nous avons eu le bonheur d'offrir le divin sacrifice; d'autres fois

---

[1] Valparaiso, 23 juillet 1837.
[2] Nom qui signifie *vallée du paradis*.

nous en avons été privés à cause de la trop grande agitation du navire. Nous nous unissions alors aux âmes pieuses qui pouvaient faire plus que nous.

« Nous avons eu les quatre saisons : une douce température, des chaleurs excessives, des éclairs et des coups de tonnerre, la grêle, la neige et la glace. Ma santé s'est toujours bien soutenue. La divine Providence n'a pas voulu qu'il en fût ainsi pour l'un de nos confrères. Le P. Bret, que vous avez vu plus d'une fois à la Potière, a succombé à une fièvre brûlante dont il fut atteint à notre départ de l'île de Ténériffe. Malgré nos vœux et nos larmes, le bon Dieu nous l'a ravi; il lui a plu de le couronner avant le combat...

« C'était un de mes amis d'enfance; nous nourrissions ensemble, à Meximieux, le projet de nous consacrer aux missions étrangères; nous sommes toujours restés ensuite l'un près de l'autre; quand j'étais vicaire à Ambérieux, il dirigeait l'école de nos enfants de chœur; nous sommes entrés le même jour dans la Société de Marie; nous avons été cinq ans attachés au collége de Belley; enfin le même navire nous emportait en Océanie, et la cabine où il est mort nous était commune...

« Quelle perte pour notre mission, et pour mon cœur quelle blessure! Mais que dis-je! la destinée de notre cher défunt est bien plus digne d'envie que propre à nous jeter dans le deuil et les larmes. En effet, sa conduite fut constamment exemplaire. Sa piété était vive et douce. Elle prit de bonne heure, ainsi que je l'ai dit, le caractère d'un zèle, d'un dévouement apostolique. Dans sa dernière maladie, quoiqu'il souffrît beaucoup, il était patient et résigné. Souvent il nous disait de prier auprès de lui, et de ne pas craindre de le fatiguer. Lui-même, le crucifix à la main, ne cessait de s'entretenir avec Dieu. Le dimanche des Rameaux, je lui donnai le saint Viatique et l'Extrême-Onction. Le lendemain matin, il me dit qu'il touchait à sa fin ; qu'il me remerciait de tous les soins que je lui avais prodigués ; qu'il était heureux de mourir Mariste ; qu'il lui importait peu que son corps fût dévoré par les poissons ou par les vers... A sept heures du soir, il s'endormit doucement dans le Seigneur.

« Une mort si édifiante fut comme une éloquente prédication pour les officiers et les matelots de notre vaisseau ; nous eûmes bientôt la consolation de les voir tous s'approcher du tribunal de la Pénitence et du banquet eucharistique.

« En débarquant à Valparaiso, nous avons reçu l'hospitalité chez des prêtres français, qui nous ont accueillis comme des frères.

« Dans quelques jours, nous nous remettrons en route. Il nous tarde d'arriver en Polynésie. Les voyageurs qui nous parlent des sauvages que nous allons évangéliser nous racontent les choses les plus encourageantes. Nous traverserons d'abord des îles qui sont déjà catholiques. Nous y verrons un évêque et des missionnaires de la Congrégation de Picpus. Jusqu'ici, la divine Providence, tout en nous ménageant quelques épreuves, a pris soin de nous, et nous a conduits comme par la main. Nous avons grand besoin de son secours, et nous espérons qu'il ne nous fera pas défaut.

« Je vous charge, bien chère mère, d'être l'interprète de mes sentiments auprès de mes frères, de mes sœurs et de mes autres parents. Dites-leur combien je désire qu'ils marchent d'un pas ferme et soutenu dans la voie qui mène au ciel. Mes affections respectueuses à MM. les curés de Cuet, de Cras et de Saint-Didier. Enfin mille choses amicales à toutes les familles de la Potière.

« Ma bonne mère, je crains d'avoir oublié de vous demander votre bénédiction à l'heure de nos adieux. Je vous conjure de me la donner, non-seulement quand vous aurez lu cette lettre, mais encore tous les jours de votre vie. Elle m'atteindra, soyez-en sûre, malgré la distance qui nous sépare.

« Soyez sans inquiétude à mon sujet : je jouis d'une santé parfaite, je suis plus content qu'un roi...

« Lorsque vous me donnerez de vos nouvelles, vous n'aurez qu'à vous entendre avec le supérieur du collége de Belley, qui s'est chargé de me faire parvenir vos lettres.

« Ménagez bien votre santé, ma bonne mère, et priez pour celui de vos enfants qui désirerait vous procurer autant de consolations qu'il a pu vous causer de douleurs et vous faire répandre de larmes...

« Agréez, tendre mère, les sentiments de respect et de reconnaissance avec lesquels je serai toujours votre très-affectionné fils... »

CHAPITRE IV

Depart pour Taïti. — Dispositions de l'équipage à l'égard des missionnaires. — Retraite et renouvellement des vœux. — Relâche aux iles Gambier.

Les RR. PP. Maristes quittèrent Valparaiso le 10 août (1837). Montés sur l'*Europa*, brick anglais, ils firent voile vers Taïti.

Le nouvel équipage était loin de ressembler à celui de *la Delphine*. Officiers et matelots, dignes enfants de Luther et de Calvin, avaient en horreur la soutane et les *papistes*. « Prions pour ces gens-là, dit le P. Chanel à ses confrères, et soyons à leur égard pleins de bonté et de prévenance. » Ce conseil fut suivi, et bientôt la défiance et la haine firent place à l'estime et à l'affection. Plus les marins virent de près nos missionnaires, plus ils se félicitèrent de les avoir à bord de leur navire. Tout leur plaisir fut de converser avec eux, d'entendre leurs cantiques, de les voir prier et célébrer les divins mystères. Souvent même le capitaine les pressait de chanter pour avoir, disait-il, un vent favorable[1].

[1] « Un des officiers, raconte le P. Bataillon, nous voyait de si

Durant cette traversée, le P. Chanel fit avec ses confrères la *retraite annuelle* et la rénovation des vœux. Il proposa le sujet des méditations. Les exercices furent présidés par Mgr de Maronée. « Je n'oublierai jamais, écrit le P. Bataillon, cette retraite faite au milieu de l'Océan. Oh! qu'il est facile de réfléchir sur la vanité des choses de ce monde, alors qu'on n'est séparé de la mort que par une planche fragile! Que Dieu paraît grand et l'homme petit à celui qui n'a que le ciel sur sa tête, et, autour de soi, que des eaux sans rivages! Si les soulèvements des flots sont admirables, le Seigneur qui les excite et qui habite la hauteur des cieux est encore plus admirable : *Mirabiles elationes maris, mirabilis in altis Dominus*[1]. *Ceux qui sillonnent les mers sur des vaisseaux*, dit le prophète royal, *ont vu les œuvres du Seigneur et les merveilles qu'il fait éclater : il parle, et une tempête se déchaîne, et les flots s'élèvent comme des montagnes,*

---

mauvais œil qu'il ne voulait pas s'embarquer avec nous. Après avoir juré, tempêté contre les *papistes* (c'est ainsi qu'il nous nommait), il finit par monter à bord de notre navire. Au bout de quelques jours, il nous prit en telle affection qu'il ne voulait plus se séparer de nous. Il nous promit de se faire instruire et d'abjurer le protestantisme dès que nous serions à Taïti. « Ma mère, disait-il, ne cessait, quand
« j'étais fort jeune, de m'irriter contre les prêtres catholiques. Elle
« me les représentait comme des monstres qu'on ne saurait voir
« sans être menacé de quelque malheur. Depuis lors, je les ai pris en
« aversion ; mais j'ai trouvé en vous tant de qualités aimables qu'elles
« ont entièrement détruit mes préventions... »

[1] Ps. XCII.

ils atteignent les cieux et descendent jusqu'au fond des abîmes[1]. A la vue de ces merveilles de la grandeur et de la puissance de Dieu, l'homme est comme anéanti, et, par un sentiment dont il ne peut se défendre, il élève ses regards vers Celui qui tient sa vie entre ses mains.

« Ces réflexions et beaucoup d'autres se pressaient en foule dans notre esprit, et servaient à détacher de plus en plus notre cœur des créatures, et à nous unir plus étroitement à Dieu par le renouvellement de nos engagements religieux. Cette pieuse cérémonie eut lieu le 24 août, jour où nous célébrions la fête de l'apôtre saint Barthélemy[2]... »

« Le 13 septembre, ajoute le P. Bataillon, nous jetâmes l'ancre devant *Mangaréva*, île principale des *Gambier*. Nous savions que l'Évangile y avait pénétré, grâce au zèle de Mgr Rouchouze, évêque de Nilopolis, vicaire apostolique de l'Océanie orientale. Aussi, dès que nous prîmes terre, une foule d'insulaires se précipita à notre rencontre. Ils n'avaient point assez de gestes et de paroles pour nous exprimer le bonheur qu'ils éprouvaient à la vue d'un autre évêque et d'autres missionnaires. Ils se prosternaient pour recevoir la bénédiction de Mgr de Maronée; ils baisaient son anneau et nous serraient à tous la main. Ils faisaient

---

[1] Ps. cvii.
[2] Extrait d'un *Mémoire*.

le signe de la croix, et criaient à l'envi : *Nous sommes chrétiens!* La foi simple et naïve de ces bons néophytes nous fit une profonde impression; le P. Chanel en fut ému jusqu'aux larmes.

« Nous allâmes présenter nos hommages à Mgr Rouchouze, qui habitait la plus petite île de l'archipel, à deux lieues de l'endroit où nous avions mouillé. Le prélat nous accueillit à bras ouverts. Le bruit de notre arrivée se répandit promptement de village en village. Nous fûmes bientôt entourés de néophytes qui s'empressaient de faire le signe de la croix, pour nous montrer qu'ils étaient chrétiens...

« Mgr Rouchouze nous accompagna jusqu'à l'établissement de ses missionnaires, à *Mangaréva*. A peine débarqués dans l'île, nous vîmes accourir sur le rivage une foule de néophytes. Le roi les précédait en agitant un drapeau. Tous demandèrent à genoux la bénédiction de leur évêque et celle de Mgr de Maronée. Nous eûmes de la peine à nous frayer un passage au milieu d'eux, parce que tous voulaient baiser l'anneau épiscopal et la main des missionnaires. On n'entendait que les cris : *Salut!... Missionnaires!... chrétiens, catholiques, apostoliques, romains!... Jésus-Christ!... Vierge Marie!...*

« Nous nous rendîmes à l'église, suivis de ces fervents néophytes qui, après avoir récité tous ensemble le *Pater*, l'*Ave* et le *Credo*, chantèrent un cantique avec un enthousiasme extraordinaire.

« De là nous entrâmes dans la maison des RR. PP. de Picpus ; mais il fallut bientôt en sortir pour satisfaire les néophytes, qui désiraient nous avoir au milieu d'eux. Ils se pressaient autour de nous, nous accablant de questions, nous demandant nos noms, ceux de nos parents et des contrées qui nous ont vus naître. Ils nous regardaient avec une joie mêlée d'attendrissement, et nous appelaient leurs pères. En apprenant la mort du P. Bret, ils versèrent des larmes. « Qu'avez-« vous fait du corps de ce saint ?... nous demanda « le roi. Pourquoi ne m'avez-vous pas apporté un si « précieux trésor ?... »

« Au déclin du soleil, Sa Majesté ayant conduit sur une petite colline les deux évêques et leurs missionnaires, quelle ne fut pas notre surprise ! les néophytes vinrent déposer à nos pieds une grande quantité de cocos, de bananes, de cannes à sucre, de poissons, etc. Quand ils eurent achevé d'entasser leurs présents, ils poussèrent tous un cri qui répond à notre *vivat !* puis ils chantèrent un cantique et se retirèrent en silence. Au retour de la nuit, s'étant réunis dans la vallée, nous les entendîmes réciter le chapelet et la prière du soir [1]... »

Le P. Chanel était comme en extase à la vue des merveilles que le Seigneur avait opérées dans ces îles. Il félicitait Mgr Rouchouze et ses missionnaires d'être

---

[1] Extrait du même *Mémoire*.

entourés de néophytes si nombreux et si fervents. Il soupirait après le même bonheur; et regardant le ciel : « O Marie ! s'écriait-il, faites éclater ce prodige dans les archipels qui nous sont échus en partage ! Il y va de la gloire de votre divin Fils, de votre honneur et du salut des âmes... »

Avant de quitter *Mangaréva*, les PP. Maristes firent, en la compagnie de Mgr Rouchouze, une promenade dans l'île. Ils admirèrent les travaux des insulaires, et les nouvelles lois qui les régissaient. Ils se rendirent auprès du roi pour lui exprimer leur reconnaissance et lui faire en même temps leurs adieux. Sa Majesté fut enchantée de cette visite. Elle se présenta entourée de son épouse et de ses enfants. Mgr de Maronée leur distribua des médailles et des chapelets. Les jeunes princes et princesses ne pouvaient se lasser de les voir et de les baiser. Toute la famille royale reçut à genoux la bénédiction des prélats.

Ce jour-là, les missionnaires devaient remettre à la voile. En se dirigeant vers leur navire, ils visitèrent un temple qui avait servi à l'idolâtrie, et dans lequel on taillait des pierres pour la construction d'une église. Les ouvriers, leur montrant sur une poutre la figure d'un gros rat : « Voilà, dirent-ils en éclatant de rire, le dieu que nous adorions autrefois. »

CHAPITRE V

L'arrivée des premiers missionnaires en Océanie prédite par une sibylle des îles Gambier.

En 1802, une femme qui lisait dans l'avenir se mourait dans les îles Gambier; nous voulons parler de la sibylle *Toapéré* qui, près de trente années à l'avance, prédit l'arrivée des premiers apôtres de l'Océanie.

« ... Ce n'est pas un témoin seulement, écrit le R. P. Laval, missionnaire aux îles Gambier[1], c'est la population entière de l'île *Akamaru,* ou plutôt ce sont quatre îles qui attestent que tout ce que je vais vous raconter de *Toapéré* est réellement ce qu'elle a dit cent fois en public et devant quiconque a voulu l'entendre. J'ai interrogé une foule de personnes en particulier; et, en comparant leurs dépositions, je les ai toujours trouvées conformes. J'ai exigé spécialement,

---

[1] Cette lettre, en date du 31 mars 1840, est adressée au R. P. Hilarion, de la Société de Picpus. Nous l'empruntons aux *Annales de la Propagation de la Foi*, mai 1842. — N° 82, p. 226.

et j'ai reçu par écrit celle du chef d'*Akamaru*, parce qu'il a vécu dans la confiance intime de *Toapéré*, en sa double qualité de *Taüra* (prêtre des idoles) et de parent de la prophétesse. Je crois donc avoir des renseignements très-certains, eu égard au grand nombre et à la sincérité des témoins oculaires, et aux précautions que j'ai prises pour n'être pas trompé. Après ces préliminaires, je viens à mon récit.

« *Toapéré* était de la classe du simple peuple, et ce ne fut que vers l'âge de trente-cinq ans, tandis qu'elle vivait dans son ménage, occupée à élever sa famille, qu'elle commença à se dire inspirée des dieux. C'était sous le règne de *Mapururé*, grand-père du roi actuel. Durant quelque temps, elle ne différa pas des autres prêtresses qui abusaient le peuple avant sa conversion. Elle poussait des cris inarticulés et finissait, selon l'usage, par demander des fêtes ou des présents, au nom du dieu dont elle se disait inspirée. Mais, bientôt après, la scène changea. *Toapéré* se mit à parler distinctement, et les premières paroles qu'elle prononça surprirent étrangement les naturels. Je traduis ses expressions telles que je les ai recueillies : « Nos dieux
« sont vaincus, s'écria-t-elle. Voici le Dieu de l'étran-
« ger ; cette terre va passer sous sa puissance. En-
« core un peu de temps, et des hommes bons vont
« arriver ici. Je l'ai vu, ce Dieu, mais qu'il est grand !
« Il remplit les ténèbres et la lumière ; je l'ai vu, sa
« lèvre supérieure touche au ciel, et sa lèvre infé-

« rieure descend jusqu'aux abîmes. Nos dieux ne sont
« rien auprès de ce grand Dieu ! »

« Elle ajouta que cet événement devait être précédé de l'arrivée de quelques navires dans le port de Gambier; car les insulaires n'en avaient encore vu que de loin : « Ces étrangers, disait *Toapéré,* ne sont pas tous
« bons ; ils auront des démêlés avec les habitants de
« l'île. Mais, après eux, il viendra un vaisseau de la
« partie de la terre qui est en bas, au-dessous de
« nos pieds. C'est ce navire qui vous apportera des
« hommes bons ; ils vous enseigneront une nouvelle
« parole, celle que l'on enseigne *au bas de la terre.*
« Le peuple les écoutera, et se soumettra à leur
« grand Dieu ; mais vous devez essuyer auparavant
« une grande mortalité, et il n'y aura que les forts
« qui verront ces étrangers. »

« *Toapéré* alla jusqu'à désigner précisément le lieu où ils devaient aborder : « Ils descendront là où je
« suis, ils viendront commencer leurs prédications à
« *Akamaru;* ce ne sera que plus tard qu'ils passeront
« à la grande île. » Enfin elle annonça, contre toute apparence, la royauté future de *Maputéoa,* le roi actuel : « Tu verras ces changements, lui disait-elle à
« lui-même ; et alors ce ne sera point *Matua,* ce ne
« sera point *Makopunui,* ce sera toi, *Maputéoa,* qui
« régneras ! » Elle avait aussi prévu sa propre mort, et elle l'a mille fois prédite en public. « Que vous
« serez heureux avec ces nouveaux venus, mes petits

« enfants! car vous qui êtes jeunes, vous verrez toutes
« ces choses; mais moi, je ne les verrai pas. Je dois
« mourir auparavant, ainsi que le roi *Mapururé.* »
Elle ajoutait : « Voici une marque de la vérité de ce
« que j'annonce : lorsque je serai morte, ce sera alors
« que ces étrangers arriveront pour se fixer parmi
« vous, et bientôt vous rendrez témoignage à ma
« parole. »

« D'après mes renseignements, toutes ces choses ont été dites avant que les événements pussent être prévus, et les naturels prennent plaisir encore aujourd'hui à me faire observer qu'elles se sont vérifiées à la lettre.

« J'oubliais une circonstance de la prophétie de *Toapéré.* Elle avait annoncé que ces hommes, venus des antipodes, introduiraient dans les îles de nouvelles plantes alimentaires et des animaux inconnus...

« J'ai déjà dit qu'à l'époque où notre sibylle rendait ses oracles, aucun navire n'était encore entré dans le port de Gambier. Depuis, il en vint plusieurs à différentes époques, et souvent les équipages maltraitèrent les naturels ou en furent maltraités. A la vue de ces vaisseaux, on courait vers *Toapéré*, pour lui demander si c'étaient là les hommes bons dont elle avait promis l'arrivée. « Quoi, ces gens-ci? répondait-elle, non,
« non; ne vous mêlez point avec eux, ce sont des
« hommes mauvais. Et puis, suis-je morte pour que
« les hommes bons puissent arriver? » Une fois, dans

un accès d'enthousiasme, elle s'écria au milieu du peuple : « Frappez vos *toga*, frappez vos *réréki*, pre-« nez vos plus beaux ornements ! Le voilà, ce navire, « il vient, il arrive ! les voilà, ces hommes bons, qui « doivent enseigner ici une nouvelle parole, et vous « rendre tous heureux ! » On prit ces paroles à la lettre, on se prépara comme pour une fête; puis on vint demander à *Toapéré* où était donc le navire qu'elle annonçait. « Attendez que je sois morte, ré-« pondit-elle, attendez; il est sur le point de venir, le « voilà, il arrive sans aucun obstacle.

« Enfin, *Toapéré* mourut à l'époque de la mortalité qu'elle avait elle-même prédite. Elle pouvait être âgée alors de soixante à soixante-cinq ans. Le vieux roi *Mapururé* décéda aussi dans la même année, ou, du moins, peu de temps après, c'est-à-dire vers 1803. *Téikatoara*, son fils, était mort avant lui, dévoré par un requin, et *Maputéoa*, son petit-fils, devint ainsi héritier de la couronne. Mais il ne se trouvait rien moins qu'assuré de régner, parce que *Matua*, qui avait été chargé du gouvernement pendant la minorité du nouveau roi, et qui jouissait en outre de beaucoup d'autorité par sa qualité de grand-prêtre et par l'étendue de ses domaines, comptait bien profiter de tous ces avantages pour se substituer à la place de son neveu, dont le parti n'était pas en état de s'opposer à l'usurpateur. Le jeune *Maputéoa* allait donc infailliblement succomber à la première occasion, lorsque *se réalisèrent les prophéties,* si toutefois on peut donner ce nom aux oracles de *Toapéré*[1]. »

---

[1] « Les savants, dit l'abbé de Feller, ont pris occasion de l'histoire de Balaam, de traiter une question, qui est de savoir si Dieu peut se servir de personnages vicieux, même des infidèles et des idolâtres, pour prédire l'avenir. Plusieurs exemples allégués dans l'Écriture Sainte prouvent que Dieu l'a fait par d'autres que par Balaam. Le prophète Michée (c. 3) accuse quelques-uns de ses confrères de prophétiser pour de l'argent ; il ne dit pas néanmoins que c'étaient de faux prophètes. Dans le livre de Daniel (c. 2) nous voyons que Dieu envoie un songe prophétique à Nabuchodonosor, prince idolâtre, quoiqu'il connût le vrai Dieu. Jésus-Christ (Matth., 7) dit qu'au jour du jugement il réprouvera des hommes qui se vanteront d'avoir prophétisé et fait des miracles en son nom. Saint Jean (c. 11) nous apprend que Caïphe, en qualité de pontife, prophétisa que Jésus-Christ mourrait non-seulement pour sa nation, mais pour rassembler les enfants de Dieu, prédiction qu'il fit probablement sans le vouloir, et sans en comprendre le sens. » *Dictionnaire historique,* t. II, BALAAM.

CHAPITRE VI

Départ des îles Gambier. — Séjour à Taïti. — On remet à la voile. — Péril imminent de naufrage.

Partis de *Mangaréva* le 16 septembre (1837), les PP. Maristes jetaient l'ancre devant Taïti le 22 du même mois. Le consul américain, catholique originaire de Hollande, n'eut pas plus tôt appris leur arrivée qu'il vint les saluer et leur offrir ses services. Il sollicita pour eux, auprès de la reine *Pomaré*, la permission de descendre à terre. Cette faveur, qui avait été refusée aux prêtres de la Congrégation de Picpus, fut accordée cette fois sans délai; Sa Majesté cependant n'agissait que par les conseils de M. Pritchard, ministre anglican.

Nos missionnaires, en visitant l'île, ne tardèrent pas à constater une fois de plus encore, même au point de vue social, l'extrême différence entre le résultat des missions catholiques et celui des missions protestantes. Ils venaient de voir qu'en très-peu d'années les *envoyés de Dieu* avaient entièrement changé la face des îles Gambier, tandis que la civilisation avait à peine fait un pas à Taïti, quoique les *envoyés de l'hérésie* y fussent à l'œuvre depuis longtemps[1].

« Un dimanche, raconte le P. Chanel, nous fûmes singulièrement étonnés de voir une foule de Taïtiens, grands et petits, courir à toutes jambes dans la même direction. « Certes, nous dit le consul américain, ils « ont raison de hâter le pas, car ceux qui n'arrivent « point à l'heure précise au *temple du prêche* sont « fustigés à coups de corde ou de bâton[2]. » Ces pauvres insulaires, sans chaussure et presque sans vêtement, nous inspiraient un sentiment de pitié; loin de nous paraître hostiles, ils semblaient pour la plupart nous regarder avec un air d'affection. Le lende-

---

[1] Ceux qui ont vu de près combien est stéril l'*apostolat* des Méthodistes n'ont-ils pas quelque droit de sourire de pitié, en lisant le récit gracieux et poétique dont nous extrayons les lignes suivantes: « Qu'on se représente, dit le *Journal des missions évangéliques*, les échos d'une cloche de chapelle répétés par les collines, un pavillon avec le signe de la Croix et ces mots : *Rongo pai* (*l'Évangile*) flottant au-dessus de l'église; les habitants jadis cannibales se pressant à ce double signal dans la maison de Dieu, pour y entendre proclamer la bonne nouvelle du salut; que l'on saisisse d'un coup d'œil l'œuvre de civilisation et d'évangélisation, et que l'on dise *si le lieu aride ne s'est pas réjoui, et si le désert n'a pas fleuri comme la rose; si, au lieu du buisson, n'a pas crû le figuier, et, au lieu des épines, l'olivier et le myrte, pour servir de monument perpétuel à la louange de la gloire de notre Dieu!* » Cité par Domeny de Rienzi, dans son *Océanie ou cinquième partie du monde*, t. III, p. 252.

[2] Preuve touchante du zèle des Méthodistes pour le salut des âmes!...

main, bon nombre d'entre eux accoururent auprès de nous, et nous prièrent instamment de nous fixer dans leur île. Nous leur distribuâmes des objets de piété et quelques morceaux d'étoffe qu'ils reçurent avec une joie enfantine.

« Nous allâmes présenter nos hommages à la reine *Pomaré*, qui fut très-flattée de notre visite. Suivant la coutume du pays, Sa Majesté, quand nous parûmes devant elle, resta gravement assise à terre dans son *palais* construit en bambous et en feuillage. A toutes les paroles que nous lui adressâmes par notre interprète, le R. P. Maigret, de la Congrégation de Picpus [1], elle répondit en termes brefs et comme par monosyllabes lentement articulés, nous témoignant de la bienveillance, laissant même entrevoir qu'elle autoriserait volontiers notre résidence dans ses États, si elle ne craignait de s'attirer la colère de M. Pritchard. Par là nous vîmes assez clairement que la pauvre souveraine *régnait, mais ne gouvernait pas*, ce que nous savions suffisamment d'ailleurs. »

Au sortir de l'audience *royale*, le P. Chanel avait la tristesse dans l'âme, en pensant que Taïti n'était affranchi de la servitude du paganisme que pour re-

---

[1] Le R. P. Maigret, aujourd'hui évêque d'Arathie (*in partibus infidelium*) et vicaire apostolique des îles Sandwich, était parti de Valparaiso à bord de l'*Europa*. Après avoir conduit les PP. Maristes chez ses confrères des îles Gambier, il voulut bien les accompagner encore jusqu'à Taïti, afin de leur servir de guide et d'interprète.

tomber par l'hérésie sous l'empire de Satan. Il gémissait de voir avec quel zèle le protestantisme veillait à ne pas laisser échapper sa conquête. C'est dans ces pénibles sentiments qu'élevant ses regards vers le ciel : « O mon Dieu, s'écria-t-il, éclairez les populations qui gisent dans les ténèbres de la mort[1] ! » Il grava sur quelques arbres le signe de la croix et les saints noms de Jésus et de Marie, afin que ces inscriptions bénies missent en fuite le démon et attirassent sur l'île les lumières de la vraie foi.

Les RR. PP. Maristes, ayant à évangéliser l'Océanie occidentale, ne pouvaient se fixer à Taïti; aussi n'y firent-ils qu'une halte de quelques jours. Pour continuer leur route jusqu'aux îles de leur mission, ils louèrent une goëlette, la *Raiatéa*, qui fut entièrement à leur disposition. Un officier de marine, M. Stroks, qui avait fait avec eux la traversée de Valparaiso à Taïti, s'offrit, par un affectueux dévouement, à leur servir de capitaine. Ses offres furent acceptées de grand cœur.

La veille du départ (le 30 septembre 1837), Mgr de Maronée et le P. Chanel célébrèrent les divins mystères dans l'oratoire du consul américain, qui leur avait demandé cette faveur. Un officier de l'*Europa* les y accompagna avec son fils âgé de sept ans, au-

---

[1] « Illuminare his qui in tenebris, et in umbra mortis sedent. » Cant. Zach. 12.

quel le P. Chanel administra le sacrement du Baptême et Monseigneur celui de la Confirmation.

Les adieux des missionnaires à leurs derniers compagnons de voyage firent couler bien des larmes, car de part et d'autre on s'estimait et on s'aimait. Au moment où la *Raiatéa* mit à la voile et passa devant l'*Europa*, les deux équipages hissèrent leur pavillon et se saluèrent de nouveau.

« Le vent nous étant très-favorable, dit le P. Bataillon, nous côtoyâmes bientôt le rivage de *Limeo*, où les protestants ont établi ce qu'ils appellent l'*Académie des sciences de la mer du Sud*, dont on a fait grand bruit, mais qui n'a produit jusqu'à ce jour aucun résultat sérieux.

« Le 5 octobre, nous découvrîmes plusieurs îles de l'Océanie occidentale. Mgr de Maronée et le P. Chanel voulaient qu'on s'arrêtât dans celle d'*Ulitéa*; mais divers obstacles les obligeant de renoncer à leur projet, nous nous dirigeâmes vers *Vavao* qui, par son étendue et son importance, tient le second rang parmi les îles de l'archipel *Tonga*.

« Dès que nous l'aperçûmes, nous tressaillîmes de joie; mais, hélas! à peine commencions-nous à la côtoyer, pour trouver un ancrage, qu'une tempête s'éleva, comme si le démon déchaînait sa rage à la vue des apôtres qui s'efforcent de renverser son empire. La pluie tombait par torrents, le vent soufflait avec violence; tout à coup l'orage s'apaise, une effrayante obscurité nous enveloppe, la foudre seule déchire le voile de cette nuit horrible. Vainement nos matelots font des efforts inouïs pour résister à la fureur des flots qui nous entraînent vers les récifs; nous n'en sommes plus séparés qu'à la distance d'un jet de pierre; de tomber à genoux et de nous écrier : « Mon « Dieu, sauvez-nous, nous périssons! O Marie, voyez « vos enfants! » Et soudain, à l'instant même où notre navire allait voler en éclats, un coup de vent l'éloigna des récifs. Toutefois, c'était encore l'heure des épreuves : des courants impétueux nous entraînent de nouveau vers les écueils. On se hâte de détacher la chaloupe, afin de sauver au moins l'équipage; déjà quelques-uns d'entre nous y sont descendus, lorsqu'un second coup de vent nous repousse loin des rochers, et nous permet de regagner la haute mer. Nous vîmes notre capitaine à genoux, s'écriant comme hors de lui-même : « O Providence, ô Provi- « dence!... » « Depuis que je parcours les mers, nous « dit-il, j'ai couru de grands dangers; jamais je ne « me suis vu si près de la mort. »

Un *Te Deum* d'actions de grâces fut chanté à bord du navire, ainsi que les Litanies de la Sainte Vierge, dont l'Église ce jour même célébrait le glorieux Patronage.

CHAPITRE VII

Séjour dans l'île Vavao. — Vaine tentative des missionnaires.

Le lendemain, à la pointe du jour, les PP. Maristes jetaient l'ancre à Vavao. Avant d'autoriser le débarquement, Mgr de Maronée et le Père Chanel, suivant le règlement qu'ils avaient tracé pour attirer la bénédiction d'en haut sur les îles qu'ils visiteraient, firent réciter le *Veni Creator*, le *Miserere* et l'*Ave maris Stella*[1].

Ils se virent bientôt entourés d'une foule de naturels. Quelques-uns de ces insulaires parlant un peu l'anglais cherchaient à se faire comprendre. Parmi eux se trouvait un Français[2], ancien matelot de l'*Astro-*

---

[1] Ces prières devaient être récitées pendant neuf jours.

[2] Ce Français, nommé Charles Simonet, avait essayé de faire révolter les naturels de Tonga contre le capitaine de l'*Astrolabe*, afin de s'emparer du navire. Sa tentative ayant échoué, il resta d'abord à Tonga pour se soustraire à la peine qu'il méritait, et se réfugia ensuite à Vavao. Après le départ des PP. Maristes, il fut arrêté et devait être ramené en France, pour être jugé comme traître

labe, qui, connaissant parfaitement l'île, donna aux missionnaires tous les renseignements désirables. Il dit qu'ils pouvaient sans difficulté se rendre auprès du roi, et qu'il serait heureux de les accompagner et de leur servir d'interprète.

On se disposa donc aussitôt à faire une visite à Sa Majesté. Mgr de Maronée lui demanda si elle voulait recevoir dans ses États quelqu'un de sa suite, pour y étudier la langue et enseigner, en retour, les connaissances des grandes nations civilisées. « Vous pouvez, répondit le roi, demeurer dans mon royaume. Quant au désir que vous manifestez de faire part de vos connaissances à mes sujets, je ne puis rien vous permettre sans avoir consulté notre *pasteur*[1], qui dans ce moment est en voyage. »

Cette réponse n'était pas de bon augure. Dissimulant la peine qu'il en ressentait, Mgr de Maronée fit néanmoins, avant de se retirer, quelques présents au roi et l'invita à sa table pour le lendemain. Sa Majesté insulaire en fut très-flattée, et ne voulant pas se laisser vaincre en générosité, elle envoya à bord de la *Raiatéa* une corbeille de fruits et quatre énormes poissons.

---

et déserteur; mais il se conduisit si bien durant la traversée de Vavau à la Nouvelle-Zélande, que le commandant Dumont d'Urville lui obtint sa grâce et même la permission de s'attacher au service des missionnaires catholiques.

[1] Premier ministre protestant.

En se dirigeant vers leur goëlette, Mgr de Maronée et le Père Chanel suspendirent à quelques arbres des médailles de la Vierge Immaculée, comme pour consacrer à Marie l'île de Vavao et la prier d'en chasser l'hérésie. Ils traversèrent un village dont les habitants accoururent auprès d'eux, les accablèrent de questions et les accompagnèrent jusqu'au rivage [1].

Le roi se rendit, au jour et à l'heure fixés, à bord de la *Raiatéa* pour partager le repas des missionnaires. Il était accompagné d'un chef de l'archipel des *Navigateurs*. Au sortir de table, Mgr de Maronée et le P. Chanel firent tomber la conversation sur le sujet de l'entretien qu'ils avaient eu la veille. Sa Majesté ne voulut encore donner aucune réponse précise sans avoir pris l'avis de son *pasteur*. « J'ai embrassé, ajouta-t-elle, la religion qu'il nous a apportée; mon

---

[1] « Les différents rapports qui nous viennent de tous côtés, dit le P. Chanel, s'accordent à nous montrer partout le même système de violence exercé par les Méthodistes. Les pauvres insulaires de Vavao sont contraints de renoncer à leurs divinités pour embrasser le protestantisme. Une fois baptisés, ils sont soumis à des exactions révoltantes. Tous les jours quelques-uns d'entre eux sont condamnés à des travaux forcés. Des coups de corde ou de bâton sont infligés à ceux qui, le dimanche, fument du tabac, se baignent ou cueillent des fruits. Tous sont obligés d'acheter quelques feuillets de la Bible qu'ils payent fort cher. Ces tristes détails, et beaucoup d'autres que je supprime, nous affligeaient profondément, et nous faisaient ardemment désirer de nous établir à Vavao, afin d'améliorer le sort des insulaires en les convertissant au catholicisme. »

intention est de la garder; d'ailleurs, que pourriez-vous m'apprendre de plus?... » Mgr de Maronée ne se découragea point. Tout en ménageant la réputation des missionnaires protestants, il insinua l'illégitimité de leur mission. « Du reste, ajouta-t-il, Votre Majesté pourra comparer leur doctrine et la nôtre, et voir de quel côté est la vérité. » Le roi persista dans sa réponse, et ajourna jusqu'au retour de son *pasteur* la conclusion de cette affaire.

Ce même jour, pour se distraire des pénibles appréhensions dont ils ne pouvaient se défendre, les PP. Maristes firent l'ascension du pic le plus élevé de l'île. Ils y placèrent une médaille de la très-sainte Vierge, et chantèrent l'*Inviolata* et l'*Ave maris Stella*.

Enfin le *pasteur* arriva. Mgr de Maronée lui demanda par écrit une entrevue; elle lui fut accordée pour le lendemain. En attendant, on alla partout répandre contre les prêtres les plus affreuses calomnies : on les accusa d'adorer la Sainte Vierge, les statues et les images des saints; de tyranniser les consciences par la confession; de prêcher une morale trop sévère; de falsifier la Bible, etc... La plupart des naturels n'ajoutèrent pas foi à ces accusations. On eût dit que Dieu les éclairait pour qu'ils distinguassent les imposteurs d'avec les véritables apôtres; toujours est-il qu'au lieu de s'indigner contre nos missionnaires, ils leur donnèrent des marques d'estime et d'affection; ils accoururent auprès d'eux, ils leur baisèrent les mains, ils les conjurèrent de se fixer dans leur île. « Que de bien nous ferions à cette peuplade, disait le P. Chanel, s'il nous était permis de rester au milieu d'elle ! »

Dans la matinée du 27 octobre (1837), Mgr de Maronée, accompagné de son provicaire, se rendit auprès du *pasteur*, et lui fit part de l'entretien qu'il avait eu avec le roi; il le pria d'appuyer la demande qu'il avait faite à Sa Majesté, lui rappela la tolérance religieuse qui règne en Angleterre et en France, et lui montra les lettres de protection qu'il avait reçues du gouvernement français et de divers consuls anglais et américains. « Du reste, ajouta-t-il, ne demandant un pied à terre à *Vavao* qu'à titre de citoyen français, je demande ce que m'accorde le droit des gens. » Le *pasteur* se contenta de répondre d'un air et d'un ton bénins qu'il faisait toujours bon accueil aux étrangers; que, toutefois, s'il comprenait bien le motif de la venue du prélat, franchement l'île lui paraissait trop petite pour deux religions différentes; qu'on risquerait de diviser ainsi les insulaires, aujourd'hui unis et tranquilles; que le roi seul, du reste, pouvait trancher la question. « Si Sa Majesté, ajouta-t-il, n'autorise pas votre séjour dans ses États, il y a tout près d'ici les îles Wallis où notre religion n'ayant pas encore pénétré, il vous sera facile de vous établir et d'exercer votre zèle. »

Or les insulaires de Wallis venaient de massacrer soixante naturels protestants que le *pasteur* avait envoyés pour les convertir au *Méthodisme*. Ils avaient aussi tout récemment pris et massacré l'équipage de deux navires!... Que penser du conseil que l'on donnait à nos missionnaires?...

Le *pasteur* n'eut rien de plus pressé que d'aller chez le roi pour l'indisposer contre les RR. Pères, et le déterminer à les renvoyer de ses États. Il sortait joyeux du palais, au moment où Mgr de Maronée et son provicaire y entraient. « Quand nous fûmes en présence de Sa Majesté, raconte le P. Chanel, elle jeta sur nous un regard de mépris, et nous dit d'une voix forte et impérieuse: « J'ai réfléchi et pris con-
« seil : je ne veux pas qu'il y ait ici deux religions; je
« vous ordonne par conséquent de sortir au plus tôt
« de mon royaume. » Mgr de Maronée n'insista plus; il salua le roi sans lui témoigner le moindre mécontentement. « En m'éloignant de *Vavao*, lui dit-il, je
« conserve l'espoir de revoir Votre Majesté et de
« m'entretenir avec elle. »

« Nous rentrâmes à bord de *la Raiatéa*, continue le P. Chanel. Le *pasteur*, pour nous faire croire qu'il n'était pour rien dans la décision du roi, nous adressa une lettre de condoléance, accompagnée d'une petite caisse remplie d'imprimés *tongiens*, *samoens* et *vitiens*.

« Plusieurs Anglais vinrent nous faire leurs adieux.

Ils ne purent s'empêcher de nous avouer que la conduite de leur *pasteur* les révoltait, et que notre départ était souverainement regrettable. Ces sentiments leur étaient inspirés par notre capitaine, protestant lui-même, qui avait été ravi de ce que l'apostolat catholique avait opéré dans les îles *Gambier*. »

CHAPITRE VIII

Départ de Vavao. — Rencontre providentielle d'un jeune Anglais. — Arrivée à Wallis. — Bienveillance de deux chefs insulaires. — Visite au roi. Admission des missionnaires.

Ce fut pour le P. Chanel et ses confrères une douloureuse épreuve que le refus du catholicisme à *Vavao*. Soumis à la volonté de Dieu, ils se hâtèrent de quitter cette île, et de faire voile vers d'autres plages. Au moment de leur départ, un Anglais qui avait habité Wallis et qui s'était fixé à Futuna, leur demanda passage pour cette dernière île, s'engageant à leur servir de guide et d'interprète, leur donnant sur ces deux points de l'Océanie tous les renseignements désirables, et leur faisant entrevoir la possibilité d'y porter le flambeau de l'Évangile. Cet Anglais, nommé Thomas, fut reçu à bord de *la Raiatéa*, et rendit, bien que protestant, d'éminents services à nos missionnaires. Le P. Chanel, ainsi qu'on le verra plus tard, le convertit au catholicisme, et s'en fit un zélé auxiliaire dans les travaux de son apostolat.

« Le 1ᵉʳ novembre (1837), raconte le P. Bataillon,

nous étions en face des îles *Uvéa*, autrement appelées *Wallis*[1]. Nous recommandâmes à tous les Saints dont nous célébrions la fête, l'entreprise que nous avions en vue. Deux insulaires lancèrent à toutes rames leur pirogue, pour se présenter les premiers à bord de notre goëlette : c'étaient *Pélo*, chef de la grande île, et *Tungahala*, chef de la petite île, sachant l'un et l'autre parler anglais. *Pélo* et M. Stoks, notre capitaine, se reconnurent et s'embrassèrent cordialement; ils avaient fait ensemble un voyage sur un navire baleinier. Cette heureuse circonstance permit qu'on fût bientôt comme en famille.

« Toutefois, notre soutane intriguait les deux chefs; ils ouvraient de grands yeux, et ne savaient trop que penser de nous. « Êtes-vous des mission-
« naires, demandèrent-ils, et venez-vous de ce pays
« qui a vu naître Napoléon ? — Oui, nous venons de
« cette terre qui a donné le jour à Napoléon, dont le
« nom et les exploits ont retenti dans le monde en-
« tier; nous venons de la France, l'une des plus
« grandes nations de l'univers. » En parlant de la gloire de notre patrie, nous tâchions de leur faire oublier leur première question : *Êtes-vous des missionnaires ?* Nous savions qu'ils détestaient les missionnaires protestants; et, dans ce moment-là, il nous

---

[1] Les îles *Uvéa* furent découvertes en 1767 par Wallis, capitaine anglais.

était impossible de leur faire comprendre ce qui distingue les ministres de l'erreur d'avec les ministres de la vraie Religion.

« Le jeune *Tungahala*, que Dieu et la Sainte Vierge disposaient en notre faveur, ne cessait de questionner M. Stoks sur nos noms, nos qualités et nos intentions. Celui-ci parla de nous d'une manière si avantageuse, que le jeune chef s'attacha pour toujours à nous, et nous donna, ainsi qu'on le verra dans la suite de notre récit, les marques du plus affectueux dévouement.

« Pendant la conversation, notre goëlette avançait lentement vers le rivage, et nous permettait de contempler le magnifique tableau que la nature déroulait sous nos yeux [1]. A peine nos pieds eurent-ils touché le sol de Wallis, que, nous jetant à genoux, nous réci-

---

[1] *Uvéa* ou *Wallis* est située par le 13° 30′ de latitude nord et par le 107° 5′ de longitude ouest, à peu près entre les archipels *Tonga*, *Viti* et *Samoa*. Sa population est de 3,000 âmes.

Elle se divise en deux îles. La principale s'élève comme une citadelle au milieu de l'Océan. Ses collines et ses vallées sont très-fertiles et très-boisées. Elle est environnée d'une ceinture de coraux contre lesquels les vagues se brisent constamment avec un horrible fracas, et avertissent le pilote de se tenir à l'écart, s'il veut éviter le naufrage. Par delà cette ceinture de récifs est une grande et belle rade circulaire que les pirogues des naturels sillonnent sans cesse. Trois ouvertures permettent de pénétrer dans ce port, que l'art semble avoir embelli par la création de quelques îlots. Les abords de l'île sont défendus par des rochers jetés çà et là comme autant de bastions. « Wallis, écrivait Mgr d'Énos après vingt ans d'apostolat en Océanie, est sans contredit, de toutes les îles que je connais, la plus belle, la plus fertile et la plus naturellement fortifiée. »

tâmes un *Ave Maria*, comme pour en prendre possession au nom de la très-sainte Vierge. Nous allâmes ensuite, accompagnés du jeune *Pélo* et de notre interprète, présenter nos hommages au roi du pays. *Tungahala* voulut rester à bord de notre navire avec notre capitaine, pour empêcher les naturels de nous piller ou de se porter à de plus grands excès.

« Chemin faisant, nous rencontrâmes une case : c'était celle de *Pélo*[1], qui nous pressa d'y entrer pour nous reposer un instant, et nous présenter sa famille. Dieu bénit cet acte d'hospitalité ; car *Pélo*, sa femme et ses enfants devinrent mes premiers néophytes et des modèles de piété. Nous nous remîmes bientôt en route ; et, comme la chaleur était extrême, *Pélo* nous fit suivre un sentier entre deux lignes d'arbres, qui formaient au-dessus de nos têtes une voûte de verdure. Nous qui nous attendions à trouver un pays inculte et stérile, nous fûmes agréablement surpris de voir à droite et à gauche de magnifiques plantations : des cocotiers, des bananiers, des ignames, etc., d'une

[1] « Cette case, dit le P. Chanel, est d'une grande simplicité. Quatre petites colonnes de bois soutiennent la toiture de forme ovale, construite avec des feuilles de bananier qui descendent jusqu'à terre. On relève ces feuilles et on les laisse retomber à volonté. Quelques nattes étendues sur le gravier servent de couches la nuit et de sièges pendant le jour. Des cocos, des racines de *kava*, un ou deux paquets de *tape* (espèce d'étoffe), quelques paniers contenant la provision d'huile, un casse-tête, des lances, des colliers en os de baleine, plusieurs éventails, tel est à peu près le mobilier de la case de *Pélo*. »

admirable fertilité. Toutefois, notre cœur en proie à l'inquiétude, ne nous permettait pas de contempler à loisir les beautés sans nombre que la nature offrait à nos regards. La prière s'échappait de notre bouche, et s'élevait jusqu'à Celui qui tient dans ses mains le cœur des rois...

« Après une demi-heure de marche, nous entrâmes dans la capitale, ou plutôt dans le village où résidait la première autorité de l'île. Dès que nous fûmes en sa présence[1], Mgr de Maronée lui fit quelques présents, qui furent acceptés de grand cœur; puis, sur l'invitation qui leur fut faite, Sa Grandeur s'assit à la droite du roi, et le P. Chanel à sa gauche. Le prélat exposant, à l'aide de son interprète[2], l'objet de sa visite, sollicita la permission de laisser à *Uvéa* deux de ses compagnons de voyage pour y apprendre la langue des naturels. A cette demande, Sa Majesté éclata de rire; et, après un moment de réflexion : « Oh! s'écria« t-elle d'un air et d'un ton menaçant, n'allons pas « trop vite... Ne seriez-vous point missionnaires?... » Mgr de Maronée sachant que le roi voulait parler des missionnaires protestants, les seuls connus dans ses États : « Rassurez-vous, lui répondit-il; nous ne sommes « point de ces hommes que vous avez raison d'ap« préhender, et qu'on a mal fait de recevoir à *Uvéa* et

[1] Le palais royal, à Wallis, ne différait en rien de la case de *Pélo*, dont nous avons parlé.
[2] M. Thomas.

« à *Taïti*. Vous reconnaîtrez bientôt que nous sommes
« vos amis les plus dévoués. — Eh bien, reprit Sa
« Majesté, puisque vous ne venez ici qu'en qualité
« d'amis, vous pourrez demeurer avec moi; sous peu,
« je vous ferai construire une case à côté de la
« mienne; je m'engage à vous fournir des vivres, et à
« vous couvrir de ma protection. »

Les missionnaires, au comble de la joie, remercièrent Dieu d'avoir exaucé leur prière.

CHAPITRE IX

Quelques naturels forment le complot de massacrer les missionnaires et de s'emparer de leur navire. — Présents offerts au roi en témoignage de reconnaissance. — Le P. Bataillon et le F. Joseph-Xavier sont désignés pour la mission de Wallis. — Nouvelles épreuves.

Quelle ne fut pas la surprise de nos missionnaires, lorsqu'ils remontèrent à bord de leur goëlette! Ils se virent tout à coup environnés d'insulaires armés de haches, de lances et de casse-têtes. Ils crurent d'abord que *Tungahala* les avait trahis; mais non; ce jeune chef, voyant que ses compatriotes allaient piller et massacrer un équipage qu'il avait pris sous sa garde, leur commanda d'une voix impérieuse de se retirer promptement et de renoncer à leur projet. Il fut obéi. Les missionnaires lui donnèrent des témoignages d'estime et de reconnaissance.

Le lendemain de cette scène effrayante, le P. Chanel fut chargé par Mgr de Maronée d'offrir quelques présents[1] à Sa Majesté *Uvéenne*, et de conduire au-

---

[1] « Nous offrîmes au roi, dit le P. Chanel, une bouteille de vin

près d'elle le P. Bataillon et le F. Joseph-Xavier, que le prélat avait choisis pour la mission de Wallis. Les trois missionnaires furent accueillis à bras ouverts. On fit en leur honneur la cérémonie du *kava*; puis on leur servit pour repas des ignames, des cocos et des fruits de l'*arbre à pain*.

« Le lendemain de notre installation, raconte le P. Bataillon, le roi étant sorti pour assister à la fête d'un village voisin, nous laissa seuls dans son palais. Heureusement nous reçûmes la visite de *Tungahala*; car une troupe de naturels au regard furieux, à la voix menaçante et la lance au poing, était accourue pour nous massacrer et s'emparer de nos effets, lorsque le jeune chef, à qui nous devions déjà la vie, s'interposa entre nous et ces tigres, leur parla d'un ton sévère et les mit en fuite.

« Autre épreuve : le roi étant de retour, réunit son conseil, et lui demanda s'il fallait nous permettre de rester dans l'île. Le vieillard qui remplissait les fonctions de *kivula*, ou de premier ministre, fut d'avis de nous renvoyer. « Je crains beaucoup, dit-il, que ces

---

qu'il avait demandée la veille; des couteaux, des ciseaux, des miroirs, des clous, des aiguilles. Ces présents paraîtraient indignes de la majesté royale, si on les jugeait d'après nos idées européennes; mais à Wallis, où ces objets étaient inconnus, il était convenable d'en faire hommage au souverain. Aussi furent-ils reçus avec des transports d'admiration et de reconnaissance. Sa Majesté cependant, suivant l'usage du pays, les distribua à ses femmes, à ses ministres et à quelques-uns de ses plus intimes amis. »

« étrangers n'aient l'intention de changer la religion
« d'*Uvéa*. Mes cheveux blancs me font une loi de
« m'opposer à tout ce qui peut, de près ou de loin,
« amener le changement du culte de mes pères. » Ces
paroles firent une profonde impression sur l'esprit du
roi; mais *Tungahala*, que ce prince questionna en particulier, prit si bien notre défense, que notre séjour
dans l'île fut irrévocablement autorisé. La très-sainte
Vierge, nous n'en doutons pas, nous a fait remporter
cette victoire; tout le temps que s'est tenu le conseil,
nous n'avons cessé de la prier de nous venir en aide,
et d'offrir à son divin Fils notre dévouement, notre vie
même pour la conversion des Wallisiens… »

CHAPITRE X

Départ de Mgr de Maronée. — Le P. Chanel est présenté au roi de l'île de Futuna. — Son admission.

La position du P. Bataillon et du F. Joseph-Xavier étant sous la sauvegarde du gouvernement wallisien, Mgr de Maronée, accompagné de M. Thomas, son interprète, du P. Chanel, de *Pélo* et de *Tungahala*, se rendit auprès du roi pour lui témoigner de nouveau sa reconnaissance et lui faire ses adieux. En se séparant de ses deux missionnaires : « Vous avez l'honneur, leur dit-il, d'être placés les premiers sur le champ de bataille. Du courage, et de la confiance en Marie ! J'aurai, je l'espère, la consolation de vous revoir bientôt... » Les deux jeunes apôtres se jetèrent aux pieds du prélat qui les bénit et les embrassa tendrement.

Le même jour (9 novembre 1837), le navire, *la Raiatéa*, leva l'ancre et se dirigea vers l'île *Rotuma*; mais, en passant à *Futuna* pour y déposer l'Anglais qui avait servi d'interprète, Mgr de Maronée fut si bien reçu dans cette île, qu'il crut devoir y placer le P. Chanel avec le F. Marie-Nizier. Il se présenta tout d'abord sous le prétexte apparent de payer un tribut d'hommage à Sa Majesté *Futunienne*. Il lui offrit quelques présents, à elle personnellement, et en ajouta d'autres avec prière de les distribuer aux principaux chefs du pays. Le roi parut si flatté de cette visite et de ces marques de générosité, qu'il en témoigna sa reconnaissance en invitant les trois étrangers à un repas qui fut splendide, du moins jugé tel par les indigènes. Les notabilités de l'île y furent également invitées, et grand nombre d'insulaires exécutèrent sous les yeux des convives des danses et des chants, faisant parade de tout ce qui pouvait exprimer leur joie et leur enthousiasme.

Encouragé par cet accueil bienveillant, Mgr de Maronée prit le roi à part, et, à l'aide de son interprète, s'entretint avec lui, et jugea le moment favorable pour lui présenter ses compagnons de voyage. Il parla d'eux comme de personnes désirant apprendre la langue *futunienne*, et répondit de leur dévouement à Sa Majesté, si de son côté elle daignait protéger leur séjour dans ses États, et pourvoir à leur subsistance. Le roi, quoique bien disposé à recevoir ces nouveaux hôtes, ne voulut cependant rien conclure sans avoir pris l'avis de son conseil. Les chefs et les vieillards furent donc convoqués. La majorité des suffrages semblait d'abord favorable aux deux missionnaires. « Le séjour de ces étrangers, disait-on, ne peut que procurer des richesses au pays. » Un des principaux ministres du roi s'efforça de persuader que la présence de ces inconnus, loin d'être de bon augure, n'était que le sinistre présage d'une religion nouvelle. Bien que cette appréhension fût d'un très-grand poids dans la balance du conseil, l'espoir des richesses l'emporta, et il fut décidé que les deux étrangers auraient droit de résidence à Futuna. La très-sainte Vierge venait encore d'exaucer les vœux et les prières de ses enfants.

Nous espérons que nos lecteurs nous sauront gré d'introduire ici et de mettre sous leurs yeux, avec un certain développement, des détails sur l'île qui a été le théâtre de l'apostolat et du martyre du P. Chanel.

CHAPITRE XI

L'île de Futuna.

§ 1.

Situation. — Topographie. — Nature du sol et du climat. — Indigènes.

L'île que les géographes appellent *Horn* ou *Allofatou*, a reçu des naturels le nom de *Futuna*, sans doute à cause d'un arbre, le *Futu*, très-abondant le long de ses côtes, et qui l'entoure comme d'une ceinture. Elle est située au 179° de longitude, entre le 14° et le 15° de latitude. Suivant le rapport de Dumont-d'Urville, elle fut découverte, en 1616, par Schouten, capitaine hollandais.

Sous la dénomination de *Futuna*, on comprend deux îles que sépare un petit bras de mer : la plus grande, dont l'enceinte est d'environ soixante kilomètres, a retenu le nom de *Futuna*, et l'autre, qui est un peu moins étendue, a pris celui d'*Alofi*.

Ce point de l'Océanie est un des plus favorisés de la nature. Le climat est sain et tempéré, le sol d'une fertilité admirable : on y voit dans la plus riche végétation le bananier, l'arbre à pain, le cocotier, la canne à sucre, le cotonnier, l'igname, le kava, le taro, le toa ou bois de fer, le bambou, etc.; les vallées et les montagnes offrent des prairies et des forêts magnifiques; l'eau douce y est abondante et limpide. « Vue de la mer, dit le P. Chanel, *Futuna* semble en sortir comme un bouquet de fleurs et de verdure. Les tremblements de terre y sont fréquents. Une nuit, je fus éveillé par une secousse si violente qu'il me sembla que toute l'île allait s'engloutir; cet événement me fit conjecturer qu'elle était assise sur un volcan. Les naturels m'en donnèrent une autre explication; vous jugerez si elle vaut mieux que la mienne. Selon leur légende, *Mafuisse-Foulou*, un de leurs dieux, est couché à une grande profondeur sous l'île, où il dort près d'un bon feu; quand il a reposé l'espace d'un an sur un côté, il fait, pour changer de position, des efforts d'une telle violence qu'il ébranle la terre; et si le cratère venait à s'ouvrir, c'est à lui qu'ils attribueraient l'éruption de la lave et des flammes : on avouera que cette fable est pour le moins aussi poétique que celle d'Encelade, qu'au surplus elle rappelle singulièrement. »

« Plus d'une fois, ajoute Mgr Bataillon, j'ai visité *Futuna* en compagnie du P. Chanel. On y rencontre çà et là des laves, des pierres calcinées et des sources d'eaux thermales; les sites sont variés et parfois très-pittoresques; j'ai vu des grottes qui ressemblent à nos plus belles cathédrales du moyen âge. C'est une des îles les plus admirables de la Polynésie. »

Les Futuniens sont d'une taille avantageuse, d'une constitution forte et bien proportionnée; ils ont le teint cuivré et les traits développés. Avant d'être chrétiens, ils pratiquaient le tatouage; leurs vêtements consistaient en des feuilles ou des algues qui les recouvraient depuis la ceinture jusqu'aux genoux. Les hommes laissaient croître leur chevelure, l'oignaient d'une huile parfumée, et la liaient au sommet de la tête; ils la déliaient à la rencontre d'un chef, d'un parent ou d'un ami. Traverser un village étranger sans lui donner ce témoignage et de respect et de concorde, c'était lui faire une injure assez grave pour motiver une déclaration de guerre. Les Futuniens sont intelligents et laborieux. Encore païens et anthropophages, ils cachaient sous un air de douceur et de bienveillance un caractère perfide, vindicatif et sanguinaire. Leur allure, dans sa naïve simplicité, avait quelque chose de fier et d'intrépide. Ils marchaient nu-pieds, le front haut, et presque toujours la lance au poing. Une feuille de bananier leur servait de visière contre les ardeurs du soleil; un diadème de plumes hérissées distinguait les chefs. Les femmes avaient la tête rasée, à l'exception d'un cordon de cheveux, qui courait d'une tempe à l'autre en passant au-dessus du front; elles coupaient ce cordon à la mort d'un parent. Les insulaires des deux sexes portaient habituellement suspendus à leurs oreilles des fleurs, des dents de requin ou des coquillages.

§ 2.

Origine des Futuniens.

Les Futuniens, à l'arrivée du P. Chanel, n'avaient aucune tradition sur leur propre origine; seulement ils croyaient qu'ils étaient redevables de leur île à *Maui-Alona,* leur dieu suprême. Cette espèce de Jupiter avait pour résidence les ténèbres (*lagi,* la nuit). Or, un soir, ayant été informé par *Téailoilo,* son portier, qu'il y avait au fond de l'Océan plusieurs groupes d'îles, il descendit aussitôt dans une barque, et se mit à les pêcher à la ligne. A mesure qu'une île sortait des eaux, il y posait le pied, puis il gambadait dans tous les sens pour l'aplatir, ce qui lui prit une partie de la nuit. Après avoir ainsi façonné les îles *Tonga, Samoa, Rotuma, Fidji* et *Uvéa,* il jeta enfin l'hameçon pour la dernière fois, et *Futuna* s'éleva au-dessus des flots. Il s'empressa de la façonner aussi, mais pendant qu'il nivelait le rivage, le jour commençant à poindre, il se prit à courir, à sauter avec tant de précipitation que le terrain s'affaissa profondément sous ses pas. Ne pouvant agir qu'à la faveur des ténèbres, il rentra promptement dans son palais, sans avoir eu le temps d'achever son ouvrage. Voilà ce qui explique les vallées, les montagnes et les précipices de *Futuna*.

Que cette île se soit formée par une éruption volcanique, tout porte à le croire, ainsi que nous l'avons déjà fait observer. Est-il besoin de dire que sa population se rattache par une commune origine à tous les autres peuples de la terre. C'est une vérité acquise à la science qu'il y a unité dans les races humaines. Elles ne démontrent, en effet, aucune différence essentielle et typique; elles concordent entre elles au triple point de vue de l'organisation, de la physiologie et de la psychologie[1].

---

[1] Qu'il nous soit permis, à propos d'une question qui intéresse à un si haut degré la vérité religieuse et la vérité scientifique, de mentionner ici la lettre qui nous a été adressée, à ce sujet, par l'honorable M. Flourens, membre de l'Académie des sciences et de l'Académie française :

« Voici, mon Révérend Père, les résultats de mes recherches anatomiques sur la peau des diverses races humaines.

« Ces résultats portent sur l'homme blanc ou d'Europe, sur le Maure, sur le Kabyle, sur le nègre, sur le mulâtre, sur l'homme de race rouge ou américaine, sur l'homme de l'Océanie.

« Ici les faits parlent, et parlent avec une force invincible. Il y a diverses *peaux* en apparence, il n'y en a qu'une en réalité, et qui ne diffère d'une race à l'autre que par un peu plus ou un peu moins de matière colorante, du *pigmentum*.

« Que l'on compare, en effet, la structure de la peau chez toutes ces races si profondément distinctes, et l'on trouvera que cette structure est partout essentiellement et fondamentalement la même.

« Or, ce premier fait n'a-t-il pas quelque chose qui nous étonne? L'Arabe appartient évidemment à la race caucasique ou blanche. Il n'appartient ni à la race rouge, ni à la race noire; et cependant il a

On demandera, peut-être, quand et comment elles se sont implantées dans les archipels de l'Océanie. — Ces archipels sont parsemés dans le grand Océan,

un appareil pigmental tout semblable à celui de l'homme noir et à celui de l'homme rouge.

« Et ce n'est pas tout : la peau de l'homme blanc lui-même, de l'homme blanc dans tous les climats, n'échappe pas entièrement à la loi commune ; elle a aussi son appareil pigmental, à la vérité très-circonscrit, mais très-marqué.

« Dans tous les hommes de la race blanche, le mamelon est entouré d'une auréole ou cercle coloré plus ou moins brun ou couleur de bistre. Il importait de déterminer avec précision le siége de cette coloration.

« J'ai soumis à la macération la peau colorée dont il s'agit. La macération a détaché peu à peu les deux épidermes, et la coloration de la couche pigmentale, placée sous les deux épidermes, a paru de plus en prononcée.

« Mais ce n'est pas tout. Une macération plus longtemps prolongée encore a permis enfin de séparer la couche pigmentale même de la face interne de l'épiderme interne, à laquelle elle était restée d'abord adhérente.

« Dans la peau colorée du mamelon de la race blanche, il y a donc deux épidermes, et sous ces deux épidermes, une couche de *pigmentum*.

« Là où l'épiderme externe se superpose sur l'interne, la coloration de la couche pigmentale paraît plus faible ; là où le second épiderme est à nu, il se montre brun foncé, parce qu'il porte le *pigmentum* sur sa face interne ; le derme est toujours blanc.

« Dans la peau de l'homme blanc, le siége de la coloration, lorsqu'il y a une coloration, est donc, comme dans la peau de l'homme de race colorée, sous le second épiderme.

« J'avais étudié, dans mes premières recherches, la peau basanée de l'homme blanc, et j'avais cru voir que c'était le second épiderme qui était bruni par le hâle. Une nouvelle étude, ou plutôt une étude plus longtemps poursuivie, m'a montré, entre le second épiderme et

entre l'Asie, l'Afrique et l'Amérique, mais ils se lient particulièrement à l'Asie; et les vastes îles tropicales, telles que *Bornéo, Java, Sumatra,* n'ont pu recevoir, dans le principe, que des colonies venues des côtes de

le derme, c'est-à-dire à sa place ordinaire, une couche très-manifeste de *pigmentum*.

« L'homme blanc, l'homme blanc lui-même, a donc une peau qui, dans certaines circonstances, qui, sur certains points, offre toute la structure de la peau des races colorées.

« J'ajoute encore un fait :

« La peau du nègre, qui plus tard se caractérise par une couche épaisse de *pigmentum*, la peau du nègre commence par être sans *pigmentum*. J'ai disséqué la peau d'un fœtus de nègre, et je n'y ai pas vu plus de couche pigmentale que dans la peau de l'homme blanc.

« Lorsque nous comparons brusquement et sans intermédiaire la peau de l'homme blanc à celle de l'homme noir ou de l'homme rouge, nous sommes très-portés à supposer, pour chacune de ces races, une origine distincte ; mais si nous passons de l'homme blanc à l'homme noir ou à l'homme rouge par l'homme blanc basané, par l'Arabe; si nous faisons surtout attention aux parties de la peau colorées naturellement, et sans le secours du hâle, dans l'homme de race blanche, ce n'est plus la différence, c'est l'analogie qui nous frappe.

« Ceux qui ont voulu soutenir cette belle thèse de l'unité primitive de l'homme n'ont procédé jusqu'ici que d'une manière indirecte. C'est toujours de quelques altérations obervées sur les animaux, qu'ils ont conclu à des altérations semblables éprouvées par l'espèce de l'homme.

« Ici, l'anatomie comparée de la peau nous donne, par l'analogie profonde et partout inscrite de la structure de cet organe, la preuve directe de l'origine commune des races humaines et de leur unité première.

« L'homme est donc, essentiellement et primitivement, un.

« Flourens. »

l'Inde et de la Chine. Les populations américaines descendaient primitivement de cette même Asie. Du côté du Nord, les continents se touchent en quelque sorte, et sont presque toujours réunis par des glaces. Au Midi, chez des peuples qui ont toujours été aventureux et navigateurs, les vents, les tempêtes, et ces caprices apparents de la mer, que dirige la divine Providence, ont porté, à des époques inconnues, des navigateurs phéniciens, des naufragés asiatiques sur les rivages de la Polynésie et de l'Australie, comme sur les côtes du Mexique, du Chili et des autres empires des deux péninsules américaines. De ces mêmes côtes, sont nécessairement venues dans les îles australiennes de nouvelles familles étrangères, de nouvelles colonies flottantes. C'est à des causes aussi simples et aussi naturelles que l'Australie et la Polynésie doivent d'avoir été peuplées. Les influences des climats et de la nourriture ont seuls amené, avec le temps, les variétés de couleur, de physionomie et de proportions corporelles qui distinguent les Océaniens des autres hommes.

« Tout me porte à croire, dit le P. Ducretté, qu'une émigration fidjienne a donné naissance à la population de Futuna. J'ai assez longtemps évangélisé ces deux peuplades, pour me convaincre qu'elles ont, au point de vue physique et moral, des traits frappants de ressemblance. Les Futuniens sympathisent admirablement avec les Fidjiens, tandis que les insulaires

de Wallis, dont ils sont plus rapprochés, ont une prédilection pour les Tongiens. A Futuna, la langue, les usages, le cannibalisme ont toujours été à peu près les mêmes qu'aux îles Fidjis. J'étais dans cet archipel, quand *Pételo*, roi des Futuniens, y vint faire une visite au roi, et lui demander, comme à son ami, une de ses terres. « Tu peux prendre, lui répondit Sa Ma-
« jesté fidjienne, l'île de *Tikopia*, que tes ancêtres
« ont abandonnée. » La population de Futuna s'est accrue d'une émigration de Samoëns. Les îles Fidjis appartenant à la Mélanésie, et les îles Samoa à la Polynésie, les Futuniens sont un mélange de ces deux races. »

§ 3.

Théogonie. — Sacerdoce. — Bois sacré.

La religion du peuple de Futuna se rapprochait beaucoup des théogonies répandues parmi les autres insulaires de la Polynésie : c'était un paganisme avec des dieux de premier et de second ordre, tous génies hideux, malfaisants et cachés dans les ténèbres, et à qui l'on prêtait les besoins et les faiblesses de l'homme. Le culte qu'on leur rendait n'était prescrit que par la terreur : on ne leur demandait pas des bienfaits, on les conjurait seulement de ne point faire du mal ; on s'efforçait de les apaiser par des supplications, des présents et des sacrifices. « Cette idée que la divinité ne cherche qu'à nuire à l'homme, dit Mgr Bataillon, se retrouve sur tous les points de l'Océanie. »

A la tête de ces dieux figurait *Maui-Alona*; il avait épousé la déesse *Atalua*, dont il avait eu douze fils et trois filles. *Faka-Véli-Kélé*[1], le dernier de ses fils, ayant eu un commerce incestueux avec sa sœur *Finalési*, fut chassé du palais divin et relégué au fond d'un bois, à l'extrémité de l'île de Futuna; sa complice fut condamnée à résider sur le sommet d'une montagne escarpée. Le jeune exilé trouva bientôt le secret de s'élever un trône, et de recevoir des honneurs dignes de son origine. Selon la singulière expression des Futuniens, « il se fit *une barque*, » en d'autres termes, il entra dans le corps de *Nimo*, fils de *Pili*, roi de l'île. Ce prince, en qui une divinité avait établi sa demeure, fit preuve de tant d'éloquence et de tant de bravoure, que son père lui céda la couronne. Un autre insulaire était comme lui en possession d'une divinité: des guerres successives s'engagèrent entre eux, et la victoire appartint toujours à *Nimo*; dès lors le dieu *Faka-Véli-Kélé*, dont il était animé, fut proclamé la divinité suprême de Futuna.

Nous ignorons les noms et les attributions des autres dieux de premier ordre; nous savons seulement qu'ils étaient peu nombreux, et que, parmi eux,

---

[1] Nom qui signifie *faisant la terre mauvaise*.

on distinguait *Mafuikefulu*, ou le dieu dormeur, dont nous avons déjà parlé.

On désignait par le nom général d'*Atua-Muli* toutes les divinités secondaires; chacune d'elles cependant avait un nom particulier. Leur fonction spéciale était d'infliger des châtiments à quiconque se rendait coupable d'un délit envers ceux qui s'étaient placés sous leur protection. La présence de ces *Atua-Muli* était signalée, au foyer domestique, par une colonne dite la *colonne divine;* dans les champs, par une pierre de forme conique; et dans les forêts, par une petite corbeille suspendue à un arbre. Ces divinités, vengeresses du mal, étaient singulièrement redoutées : on attribuait à leur influence les plaies, les ulcères et toute espèce de maladies qui survenaient aux personnes dont la conduite les avait irritées. Mais les Futuniens, dans leur naïve crédulité, avaient trouvé le moyen de commettre des délits sans encourir le châtiment : il était convenu entre eux que l'un des insulaires aurait à crier, au moment d'un vol, par exemple : « La famille est partie, elle s'est embarquée; » et que les complices répondraient : « C'est vrai, il n'y a plus personne à la maison. » Les *Atua-Muli*, ne s'intéressant qu'aux indigènes restés dans l'île, couraient vers leurs protégés absents pour les ramener dans leurs foyers; et, pendant cette course, les voleurs se mettaient à l'œuvre impunément.

Les Futuniens reconnaissaient une espèce de sacerdoce : chaque parenté avait pour elle seule un prêtre ou une prêtresse qu'on appelait *Toé-Matua*, c'est-à-dire *ministres des dieux* ou *grands-pères*. Un insulaire tombait-il malade, on le transportait dans la case de son *Toé-Matua,* qui lui faisait quelques onctions, et conjurait la divinité de lui rendre la santé.

Les *Toé-Matua* étaient chargés d'entretenir chez eux un feu, dit le *feu sacré,* durant les quinze jours qui précédaient une fête religieuse et nationale.

S'il y avait quelques fruits ou quelques poissons dont le vulgaire ne pouvait manger, parce qu'ils avaient été soumis à la loi du *tapou*, c'est-à-dire consacrés, les *Toé-Matua* avaient le droit de lever cet interdit. Il est inutile de dire qu'ils savaient tromper la crédulité populaire, et l'exploiter à leur profit à titre de prêtres et de médecins.

Le roi n'était pas le moins habile dans ce genre d'industrie : en sa qualité de grand *Toé-Matua*, lui seul avait le droit d'ordonner les fêtes religieuses, les sacrifices humains et les réjouissances publiques ; or il prescrivait la quantité de vivres que chacun devait lui apporter dans ces sortes de solennités. S'attribuant encore le pouvoir exclusif de guérir certaines maladies graves et les malades de condition élevée, il fallait payer chèrement les soins que réclamaient les santés ; mais les frais étaient bien plus considérables quand il sortait de son palais pour faire ses cures à domicile. Ses cures! elles consistaient à palper les membres du malade, puis à prononcer à voix basse quelques paroles mystérieuses, à tousser, à cracher à terre, et à déclarer enfin que si le patient, malgré cette cérémonie, venait à succomber, on ne devait s'en prendre qu'à lui-même, parce que sûrement il avait rendu par quelque crime secret la divinité implacable ; et qu'au contraire, s'il recouvrait la santé, c'était une preuve de plus que le roi avait une puissance divine. Dans l'un et l'autre cas, ce n'était point assez de servir un bon repas à Sa Majesté futunienne, il fallait encore lui offrir des monceaux d'*ignames*, de *bananes* et de *taros*; souvent même on ne pouvait s'acquitter envers elle qu'en lui donnant une certaine étendue de terrain de première qualité.

Au grand *Toé-Matua* appartenait encore le droit exclusif de *tapouer* ou de s'approprier, par une consécration spéciale, tout ce qui flattait sa convoitise. Aimait-il une espèce de poissons, il les *tapouait*, et dès lors quiconque en avait pêché devait religieusement les lui apporter ; voulait-il manger les fruits, la volaille ou le cochon de son voisin, il les *tapouait*, et bientôt sa table en était chargée ; il usait même de ce droit pour assouvir ses passions...

C'était à lui que l'on confiait, après le combat, la garde de la *pierre sacrée*[1], espèce de palladium qui, suivant la croyance populaire, décidait de la vic-

---

[1] Elle avait la figure d'un hideux animal.

toire en faveur du parti qui la possédait. Les notables du pays se réunissaient fréquemment autour de cette pierre, pour boire le *kava* et faire des libations.

Il y avait, dans l'intérieur de l'île, une forêt très-épaisse qui, de temps immémorial, portait le nom de *bois sacré*. Personne ne devait y entrer sans l'autorisation du grand *Toé-Matua*. Au centre de ce bois, était une vaste enceinte où se réunissaient, pour les grandes délibérations, le roi, ses ministres et tous les notables du pays. Çà et là étaient appendus aux arbres des têtes et des ossements humains. C'est dans cette lugubre solitude qu'on massacrait, en l'honneur de la divinité, des enfants, des femmes ou des vieillards. On s'y rendait, la veille des combats, pour chanter des hymnes guerriers; et, après l'action, pour dévorer les cadavres ramassés sur le champ de bataille; le plus souvent on y accourait en foule pour se livrer à des réjouissances, qui commençaient par des danses et des jeux et se terminaient par toutes sortes d'orgies.

§ 4.

Circoncision. — Mariage. — Funérailles.

C'était l'usage, chez les Futuniens, de circoncire les enfants dès qu'ils avaient atteint l'âge de puberté. Tous les ans, dans chaque village, on en réunissait un certain nombre qu'on présentait à un *Toé-Matua*, chargé de faire la cérémonie. Les nouveaux circoncis étaient enfermés sous le même toit durant quinze jours, n'ayant pas d'autre souci que de manger et de dormir. Au bout des cinq premiers jours, on peignait sur leur front, d'une tempe à l'autre, deux raies noires séparées par un cordon rouge : c'était la cérémonie des *Fakamaafale*, c'est-à-dire des *parés dans l'intérieur de la maison*; cinq jours plus tard, on les barbouillait de safran des pieds à la tête; et les nouveaux circoncis sortaient de leur habitation pour prendre un repas avec leurs parents et leurs amis : c'était la cérémonie des *Fakamaafafo*, ou des *parés pour aller dehors*; enfin; quand les cinq derniers jours s'étaient écoulés, on célébrait une fête où les vivres étaient servis en abondance; les nouveaux circoncis se revêtaient alors des étoffes du pays auxquelles on donnait le nom de *leuleu*.

Les Futuniens n'attachaient à la circoncision aucune idée religieuse; elle était cependant à leurs yeux un des actes les plus solennels de la vie; par elle, en effet, on cessait d'être compté au nombre des enfants, et l'on prenait rang parmi les hommes.

Lorsqu'un jeune homme voulait se marier, ses parents faisaient eux-mêmes la demande de la fille qu'il désirait épouser, accompagnant cette demande de quelques présents prescrits par l'usage. Le père et la mère de la jeune personne n'exprimaient leur sentiment à cet égard qu'après trois jours de réflexion. Ils manifestaient leur consentement ou leur opposition au mariage de leur fille, en gardant ou en renvoyant les présents qu'ils avaient reçus. Si l'alliance conjugale était acceptée, les parents du jeune homme préparaient des vivres en grande quantité, et les portaient à la famille de la fiancée. Les deux familles se réunissaient pour le repas de noce, auxquels succédaient les jeux, les chants et la danse.

Le lendemain de cette fête, qui durait plusieurs jours, les fiancés recevaient une espèce de consécration nuptiale : ils se peignaient le visage, se couronnaient de fleurs, et se paraient de leurs plus belles étoffes; puis ils se rendaient auprès de leur *Toé-Matua*, qui, se prosternant avec eux devant la *colonne divine*, conjurait la divinité de ratifier leurs engagements et de leur accorder une postérité nombreuse.

Souvent il arrivait que, peu de temps après cette cérémonie, la jeune épouse était abandonnée ou congédiée; quelquefois c'était elle-même qui prenait la fuite et ne voulait plus revoir son mari. L'adultère, les mauvais traitements, les querelles, le dégoût, etc., légitimaient le divorce. Toutefois la polygamie était rare parmi les Futuniens, et la consanguinité, au moins dans les degrés les plus rapprochés, était un obstacle au mariage.

Les funérailles chez ce peuple étaient plus ou moins solennelles suivant l'âge, le rang, les qualités et le mérite du défunt. Tous ceux qui mouraient de vieillesse (à l'exception des chefs et des guerriers célèbres) étaient enterrés sans pompe et sans regret : à peine avaient-ils rendu le dernier soupir, qu'on les enveloppait de *siapo*[1] les plus grossiers, et qu'on se hâtait de les jeter dans une fosse, comme un fardeau dont il fallait se débarrasser au plus tôt. Mais lorsqu'un mort était jugé digne des honneurs funèbres, on l'oignait d'une huile parfumée, on ornait son visage de quelques peintures, on couvrait sa poitrine d'un joli *siapo* qui descendait jusqu'aux genoux, et, avant de l'inhumer, on l'exposait tout un jour à l'entrée de sa case. Les parents et les amis venaient en foule contempler ses traits et donnaient un libre cours à leur douleur : ils versaient des torrents de larmes, ils poussaient des cris lamentables, et se déchiraient la poitrine et la figure avec les ongles ou avec des coquillages. Les femmes prenaient part à ces scènes lugubres ; une mère pleurait-elle son enfant, elle rappelait, au milieu de ses sanglots, les qualités qu'elle admirait en lui ; elle se plaignait de la rigueur du destin, et répétait ces mots d'une voix étouffée par la douleur : « *Oiau-lo!* hélas donc! *loku tama! loku taine!* mon fils! ma fille!... » Elle exprimait encore son affliction par des chants plaintifs ; quelquefois s'approchant du mort, et se penchant à son oreille : « Voilà, disait-elle, voilà

---

[1] Espèce d'étoffe fabriquée par les indigènes.

l'aurore qui paraît, réveille-toi donc pour me parler encore une fois... » Si de jeunes filles venaient à leur tour pousser des sanglots et se couvrir de meurtrissures, les parents du défunt les empêchaient de se mutiler, se contentant de les laisser répandre des larmes.

Au moment de la sépulture[1], c'était à qui ferait toquer son nez contre celui du défunt, et lui donnerait ainsi un dernier témoignage d'estime et d'affection. Le corps déposé dans la fosse, on l'enveloppait d'un linceul et on le couvrait de sable.

En signe de deuil, les insulaires coupaient une partie de cette chevelure, qu'en temps ordinaire ils laissaient croître et cultivaient avec beaucoup de soin; lorsqu'il s'agissait d'un grand deuil, à la suite de la mort d'un très-proche parent ou d'un intime ami, ils se rasaient entièrement la tête et les sourcils, ils revêtaient les étoffes les plus grossières et les plus usées; au lieu de se baigner chaque jour, suivant la coutume, ils s'imposaient de vivre un an dans la malpropreté; soir et matin, pendant six mois, ils allaient sur la tombe de l'être qu'ils avaient perdu, ils l'arrosaient d'huile parfumée, ils l'ornaient de petits cailloux noirs et blancs qu'ils avaient ramassés sur le rivage, et, comme au jour des funérailles, ils poussaient des gémissements et

---

[1] Les Futuniens étaient inhumés près de leur habitation, afin que leur souvenir fût davantage présent à la pensée de ceux à qui les liens du sang les avaient rattachés. — Ils donnaient au tombeau le nom de *Maison du mort* (*Fale o le mate*).

se déchiraient les membres avec des coquillages. **Durant les pluies, ils étendaient sur le lieu de la sépulture des nattes et des feuilles de cocotier. Toutes ces démonstrations d'ailleurs étaient moins l'expression de la douleur qu'un tribut payé à la coutume.

Ordinairement les funérailles étaient suivies d'un festin aux frais de la famille du défunt. Pendant quatre jours, on faisait une grande consommation d'ignames, de poissons et de cochons rôtis; on chantait, on exécutait des danses, on se livrait à divers jeux dont le principal était le *vusu*, ou la lutte à coups de poing.

§ 5.

Croyances relatives à la nature de l'âme et à ses destinées.

Les Futuniens croyaient à l'existence de l'âme, qu'ils appelaient *mauli*, c'est-à-dire *l'immortelle*. Au delà de cette vie, elle devait, suivant ses œuvres, être punie ou récompensée éternellement. Honorer les dieux, respecter les *tapoux*, se marier, obéir à ses chefs, faire preuve de bravoure sur le champ de bataille, verser son sang pour la patrie, et surtout mourir le premier dans un combat, tels étaient les principaux titres à la félicité d'outre-tombe. Cette félicité, dont la durée était sans limite, avait divers degrés : elle était proportionnée au mérite. On se représentait la région des bienheureux comme un pays de richesses, de jeux, de danses et de bonne chair. Au milieu de ces *Champs-Élysées*, s'élevait un arbre immense, *le pukatala*, dont les fleurs embaumaient l'air, et dont les feuilles, mises au four, se changeaient en bananes, en poissons ou en cochons rôtis. Dès qu'on sentait le poids de la vieillesse, on allait se plonger dans un lac dont l'eau était *vaiola*, c'est-à-dire *vivifiante*, et l'on en sortait plein de jeunesse et de beauté.

Quant aux indigènes qui émigraient de ce monde sans avoir acquis des droits à la félicité, ils étaient enfermés dans les *fale mate*, ou *cachots des morts*. Ces prisons souterraines étaient des antres, des cavernes, des creux d'arbres et de rochers. Dans l'une d'elles résidait un *Atua matalua*, c'est-à-dire une divinité vengeresse *ayant deux yeux*. Les réprouvés, après y avoir passé quelques années, mouraient une seconde fois, et descendaient dans une autre prison, habitée par une divinité qui n'avait qu'un œil (*Atua matatasi*). Là, ils mouraient une troisième fois, et se rendaient, les mains liées, chez une divinité sourde, muette et aveugle (*Atua magugu*). Dans les deux premières stations, ils n'étaient nourris que d'insectes et de reptiles; sous l'empire de l'*Atua matatasi*, ils devenaient borgnes; et, sous celui de l'*Atua magugu*, ils perdaient les yeux, les oreilles, la bouche et le nez; ils étaient condamnés à vivre dans cet état, sans espoir d'en jamais sortir.

Tout indigène qui, au delà d'un certain âge, mourait sans avoir été marié, quelle que fût d'ailleurs la somme de ses mérites, subissait un châtiment spécial avant de tomber sous l'empire de l'*Atua magugu*. La justice divine exigeait de lui qu'il arrachât d'abord un gros arbre, appelé *funa*, et qu'ensuite il le portât sur ses épaules jusqu'au sommet d'une très-haute montagne. Or, pour faire cette ascension, il devait gravir un sentier escarpé et encombré de broussailles ; il fallait qu'il ne laissât derrière lui aucun débris de son fardeau ; si une branche, si même une seule feuille se détachait du *funa*, deux surveillants, armés de verges, l'obligeaient de revenir sur ses pas, sans se décharger et marchant à reculons, pour ramasser ce qu'il avait perdu en route. Lorsque enfin il était parvenu au sommet de la montagne, il subissait, dans les *fule mate*, la triple incarcération dont nous venons de parler.

§ 6.

Gouvernement. — Langue futunienne.

De temps immémorial, la population de Futuna se divisait en deux partis : les vainqueurs et les vaincus. Ils habitaient des régions distinctes, séparées par de profondes vallées. Les vainqueurs, à l'arrivée du P. Chanel, résidaient à l'est de l'île, et les vaincus à l'ouest. Le territoire des premiers se nommait *Tua*, et celui des seconds *Sigave*. Les intérêts généraux ne cessaient pas néanmoins d'être communs; un seul roi gouvernait le pays. La royauté, hors le cas d'indignité absolue, appartenait à une même famille, dans le sein de laquelle, à la mort du souverain, les membres du grand conseil avaient à choisir son successeur. Cette royauté était essentiellement théocratique : celui qui en était revêtu était regardé comme le *tabernacle* du grand dieu de l'île [1]; on lui attribuait une sagesse divine dans le maniement des affaires; suivant la croyance populaire, c'était par sa voix que parlait la divinité, c'était par son bras qu'elle agissait, et par ses ordres qu'elle exprimait ses volontés; il pouvait disposer des éléments, calmer les orages, faire pleuvoir ou arrêter la pluie, donner l'accroissement aux plantes, et aux fruits la maturité, rendre la santé aux malades, etc. Aussi l'entourait-on de respect et d'honneur; l'obéissance qu'on lui vouait était sans bornes, elle faisait accepter de grand cœur le sacrifice même de la vie.

Les institutions politiques, si on peut appliquer ce nom aux coutumes de Futuna, avaient un caractère féodal : l'île se partageait en districts, gouvernés par autant de chefs, soumis à la suzeraineté du roi. Le

---

[1] Ce dieu, ainsi que nous l'avons dit plus haut, se nommait *Faka-Véli-Kélé*.

pouvoir royal n'intervenait directement que dans les circonstances où la chose publique se trouvait engagée.

Les races jaunes océaniennes[1], depuis les îles Sandwich jusqu'à Madagascar, parlent des idiomes dont le mécanisme est le même, et qui possèdent un grand nombre de radicaux identiques. Je n'ose dire que ce sont des dialectes d'une langue commune, parce qu'ils diffèrent trop entre eux; ce sont plutôt des langues sœurs. Celle de Futuna, qui attire ici notre attention, n'admet que cinq voyelles et dix consonnes[2]. Malgré ce petit nombre de lettres, elle se prête à toutes les communications de la pensée; toutefois, elle manque de mots pour expliquer certains actes de l'intelligence[3]. Rien d'étonnant, les Futuniens n'ayant vécu, jusqu'à l'arrivée du P. Chanel, que de la vie des sens, n'ayant exercé leur intelligence qu'à des travaux matériels, et ne concevant pas, comme nous, les opérations de l'âme, expriment certaines idées par des tournures de phrases qui leur sont particulières. L'emploi des comparaisons leur est familier; ils ont cependant des façons de parler d'une concision énergique; il leur suffit de nommer une per-

---

[1] Il y a deux races en Océanie, la jaune et la noire.
[2] Ces consonnes sont : F, G, K, L, M, N, P, S, T, V.
[3] « J'ai habité quelques îles, dit le P. Ducretté, mariste, où des missionnaires ont passé plusieurs années sans pouvoir faire comprendre le premier mot du Symbole, *Je crois*. »

sonne ou une chose pour rappeler toute une histoire, un conte ou une aventure. Ils ont une foule de termes dont l'accentuation détermine le sens; ainsi, par exemple, *tama* signifie *enfant*; *tamā*, *père*. Leurs discours, surtout les harangues militaires, ont une teinte de poésie; ils sont courtois et flatteurs quand ils expriment une demande ou un sentiment de reconnaissance. Échangent-ils entre eux quelques plaisanteries, quelques traits de malice, ils font preuve de susceptibilité et de finesse d'esprit. Leur ton de voix d'ordinaire est vif, bruyant et saccadé.

§ 7.

Occupations journalières. — Maisons. — Repas.

Les Futuniens sont laborieux; ils aimaient le travail, même avant leur conversion, et en avaient tellement pris l'habitude, que le P. Chanel n'eut guère besoin de les prémunir contre l'oisiveté. Les hommes fabriquaient des armes, c'est-à-dire des haches, des lances et des casse-têtes; ils construisaient des habitations et des pirogues; ils allaient à la pêche et à la culture des champs; ils remplissaient en outre, au foyer domestique, la fonction de cuisinier. Les vieillards et les jeunes gens s'occupaient spécialement à corder des filaments de la noix de coco, et à coudre des feuilles pour les vêtements et les toitures. Les femmes et les jeunes filles allaient aussi à la pêche; elles sarclaient les champs de *lafi*, arbuste dont elles coupaient les branches inutiles, et dont l'écorce, élargie et aplatie avec une sorte de maillet, servait à former une étoffe qu'elles ornaient de dessins coloriés; elles faisaient encore des nattes, des paniers et des éventails.

Les maisons des insulaires étaient toutes de même architecture : des bambous en formaient les parois, et quatre pieux en soutenaient la toiture en chaume ou en feuillage; on y pénétrait par une ouverture basse et étroite; pas d'autre étage que le rez-de-chaussée, ni d'autre parquet que la terre battue et recouverte de petits cailloux. Quand on voulait dormir, un tronc d'arbre servait d'oreiller, et une natte de matelas. Ces maisons étaient de forme ovale, et presque toutes situées sur la grève; éloignées les unes des autres de quarante ou cinquante pas, et entourées de magnifiques plantations.

Les Futuniens, dans leur vie privée, prenaient leurs repas en famille; cependant, lorsqu'un ami ou un étranger les visitait, ils se faisaient un plaisir de l'inviter à manger avec eux. Ils s'asseyaient sous un arbre vis-à-vis de leurs maisons; leur nappe consistait en une certaine quantité de feuilles; quelques paniers renfermaient les comestibles, et des coques de noix de cocos leur servaient de verres et de bouteilles; leur boisson était de l'eau douce, et la liqueur du *kava*.

Leur nourriture ordinaire était le poisson, la banane, l'igname, le taro, les fruits de l'arbre à pain et du cocotier. La chair de porc, réservée pour les chefs, n'arrivait aux tables du peuple que de loin en loin. Dans les temps de disette et de famine, on allait chercher dans les forêts les tubercules de l'*arum rumphii* ou les racines de quelques fougères.

Pour la cuisson des aliments, les Futuniens faisaient dans la terre un creux qu'ils pavaient avec des cailloux, et qu'ils remplissaient de bois auquel ils mettaient le feu. Quand les cailloux étaient suffisamment chauds, ils les tapissaient de feuilles vertes, sur lesquelles ils étendaient le porc qu'ils voulaient cuire, et qu'ils avaient enveloppé de feuilles de bananier, d'ignames et des fruits de l'arbre à pain; par-dessus, ils jetaient de la cendre brûlante; le tout était recouvert de terre, afin de concentrer la chaleur. « Plus d'une fois, dit un célèbre voyageur [1], j'ai mangé suivant cette méthode dans plusieurs îles de l'Océanie, et, je l'avoue, ces rôtis m'ont paru supérieurs à ceux de nos meilleures tables. »

§ 8.

Tatouage.

Les Futuniens se servaient pour le *tatouage* d'un morceau d'écaille de tortue, dont la forme ressemblait à

---

[1] M. G.-L. Domeny de Rienzi, auteur de l'*Océanie ou cinquième partie du monde*, ouvrage savant, mais imprégné de protestantisme.

un peigne garni de cinq à six dents aiguës. Ils enduisaient ces dents d'une peinture noire, et les appliquant à la peau, ils les enfonçaient à petits coups de baguette. Par le moyen de ces piqûres, ils se dessinaient sur le visage et sur tous les membres des figures indélébiles, dont les unes étaient des cercles ou des parties de cercle; d'autres des lignes spirales, inclinées ou croisées diversement; d'autres enfin, des carrés, des ovales et des losanges. Tous ces dessins étaient régulièrement distribués : ceux d'une joue, par exemple, correspondaient exactement à ceux de l'autre joue; et cette bigarrure, bien qu'étrange, n'était pas toujours, aux yeux des insulaires, un simple ornement, c'était quelquefois un ensemble de traits propres à terrifier l'ennemi, comme aussi une espèce de langage hiéroglyphique, qui rappelaient des souvenirs douloureux ou des titres de gloire. Le *tatouage* avait encore pour but d'indiquer l'extraction de l'individu : il faisait connaître à quelle île, à quelle tribu et à quelle famille il appartenait.

§ 9.

Droits de propriété. — Division du temps. — Mesures des distances.

On distinguait, à Futuna, la propriété commune et la propriété individuelle; celle-ci était héréditaire, et pouvait s'accroître ou s'amoindrir par des contrats.

Les naturels n'avaient pas de conventions écrites, mais ils étaient fort habiles à produire leurs titres de légitime possession : rien de ce qui pouvait les intéresser n'échappait de leur mémoire; s'ils avaient à lutter contre la mauvaise foi, les témoins qu'ils avaient pris dans leurs contrats mettaient bientôt fin aux contestations.

Sous les tropiques, le climat varie très-peu; il n'y règne pour ainsi dire qu'une seule saison. Les Futuniens, pour se reconnaître dans la marche du temps, le partageaient en diverses périodes, déterminées par la récolte des fruits de l'arbre à pain, par le passage d'une espèce de poissons, qui a toujours lieu à la même époque, et par l'observation de certaines fleurs qui ne s'épanouissent qu'à la même lune. La maturité des ignames indiquait le nombre de lunes qui devaient s'écouler jusqu'à la nouvelle semence. Les insulaires se réglaient encore à l'aide des plus grandes marées, des lunes pluvieuses et des vents variables. L'année (*fetuu*) était révolue à la troisième récolte des fruits de l'arbre à pain, ce qui comprenait l'espace de nos douze mois. Le jour se divisait en matin (*pogipogiusu*), midi (*laalaatéa*), et soir (*afiafi*); venait ensuite la nuit (*pouli*), qui donnait son nom à toute la journée. C'était par le nombre des nuits, et non par celui des jours, que l'on se rendait compte du temps que prenait un voyage.

Pour montrer la distance d'un pays à un autre, les

Futuniens la comparaient à une distance connue. Ils indiquaient encore la longueur d'une route par le temps qu'ils avaient mis à la parcourir; mais ne tenant compte ni des haltes qu'ils avaient faites, ni de leur marche plus ou moins rapide, leurs renseignements n'apprenaient pas grand'chose.

La profondeur de la mer, les proportions d'un navire, la hauteur d'un arbre, l'étendue d'un terrain, se mesuraient par *brasses*, ainsi que les étoffes et d'autres objets que les Européens vendaient aux insulaires.

§ 10.

Guerre.

« Dès mon arrivée à Futuna, raconte le P. Chanel[1], je m'aperçus que l'esprit belliqueux et l'humeur guerroyante de mes chers insulaires seraient difficiles à maîtriser, et deviendraient un obstacle au succès de ma mission. Un meurtre, un acte d'injustice, quelquefois même une simple querelle, suffisaient pour partager l'île en deux camps, et allumer une guerre sanglante.

« La veille du combat, chaque soldat se peignait le visage des couleurs le plus étrangement assorties. Les armes étaient la lance, la hache et le casse-tête, auxquelles ont été ajoutés, depuis quelque temps, le

---

[1] Lettre en date du 16 août 1838.

sabre, la baïonnette et le fusil. Sur la première ligne de bataille apparaissaient les jeunes gens; venaient ensuite les hommes, et enfin les vieillards Les femmes elles-mêmes étaient placées à l'arrière-garde; elles étaient là, munies de tous les secours qu'elles pouvaient donner aux blessés; toutefois, leur principal rôle était de retenir les lâches qui seraient tentés de quitter leurs rangs et de fuir pendant l'action. Cette arrière-garde avait reçu, dans le langage du pays, le nom significatif de *filet des femmes ;* tomber dans ce filet était une honte, un opprobre ineffaçable. Des cris, des hurlements donnaient le signal du combat, qui ne tardait pas à prendre le caractère d'une véritable boucherie. »

Les insulaires qui avaient perdu la bataille, se réfugiaient sur le sommet d'une montagne, où les vainqueurs ne pouvaient les attaquer sans s'exposer à la mort. Que pouvaient, en effet, la lance et le casse-tête contre une grêle de pierres et des blocs de rocher? Retranchée dans cette forteresse, l'armée vaincue n'en descendait que lorsque la paix était conclue. Les femmes et les enfants, ayant partout libre accès, lui portaient les vivres nécessaires.

§ 11.

Anthropophagie.

Cédons un instant la plume au R. P. Poupinel, visiteur général des Missions étrangères de la Société de Marie : « Quel affreux spectacle, s'écrie-t-il, présentait l'île de Futuna avant l'arrivée du P. Chanel ! Si l'on excepte les *Viti*, je ne sache pas qu'il existe une île dont on puisse citer des horreurs comparables à celles dont elle a été le théâtre. On signale un chef qui a mangé tous les membres de sa famille ; ce monstre avait les allures cauteleuses et perfides du tigre ; lorsqu'il apparaissait, sa vue seule glaçait d'épouvante. Il avait des paroles douces et pleines d'amitié, cherchant à rassurer ceux qui prenaient la fuite. Quand il était parvenu à dissiper les craintes, il se jetait sur sa proie, et la dévorait.

« Parmi les derniers rois de l'île, il en est un [1] dont la table fut un jour chargée de quinze corps humains. « Courage, s'écriait-il dans l'ivresse du sang, courage ! « arrachez encore la mauvaise herbe... » Il souriait sans doute, en prononçant ces derniers mots ; la chair humaine était une herbe si peu mauvaise qu'on l'appelait *la nourriture des dieux.*

« La cruauté que manifestait le cannibalisme, loin d'être condamnée par les insulaires, était à leurs yeux une vertu surhumaine. Une femme ayant étouffé son enfant, le broya sous ses pieds, et le dévora. Loin de soulever contre elle le blâme et l'indignation, elle grandit dans l'estime publique ; on disait qu'*elle avait des entrailles de dieu.*

[1] Ce roi se nommait *Véritéki*.

« L'anthropophagie, jointe à des guerres fréquentes, avait tellement dépeuplé l'île, qu'en 1836, le chiffre de la population était descendu de quatre mille à douze ou quinze cents âmes... »

« J'ai vu à Futuna, écrivait en 1841 le R. P. Chevron, mariste, un vieillard qui a seul échappé au four dans un village de trois cents âmes. Effrayé de la solitude qui se faisait autour de lui, le roi *Niuriki* (celui-là même qui ordonna plus tard le massacre du P. Chanel), défendit, sous les peines les plus sévères, de manger de la chair humaine. Un de ses courtisans le suppliant de ne point prohiber cette nourriture : « Si « on transgresse ma défense, lui répondit Sa Majesté, le « premier homme que l'on mangera, ce sera toi. » Le décret royal retentit comme un coup de tonnerre sur tous les points de l'île ; le cannibalisme n'osant plus reparaître en plein soleil, se cacha dans l'ombre, et n'en devint que plus habile à saisir sa proie... »

Un autre missionnaire de la Société de Marie, le P. Ducretté ajoute à ce récit les lignes suivantes : « A l'arrivée du P. Chanel, il y avait encore des Futuniens qui se repaissaient de chair humaine. Ils se cachaient derrière un buisson ou dans le creux d'un rocher, et malheur à qui tombait dans cette embuscade ! ils entraient dans les maisons les plus isolées qu'ils savaient n'être gardées, à certaines heures, que par des vieillards ou des malades ; ils parcouraient le rivage, où souvent les femmes déposaient leurs nouveau-nés pour aller pêcher à quelques pas de là. Tout ce qui tombait sous leurs mains était massacré et porté au four. Je me rappellerai toujours les larmes d'une mère qui avait ainsi perdu sa jeune fille [1]. »

§ 12.

Fête religieuse et nationale.

Tous les ans, à une époque fixée par le roi, les Futuniens payaient à leurs dieux un tribut d'hommage solennel. Ils se préparaient, durant quinze jours, à cette fête religieuse et nationale. Sa Majesté insulaire entretenait dans son palais un *feu sacré*; elle chargeait ses ministres de construire une grande et belle case qu'on appelait *la maison des dieux*, parce que les dieux, suivant la croyance populaire, y résidaient tout le temps de leur fête. On ne devait bâtir cette espèce de panthéon que la nuit et en silence; on pouvait cependant, au besoin, se parler par signes. Le jour de la solennité, deux hommes, choisis entre tous les indigènes, avaient seuls le privilége de pénétrer dans le temple; ils le parcouraient dans sa longueur et dans sa largeur, obligés de revenir sur leurs pas pour ne point sortir des lignes qui leur étaient tracées.

La famille royale se tenait debout à l'entrée de *la*

Extrait d'une lettre en date du 15 juillet 1863.

maison divine, tandis que la foule répandue à l'entour, était silencieuse et recueillie. Alors le roi, s'adressant aux dieux, leur disait d'une voix forte et suppliante : « C'est la sagesse qui m'amène ici, et avec moi tout le monde. Soyez bons envers nous ; s'il y a de la colère en vous, jetez-la dans la mer, qu'elle s'en aille bien loin. Venez avec le bonheur et la justice à celui qui préside, afin que tout soit prospère dans l'île. » — Le peuple répondait : « Ainsi soit-il (*koia*) ! »

La prière terminée, on se mettait à boire et à manger : bananes, taros, cannes à sucre, cochons rôtis, kava, rien ne manquait ; les provisions de bouche, auxquelles chaque famille avait contribué, étaient si copieuses qu'on ne pouvait les consommer toutes, sans se condamner à la famine ; pour éviter la disette, le roi les *tapouait* dès qu'on avait assez mangé, et ne levait le *tapou* qu'à l'heure du départ. On se partageait alors les vivres, et chacun rentrait chez soi.

§ 13.

Musique. — Danse. — Jeux.

La musique instrumentale des Futuniens se composait du tambour et de la flûte. Le tambour, formé d'un tronçon de bois creux, rendait, sous les coups d'une baguette, des sons sourds et prolongés ; la flûte, composée d'un morceau de bambou, à quatre trous et fermé aux extrémités, n'exprimait que des notes douces et plaintives. Quand un chœur de voix se mêlait à ces deux instruments, l'orchestre, qui ne manquait pas d'ensemble, était par trop monotone.

La musique, d'ordinaire, n'allait pas sans la danse. Pour être admis à cette réjouissance, il fallait se peindre le visage, se parer des plus belles étoffes et se couronner de fleurs. Les hommes et les femmes ne dansaient point ensemble ; mais n'étant qu'à une petite distance les uns des autres, ils faisaient simultanément les mêmes évolutions et les mêmes gestes, agitant tantôt d'une main et tantôt de l'autre une palette ou une branche de palmier. Dans ces danses, on évitait sévèrement tout ce qui pouvait blesser la pudeur ; nous sommes cependant porté à croire qu'on ne regardait pas ces sortes d'amusements sans danger pour l'innocence : on n'y admettait pas les jeunes filles dont la moralité était sans reproche, et qui, pour cela, étaient appelées *les vierges de la divinité* (*toupoou o le atua*[1]).

Les principaux jeux ou exercices des Futuniens étaient la course à pied et le pugilat. L'honneur de la victoire était la seule récompense qu'ils ambitionnaient dans ces luttes.

---

[1] Ces précautions n'étaient pas les seules que prenaient les Futuniens pour abriter l'innocence. Ils ne souffraient pas la cohabitation des deux sexes avant le mariage ; dans chaque famille, l'enfance, l'adolescence et la jeunesse avaient leurs *uvo*, ou maisons respectives.

Ce serait sans doute une intéressante étude que celle de Futuna, au point de vue de la botanique, de la zoologie et des autres sciences naturelles, mais nous y arrêter serait une halte qui nous ferait perdre trop longtemps de vue le héros dont nous écrivons l'histoire. Nous allons donc reprendre le fil de notre récit, et suivre le P. Chanel dans les travaux de son apostolat.

CHAPITRE XII

Début de la Mission.

Si le P. Chanel eût trouvé, à Futuna, quelques confrères et une chrétienté naissante ; si du moins il eût connu la langue du pays, il aurait eu un puissant encouragement ; mais non, cet appui du zèle lui manqua. Apportant, le premier, le flambeau de la foi dans l'île, et n'ayant pour auxiliaire qu'un jeune catéchiste, le frère Marie-Nizier, il eut à surmonter les plus grands obstacles pour arriver jusqu'aux âmes et les mettre dans la voie du salut. Pénétré plus que jamais de son impuissance, il s'humilia profondément devant Dieu, s'avouant non-seulement incapable, mais indigne de la mission qu'il entreprenait.

Écrivant à une pieuse et charitable dame de Lyon : « ..... Mgr de Maronée, lui dit-il, m'a placé dans l'île de Futuna, à quarante lieues de Wallis, où le P. Bataillon vient d'être casé avec un frère catéchiste... En dépliant une pièce d'étoffe que vous m'avez procurée pour vêtir mes chers sauvages, j'ai trouvé une lettre qui renferme une promesse et une demande : vous me promettez le secours de vos prières et l'envoi de quelques nouveaux dons; je ne saurais trop vous en témoigner ma reconnaissance. Vous me demandez quelques images signées de ma main; pour ne pas m'exposer à des sentiments de vanité, je vous envoie des images, mais sans signature. Écrivez, à la place de mon nom, et ne vous lassez pas de répéter ces mots : « *Mon Dieu, ayez pitié d'un grand pécheur que vous avez envoyé à la conversion d'autres pécheurs...* »

Le P. Chanel, loin de perdre courage, redoubla de confiance en Celui qui lui permettait de dire avec l'Apôtre : « *Omnia possum in eo qui me confortat*[1]. » Se jetant aux pieds de la Sainte Vierge : « C'est par vous, lui dit-il avec saint Cyrille d'Alexandrie, que la Croix divine est connue et adorée dans le monde entier; c'est par Vous que les Anges et les Archanges se réjouissent, les démons sont mis en fuite, l'homme est ramené dans la voie du ciel; c'est par Vous que toute créature, enchaînée par l'idolâtrie, brise ses liens et ouvre les yeux à la vérité; c'est par Vous que s'élèvent sur tous les points du globe des temples au vrai Dieu; c'est par Vous que les Apôtres ont annoncé *la bonne nouvelle*, et dissipé les ténèbres qui enveloppaient les nations assises à l'ombre de la mort[2]. »

---

[1] « Je puis tout en Celui qui me fortifie. » Philip., IV, 13.

[2] « Per Te Crux pretiosa celebratur, et adoratur in toto orbe terrarum; per Te lætantur Angeli et Archangeli, fugantur dæmones, et

« J'implore donc votre secours, et vous consacre l'ile dont la mission m'est confiée; ah! je vous en supplie, bénissez-moi, travaillez avec moi au salut des âmes qui m'entourent!... »

En témoignage de cette consécration, le jeune missionnaire suspendit à un arbre *la médaille miraculeuse*.

Sa première habitation fut le palais du roi, c'est-à-dire la hutte d'un sauvage qui devait plus tard le faire massacrer; ainsi se vérifiait une fois de plus cette parole du divin Maître : « *Je vous envoie comme des agneaux au milieu des loups*[1]. »

Sa Majesté, dont le caractère était profondément hypocrite, lui témoigna d'abord de la bienveillance et de l'amitié. Ayant à son gré M. Thomas Boog, qui lui servait d'interprète, elle aimait à s'entretenir avec son nouvel hôte, à lui demander de quel pays il venait, s'il avait encore sa mère, quelles richesses il apportait dans l'île... « J'ai promis de te nourrir, lui dit-elle, je tiendrai ma parole; j'ai encore promis de te couvrir de ma protection, tu n'as rien à craindre dans mes États : je te fais *grand-tapou*; par cette dignité tu as droit au

---

homo ipse ad cœlum revocatur; per Te omnis creatura idolarum errore detenta, conversa est ad agnitionem veritatis, atque in toto orbe terrarum constructæ sunt ecclesiæ; per Te Apostoli salutem gentibus prædicârunt, et vera lux effulsit sedentibus in tenebris et umbra mortis. » *Sermo contra Nestorianum*.

[1] « Ecce Ego mitto vos sicut agnos inter lupos. » Luc, x, 3.

respect, et quiconque oserait te faire du mal, allumerait ma colère et celle des dieux... »

Le R. Père se montra sensible à ces marques d'affection et de dévouement. Causant à part avec son jeune catéchiste : « Remercions Dieu, lui dit-il, nos affaires prennent une bonne tournure; si elles continuent à marcher de ce pas, le roi ne tardera pas à se convertir, et, par cette conquête, l'île tout entière suivra bientôt son exemple. Le démon, sans doute, fera tous ses efforts pour retenir les âmes que nous voulons arracher à son empire, mais ayons confiance, prions beaucoup, nous serons, je l'espère, plus forts que lui... »

La prédiction du saint missionnaire n'était que trop fondée. Un incident qui prête à rire, mais qui pouvait avoir les plus fâcheuses conséquences, lui apprit à mieux connaître Sa Majesté Futunienne. Pour être plus recueilli dans la récitation de son bréviaire, il alla un jour s'agenouiller dans un coin de la case royale, puis il s'assit sur une pierre qu'il ne soupçonnait pas être la *pierre sacrée du pays*, la pierre qu'on regardait, la veille d'une bataille, comme le gage assuré de la victoire. Le roi entra dans une telle fureur que, grinçant des dents et s'armant d'un casse-tête, il s'avançait déjà contre le *profanateur*, qui soudain se jetant à genoux pour implorer le secours d'en haut, fit cesser le *sacrilége* et dissipa l'orage. Revenu de sa frayeur et ne pouvant s'expliquer une scène si étrange, le bon Père alla trouver M. Thomas Boog, qui l'instruisit de quelques superstitions locales, et lui dit en souriant : « Je pense que désormais vous choisirez un peu mieux les pierres sur lesquelles vous voudrez vous asseoir. »

« Tous ceux qui ont vécu parmi les sauvages, dit un missionnaire de la Polynésie [1], savent que le roi d'une île est heureux d'avoir chez lui un *téa*, c'est-à-dire *un blanc*. Son *téa* lui fournira des remèdes, à lui, à sa famille, à ceux de ses amis à qui il lui commandera d'en distribuer; son *téa* lui donnera des *richesses* d'Europe, des brasses de calicot, des vêtements, des fusils, des haches, des couteaux; son *téa* lui attirera des visites et des compliments; tout ce qu'il verra sur son *téa* ou en sa possession, il le lui demandera, et s'il y a refus, la disgrâce, les paroles insultantes, la privation ou la diminution de nourriture s'ensuivent... Telle fut la situation du P. Chanel chez le roi de Futuna; j'ai appris moi-même des insulaires qu'il ne s'en plaignit jamais. »

[1] Le R P. Ducreté, mariste.

CHAPITRE XIII

Case du missionnaire. — Règlement. — Étude.

L'hospitalité *royale* qu'avait reçue le P. Chanel ne fut pas de longue durée : un mois s'était à peine écoulé que *Niuliki* lui fit construire, dans le voisinage de son palais, une case environnée d'un petit jardin. L'humble et zélé missionnaire ne craignit pas de s'employer à cette construction. « Quelques indigènes, raconte-t-il lui-même, nous aidèrent à bâtir notre cabane : des bambous reliés à des pieux en firent les parois, et des feuilles de cocotier la toiture ; elle est située dans la belle vallée d'*Aro*, au sud-sud-est de l'île, à deux ou trois cents pas de la mer. »

Cette habitation était conforme au goût du missionnaire et de son catéchiste. Ils n'y furent pas longtemps à l'abri des vents et de la pluie ; quoiqu'ils l'eussent construite aussi solidement que possible, deux mois ne s'étaient pas écoulés qu'il n'en restait plus que le souvenir ; ils prévoyaient bien cette épreuve, dans un climat où les pluies sont parfois torrentielles et les orages très-violents ; grand nombre d'autres cases furent également détruites; toutes ces pertes furent bientôt réparées.

Le P. Chanel aimait à relire et surtout à observer les Constitutions de son Institut, ainsi que les instantes recommandations du T.-R. P. Colin aux premiers missionnaires de l'Océanie occidentale. « Mon très-révérend Père, lui écrivait-il en 1839, je relis souvent nos saintes règles et les conseils que vous nous donnâtes par écrit, lorsque nous quittâmes la France; je m'efforce et m'efforcerai toujours, avec la grâce de Dieu, de les mettre en pratique... »

A la suite d'un entretien qu'il eut un jour avec son jeune catéchiste : « Puisque nous ne pouvons pas maintenant, lui dit-il, faire aimer Jésus-Christ par les âmes qui nous entourent, efforçons-nous de le glorifier par une constante et généreuse fidélité à notre règlement et à nos engagements religieux; en agissant ainsi, non-seulement nous travaillerons à la gloire de Dieu et à notre propre sanctification, mais nous attirerons encore sur nos chers sauvages des grâces de lumière et de salut. Dans une mission aussi difficile que la nôtre, il faut que nous soyons des saints; plus nous aurons l'esprit de foi, de piété et de sacrifice, plus nous obtiendrons de puissants secours, des succès inespérés dans les circonstances les plus épineuses, dans les situations les plus désespérées, dans les entreprises les plus surhumaines... »

Le P. Chanel n'ayant aucune grammaire qui l'initiàt à la langue futunienne, se livra sans relâche à un travail d'observation, cherchant, en quelque sorte, à deviner un idiome, le seul en usage dans l'île ; ce fut pour lui une rude tâche. Il est vrai, M. Thomas Boog, qui lui était dévoué, parlait anglais et futunien; mais, étranger à toute autre langue, il lui était fort difficile d'enseigner l'idiome futunien par le moyen de la langue anglaise, que le Père ne parlait que très-imparfaitement. De son côté, le R. P. Bataillon étudiait la langue de Wallis, peu différente de celle de Futuna. Les deux missionnaires n'étaient séparés l'un de l'autre que par une distance de quarante lieues ; une goëlette, qui faisait de temps en temps la traversée, leur permit des relations, par des échanges de lettres et de visites ; unissant leurs efforts dans l'étude d'une langue indispensable à leur apostolat, ils en pénétrèrent enfin le mystère.

CHAPITRE XIV

Épreuves de la part de quelques jeunes insulaires
et du démon.

Dans les premiers temps de sa mission, le P. Chanel, bien que protégé par le roi, eut beaucoup à souffrir de la part des indigènes : il ne pouvait sortir de sa case sans être l'objet de quelques railleries ; plusieurs fois même on lui jeta des pierres et on le menaça du casse-tête.

« Les jeunes gens et surtout les enfants, raconte le P. Ducretté, étaient sans cesse à ses trousses, examinant ses traits, riant de sa démarche, et tournant en ridicule sa manière de prier ; en un mot, le missionnaire était au milieu d'eux comme un être singulier qui excitait le rire et le mépris. Souvent le F. Marie-Nizier et M. Thomas Boog en témoignaient de l'indignation ; mais le Père, toujours calme, toujours plein de mansuétude, les exhortait à la patience : « Souffrons tout, leur disait-il, pour l'amour de Jésus-Christ et l'établissement de son règne. »

Plus tard, ces jeunes gens et ces enfants, convertis au catholicisme, pleuraient au souvenir de leur conduite à l'égard du saint missionnaire. « Quand *Pételo*[1], disaient-ils, débarqua dans notre île, nous étions mauvais, nous étions méchants envers lui, nous l'insultions ; et cependant son cœur n'avait point de colère, point d'amertume contre nous : il nous voyait avec bonté (*e agamalié kivei keitou*). »

« Il dut en coûter au P. Chanel, dont la santé était délicate, de plier son tempérament au régime alimentaire des sauvages. Les Futuniens, suivant leur langage, *ne faisaient qu'une seule cuisine* (*naa fai umu latou*), c'est-à-dire ne mangeaient qu'une fois par jour ; et encore leur repas n'avait lieu que dans la soirée : le taro, l'igname, la banane et le fruit de l'arbre à pain, qui le composaient d'ordinaire, loin d'entretenir une santé faible, l'attaquent et la ruinent promptement. Le P. Chanel ne se plaignit jamais d'un tel régime ; il se regarda au contraire comme l'*enfant gâté* de la Providence. Cependant, pour n'être point à charge aux indigènes, il voulut se procurer, à la sueur de son front, une partie au moins de sa nourriture : il travailla le coin de terre que le roi lui avait donné ; il l'ensemença, et fit des plantations qu'il cultiva de ses mains[2]... »

---

[1] *Pételo* ou Pierre, prénom du R. P. Chanel.

[2] Extrait d'une lettre adressée à l'auteur de ce livre, le 15 juillet 1862.

Dans les premiers temps, alors qu'il ignorait complétement la langue du pays, il étudia les mœurs et les usages des naturels; il chercha à gagner leur confiance, en les voyant toujours avec bonté, en leur faisant quelquefois de petits présents, et en ne s'offensant jamais de leurs insultes ou de leurs grossièretés. Chaque matin, il offrait pour eux le divin sacrifice; et, quand il parcourait l'île, ne pouvant glorifier Dieu par les âmes qu'il rencontrait, il aimait à réciter ce Cantique où le prophète invite toutes les créatures, les Anges, les astres, la lumière et les ténèbres, la terre avec ses vallées et ses montagnes, les nues, la pluie et la foudre à bénir le Seigneur, et à rendre au Père, au Fils et au Saint-Esprit la gloire qui leur est due [1]. « Il fut un jour singulièrement surpris, dit le R. P. Roulleaux [2], de trouver dans le plus affreux état la page de son bréviaire qui renfermait ce Cantique : des griffes l'avaient tellement labourée qu'elle était illisible; et chose digne de remarque, le livre n'avait souffert que ce dommage. « Je vous avais tant recommandé, dit le Père à son « catéchiste, de ne laisser entrer personne dans notre « case, et voilà qu'on a abîmé une page de mon bré- « viaire!... » — « Mon Père, lui répondit le F. Marie- « Nizier, je puis vous assurer que j'ai fait bonne « garde, et que personne n'a touché votre bré-

[1] Canticum trium puerorum. Danielis, 3. c.
[2] Le R. P. Roulleaux, mariste, a exercé le saint ministère à Futuna en 1842.

« viaire!... » Le bon Père se prenant alors à réfléchir, découvrit bientôt le coupable, qui ne pouvait être, selon lui, que le démon. J'ai vu moi-même le livre en question, ajoute le P. Roulleaux, et la page, où se trouvait le Cantique *Benedicite*, entièrement effacée... »

Dès que le P. Chanel fut un peu initié à la langue futunienne, il parcourut la vallée qu'il habitait[1], et essaya de jeter dans les âmes la semence de la divine parole. Afin de n'éveiller parmi les insulaires aucun soupçon, aucun pressentiment qui les tînt en garde contre lui, il borna d'abord son zèle à leur montrer qu'il ne se rapprochait d'eux que pour leur témoigner de la confiance et de l'amitié. Les premières familles qu'il visita l'accueillirent avec une joie mêlée de respect, sachant que leur souverain l'avait élevé à la dignité de *grand tapou*; elles le firent asseoir sur leurs plus riches *siapos*, et s'entretinrent longtemps avec lui; elles admirèrent sa douceur, et furent enchantées des petits présents qu'il leur distribua. « Les esprits et les cœurs, dit le P. Ducretté, ne furent plus les mêmes, dès qu'on leur fit entrevoir une religion nouvelle. A peine le P. Chanel commença-t-il à parler de Dieu à ses chers Futuniens, qu'il vit aussitôt les uns s'éloigner, les autres bâiller ou entamer une conversation, quelques-uns le regarder avec un air de mépris, les enfants se dissiper et l'interrompre

---

[1] La vallée d'*Aro*.

par leur voix bruyante ; l'action du démon était si manifeste qu'au simple exposé d'une vérité chrétienne, comme aussi au seul nom de Jésus-Christ, la plupart des auditeurs entraient dans un état de frénésie difficile à décrire. »

CHAPITRE XV

Premiers épis de la moisson évangélique. — Fragment d'une lettre adressée à M. Bolliat, curé de Crozet. — Réponse aux élèves du collège de Belley.

Dans leurs relations commerciales avec les navigateurs, les Futuniens avaient appris à se défier des étrangers; ils étaient persuadés que les Européens n'avaient pas leurs égaux dans l'art de séduire et de tromper. Toutefois, ils ne tardèrent pas à dire, en parlant du P. Chanel : « Cet homme est bien différent des autres blancs que nous avons vus. »

Les enfants surtout aimaient à publier les témoignages de bonté qu'ils avaient reçus de lui; ils recherchaient sa compagnie; du plus loin qu'ils pouvaient l'apercevoir : « Voilà *Pételo*[1] ! » s'écriaient-ils pleins de joie, et de courir aussitôt à sa rencontre. Lui, de son côté, aimait à se retrouver au milieu d'eux. Écrivant à M. Bolliat, curé de Crozet[2] : « ... C'est pour

---

[1] *Pételo* ou Pierre, prénom du P. Chanel.
[2] Dans le diocèse de Belley.

moi, lui dit-il, une bien douce satisfaction, lorsque je fais ma ronde dans l'île, de voir accourir à ma rencontre une multitude d'enfants battant des mains, et annonçant mon arrivée à leurs parents; les uns s'accrochent à mes bras, les autres à ma soutane, et m'embarrassent ainsi de leurs témoignages d'affection...

« J'apprends avec plaisir que les enfants de votre paroisse s'intéressent au salut de nos jeunes sauvages; qu'ils ne se lassent point de prier pour eux; j'espère qu'avec le secours d'en haut ces pauvres petits insulaires deviendront bientôt la consolation de l'Église et la mienne [1]... »

Le saint missionnaire ayant reçu une lettre des élèves de Belley, leur adressa cette réponse: « Messieurs, quand je veux embrasser d'un même souvenir tous les élèves qui furent confiés à mes soins, depuis les plus jeunes jusqu'aux plus âgés, même ceux qui depuis longtemps sont répandus dans le monde, je ne trouve qu'un nom pour les désigner, un seul nom qui aille à mon cœur; je dis et je dirai toujours : Mes enfants, la famille de Belley.

« Je bénis la divine Providence de vous avoir placés dans une maison où la Religion et la science se prêtent un mutuel appui dans la culture de votre cœur et de votre intelligence.

---

[1] Extrait d'une lettre en date du 29 novembre 1839.

« Développer les nobles facultés physiques, intellectuelles, morales et religieuses, qui constituent la nature et la dignité humaines ; les établir dans la plénitude de leur puissance et de leur action ; par là, former l'homme et le mettre en état de servir la patrie, et de fournir une carrière utile et honorable dans les diverses conditions de la société ; et ainsi, dans une pensée plus haute, préparer l'éternelle vie en élevant la vie présente, telle est l'œuvre, tel est le but de l'éducation.

« Oh ! que nos petits sauvages vous porteraient envie, mes chers enfants, s'ils pouvaient connaître et apprécier les soins qui vous entourent ! Les difficultés de leur langue ont retardé leur bonheur et le mien. Ce n'est jamais sans une vive émotion que je les vois réunis en foule à l'entrée des villages où je suis attendu ; à peine m'ont-ils aperçu qu'ils crient en battant des mains : « C'est Pierre qui arrive (*Pételo ka haou*). » Tous aiment la France, et désirent y aller ; tous veulent avoir des noms français ; un jour viendra que je leur donnerai les vôtres, qui se trouvent au bas de votre aimable lettre.

« Ne regrettez pas, mes chers enfants, les missionnaires que vous voyez partir pour l'Océanie ; l'unique regret qui vous soit permis est celui de ne pas les voir partir en plus grand nombre. Combien d'âmes pour le salut desquelles nous sommes arrivés trop tard ! Combien d'adultes n'ai-je pas eu la douleur de voir mourir sans pouvoir leur enseigner les vérités nécessaires pour aller au ciel! Plus heureux auprès des enfants en danger de mort, j'en ai baptisé un certain nombre qui sont allés *droit* au paradis.

« Je vous félicite, mes chers enfants, de vous être consacrés à la très-sainte Vierge, de l'avoir prise pour mère, et de préférer le nom d'*enfants de Marie* aux plus beaux titres de noblesse. Gardez-vous bien de tout ce qui peut contrister cette auguste et tendre Mère; ne la forcez jamais à vous désavouer pour ses enfants. Je n'ai pas besoin de vous dire ce qui vous attirerait cette disgrâce.

« Puissent mes prières, jointes à tant d'autres plus ferventes, vous aider à servir Dieu et, un jour, la société, qui a les yeux sur vous, mais qui ignore encore si elle doit craindre ou espérer de votre part.

« Pour preuve de ma bonne volonté, et des vœux ardents que je forme pour votre bonheur, j'ai laissé, pendant tout le mois de mai, votre lettre sur le pauvre autel où j'ai la consolation d'offrir le divin sacrifice, et tout près d'une image de la très-sainte Vierge.

« Nous comptons, mes chers enfants, sur le secours de vos prières, en attendant que l'âge et la divine volonté vous permettent de venir, sinon tous, du moins en bon nombre, nous aider à recueillir une moisson mûre, et ranimer notre courage en multipliant nos forces.

« Je prie le Dieu de toute bonté de répandre sur

vous, et sur ceux qui se joindront plus tard à vous, ses plus précieuses bénédictions.

« Attachez-vous de plus en plus à la piété, mes chers enfants; *elle est utile à tout,* dit saint Paul : par elle vous accomplirez vos devoirs de chrétiens et d'écoliers; par elle vous plairez à Dieu, et vous rendrez douce et facile la tâche de vos excellents maîtres.

« Je vous embrasse tendrement dans les cœurs de Jésus et de Marie... »

CHAPITRE XVI

Le missionnaire comme il le faut en Polynésie. —
Le Catholicisme, puissance civilisatrice.

Plus le R. P. Chanel vit de près la plupart des insulaires, plus il comprit que leur conversion ne pouvait être que l'ouvrage de Dieu; or, pour devenir entre les mains de Dieu un instrument de salut, il redoubla de zèle dans l'œuvre de sa propre sanctification. « Ah ! disait-il un jour à son jeune catéchiste, quand je recueille attentivement dans mon cœur les traits qui me représentent les amis du Sauveur, les compagnons de ses travaux et de sa vie, je contemple avec bonheur, dans la réalité de l'histoire, cette mâle figure de la vertu apostolique.

C'est d'abord la pauvreté et son amour. L'apôtre est pauvre, il méprise les biens de cette terre, il les fuit avec horreur; il se glorifie avec son Maître de son indigence et de ses privations; il travaille de ses mains pour vivre; il vit quelquefois d'aumône... L'apôtre s'affranchit des sens et des plaisirs; il châtie son corps et le réduit en servitude; il ne suit qu'une loi spirituelle et pure... L'apôtre ne cherche que la gloire de Dieu : honneur, louange, estime des hommes, et la liberté et la vie, il a tout sacrifié pour étendre le règne de Jésus-Christ... L'apôtre est avide de travaux et de souffrances; il se consume pour arracher ses frères à l'erreur, pour les éclairer, les soutenir et les conquérir à la céleste patrie... L'apôtre, il est simple, il est héros, il est victime; cet homme est un saint : voilà le missionnaire qu'il faudrait à Futuna... »

Le R. P. Chanel était loin de penser qu'il fût nécessaire, ainsi que l'ont cru certains idéologues, de civiliser d'abord les sauvages avant de leur prêcher l'Évangile. « L'apôtre, disait-il, se propose deux buts : d'arracher les âmes à l'empire du démon, pour en peupler le ciel, et d'implanter ici-bas la civilisation. Il y a, par conséquent, deux enseignements qui doivent se développer sur deux lignes parallèles : l'enseignement religieux et l'enseignement social; le second est le complément du premier, parce que les vérités sociales sont toutes renfermées dans les vérités religieuses, c'est-à-dire qu'elles sont les corollaires de la révélation divine. Les théories les plus ingénieuses, placées hors du principe religieux, vaines et fragiles comme la raison qui les enfante, ne produisent que de vains et fragiles résultats. Du moment que Jésus-Christ, *principe de tout bien* [1], sera connu et aimé à Futuna, cette île changera entièrement de face; on y verra fleurir la civilisation. »

Cinq ans n'étaient pas écoulés que la prédiction du zélé missionnaire s'était déjà réalisée. « Vous le savez, nous dit un jour le docteur Montargis, j'ai visité, en la compagnie du capitaine Marceau [2], les principales îles de la Polynésie; rien ne m'a tant surpris et édifié que de voir des populations, naguère païennes et anthropophages, formées aux plus belles vertus chrétiennes et sociales; j'ai surtout admiré les habitants de Futuna; le R. P. Chanel, qui fut l'apôtre de cette île, a d'autant mieux réussi dans sa mission, qu'il a été plus fidèle à ce précepte de Jésus-Christ : *Cherchez avant tout le royaume de Dieu, et le reste vous sera donné par surcroît.* »

« ... Trois jours après mon départ d'O-pou-lou, écrivait en 1846 le capitaine Marceau, je mouillais dans la petite anse de Liugave à Futuna, malgré les vents d'ouest, fréquents dans ces parages. Je comptais sur un beau temps de bienvenue de la part du P. Chanel, premier martyr de l'Océanie, dont le sang a été le prix de la conversion de toute une population qui, cannibale il y a peu d'années, offre aujourd'hui le spec-

---

[1] « In ipso condita sunt universa. » Coloss., I. xvi.

[2] *Le capitaine Marceau*, par un de ses amis (chez Lecoffre, libraire, rue Bonaparte, à Paris). Cette biographie est un de ces livres précieux qu'on ne lit pas sans devenir meilleur.

tacle de la plus haute civilisation morale... C'est une chose touchante d'entendre le chant que les insulaires ont composé en mémoire de celui qui a été victime de sa charité pour eux : « Pleure! pleure! ô Fu-« tuna, tu t'es faite homicide, tu as tué ton bienfai-« teur! etc. [1]. »

---

[1] *Rapport de M. Marceau.* (*L'Arche d'Alliance*, bulletin mensuel, novembre 1847.)

CHAPITRE XVII

Première messe dite en public. — La vie du missionnaire court les plus grands dangers.

Avec toute leur férocité les Futuniens étaient, sous plus d'un rapport, de grands enfants qu'un rien suffisait pour émerveiller. Le P. Chanel ayant fait un brancard avec lequel il portait, aidé du F. Marie-Nizier, des pierres destinées à élever un mur d'enceinte autour de son jardin, ce ne fut qu'un cri d'admiration parmi les spectateurs. Mais ce fut bien autre chose quand les mains du R. Père, venant à manquer de forces, il fut obligé, pour les soulager, d'attacher au brancard une racine d'arbre très-flexible qu'il se passa sur le cou: « *E Fenoua!* s'écriaient-ils, *saru poto le tangata nei !* O pays, comme ces hommes sont savants ! ».

Ils s'imaginaient dans leur ignorante vanité que leur île était le principal continent du globe : ceux même de leurs compatriotes qui étaient allés à Sidney, n'avaient pu les détromper sur ce point. Les objets de leur prédilection étaient un morceau de fer pour défricher le sol et arracher la mauvaise herbe, une hache, un couteau, des ciseaux, une aiguille, une lime, un rasoir [1], un clou pour fabriquer un hameçon, ou mieux un hameçon tout fait, quelques verroteries, une chemise ou un lambeau d'étoffe; un vieil habit était encore pour eux un trésor : aussi le roi n'endossait-il qu'aux jours de grandes fêtes une lévite toute râpée dont le P. Chanel lui avait fait cadeau.

Impossible d'exprimer l'étonnement de ces pauvres sauvages lorsque le missionnaire leur montra quelques pieuses images, et surtout lorsqu'il leur chanta un cantique en s'accompagnant de l'harmonium. Plusieurs d'entre eux l'ayant un jour aperçu pendant qu'il disait la sainte Messe, lui exprimèrent le désir de revenir le lendemain pour s'unir à sa prière, et voir *les beautés de sa religion*. Le bon Père consentit à leur demande. « Mon Dieu, leur dit-il, s'appelle Jéhovah ; lui seul est digne d'amour et d'adoration. Son Fils, qui est Dieu comme lui, est descendu de son trône, a pris ici-bas, dans le sein d'une vierge, un corps semblable au nôtre, a souffert, est mort pour ouvrir le ciel aux hommes qui étaient devenus si mauvais qu'ils avaient mérité le feu éternel. C'est son divin sacrifice qui se renouvelle dans la cérémonie à laquelle je vous permets d'assister. »

---

[1] Les Futuniens se faisaient la barbe en la frottant avec la pierre ponce ou en l'arrachant poil par poil.

Tous se rendirent de grand matin dans la chapelle que le missionnaire et son catéchiste avaient ornée de leur mieux : l'autel, soutenu par quatre pieux, était enveloppé d'une draperie cramoisie ; sur le devant, était appliquée une grande croix peinte ; au-dessus, brillait le monogramme de Marie immaculée ; la statue de cette bonne Mère dominait sur un piédestal, étendant les mains pour répandre les grâces sur les âmes prosternées devant elle ; des lampions, fabriqués avec des noix et de l'huile de coco, formaient autour de l'enceinte un cordon de lumières. Les insulaires se tinrent debout, selon leur habitude dans les circonstances imposantes ; quand le prêtre commença à s'habiller, l'aube, le manipule, l'étole, et surtout la chasuble, excitèrent singulièrement leur attention. On chanta d'abord le *Veni, Creator,* avec accompagnement d'harmonium. Durant la sainte Messe, tous les yeux étaient fixés sur le célébrant, et semblaient contempler un être surhumain. Au sortir du lieu saint, chacun de s'écrier : « Oh ! que la religion de *Pételo* est belle ! » Le roi, qui s'était mêlé à la foule, ne pouvait s'empêcher de répéter ce cri d'admiration ; mais en sa qualité de *tabernacle de Dieu,* il avait trop intérêt à maintenir l'ancien culte, dont les offrandes l'enrichissaient. Quelques jeunes gens témoignèrent en secret le désir d'embrasser notre foi.

Le P. Chanel n'oubliait pas ses chers sauvages d'*Alofi*, petite île de la circonscription de Futuna.

Déjà plusieurs fois il s'était présenté au milieu d'eux, et avait essayé de les faire entrer dans la voie du salut. Or, un jour, comme il allait encore les évangéliser, le frêle esquif qu'il avait pris pour la traversée s'entr'ouvrit à quelques pas du rivage; le missionnaire disparaissait dans les flots, lorsqu'un indigène, qui lui servait de rameur, plongea et lui sauva la vie.

Un autre jour, revenant d'*Alofi*, il marcha jusqu'à la nuit tombante, sans pouvoir trouver son chemin; il s'engagea dans des ravins, et dans une forêt tellement épaisse qu'il ne pouvait que très-difficilement se frayer un passage. Quelques naturels sachant qu'il tardait beaucoup à venir, furent extrêmement inquiets; ils se mirent aussitôt à sa recherche, en jetant de tous côtés des cris d'alarme et en appelant *Pétélo*. Quand ils le virent, ils se mirent à pleurer; le visage du Père était couvert de sang; ils lui saisirent la main avec affection, puis le conduisirent à leur village, où il fut reçu comme un père au sein de sa famille. Quoique exténué de fatigue, il ne voulut prendre de repos qu'après avoir récité *le saint Rosaire*.

CHAPITRE XVIII

Visite du P. Chanel au P. Bataillon, missionnaire dans les îles Wallis.

Dans un mémoire sur le début des missions de l'Océanie, Mgr Bataillon raconte en ces termes sa première entrevue avec le P. Chanel : « Le 28 mars (1839), nous étions occupés, le F. Joseph-Xavier [1] et moi, à construire une maison, près de la case royale, lorsqu'un coup de canon annonça l'arrivée d'un navire. Nous apprîmes, dans la soirée, qu'il venait de Futuna,

---

[1] Né Joseph Luzy, du diocèse de Belley. Le F. Joseph-Xavier, dont le zèle infatigable se prête aux plus humbles fonctions, nous raconte, avec sa naïveté ordinaire, quelques-unes de ses nombreuses occupations à Wallis : « Depuis que je suis ici, dit-il, je ne manque pas d'ouvrage ; me voilà bientôt de tous les métiers : je peigne les petits enfants ; je fais la barbe aux hommes ; je raccommode les haillons qu'ils ont eus de quelque navire ; j'aiguise leurs rasoirs, leurs haches, leurs couteaux ; je leur apprends à filer le coton et à le tricoter. Avec ces bons sauvages, il faut être même un peu médecin : je saigne quelquefois ; j'arrache les dents à ceux qui me tourmentent trop longtemps ; je leur administre quelques petits remèdes, un peu d'eau, un peu de liqueur, et ils sont guéris. On gagne leur amitié le plus facilement du monde : il suffit de leur donner des aiguilles

et qu'un français était à bord; nous courûmes au village de *Gohi*, où il avait mouillé; jugez de ma surprise et de ma joie, ce français était le bon P. Chanel. Nous passâmes une partie de la nuit à nous entretenir des missions qui nous étaient confiées.

« Dès que le jour parut, nous nous rendîmes auprès du roi, qui nous accueillit à bras ouverts; et, je dois le dire, tout le temps que mon vénéré confrère passa dans l'île, nous fûmes l'objet des attentions les plus délicates de Sa Majesté. L'amitié que ce prince nous témoignait, l'engagea à nous offrir de l'accompagner dans un petit voyage; nous acceptâmes cette offre avec reconnaissance. Nous ne tardâmes pas à nous embarquer dans une superbe pirogue; quelques jeunes gens saisissant vigoureusement la rame, lui imprimèrent un mouvement si rapide qu'elle semblait voler sur la surface des

---

ou des épingles, quelque bout de ruban, une chemise, une aune de calicot, etc.

« Il y a quelque temps, j'eus l'occasion de voir la reine. Elle me parut bien affligée; je lui demandai ce qui lui faisait tant de peine, elle me dit : « Je suis bien malade, j'ai la colique, parce que j'ai perdu
« mon couteau. Mais vous, qui êtes d'un si beau pays, quand vous
« écrivez en France, ne pourriez-vous pas prier quelque personne
« bien riche de m'envoyer un couteau? Je voudrais que le manche
« eût cinq pouces, et la lame quatre pouces. Il me faudrait aussi une
« bouteille, pour mettre de l'huile, et un collier de grosses perles;
« si tout cela était dans une petite malle, et que ce fût pour moi,
« je serais bien contente, je ne serais plus malade. »

« Il faut espérer que nous pourrons quelque jour satisfaire les désirs de cette bonne reine... » *Annales de la Propagation de la foi*, t. XIII, p. 386.

eaux ; une voile, enflée par le vent, leur permit bientôt de se reposer, et de contempler à loisir, ainsi que nous, le magnifique spectacle qui se déroulait sous nos regards. Wallis, dont nous côtoyions le rivage, nous apparut dans tous ses aspects. La conversation du roi fut agréable et instructive ; elle nous dévoila le caractère, les mœurs et l'industrie de ses sujets. Après une navigation de trois ou quatre heures, nous descendîmes à terre, et nous entrâmes dans le village que Sa Majesté désirait visiter ; il va sans dire que nous fûmes admirablement reçus. Le soir, nous étions de retour...

« L'amitié du roi nous attira celle des chefs ; la plupart d'entre eux nous apportèrent des vivres en abondance, et nous invitèrent à prendre chez eux la liqueur du *Kava*. Partout où nous allions, on nous donnait des marques de respect et d'affection. « Voilà un peuple, « me dit le P. Chanel, qui ne tardera pas à devenir « chrétien. »

« A la vue d'une troupe d'enfants qui prenaient leurs ébats, le bon Père me demanda comment ils étaient élevés dans leurs familles : leur éducation, lui répondis-je, se borne à apprendre et à observer le cérémonial du pays, la manière de se tenir et de se comporter en présence du roi et de ses ministres, le respect dû aux tapous, la crainte des dieux, la fabrication de la liqueur du *Kava*, etc... Du reste, on leur laisse la plus grande liberté : trop souvent ils sont abandonnés à eux-mêmes ; n'étant assujettis à aucun genre de travail, jusqu'à l'époque de leur mariage, ils aident leurs parents, comme bon leur semble, dans la culture des champs.

« Leur âge n'est pas compté par années ; il est désigné par époques : ainsi, quand l'enfant n'a pas encore la moindre lueur de raison, quand il marche, quand il parle, quand il commence à faire les commissions, quand il grimpe sur les cocotiers, etc. Chacune de ces époques est ordinairement indiquée par la manière d'arranger leurs cheveux.

« J'entretins ensuite le P. Chanel de l'organisation du gouvernement wallisien [1], des occupations journalières des indigènes, de la marche que j'avais suivie

---

[1] Les habitants de Wallis se partagent en deux grandes classes : les nobles et les gens du peuple. Les nobles s'étant divisés en deux partis, se sont fait bien souvent la guerre ; ceux qui sont restés maîtres du terrain, portent le nom de *Malo* (vainqueurs), et les autres celui de *To-ki-lalo* (tombés bas). Les gens du peuple s'appellent *Tua* (les derniers). Tous ceux que les liens du sang rattachent à l'une des deux premières catégories sont réputés *nobles*, quelle que soit leur position sociale ; de même tous ceux qui tirent leur origine des *Tua*, quels que soient leurs talents et leur industrie, occupent le dernier rang dans la société. Le roi appartient à la première famille des *Malo* ; le *Kivalu*, ou premier ministre, à la seconde. D'autres familles ont le privilége de donner des chefs ou maires de village. Les *Tua* eux-mêmes, dans les quelques villages qu'ils habitent seuls, ont pour chef un membre d'une famille *Tua*.

Deux grandes familles se partagent donc le gouvernement de l'île : la famille royale et la famille du *Kivalu* ; l'une est appelée à régner, et l'autre à gouverner. La royauté et la charge du *Kivalu* sont toutes les deux héréditaires, non en ligne directe, mais en ligne collatérale, au premier degré, c'est-à-dire que les frères sont appelés à la suc-

dans l'exercice de mon ministère, et des bénédictions qu'il avait plu à Dieu de répandre sur mes premiers travaux. Tous ces détails qu'il désirait connaître paru-

cession, et lorsque le roi et le ministre défunts n'ont plus de frères, on revient aux enfants du premier.

La mort vient-elle de frapper le roi, un immense *Kava* est désigné par le *Kivalu*, et tous les dignitaires sont convoqués. Lorsque tous ont pris leur place suivant le rang de leur naissance ou de leur dignité, le *Kivalu* appelle celui qu'il nomme roi, et lui fait occuper la première place. C'est ainsi que le nouveau souverain est intronisé, et il entre de suite en fonctions, en présidant le reste de la cérémonie. Le ministre doit suivre l'ordre de la naissance dans sa nomination; cependant pour des motifs d'intérêt public, il peut faire devier l'ordre de succession.

Est-ce, au contraire, le *Kivalu* qui a rendu le dernier soupir, un magnifique *Kava* est encore préparé; le roi nomme le ministre en lui faisant prendre, au *Kava*, la place de celui dont on pleure la perte.

Le roi jouit de tous les pouvoirs que nous aimons à reconnaître dans les grands princes : ainsi il a droit de vie et de mort sur ses sujets; le haut domaine sur leurs biens est entre ses mains, il peut mettre des *tapu* sur toute la population, imposer certaines corvées, faire la paix ou la guerre. C'est à lui à présider les assemblées publiques, le *Kava* et les festins solennels. Le *Kivalu* seul a le droit de faire des observations et d'opposer même son *veto*.

Le roi, le *Kivalu* et les principaux chefs sont environnés de grandes marques de respect; leur personne est sacrée et inviolable; on ne peut les toucher même pour leur rendre service, sans contracter une espèce de consécration légale, qui empêche de porter la main sur les objets profanes et particulièrement sur la nourriture, avant de s'être purifié. Cette défense est portée plus ou moins loin suivant le degré qu'occupe le chef dans l'échelle sociale. Suivant l'opinion de ce pauvre peuple, l'infraction à cette loi de respect serait punie par la maladie ou par la mort que les Dieux ne manqueraient pas d'infliger.

rent l'intéresser vivement ; lui, de son côté, me parla de ses chers Futuniens, et des fruits que semblait promettre sa mission.

On n'adresse la parole au roi qu'à la troisième personne, en se servant du mot de *Majesté*, et on use à son égard de mots particuliers, qu'il est défendu d'employer dans d'autres circonstances. Le petit peuple ne lui parle jamais, mais tous s'asseyent, et s'inclinent profondément sur son passage ; les autres, en lui parlant, doivent éviter de le regarder en face, et se tourner un peu de côté, comme s'ils s'adressaient à un personnage qui est à sa droite ou à sa gauche.

L'habitation du roi est sacrée, et l'on ne peut se présenter ou passer devant sa porte sans donner des signes de respect ; est-on dans une pirogue, l'usage veut que l'on soit assis, et que l'on délie sa chevelure. Si l'on est à terre, et que l'on porte des fardeaux ou des vivres, on doit faire un grand détour pour n'être pas aperçu de Sa Majesté, ou du moins le respect exige que l'on prenne à la main ce qu'on a sur les épaules.

Après le roi viennent les membres de sa famille, qui participent à quelques-uns des honneurs royaux, lorsqu'ils ne sont pas en la compagnie de Sa Majesté ; ils ne peuvent avoir part au gouvernement que comme délégués ou conseillers.

Le *Kivalu* ne reçoit jamais les honneurs royaux, parce qu'il appartient à la seconde classe de la société ; et cependant c'est le ministre qui fait presque tout, surtout s'il est capable et intrigant.

Les chefs de village jouissent dans l'étendue de leurs districts de certains privilèges, et ont droit à des honneurs particuliers ; mais toute leur puissance et toute leur gloire disparaissent lorsqu'ils se trouvent en présence du roi, du ministre ou des membres de leur famille. C'est à eux que le *Kivalu* communique les ordres du roi, et ce sont eux qui font agir les familles des villages. Ces chefs sont censés plus ou moins considérables, suivant que leur parenté est plus ou moins rapprochée de la famille royale.

Les rangs de la société vont ainsi en descendant jusqu'aux derniers, qui sont réputés ignobles ou *Tua*, qui doivent à tous le respect, et à qui tous ont droit de commander.

C'était le 11 avril (1839); le roi nous pria de porter quelques présents à *Tungahala,* jeune chef qu'il affectionnait, et qui avait acquis, ainsi qu'on l'a vu plus haut, des droits à notre estime et à notre reconnaissance. Notre visite lui fit un sensible plaisir. Il ne cessa de nous questionner sur la France, sur la religion de notre patrie, et enfin sur le but que nous nous proposions, en nous fixant, l'un à Futuna et l'autre à Wallis. Après avoir répondu à ces deux premières

> Quoique ces différentes conditions ne soient distinguées extérieurement ni par les richesses, ni par le costume, les Wallisiens en conservent la tradition avec le plus grand soin ; le Kava surtout en est un mémorial et une application continuelle. Chacun y est placé suivant son rang, et y est appelé à son tour avec une rigueur d'étiquette qu'il n'est jamais permis d'enfreindre. La cérémonie du *Kava* est donc pour eux comme une espèce de code social, toujours ouvert, où les droits et les devoirs de chacun sont proclamés. Aussi toutes les nominations, promotions, prises de possession officielles se font pendant la cérémonie du *Kava;* c'est là aussi que se publient les lois, les ordonnances et tout ce qui concerne l'administration du pays : le *Kava* est pour ainsi dire l'expression de la société tout entière.
> Le grand défaut de ce gouvernement, c'est qu'il n'y a ni justice, ni tribunaux en règle ; cela vient du haut domaine qu'ont les supérieurs sur la personne et les biens de leurs inférieurs. Ce haut domaine fait que la propriété et le droit se confondent avec la dignité, c'est-à-dire que le droit est toujours celui du plus puissant et du plus fort, et le plus faible a toujours tort de se plaindre. Avec ce principe, les tribunaux sont inutiles. Si des gens de même condition ont des différents entre eux, ils s'arrangent à l'amiable ou bien ils se battent pour décider qui a tort ou raison. Si ce sont de grands chefs, la guerre s'ensuit. Les gens du peuple n'ont pas intérêt à se quereller, parce qu'ils savent trop bien que le premier chef venu les mettrait d'accord en prenant pour lui-même l'objet en litige.

questions : « En France, lui dit le P. Chanel, nous avions un père et une mère, des frères, des sœurs et des amis qui nous aimaient et que nous aimions tendrement; ils se sont fortement opposés à notre départ, mais nous nous étions dit : Tous les hommes ont été rachetés par le sang de l'Homme-Dieu, fils de Jéhovah, et il y en a qui ignorent encore son saint nom; il faut que nous le fassions connaître à des îles lointaines ; c'est donc uniquement pour convertir Wallis et Futuna à la foi en un seul Dieu, créateur du ciel et de la terre, et leur faire embrasser la véritable religion que nous avons quitté tout ce que nous avons de plus cher ici-bas. » Ces dernières paroles impressionnèrent vivement le cœur du jeune chef: « Oui, répondit-il, votre projet est bien beau, votre amour pour nous a été bien grand; et, dès ce moment, j'embrasserais votre religion, si je pouvais vous aider à l'établir dans notre île ; il vous faut avant tout monter plus haut; allez au roi, et s'il se rend à vos désirs, tout le pays est à vous. » Tungahala nous indiqua ensuite la manière de nous y prendre pour réussir auprès de Sa Majesté, et il ajouta : « Quant à moi, je ferai tout ce qui est en mon pouvoir; comptez sur mon dévouement. »

« Le lendemain, je venais de célébrer la sainte Messe, et le P. Chanel allait commencer la sienne, lorsque le roi se présenta à la porte de notre maison : « Que votre
« Majesté veuille nous excuser, lui dis-je; dans ce mo-
« ment, nous sommes occupés à quelques cérémonies

« de notre sainte Religion. » — « Me serait-il permis
« de les voir, » reprit le roi d'un ton de voix suppliant ?
« Oui, répondis-je, Votre Majesté peut assister aux céré-
« monies de notre culte ; » et j'introduisis le monarque
dans notre petite chapelle. Pendant tout le temps du divin sacrifice, il suivit des yeux avec une attention scrupuleuse les moindres mouvements du prêtre ; il paraissait dans un étonnement impossible à décrire. Après la Messe, il s'approcha du P. Chanel : « Oh ! que ta religion, lui
« dit-il, l'emporte sur la nôtre ! que ta manière de par-
« ler à Dieu est douce et belle ! Moi je veux être de ta
« religion. » Toute la journée, il ne cessa de raconter ce qu'il avait vu, le matin, dans notre modeste oratoire ; la langue du pays ne fournissant pas assez d'expressions pour rendre son enthousiasme, il s'efforçait par les comparaisons les plus pittoresques et les gestes les plus singuliers de faire entendre que ce qu'il disait n'était qu'une faible image de la réalité. Plusieurs indigènes, frappés de ce récit, sollicitèrent et obtinrent la faveur d'assister à notre Messe ; le roi lui-même et *Tungahala* furent des plus empressés à s'y rendre ; ils ne tardèrent pas à se faire instruire, et à recevoir le Baptême...

« La traduction des principales prières de notre sainte Religion, comme le *Pater*, l'*Ave*, le *Credo*, etc., faisait notre principale occupation. La langue de nos chers sauvages, que nous connaissions assez bien, ne nous fournissait presque aucun mot pour exprimer nos idées religieuses ; enfin, grâce à Dieu, nos efforts obtinrent quelque résultat.

« Le 24 avril, la goëlette qui avait amené le P. Chanel devait le reconduire à Futuna; les vents contraires ne permirent de lever l'ancre que le 26. Ce retard adoucit les regrets de notre séparation; nous en profitâmes pour porter çà et là, dans l'île, la parole du salut. Nous eûmes la consolation de baptiser quelques enfants en danger de mort, et de désabuser une foule d'insulaires des erreurs que les Méthodistes avaient répandues parmi eux. Dieu bénit tellement notre ministère que Tungahala et bon nombre d'indigènes ne savaient comment exprimer leur indignation contre les apôtres de l'hérésie, et leur estime pour la doctrine que nous prêchions. »

CHAPITRE XIX

Journal du missionnaire.

Avant de parler du zèle du P. Chanel pour le salut des âmes, nous avons relu avec un pieux respect et une religieuse attention ces notes simples et concises que le saint missionnaire avait l'habitude de jeter sur le papier afin de se rendre compte à lui-même de ses travaux de chaque jour. Dans ce précieux journal[1], encore rougi du sang qu'il versa pour la foi, l'apôtre de Futuna, par un secret dessein de la Providence, nous fait entrer dans les détails de sa vie; il nous raconte ou plutôt il se retrace à lui-même ses luttes, ses déceptions, ses conquêtes. Nous le voyons se transporter sans cesse d'un village à l'autre, ici dans la cabane du pauvre, là dans la demeure du roi, ailleurs

---

[1] Le T.-R. P. Colin avait recommandé à chaque missionnaire de faire un petit *journal* de leur mission, soit pour l'édification de leurs confrères d'Europe, soit pour éclairer la marche de ceux que la divine Providence destinait à la propagation de la foi dans les îles de l'Océanie occidentale.

auprès d'un mourant, ou au milieu de quelques sauvages, leur annonçant la parole de son divin Maître, *le Dieu inconnu.* Souvent tout son corps est en fièvre, ses pieds déchirés, ses jambes enflées peuvent à peine le soutenir; mais son zèle l'emporte, et il s'écrie comme saint Paul : *Je surabonde de joie au milieu de mes tribulations et de mes souffrances.*

Longtemps il n'eut avec lui qu'un jeune catéchiste, le F. Marie-Nizier. Presque toujours seul dans ses courses apostoliques, la croix sur la poitrine [1], le bréviaire sous le bras et un bambou à la main, il bravait les chaleurs du jour, les pluies qui tombent par torrents dans ces climats, et ainsi, avec une ardeur infatigable, il parcourait l'île dans tous les sens. Apprenait-il qu'un de ses pauvres insulaires était atteint d'une grave maladie, il accourait aussitôt vers cette brebis égarée, encouragé par l'espoir de la ramener au bercail. Pour détruire le polythéisme, il s'efforçait de prêcher l'unité de Dieu. Un jour, il se présenta dans une assemblée que présidait le roi, et fit tomber adroitement la conversation sur la nécessité de connaître Jéhovah et de n'adorer que lui seul. Un vieillard, zélé partisan du paganisme, s'éleva contre la doctrine nouvelle, et prit la défense des divinités de Futuna; mais quelques réponses du Père l'ayant réduit au silence: « Cessons, dit-il, ces-

---

[1] Cette croix est aujourd'hui entre les mains du R. P. Roulleaux, mariste, ex-missionnaire de Futuna.

sons de parler, j'ai envie de dormir. » Cependant la plupart des jeunes gens écoutaient le saint missionnaire avec plaisir, et avouaient que sa doctrine était plus belle que la leur ; mais, retenus dans le paganisme par une crainte puérile : « Si nous nous faisions chrétiens, disaient-ils, nos dieux, qui sont méchants, nous mangeraient de colère. » L'un d'eux cependant, le fils aîné du roi, se détermina généreusement à embrasser le Catholicisme.

Tout en évangélisant ses chers sauvages, le P. Chanel recherchait les enfants en danger de mort, afin de leur conférer le Baptême. C'est avec bonheur qu'il inscrit dans son journal tous les nouveaux anges qu'il envoie au ciel ; comme aussi, toutes les fois que, malgré son zèle, il arrive trop tard auprès d'un berceau, c'est un cri de douleur qui lui échappe ; il ne peut s'empêcher d'exprimer, dans ces pages si modestes, ses regrets et sa tristesse. Sachant que, dans le village de *Laloua*, un enfant est sur le point de mourir, il accourt en toute hâte, et appelle, à l'entrée de la cabane où gît le moribond : personne ne lui répond ; mais soudain, aux plaintes et aux gémissements qui se font entendre, il entre, et voit l'enfant qui venait d'expirer ; le cœur brisé, il ne peut que mêler ses larmes à celles d'une mère qui éclate en sanglots.

Quelle ne fut pas encore sa douleur ! Une jeune fille, atteinte d'une maladie mortelle, refusa de se faire chrétienne ; le missionnaire la vit plusieurs fois ; dans une de ses visites, il se fit même accompagner d'un catéchumène afin d'expliquer plus facilement les mystères de notre sainte Religion, et les motifs de se convertir ; tout fut inutile, elle mourut sans manifester aucun désir de conversion. Elle avait cependant paru attentive aux instructions du R. Père, mais à peine était-il sorti que de vieilles femmes du voisinage entouraient la mourante et lui faisaient appréhender la colère de leurs dieux.

Parmi les adultes que le P. Chanel instruisit et baptisa, pendant leur maladie, il est une mère de famille dont la mort l'a singulièrement consolé. Cette pauvre femme fut très-docile à ses enseignements ; il la baptisa sous le nom de Monique ; elle reçut les derniers Sacrements avec une foi et une piété admirables ; patiente et résignée au milieu des plus cruelles souffrances, elle s'endormit paisiblement dans les bras du Seigneur.

Peu à peu le saint Missionnaire s'entoura de fervents catéchumènes, parmi lesquels figuraient *Méitala*, fils du roi, et Thomas Boog, Anglais protestant. Il leur apprit quelques cantiques où se trouvaient renfermées les principales vérités de la foi et de la morale catholiques ; à l'aide du chant, il espérait les graver plus facilement dans la mémoire des Futuniens, qui se montraient presque tous passionnés pour la musique[1].

---

[1] Nous croyons faire plaisir à nos lecteurs en reproduisant ici, avec

Le dimanche, il célébrait solennellement les divins mystères, dans une chapelle qu'il avait construite à

sa traduction littérale, un des cantiques. C'est une paraphrase libre de l'*Ave Maria*, avec quelques pensées du *Salve Regina*. Chaque voyelle fait une syllabe, l'*u* se prononce *ou*.

Cantique en l'honneur de la Sainte Vierge.

1.

Aro fatu.
Aro fae Maria ro
Kore cinana e koe
O Iesu Kiristo.
 Aro fatu.

1.

Salut et amour, ô Marie, qui êtes la mère de Jésus-Christ.
Salut et amour.

2.

E ga ta ia to koe si
E cinana fa kato si
Motaupo ou roa.
 Aro fatu.

2.

Il n'y a que Vous qui soyez mère, à la fois, et toujours vierge.
Salut et amour.

3.

Ek e a pere e koe
Ire kara sia fua
O lota tou a tua
 Aro fatu.

3.

Vous êtes pleine de toutes les grâces de notre Dieu.
Salut et amour.

4.

E ia to koe roa
Re aro ma oki oki
O Jeova mafi mafi.
 Aro fatu.

4.

Est avec vous pour jamais le saint fils de Jéhovah tout-puissant.
Salut et amour.

5.

Eke manuia ake
Ire fafine katoa
Ore lagi more kere.
 Aro fatu.

5.

Vous êtes heureuse au-dessus de toutes les femmes, dans le ciel et sur la terre.
Salut et amour.

6.

Ci e manuia foki
Re fua o leu uro
Ko Iesu mafi mafi.
 Aro fatu.

6.

Est heureux aussi le fruit de vos entrailles,
Jésus tout-puissant.
Salut et amour.

quelques pas de son habitation. On y accourait de tous les points de l'île; les insulaires d'*Alofi* se mettaient en

7.
Ke sufia matou nei
E koe kore cinana
O lofa tou a tua.
   Aro fatu.

7.
Priez pour nous, Vous qui êtes la mère de notre Dieu.
Salut et amour.

8.
Io sufia a roe
Io matou katoa
Kore aga ara roe.
   Aro fatu.

8.
Oui, priez, ô Mère, pour nous tous qui ne faisons que pécher.
Salut et amour.

9.
Lesi puri kia koe
Ko matou katoa nei
Kore fano a au.
   Aro fatu.

9.
Vous n'ignorez pas que nous sommes tous vos enfants.
Salut et amour.

10.
Io io Maria ro
Kore cinana e koe
O matou katoa nei.
   Aro fatu.

10.
Oui, oui, Marie, dites que vous êtes la mère de nous autres ici.
Salut et amour.

11.
Ci kore cinana koe
Ci more sufaga foki
O reu fenua furi.
   Aro fatu.

11.
Et vous êtes la Mère aussi bien que le refuge de toutes les terres.
Salut et amour.

12.
Ci viki viki a roa
Ci aro fa mai roa
Kilau fanau fua.
   Aro fatu.

12.
Regardez-nous donc, ô notre Mère, et soyez favorable à vos enfants.
Salut et amour.

13.
Ci aro fa mai mua
Kia Futuna ire nei
Ko lou fuma le lei.
   Aro fatu.

13.
Mais soyez surtout favorable à cette Futuna, qui est votre jolie terre.
Salut et amour.

route, la veille, afin d'arriver assez tôt. Le chant, la beauté des cérémonies, la prédication, tout captivait l'attention des sauvages.

14.

Ci fora fora ire nei
Le pure aga Marie
O lou aro Iesu.
 Aro fatu.

14.

Et étendez-y le beau règne de votre fils, Jésus.
 Salut et amour.

15.

Ci au mai ke oki
Le pure aga veveri
O reu te volo furi.
 Aro fatu.

15.

Puis, faites que finisse là le règne détestable de tous les démons.
 Salut et amour.

16.

Aro fa ire aso nel
More aso ore mate
More aso fako furi.
 Aro fatu.

16.

Salut et amour en ce jour, et au jour de notre mort, et tous les jours de notre vie.
 Salut et amour.

CHAPITRE XX

Abjuration et première communion de Thomas Boog. — La divine parole annoncée dans l'île.

La fête de la Toussaint fut marquée, cette année (1839), par une cérémonie particulière qui attira la curiosité des naturels. La veille au soir, le Baptême, avec tous les rits de l'Église catholique, avait été administré (sous condition) au jeune Thomas Boog; il avait eu pour parrain le F. Marie-Nizier, qui lui avait enseigné le catéchisme. Thomas, en présence de la foule qui remplissait le lieu saint, renouvela son abjuration solennelle et fit sa première communion. La piété avec laquelle il entendit la sainte Messe et se présenta au banquet eucharistique édifia les assistants et produisit sur eux un effet salutaire. Le P. Chanel profita de cette circonstance pour leur adresser quelques paroles sur la nécessité et le bonheur d'embrasser la foi chrétienne.

Tous les dimanches, il faisait de grand matin et au coucher du soleil une instruction dans la chapelle.

Quand il prêchait, en dehors du lieu saint, il permettait aux insulaires de lui exposer leurs doutes et leurs difficultés. Leur enseignant, un jour, le dogme de la création et l'existence d'un seul Dieu en trois personnes, tous, assis autour de lui, l'écoutaient en silence, lorsque l'un d'eux se leva et dit : « *Matua-tapu* (homme sacré), tu as vu récemment notre roi agité par des mouvements extraordinaires, n'avait-il pas alors le vrai Dieu dans son sein? » A cette question, bien que le roi suivît la conférence tout en se tenant à l'écart, le zélé missionnaire répondit hardiment : « Non, mes amis, Jéhovah, le seul vrai Dieu, ne réside pas dans le cœur de ceux qui refusent de le connaître et de l'adorer. » Un autre insulaire prenant la parole : « *Matua-tapu*, dit-il au Père, montre-nous ton Dieu; où est-il? » — « Partout, mes amis; mais étant un esprit pur et parfait, vous ne pouvez le voir ici-bas des yeux du corps; vous le verrez après votre mort, si vous vous en rendez dignes par une vie chrétienne : » Un troisième insulaire, indiquant de la main le crucifix qui brillait sur la poitrine du missionnaire, « *Matua-tapu*, dit-il, n'est-ce pas là ton Dieu? » Alors le Père, détachant son crucifix, le leur montra : « Voici, dit-il, l'image de mon Dieu, Notre Seigneur Jésus-Christ, qui est mort pour nous tous sur la croix. » Puis il leur expliqua le mystère de la Rédemption. Plusieurs d'entre eux ne purent s'empêcher de répandre quelques larmes, d'autres s'écrièrent : « Si nous quittons le culte de nos dieux, ils nous feront mourir. Tu dis, *Matua-tapu*, que Jéhovah est tout-puissant; alors invoque-le et guéris nos malades. Depuis ton arrivée dans notre île, les maladies ont augmenté; les ouragans, les tempêtes ne cessent de déraciner nos arbres, et nous sommes menacés de la famine... » — « Mes chers amis, reprit le bon Père, si vous embrassez la vraie religion, vous ne mourrez pas, mais vous vivrez éternellement, vous échangerez cette vie d'épreuves contre un bonheur sans fin; les fléaux n'ont désolé votre pays que parce que vous n'avez pas cessé d'offenser Jéhovah par vos désordres. Je suis venu des contrées lointaines pour vous apprendre à l'aimer, et vous lui refusez votre cœur! Soyez chrétiens, et vous désarmerez sa colère; soyez sobres et prévoyants, amassez des provisions pour la saison mauvaise, et vous n'aurez point à redouter les horreurs de la famine... »

Quelques-uns disaient : « *Matua-tapu* a raison ; » d'autres : « Il est habile, il veut nous faire abandonner la religion de nos ancêtres, retirons-nous... »

Chaque jour, il fallait reprendre ces dialogues, répondre à des objections sans cesse renaissantes; le P. Chanel avait besoin de toute sa charité et de son inaltérable douceur pour accueillir ses chers sauvages, et ne point s'impatienter de leurs questions souvent incohérentes et puériles.

Ayant rencontré, dans l'une de ses courses, plusieurs indigènes qui causaient à l'ombre d'un cocotier, il s'approcha d'eux et leur demanda, en souriant, le sujet de leur entretien. « *Matua-tapu*, lui répondirent-ils, nous parlions de toi et de Marie-Nizier; nous disions que votre Religion est belle.... » — « Oh! oui, reprit le Père, notre Religion est belle; elle seule est digne d'être connue et pratiquée. N'adorez donc plus vos dieux; ne rendez vos hommages qu'à Jéhovah; c'est lui qui a tout créé ; sans doute le ciel est haut, la terre est grande, la mer immense, le soleil et les étoiles sont magnifiques ; mais il est plus grand et plus beau, Celui qui les a faits. Ne craignez ni *tapous,* ni *Atuamuli*, ni *Faka-Véli-Kélé ;* ne redoutez qu'une chose, le péché qui offense Jéhovah, et conduit au feu de l'enfer....

« Chaque dimanche, rendez-vous à l'église; et là ne vous occupez ni d'affaires, ni de querelles, ni de récits frivoles, mais priez et écoutez en silence les divines leçons. Celui-là est vraiment chrétien qui garde les préceptes de Jéhovah, qui l'adore comme Dieu, qui le craint comme juge, qui l'aime comme père; qui ne blasphème pas, qui ne fait pas de faux témoignages, qui ne ment pas, qui respecte son corps, qui ne hait personne, qui ne se venge pas, qui soulage le malheureux; qui enfin, retenant de mémoire le Symbole des Apôtres, l'Oraison dominicale et la Salutation angélique, s'applique à l'enseigner à ses enfants et à ceux de sa maison. Ne l'oubliez pas, mes amis, la Religion catholique, bien que divine, est souvent en butte à l'indifférence, au mépris, aux persécutions : c'est le navire battu des flots, mais dont rien ne trouble la paix; il fait sa course, et conduit au port. »

Cette instruction, écoutée avec un religieux silence, produisit plus tard quelques fruits de vie et de salut.

CHAPITRE XXI

L'empire de la vertu sur les sauvages.

Les vertus qu'on admirait dans le saint missionnaire n'étaient pas moins persuasives que ses prédications. « *Matua-tapu*, lui dit un jour *Maligi*, ministre du roi, daigne m'écouter : quand tu arrivas dans notre île, je fus appelé au conseil des vieillards, qui a délibéré sur ton admission ; j'ai pris ton parti sans te connaître ; je voyais cependant sur ton visage, dans ton regard, et dans l'accent de ta parole, que tu avais le cœur bon ; tu vins me voir, tu me saluas et tu me fis un présent ; je répondis à ton salut et à ton bienfait par une racine de *Kava*. Plus tard, tu m'as enseigné ta religion : tu m'as dit que Jéhovah aimait tellement les hommes qu'il avait envoyé son Fils sur la terre pour les sauver ; que ce Fils était mort pour eux sur une croix ; qu'au lieu de se venger de ses bourreaux, il leur avait pardonné, et avait même prié pour eux ; et tu as béni ma maison. J'ai trouvé cela beau, et cependant je n'étais pas chrétien dans le cœur ; mais te rappelles-tu qu'un jour nous revînmes ensemble d'*Alofi*; le soleil allait se coucher derrière les montagnes ; on t'insulta, on te menaça même du casse-tête, j'étais furieux.... Je regardai bien ce que tu allais faire ; tu levas d'abord les yeux au ciel ; tu parlas ensuite d'un ton ferme et calme à ton ennemi, tu désarmas sa colère, tu lui pardonnas ! et moi, profondément ému, je me dis et je dis aux autres : *Matua-tapu* nous aime, il fait ce qu'il nous recommande de faire, il pardonne à ses ennemis, sa parole est donc vraie; voilà ce qui m'a déterminé à me ranger parmi les catéchumènes... »

Ce fut surtout par sa mansuétude que le P. Chanel parvint à réunir un grand nombre d'enfants auxquels il apprenait le catéchisme et le chant de quelques cantiques. Nous avons déjà vu combien ces enfants aimaient à se retrouver auprès de lui. Un jour, en revenant d'une vallée où il avait administré le Baptême à un jeune mourant, il suivait à quelques pas un petit garçon, qui ne le savait pas si près de lui, il l'entendit répéter à demi-voix : « Il n'y a qu'un seul Jéhovah ; il est beau, il est bon, il est riche ; il reçoit dans sa demeure les hommes bons, il jette dans le feu les hommes mauvais ; oh ! moi je veux être bon pour aller dans la demeure de Jéhovah. » Le lendemain, il rencontra un autre enfant qui répétait ce qu'il avait appris au catéchisme, expliquant à ses parents les œuvres de la création. « C'est Jéhovah, disait-il, qui a fait le soleil, c'est Jéhovah qui a fait la terre, la mer, les poissons..., » et, dans cette énumération, il fit entrer jusqu'aux pirogues. « Mais, dit le P. Chanel, tu te trompes; ce n'est pas Jéhovah qui a fait les pirogues, ce sont les hommes. » L'objection l'embarrassa, il se tut, puis tout à coup, d'un air radieux, il répondit : « Mais non ; c'est Jéhovah qui a fait tous les arbres, et avec les arbres les hommes font les pirogues. » Cet enfant, nommé *Matalupi*, s'attacha plus tard au missionnaire, et devint un de ses plus zélés catéchistes.

CHAPITRE XXII

Le P. Chanel reçoit la visite du P. Bataillon et de quelques
nouveaux missionnaires de la Société de Marie.

Le 2 mai 1839, plusieurs missionnaires, maristes, débarquaient à Wallis : c'étaient les RR. PP. Épalle [1],

[1] En 1844, le Saint-Siége érigea le vicariat apostolique de la Mélanésie (terre noire), et celui de la Micronésie (petite terre).

Le premier, qui est borné à l'est par le degré 160e de longitude orientale ; à l'ouest, par le degré 125e de longitude occidentale ; au nord, par la ligne équinoxiale ; au sud, par le degré 113e de latitude méridionale, renferme l'archipel des îles *Salomon*, la *Nouvelle-Irlande*, la *Nouvelle-Bretagne*, la *Louisiade*, l'*Amirauté*, la *Nouvelle-Guinée*, les *Moluques*, les îles *Key*, celles d'*Arou*, et de *Timorlaut*.

Le second est limité à l'est par le degré 180e de longitude orientale ; à l'ouest, par le degré 125e de longitude occidentale ; au nord, par le degré 13e de latitude septentrionale ; au sud, par la ligne équinoxiale.

Le R. P. Épalle (Jean-Baptiste), revenu de la Nouvelle-Zélande pour rendre compte de cette mission au Saint-Siége et à la Société de Marie, fut proposé pour ces deux vicariats apostoliques, et fut sacré à Rome, le 21 juillet 1844, par Son Éminence Franzoni, préfet de la Propagande.

Mgr Épalle, évêque de Sion (*in partibus infidelium*), fut massacré par les insulaires de Sainte-Isabelle (archipel *Salomon*), le 19 décembre 1845.

Baty, Petit (Maxime), et les FF. Élie, Augustin et Florentin. Tous se rendaient à la Nouvelle-Zélande, mais ayant appris que le P. Bataillon était persécuté par les Wallisiens, ils s'étaient détournés de leur route, pour lui faire une visite ; ils furent heureusement détrompés. Il est vrai, la bienveillance du roi s'était refroidie à l'égard du missionnaire, mais elle fut bientôt rendue, grâce à l'intermédiaire des nouveaux arrivés.

« Sa Majesté vint à moi, dit le P. Bataillon, et me pria, dans les termes les plus affectueux, de me servir de la goëlette de mes confrères, *la Reine de Paix*, pour aller à Futuna, afin de ramener une quinzaine de ses sujets qui s'étaient enfuis sur une pirogue. Je ne pouvais, dans l'intérêt de ma mission, lui refuser un service qui ne retardait que de huit à dix jours l'arrivée de mes confrères à la Nouvelle-Zélande. Du reste, c'était pour eux et pour moi une bien douce consolation de revoir le P. Chanel ; nous mîmes donc à la voile, et, le 8 mai, nous jetions l'ancre devant Futuna. »

Six ans plus tard, le R. P. Épalle, sacré évêque de Sion *in partibus infidelium*, nous écrivait les lignes suivantes : « ..... Il me souviendra toujours de notre entrevue avec le premier apôtre de Futuna. Il y avait, je crois, près de deux ans qu'il travaillait seul avec un jeune catéchiste à la conversion de cette île païenne et anthropophage. Je vis cet ange de paix et de charité que je croyais avoir embrassé pour la dernière fois, à son départ de France. Quelle agréable surprise pour son cœur, et quelles délices pour le mien! Que je fus édifié de son aimable simplicité! Son sourire, sa modestie et sa douce gaieté, tout peignait à mes yeux la paix et la joie de son âme.

« Lorsque nous approchions de son humble habitation, averti par ceux du village qui nous avaient aperçus les premiers, il accourut aussitôt à notre rencontre. Nous entrâmes dans son asile : ce n'était point la maison de Nazareth; bien que pauvre, cette maison sainte offrait encore à la vue quelques meubles modestes, quelques ustensiles de ménage; ce n'était point la chambre du prophète Élisée, car on voyait dans la chambre du prophète un petit lit, une chaise, une table, un chandelier; dans celle de l'apôtre de Futuna, rien qu'un petit autel portatif en bois brut; des cailloux, recueillis sur le rivage de la mer, formaient le parquet; un tronc d'arbre, jeté en travers, servait d'oreiller pendant la nuit, et une *tape*, c'est-à-dire une espèce de *papyrus*, dont on se couvrait pendant le sommeil pour se défendre d'une myriade de moustiques; ses vêtements tombant en lambeaux; ses ornements sacerdotaux et les autres choses strictement requises pour la célébration des divins mystères; ses instruments d'agriculture; la hache qui fut l'instrument de son martyre : voilà tout le contenu de son domicile. Quant à la matière et à la forme de ce pauvre réduit, ce sont des bambous plantés à la suite les uns des autres, formant un carré, et recouverts du chaume des marais. Ces bambous, à cause de la multiplicité de leurs nœuds, ne pouvant se joindre parfaitement, rendaient toute fenêtre inutile; aussi cette humble chaumière n'en avait pas. Que vous dirai-je de sa dimension? Tout ce que je sais, c'est que, la nuit arrivant, les neuf missionnaires, qui se trouvaient réunis, s'accroupissaient, et, après avoir prolongé dans la nuit leur entretien fraternel, laissaient tomber l'un après l'autre leur tête sur le tronc d'arbre qui servait d'oreiller, et s'endormaient tête contre tête. L'intérieur alors ne présentait plus aucun vide.

« L'habitation de notre saint confrère était située au milieu d'une vallée, à quelques pas de la mer, et dans un petit jardin planté de quelques orangers et de quelques pieds de vigne, trop jeunes encore pour donner des fruits; j'admirais néanmoins, dans ce jardin, des bananiers qui étaient en plein rapport...

« Sans cuisine et sans provision de bouche, on pouvait ignorer l'heure du repas; je ne manquais cependant pas d'appétit, et je ne pus m'empêcher de manifester ce besoin qui devenait impérieux. Notre hôte bien-aimé répondit en souriant que le festin, vu le nombre et le choix des convives, serait vraiment royal, mais que l'heure dépendait de l'appétit même de Sa Majesté. Ces paroles renfermaient pour nous un petit mystère, lorsque tout à coup un cri se fit entendre; c'était, en effet, l'appel que nous faisait le monarque de l'île. Nous nous rendîmes donc au palais royal, c'est-à-dire dans la hutte enfumée du souverain qui, plus tard, fulmina l'arrêt de mort de notre saint confrère. La table fut servie de racines de *taros* et d'*ignames*. La fadeur et le peu de substance nutritive de ces aliments ne firent que calmer ma faim sans la satisfaire; c'était cependant la nourriture ordinaire du R. P. Chanel.

« Je ne vous dis rien des travaux apostoliques du saint missionnaire; animé d'un zèle infatigable, doué de cette justesse d'esprit qui conçoit les choses sous leur véritable point de vue, de cette force d'âme qui ne recule devant aucun sacrifice, de cette douceur et de cette patience que rien n'altère, de cette charité qui ne respire que la gloire de Dieu et le salut des âmes, s'il n'a pas fait, de son vivant, tout le bien qu'il désirait, je puis, en parlant de lui, répéter ces paroles de saint Léon, pape : *Nunquam materia deficit laudis, quia nunquam sufficit copia laudatoris*[1].

« Tout le temps que nous passâmes en la compagnie de notre vénéré confrère, nous fûmes comme à une école de piété, de douceur, de résignation et de bon conseil. Ni la longueur des courses, ni les difficultés des chemins, ni les habitudes sauvages des insulaires, ni les guerres fréquentes qui divisaient la

---

[1] Serm. 9 de *Nativ. Domini*.

population, ne pouvaient ralentir l'ardeur de son zèle.

« Au moment de notre séparation, nous pensâmes qu'en sa qualité de provicaire apostolique, il retiendrait pour auxiliaire quelqu'un d'entre nous, et s'aiderait, du moins un peu, des ressources pécuniaires qui ne nous chargeaient pas trop, il est vrai, mais que nous aurions volontiers partagées avec lui : nous nous mîmes à sa disposition. « Le bon Dieu, nous
« répondit-il, m'est venu en aide jusqu'à ce jour; j'es-
« père que son secours ne me fera point défaut; il
« saura bien, quand il lui plaira, me donner un com-
« pagnon dévoué; allez remplir, mes amis, la mission
« qu'il vous a donnée, et ne m'oubliez pas dans
« vos prières. » Nous l'engageâmes à accepter au moins quelque secours d'argent. « Mes bons amis,
« reprit-il, je vous remercie de vos offres obli-
« geantes; la divine Providence est une trésorière
« en qui j'ai mis confiance, et dont les bontés en-
« vers moi n'ont jamais été plus sensibles qu'à Fu-
« tuna. » Le saint missionnaire renvoya au vicaire apostolique, qu'il envisageait, à son égard, comme l'interprète de la volonté divine, le soin de lui procurer un prêtre et les autres secours que le prélat jugerait convenables.

« Nous nous donnâmes le baiser d'adieu avec la pensée que l'un de nous reviendrait bientôt à Futuna; mais le ciel avait d'autres desseins; notre vénéré confrère continua longtemps à rester seul dans l'exercice de son apostolat [1]... »

La goëlette *la Reine de Paix* partit directement pour la Nouvelle-Zélande [2]; le P. Bataillon attendit le départ d'un navire qui faisait de temps en temps la traversée de Futuna à Wallis. Il lui fut ainsi permis de s'associer, durant quelques semaines, aux travaux apostoliques du P. Chanel. Il parcourut avec lui les vallées et les montagnes pour répandre la lumière de l'Évangile. « Toutes les fois, dit-il, que l'occasion se présentait, nous ne manquions pas d'annoncer la parole de Dieu. Un jour, nous proposâmes à quelques chefs de brûler les *Atua-muli*; ils y consentirent, parce qu'ils croyaient que nous n'oserions pas le faire. Dès le lendemain, nous allâmes à la recherche de ces sortes de divinités, et toutes celles que nous trouvâmes nous les réduisîmes en cendres. A ce spectacle, les insulaires effrayés prirent la fuite, bien convaincus que la vengeance des dieux éclaterait sur notre tête. Ils furent singulièrement étonnés de nous revoir pleins de vie. Ce *prodige*, qui se renouvela aussi souvent que les *Atua-muli* tombèrent entre nos mains, discrédita bientôt ces dieux dans l'esprit des indigènes. Deux villages demandèrent à être préparés au Baptême; mais, à mon départ, la guerre fit évanouir ces espérances.

---

[1] Extrait d'une lettre datée de Londres, le 30 janvier 1843.
[2] Ce départ eut lieu le 29 mai 1836.

« Après deux mois de séjour à Futuna, je pus retourner à Wallis; il me tardait de rejoindre mes catéchumènes, qui étaient encore peu instruits dans la Religion, et qu'une absence plus prolongée pouvait décourager [1]... »

[1] Extrait d'un Mémoire auquel nous avons déjà emprunté divers passages.

CHAPITRE XXIII

Quelques nouveaux détails sur la mission de Futuna. — Désastre occasionné dans l'île par un affreux orage. — Guerre. — Dévouement du P. Chanel.

Laissons l'apôtre de Futuna nous raconter lui-même les difficultés et les premiers succès de sa mission, comme aussi les désastres et les guerres qui désolèrent son île et ouvrirent une vaste carrière à son dévouement sacerdotal.

Le 3 mai 1840, il répondait en ces termes à une lettre du T.-R. P. Colin, supérieur général de la Société de Marie : « Je suis très-reconnaissant, mon très-révérend Père, de l'intérêt que vous voulez bien prendre à mes peines. Il est vrai qu'en quittant la France, pour venir presque à ses antipodes, je n'ai pas quitté la vallée des larmes; mais ici, comme en France, Dieu connaît ceux qui sont à lui, et les fait *surabonder de joie au milieu de leurs tribulations*. Son œuvre n'est pas encore très-avancée dans notre île; cependant, grâce aux prières des pieux associés de *la Propagation de la foi*, il me semble que mes efforts ne tarderont pas à être couronnés d'un plein succès. Mes lettres, dans la suite, vous intéresseront davantage.

« Le peuple de Futuna est très-hospitalier; il n'est pas enclin au vol, comme le sont la plupart des autres naturels de l'Océanie. A notre arrivée, on nous fit l'accueil le plus cordial. Quelques Européens que j'ai vus ici, m'ont assuré que mes insulaires deviendront les meilleurs chrétiens de l'Océanie, dès qu'ils seront convertis à la foi. Puissent-ils avoir prophétisé vrai!

« A ces bonnes qualités ils joignent quelques défauts, bien excusables sans doute, si on les compare à ceux des peuples éclairés des lumières de la vraie religion. Ils sont extrêmement superstitieux. Accoutumés par une longue ignorance à regarder la Divinité comme la cause unique de tous leurs maux, ils l'honorent, non par affection, mais par crainte. On n'a pas beaucoup de peine à leur faire sentir le ridicule de leurs croyances, mais, par un effet de cette crainte puérile, ils n'osent encore y renoncer. « Si nous nous
« faisions chrétiens, disent-ils, nos méchants dieux
« nous mangeraient de colère. » Ils sont persuadés que les dieux descendent dans certains hommes privilégiés, et que le plus grand d'entre eux a fixé son séjour dans le roi Niuliki. Ce prince, pour se donner de l'autorité, a toujours entretenu cette erreur, et représenté son dieu comme le plus puissant et le plus redoutable. Aussi lui en coûte-t-il beaucoup, maintenant, de dire à son peuple que tout cela n'était que

duperie; c'est un obstacle très-sérieux à sa conversion; car l'amour-propre et le respect humain exercent leur tyrannie jusque sur les sauvages.

« Nos insulaires ne voient dans les maladies et les infirmités qu'un effet du courroux céleste. Dès que quelqu'un est tombé malade, ils courent à la maison *du dieu qui veut le manger;* mais il faut d'abord qu'ils aient bien reconnu le membre qui souffre; car chaque dieu a une maison spéciale pour la guérison de telle ou telle maladie. On porte dans ces maisons des fruits, des étoffes, et quelquefois tout ce qu'on a de plus précieux, afin d'apaiser le mauvais génie; ces offrandes deviennent ensuite la proie de quelques individus, qui exploitent ainsi, au profit de leur cupidité, la superstitieuse crédulité du peuple. Qu'il me tarde de voir ces pauvres Océaniens ne plus reconnaître d'autre Dieu que celui qui est *la voie, la vérité et la vie!*

« Il y eut, au mois d'août dernier, une grande cérémonie païenne pour obtenir la pluie. On alla sur le sommet d'une montagne porter au dieu qui l'envoie des bananes cuites, du taro, des poissons, etc. Tous mes insulaires passèrent là une nuit à la belle étoile, persuadés que leurs vœux seraient exaucés la nuit suivante. Le ciel se couvrait de nuages, et toutes les apparences étaient pour eux. Cependant un jeune homme, déjà convaincu de la vanité des idoles, se leva tout à coup au milieu des assistants, et, d'un ton prophétique, leur déclara que les supplications étaient inutiles, qu'aucun de leurs dieux ne pouvait commander aux nuages de donner la pluie, que cette puissance n'appartenait qu'à *Jéhovah*, seul vrai Dieu que j'étais venu leur annoncer. Tout le monde se moqua d'abord de ses menaces; mais, comme il l'avait dit, les nuages amoncelés se dissipèrent, et il n'en tomba pas une goutte d'eau. Le lendemain, les insulaires revinrent si honteux, qu'ils n'osaient parler de ce qui s'était passé la veille; quelques-uns seulement répondirent au frère Marie-Nizier, qui leur représentait l'impuissance de leur dieu : *Notre dieu est méchant, il nous laisse dans notre malpropreté.* C'est, en effet, sous ce rapport qu'ils souffraient le plus du manque d'eau, car ils sont dans l'usage de se baigner tous les jours.

« Vous demandez, mon révérend Père, ce que j'ai fait jusqu'ici, au milieu de ce peuple. Hélas! c'est bien moi qui puis dire en vérité : Je suis un serviteur inutile. D'abord, les habitants nous aidèrent à construire une petite cabane. Elle fut fort simple : des bâtons arrangés en forme de claie, et recouverts de feuilles de cocotier, en firent les murs; le toit fut fabriqué pareillement avec des feuilles entrelacées. Mon premier soin devait être de visiter les différentes familles, d'étudier la langue et les mœurs du pays, afin d'être bientôt à même de l'évangéliser; c'est à quoi je me suis appliqué. La guerre est partout un fléau, mais elle est, sans comparaison, le plus terrible de ceux qui affligent ma pauvre Futuna. Les insulaires sont depuis très-longtemps divisés en deux partis, sans cesse acharnés l'un contre l'autre. Il y a le parti des vainqueurs, commandé par le roi *Niuliki*, et le parti des vaincus, qui obéit à un autre roi. Peu de temps après notre arrivée, les vaincus tuèrent un de leurs ennemis : ce fut une déclaration de guerre. Le cri d'alarme retentit dans toute l'île, et chacun quitta sa cabane et ses occupations, pour se réunir à son chef. Ces réunions s'effectuent promptement, de peur d'une irruption nocturne, car on a vu quelquefois des vallées entières désolées, et tous leurs habitants massacrés dans une seule nuit. Les deux partis s'observaient et se tenaient sur leurs gardes; mais rien de décisif ne s'annonçait. Comme la guerre me sembla devoir se terminer à ces démonstrations, je profitai d'une occasion favorable pour aller à Wallis.

« Pendant mon absence, le roi fit transporter tous nos effets dans sa maison, malgré les représentations du bon Frère et du jeune Anglais, qui craignaient quelque mauvais dessein. Ils furent bientôt détrompés; c'était une nouvelle marque d'attachement et de protection : depuis lors, *Niuliki* semble plus attentif à nos besoins qu'à ceux de ses propres enfants. Trouvant notre première habitation peu convenable, il nous avait fait préparer un logement dans son palais. Ce fut là qu'il fit transporter nos petits meubles et qu'il m'accueillit à mon retour. On nous construisit une nouvelle cabane, avec des bambous fixés en terre et consolidés entre eux par des cordes. Cette maison, toute simple qu'elle était, devint la merveille de l'île. Nous la possédions néanmoins sans beaucoup d'attachement, et nous faisions bien, car elle fut peu après ruinée de fond en comble.

« La nuit du 2 au 3 février, une tempête, annoncée depuis quelques jours par un ciel brumeux et par un grand vent d'est, éclata tout à coup avec fureur. Les éclairs, le tonnerre, des torrents de pluie, un bruit effroyable de la mer, les cris des insulaires qui invoquaient leurs divinités, telle fut la scène que nous offrit d'abord toute cette nuit. Un peu avant le jour, le vent changea de direction et redoubla de violence. A moitié vêtus, nous luttions tous trois contre l'orage, pour essayer de soutenir notre petit *palais*. Malgré nos efforts, nous eûmes la douleur de voir sa toiture tomber en lambeaux, et bientôt le corps même de l'édifice, agité, secoué dans tous les sens, tomber enfin tout fracassé et nous laisser sans abri. La plupart des maisons eurent le même sort. Les cocotiers, les bananiers, les arbres à pain, toutes les productions de l'île furent si maltraitées, qu'après ce grand désastre on était menacé de la famine et même de l'anthropophagie. Les insulaires ont travaillé longtemps avec un courage remarquable, et sont parvenus à peu près à réparer leurs pertes.

« Telle était, mon Révérend Père, notre situation et celle de l'île, lorsque j'eus le bonheur d'embrasser nos nouveaux confrères qui se rendaient à la Nouvelle-

Zélande, et le P. Bataillon, qui venait avec eux me visiter. Leur présence me fut non-seulement une consolation, mais encore un puissant secours. Dès le soir de leur arrivée, le P. Bataillon prêcha longuement aux naturels, qui s'étaient réunis pour voir et fêter ces respectables hôtes. Le lendemain, jour de l'Ascension, après avoir solennellement chanté la Messe dans le palais du roi, il annonça de nouveau la parole sainte. La multitude se réunit avec le même empressement tous les soirs jusqu'à la fête de la Pentecôte, que nous célébrâmes, comme celle de l'Ascension, le plus solennellement qu'il nous fut possible. Mes insulaires furent singulièrement touchés de la majesté des cérémonies, de la grandeur et de la beauté de notre sainte Religion, du zèle et de la charité de ses ministres. Les petits présents qu'on leur fit excitèrent vivement leur reconnaissance, et l'on vit souvent couler leurs larmes, surtout lorsqu'ils entendirent parler de l'intérêt qu'on leur porte en France et dans toute l'Europe.

« Le P. Bataillon, obligé, par diverses circonstances, de passer avec nous près de deux mois, me rendit encore d'importants services, soit pour l'étude de la langue, dans laquelle j'étais peu avancé, soit pour le bien général de la Mission. Un jour, il proposa au roi de brûler une foule de divinités de second ordre, très-redoutées à Futuna et dans les îles voisines. Le roi et tous les chefs y consentirent, persuadés que nous ne serions jamais assez téméraires pour en venir à l'exécution. Mais, dès le lendemain, ces ridicules dieux, ou plutôt les objets consacrés à leur culte, furent publiquement livrés aux flammes. Les naturels, effrayés pour nous et pour eux-mêmes, se tenaient loin de l'incendie, et lorsque, aussitôt après, ils nous revirent au milieu d'eux, pleins de vie et de santé, ils ne savaient comment nous témoigner leur admiration et leur joie. Ce *prodige* fit tomber sensiblement le crédit des fausses divinités : deux villages entiers demandèrent à être préparés au baptême. Le roi lui-même assura qu'il n'attendait pour se convertir que le moment où toute l'île se déclarerait en faveur de la Religion catholique ; tous paraissaient heureux et dans les meilleures dispositions. Hélas! ces riches espérances devaient bientôt faire place à de mortelles inquiétudes. Le démon, furieux de voir ces commencements du règne de Jésus-Christ, vint rallumer le feu de la guerre, et voici quelle en fut l'occasion.

« La veille du désastre dont je vous ai parlé, les vaincus avaient fait présent de dix porcs rôtis à deux imposteurs du parti opposé, qu'on regardait généralement comme les oracles des dieux. Leur intention était d'attirer ces hommes dans leur vallée, d'accroître leurs forces par un plus grand nombre de divinités tutélaires, et de ramener enfin la victoire de leur côté. Mais les vainqueurs le comprirent et crièrent aussitôt vengeance. On se mit à la poursuite de ceux qui avaient apporté le présent, on les joignit, et ces malheureux ne durent la vie qu'à la clémence du roi, qui se contenta de les réduire à demander grâce. Cependant, comme on l'avait présumé, les deux hommes devins passèrent du côté des vaincus; et ceux-ci, pour se venger de leur défaite, firent une tentative de meurtre. Il n'en fallait pas davantage : aussitôt on poussa le cri d'alarme, et la guerre fut déclarée. Je mis tout en œuvre afin de détourner ce malheur : j'allais et je venais sans cesse d'un camp à l'autre. A ma prière, *Niuliki* envoya des députés et des présents à l'autre roi, pour l'engager à faire la paix; tout fut inutile. Ce chef se fit couronner de nouveau, et reçut le serment de fidélité de tous ses sujets. La cérémonie fut simple, comme vous le pouvez penser, mais elle servit à redoubler le courage de la petite troupe, qui, d'ailleurs, ne pouvait supporter la honte de ses précédentes défaites. J'avais beau les supplier, les conjurer, les menacer de la colère divine, m'épuiser d'efforts pour leur faire comprendre tous les malheurs de la guerre, on me répondait toujours : « Nous ne voulons pas être appelés « vaincus, quand le grand Missionnaire (monseigneur « l'Évêque) viendra nous visiter. Aussitôt que nous « serons vainqueurs, nous nous ferons tous chrétiens. » Pauvres aveugles! Tandis qu'ils parlaient ainsi, je les voyais d'autant plus animés au combat qu'ils se croyaient sûrs de la victoire, à cause des nouvelles divinités passées dans leur camp avec les deux imposteurs.

« Le 10 août fut le jour fatal. Quelques coups de

fusils de la part des vaincus engagèrent le combat, et blessèrent plusieurs hommes de Niuliki. « Oublions « nos blessés, dit aussitôt le roi, et volons à la défaite « de nos ennemis. » Il s'élance, suivi de sa troupe; mais les agresseurs soutiennent le choc avec tant de fermeté et d'avantage que la victoire semble d'abord se déclarer pour eux. Niuliki et ses gens, sans se déconcerter, reviennent à la charge, et commencent une affreuse boucherie. Rien ne résiste cette fois à leur impétuosité; la jeunesse ennemie se débande la première, et les vieillards tombent pour la plupart, victimes de cette désertion. Dans la mêlée périrent le vieux roi qui s'était fait couronner avant le combat, l'un des deux imposteurs qui avaient été l'occasion de cette guerre, un Anglais, récemment arrivé ici, et partisan déclaré des vaincus; enfin, la plupart des chefs subalternes de ce parti, qui s'étaient toujours montrés les principaux auteurs de la discorde. Il y eut vingt-quatre morts du côté des vaincus, et treize dans le parti des vainqueurs, nombre bien considérable pour la faible population de Futuna.

« Nous courûmes sur le champ de bataille porter quelque secours aux infortunés qui respiraient encore. Le spectacle était horrible à voir. Les armes de nos insulaires sont principalement la lance et la hache, avec lesquelles ils se font d'énormes blessures. Il fallut arracher des plaies le fer des lances, panser les blessés et les transporter dans quelques habitations voisines.

Je pus administrer le saint Baptême à trois hommes qui conservaient assez de connaissance. Parmi eux se trouvait le frère du roi vaincu. Il était déchirant de voir son épouse recueillir dans ses mains le sang qu'il perdait par une large blessure, et embrasser le mourant en poussant des cris affreux. Tous les parents des blessés recueillaient aussi jusqu'à la dernière goutte de leur sang. On les voyait appliquer leur bouche aux feuilles des arbustes et lécher jusqu'à l'herbe qui en était teinte.

« La nuit approchait; nous avions rempli, le Frère et moi, notre ministère de charité. Accablés de douleur et de fatigue, nous allâmes nous asseoir sur le sable, au pied d'un cocotier. De là j'entendais encore les lamentations des parents de ceux qui avaient péri. Je ne faisais moi-même que gémir, élevant vers le ciel mes mains suppliantes pour ce peuple devenu mon peuple, et dont le salut m'est confié. Qu'elles sont longues les nuits des tropiques, dans ces moments de douleur! Après avoir un peu sommeillé de lassitude, nous fûmes éveillés par le bruit de nos insulaires qui transportaient les cadavres dans la vallée voisine. Tous les morts y furent enterrés, à l'exception du roi, que son épouse fit inhumer ailleurs, et de l'Homme *qui avait un Dieu;* les vainqueurs l'emportèrent dans une de leurs vallées. Nous donnâmes nous-mêmes la sépulture à l'Anglais, dans le lieu où il avait succombé. Puisse-t-il avoir trouvé grâce devant le Seigneur!

« La divine Providence, qui sait faire sortir le bien du mal même, ne nous a pas laissés sans consolation. La paix a été conclue plus promptement et plus avantageusement pour l'île que je n'aurais pu l'espérer. Tout est maintenant sous la domination du roi *Niuliki*; on sent le besoin de l'union, et je fais tout mon possible pour la maintenir. J'ai repris mes travaux, baptisé quelques adultes et quelques enfants; bien peu refusent le Baptême quand ils sont en danger de mort. J'ai un certain nombre de catéchumènes; plusieurs ne peuvent encore se prononcer ouvertement, mais ils tiennent ferme contre les obstacles qu'ils rencontrent dans leurs familles. La grande affaire est de déterminer le roi : car tous ses sujets imiteront son exemple.

« Priez donc toujours, mon Révérend Père, afin que la parole de Dieu ne soit pas stérile dans nos bouches. Priez pour tous les peuples de l'Océanie. La moisson est abondante, mais le nombre des ouvriers est bien petit. Frappez à la porte du cœur de Marie, et vous en ferez sortir des essaims de Missionnaires. Quand mes catéchumènes me demandent s'ils auront encore, après nous, de ces bons *Farani* (Français), pour demeurer avec eux, je leur réponds : « Pour nous, nous sommes
« mortels, nous irons au Ciel recevoir notre récom-
« pense; mais notre mission ne périra pas; d'autres
« viendront nous remplacer et prier sur notre tombe. »

« Agréez, etc. »

CHAPITRE XXIV

Prédication dans un festin. — Guérison d'un malade. — Prélude des persécutions. — Redoublement de zèle et de prières. — Désir du ciel.

Un grand festin, auquel les missionnaires furent invités, eut lieu dans la vallée de *Fikavi*; le roi, accompagné de plusieurs membres de sa famille, y vint lui-même de *Tamana*, sa résidence ordinaire. Les convives furent très-nombreux.

Vers la fin du repas, le P. Chanel, qui n'avait pris part à cette fête qu'en vue du bien des âmes, se leva et parcourut les rangs de l'assemblée, en semant la divine parole. « *Matua-tapou*, lui dit un des assistants, si ta Religion valait mieux que la nôtre, on ne verrait pas parmi les *blancs* des hommes mauvais, des hommes voleurs, impudiques, assassins. » Le Père ne chercha pas à nier la vérité de ces accusations, mais il répondit que tous les vrais chrétiens avaient en horreur de tels crimes; que la Religion de *Jéhovah* les défendait sévèrement et qu'elle s'efforçait de les prévenir par la prière, les Sacrements et les menaces de l'éternelle justice.

Le roi prenant ensuite la parole, dit aux convives que la divinité suprême, dont il était le *tabernacle*, allait parler par sa bouche; alors tous ses crédules auditeurs l'écoutèrent avec un religieux respect. Nous ignorons les prétendus oracles qui sortirent de la bouche de Sa Majesté, tout ce que nous savons c'est que le P. Chanel ne craignit pas de démasquer adroitement l'imposture.

Un autre jour, à la vue du ciel qui se couvrait d'épais nuages, le roi dit à la foule qui l'entourait : « Je vous annonce de la part du Dieu suprême, dont je suis le *tabernacle*, qu'il ne tardera pas à pleuvoir. » A cette parole *prophétique*, un jeune catéchumène ne put s'empêcher de s'écrier : « Et moi je prédis qu'il ne pleuvra pas. » Comme on lui demandait où il avait appris à lire dans l'avenir, il répondit que « Sa Majesté n'adorant pas *Jéhovah*, ne pouvait être qu'un mauvais prophète. » Cette réponse était par trop hardie et téméraire pour ne pas soulever des cris d'indignation. Quelle ne fut pas la confusion du roi et de ses partisans, en voyant se dissiper peu à peu les nuages, et le ciel redevenir parfaitement serein!...

Une guérison, opérée contre tout espoir, contribua puissamment encore à discréditer le culte des divinités futuniennes. « Un vieillard, raconte le P. Chanel, atteint d'une maladie extrêmement grave, avait inutilement imploré tous les dieux du pays; ses parents lui avaient conseillé de s'adresser à moi; je lui donnai à boire une simple infusion, en priant Jésus-Christ et sa très-sainte Mère de la rendre efficace pour le salut de son âme. De tous les points de l'île on avait les yeux sur moi; on attendait avec impatience les effets du remède, qui ne tardèrent pas à se manifester : en moins de trois jours, le malade recouvra la santé; il vint lui-même m'exprimer sa reconnaissance, et me promit de renoncer à ses faux dieux. Alors plusieurs de ceux qui avaient décrié mon ministère, témoignèrent du repentir et le désir d'embrasser notre Religion sainte. »

Le démon qui, depuis tant de siècles, tenait sous son empire l'île de Futuna, s'efforça d'allumer les sentiments les plus hostiles au Catholicisme. Il fut décidé, dans le conseil du parti vainqueur, qu'il fallait en finir avec la *religion nouvelle* et ses partisans, pendant que ceux-ci étaient en minorité; qu'il était dangereux de différer; que les catéchumènes, devenant plus nombreux, pourraient se défendre par la force des armes. L'affaire était sérieuse, suivant l'opinion générale; mais le peuple ne pouvait par lui-même mettre la main sur la personne du P. Chanel, parce que le Père, en sa qualité de grand *Matua-tapou*, était *sacré* et comme parent de *Niuliki*; il n'appartenait qu'à Sa Majesté de lui retirer ce caractère et cette dignité, et de le réduire à la condition des simples mortels. Le roi ne s'était point ouvertement prononcé à cet égard; mais il avait dit hautement qu'il fallait d'abord disperser les catéchumènes et incendier leurs maisons; qu'on pourrait frapper quiconque ferait le signe de la croix ou remuerait les lèvres avant ou après les repas; que tout indigène surpris en la compagnie du missionnaire serait condamné à une forte amende, connue dans le pays sous le nom de *saufono*. Plusieurs jeunes gens subirent bientôt ce dernier châtiment. Il serait trop long de raconter les tracasseries de tout genre, les insultes et les menaces dont le P. Chanel fut l'objet. Croyant que ce n'était qu'une de ces épreuves auxquelles les œuvres de Dieu sont toujours soumises, « L'arbre que nous plantons, dit-il à son jeune catéchiste, doit être ébranlé jusque dans ses racines, avant de grandir et de se couvrir de fruits. » Cette prédiction s'est réalisée; mais hélas! les mains qui plantaient cet arbre arrosé de tant de sueurs, ne devaient point en recueillir les plus beaux fruits!...

Quant l'apôtre de Futuna s'aperçut que l'enfer se déchaînait, en quelque sorte, pour abattre l'édifice que son zèle commençait à élever, il se jeta aux pieds de Jésus, de Marie et de saint Joseph; il fit successivement en leur honneur et pour implorer leur secours, des neuvaines de jeûnes et de prières. Se reprochant à lui-même, par un sentiment de profonde humilité, la stérilité de ses travaux, il conjura, pendant neuf jours, le divin Cœur de bénir ses efforts, ou de le retirer de ce monde, s'il était un obstacle au succès de sa mission.

Dans ses moments de tribulations, il tournait ses

regards vers le ciel. « Courage! disait-il un jour à son pieux et zélé catéchiste ; dépositaires des mêmes espérances que le patriarche Jacob, habitons cette terre comme il habita celle d'Égypte. Prince, dit-il à Pharaon, empressé de lui offrir la contrée la plus riante de ses États, nous ne sommes ici-bas que des étrangers et des voyageurs, et c'est en cette qualité que nous habitons un coin de votre royaume : *Ad peregrinandum in terrâ tuâ venimus*... Nous voyageons vers le ciel... Cité de Dieu, notre exil est bien long! chère patrie, vous refuserez-vous longtemps à nos vœux! faudra-t-il encore répandre beaucoup de larmes sur les rives du fleuve de Babylone? Sainte Jérusalem, vous laisserez-vous contempler bientôt! on m'a dit de vous des choses si belles que mon cœur s'échappe, et veut entrer dans votre enceinte. Je sais bien que le péché n'a jamais franchi le seuil de vos portes, mais j'ai pleuré les miens, et je les pleure encore [1]... »

---

[1] Extrait d'une instruction *sur le Ciel*.

CHAPITRE XXV

Zèle du P. Chanel pour la conversion de Niuliki. — Arrivée d'un Père et d'un Frère maristes à Futuna. — Fureur du roi à la nouvelle de la conversion de son fils. — Rupture du roi avec les missionnaires. — Persécution des cathéchumènes et des missionnaires — Martyre du R. P. Chanel.

Le R. P. Chanel travaillait surtout à la conversion de *Niuliki;* il était persuadé qu'en faisant cette conquête, il lui serait facile de gagner à Jésus-Christ l'île tout entière. Mais *Niuliki* n'était pas seulement roi, il était encore pontife ; la royauté était une conséquence de son pontificat; du moment, en effet, que la grande divinité[1] l'avait choisi pour sa *demeure* ou son *tabernacle*, il était devenu, suivant l'usage du pays, souverain de droit et de fait. Il devait donc tenir par le fond des entrailles à une religion dont il était le premier ministre, et à laquelle il attribuait toute son autorité et sa fortune. Aussi, dès qu'il vit que le Catholicisme prenait racine dans ses États, son cœur se refroidit à

[1] *Faka-Véli-Kélé.*

l'égard du missionnaire; il parut même rompre avec lui, en allant habiter un autre village.

Sur ces entrefaites, le bon Père reçut deux auxiliaires : le P. Chevron et le F. Attale, de la Société de Marie. La petite communauté ne vivait que des plantations qu'elle cultivait elle-même ; elle avait souvent à se plaindre des voleurs ; le roi, qui les autorisait secrètement, voulait qu'elle quittât le pays ou qu'elle y mourût de faim [1].

Dans cette dure situation, le P. Chanel ne laissait pas de visiter Sa Majesté, et de l'exhorter à se convertir. Tout ce qu'il put obtenir d'elle se réduisit à quelques témoignages d'une amitié hypocrite. Tel était l'état des choses, lorsque, vers la fin de l'année 1840, le P. Chevron et le F. Attale reçurent du Vicaire apostolique l'ordre de se rendre à Wallis.

Cependant le nombre des catéchumènes augmentait peu à peu ; leur réunion, dans la chapelle, excitait l'indignation des ennemis du Catholicisme, et principalement celle du roi. Plus d'une fois des bruits de mort parvinrent aux oreilles du missionnaire. Un jour qu'il y avait foule dans son village, le F. Marie-Nizier, ayant prêté l'oreille aux conversations, vint dire au Père qu'il était question de le massacrer. « Vous savez, répondit-il, ce qu'on lit dans la vie de saint Louis de Gonzague.

---

[1] Le P. Chanel raconte, dans son journal, qu'il fut réduit un jour, lui et ses confrères, à n'avoir pour nourriture que le pauvre chien qui veillait à la garde de sa maison.

Si l'on venait vous annoncer, lui demandait-on, que vous allez mourir dans une heure, que feriez-vous? Je continuerais à faire ce que je fais, répondit le jeune saint. Eh bien, reprit le P. Chanel, faisons de même; » et il continua à cultiver son jardin.

Le danger se dissipa pour cette fois, mais les ennemis du Catholicisme devenaient de plus en plus furieux; les naturels de la partie orientale de l'île étaient tellement attachés au paganisme qu'ils répétaient partout ce cri de haine et de mort : « *Ke tamate le lotu, Ke puli! que la nouvelle Religion soit combattue, qu'elle soit frappée de mort !* »

Le roi ayant consulté son conseil, décida qu'on transporterait à *Tamana*, lieu de sa résidence, tous les effets du P. Chanel; il espérait que les catéchumènes, qui redoutaient sa colère, n'oseraient continuer, sous ses yeux, leurs relations avec le missionnaire.

Prenant ensuite à part *Musumusu*, son parent et son ministre : « *Crois-tu*, lui dit-il, *qu'ils réussiront, ces gens qui viennent à Futuna pour faire des esclaves?* » *Musumusu* ne comprenant pas suffisamment le sens de ces paroles, demanda au roi de qui il parlait : « *Je parle*, répliqua Sa Majesté, *des blancs qui viennent faire des esclaves.* » Alors *Musumusu* ajouta : « *Si tu détestes ces blancs, va prendre leurs effets, dépose-les dans ta maison, et j'irai les tuer.* » *Niuliki* garda le silence, mais ses intentions étaient bien connues. Le roi et son ministre ne savaient pas encore la conversion de

Méitala, que le P. Chanel, par prudence, avait tenue secrète.

En rentrant dans son village, *Musumusu* apprend que le jeune prince figure parmi les catéchumènes; il en informe aussitôt le roi, qui, à cette nouvelle, frémit de rage, et se met à la poursuite de son fils. Rencontrant, en chemin, son fidèle ministre : « *Mais est-il bien vrai*, lui dit-il, que *Méitala se soit converti?* » — « *Oui, c'est vrai*, répond *Musumusu*. » — « *Si c'est vrai, je ne veux plus de ce fils, tu peux le frapper rudement.* »

À la vue de *Méitala*, *Niuliki* exhale sa fureur et ses menaces : « *Pourquoi*, lui dit-il, *as-tu embrassé la nouvelle Religion? Foule-la aux pieds, ou va la pratiquer dans les bois; si tu persistes dans ta folie, je te désavoue pour mon fils; tu n'échapperas pas à la vengeance de nos dieux...* » Le jeune prince se contente de répondre qu'il veut vivre à la manière des chrétiens, et que sa résolution est tellement irrévocable, qu'il a déjà mangé ses *tapous*. A ces derniers mots, le roi entre dans la plus violente colère; il se met à pleurer, à se frapper la tête, à pousser des cris de désespoir et à maudire son fils. Enfin, n'espérant plus le ramener à d'autres sentiments, il se sépare brusquement de lui, et va se concerter avec des parents et des amis sur le parti à prendre dans cette extrémité.

Le 27 avril 1841, *Niuliki* tint un conseil à *Alofi*, petite île dépendante de Futuna. Grand nombre de vieillards et quelques jeunes gens y assistèrent. On y décida qu'on déclarerait la guerre aux catéchumènes, et que sans plus tarder on irait à *Avaui*, lieu où ils avaient coutume de se réunir. Le soir même de ce jour, comme *Musumusu* n'avait pas assisté au conseil, quatre naturels allèrent l'informer officiellement de la décision qu'on avait prise à l'égard des catéchumènes. *Musumusu* leur fit cette demande : « *Qu'a-t-on décidé à l'égard de Celui qui est l'auteur de la Religion?* » Il voulait parler du R. P. Chanel. On lui répondit : « *Cette fois il n'en a pas été question?* » — « *Si vous vous joignez à nous*, reprit *Musumusu, nous irons faire mourir ce blanc.* » — « *Mais Niuliki ne se fâchera-t-il pas?* » — « *Nullement.* » Il est donc arrêté qu'on fera d'abord la guerre aux catéchumènes, et qu'ensuite on tuera le R. P. Chanel.

Pendant que ce drame s'acheminait vers son dénoûment, le zélé missionnaire semblait se hâter de conquérir de nouvelles âmes, afin de suppléer au temps qui allait faire défaut à son apostolat. Comme il conjurait un jeune homme de mettre la dernière main à sa conversion : « *Je le ferais volontiers*, répondit celui-ci, *mais à quoi bon? on veut te tuer, on veut détruire ta Religion dans l'île. Ma conversion ne ferait qu'irriter davantage les esprits contre toi; et puis n'étant plus avec nous, je me verrais forcé de revenir au culte de nos dieux. Je t'aime trop pour coopérer à ta mort, et je n'engage pas ma parole quand je ne puis la tenir.* »

— « *Rassure-toi, que l'on me fasse mourir ou non, la Religion que je prêche ne périra pas; je l'ai mise dans le cœur de l'île, elle n'en sortira jamais.* » Cette parole, dont les Futuniens ont eu plus tard connaissance, a été regardée par eux comme une prophétie dont ils admirent encore l'accomplissement.

Méitala versait d'abondantes larmes : « *J'ai appris*, dit-il au P. Chanel, *qu'on était résolu de te tuer ; veux-tu que je meure avec toi ? tu me donneras ton Crucifix, je le presserai contre mon cœur, et j'espère que le Dieu sauveur, dont il est l'image, m'accordera la force de mêler mon sang au tien; tous deux nous aurons le bonheur d'aller ensemble au paradis.* » — « *Non, mon ami ; reste auprès des catéchumènes et soutiens-les par tes exemples; Jéhovah te destine à régner après ton père ; tu emploieras ton autorité, je l'espère, à étendre son royaume et à l'affermir dans les âmes. Ne t'afflige pas à la pensée du sort qu'on me réserve; mon salut viendra de mes ennemis et de la main de tous ceux qui me haïssent* [2]*...* »

Un autre catéchumène arriva tout désolé auprès du missionnaire : « *Père*, lui dit-il, *on veut te tuer!...* » — « *Eh bien! ne nous attristons pas : le jour où l'on me tuera ne sera pas le plus mauvais de mes jours.* — « *Mais que deviendra la Religion?* — « *Ce que j'ai*

---

[1] A l'heure où nous écrivons ces lignes, *Méitala* règne à Futuna.

[2] « Salutem ex inimicis nostris, et de manu omnium qui oderunt nos. » *Cant. Zach.*, 4.

commencé dans l'île, j'espère, mon enfant, l'achever dans le ciel. »

Le lendemain 28 avril, à la pointe du jour, sous la conduite de *Musumusu*, une horde sauvage, armée de lances, de casse-têtes et de massues, se rendit à *Avaui*, où étaient les catéchumènes, les surprit dans le sommeil et en blessa un grand nombre. *Musumusu*, en saisissant l'un d'eux pour le frapper, reçut un coup sur la figure qui lui fit répandre du sang.

D'*Avaui* la horde furieuse courut assouvir sa haine contre celui qu'elle appelait *l'auteur de la Religion nouvelle*. Quand elle fut à peu de distance de la victime qu'elle cherchait, *Musumusu* suspendit sa marche, de peur que le nombre et l'appareil des gens de sa troupe n'effrayassent le missionnaire et ne lui inspirassent la pensée d'éviter la mort par la fuite; il prit seulement avec lui quelques-uns des plus déterminés [1].

Le R. P. Chanel était seul; depuis quelques jours, à la suite des courses nombreuses qu'il avait faites nu-pieds à travers le corail aigu dont les chemins de l'île sont parsemés, il souffrait violemment des blessures qui provenaient de cette marche pénible, et qui le forçaient de garder sa demeure. Quant au F. Marie-Nizier et Thomas Boog, ses catéchistes ordinaires, il les avait envoyés baptiser quelques enfants en danger de mort.

---

[1] Ce furent *Filitika, Fuaséa, Umutauli* et *Ukuloa*.

A l'arrivée des bourreaux, il achevait la récitation de son bréviaire, et commençait à prendre quelques instants de récréation. Comme le disciple bien-aimé qui, dans dans ses courts moments de loisirs, jouait volontiers avec une colombe, l'apôtre de Futuna se distrayait de ses préoccupations et de ses fatigues, en réunissant autour de lui et nourrissant les poules de sa petite basse-cour. Peut-être alors, à l'exemple du Sauveur pleurant sur Jérusalem, redisait-il ces touchantes paroles qu'on lui avait entendu prononcer : « O Futuna, combien de fois ai-je voulu réunir tes enfants dans le bercail de l'Église, comme la poule rassemble ses poussins sous ses ailes ! »

Musumusu ne trouvant point le missionnaire dans sa case, rode à l'entour avec l'avidité du tigre qui cherche sa proie. Le regard étincelant, l'arme au poing et la menace sur les lèvres, tout trahit en lui un projet homicide. Toutefois, pour l'attirer dans ses piéges, il a recours à la charité qui distingue le saint missionnaire. Le R. Père, l'apercevant, va de suite à sa rencontre : « *D'où viens-tu?* » lui demande-t-il. — « *D'Asoa,* » répond *Musumusu.* — « *Quel est le motif de ta visite?* » — « *Je veux un remède pour une contusion que j'ai reçue.* » — « *Comment as-tu été blessé?* » — « *En abattant des cocos.* » — « *Reste ici, je vais te chercher un remède et panser ta blessure.* » Pendant cet entretien, deux sauvages [1] étaient entrés dans la case; ils en sortaient avec une brassée de linges, lorsque le Père les rencontra : « *Pourquoi,* leur dit-il, *venez-vous ici? qui vous a donné le droit de faire les maîtres dans ma maison?* » Ils gardèrent le silence, et jetèrent loin d'eux la brassée de linges. La scène prit soudain un caractère plus alarmant : les gens de la cohorte, restés en arrière, accoururent pour se joindre aux premiers; déjà ils s'apprêtaient au massacre. A cette vue, le missionnaire toujours calme, mais avec le ton d'une douce autorité, essaya de les détourner du crime qu'ils préméditaient; sa parole fut interrompue par ce cri féroce que poussa *Musumusu* : « *Pourquoi tarde-t-on à tuer l'homme?* » A l'instant même un sauvage, nommé *Umutauli,* brandit une énorme massue sur la tête du R. Père, qui, en voulant parer le coup, a le bras fracassé. Un autre sauvage, nommé *Filitika,* qui se trouve derrière la victime, la repousse violemment, en criant à la foule : « *Fai motake mote, frappez promptement, qu'il meure!* » Aussitôt *Umutauli* décharge un coup de massue sur la tempe gauche du R. Père, et lui fait une horrible blessure; le sang jaillit en abondance. *Filitika* attesta plus tard, en présence des principaux chefs, qu'en ce moment le R. Père s'écria plusieurs fois : « *Malie fuai!* » Ces deux mots, dans notre langue, ne peuvent être tra

---

[1] *Filitika* et *Ukuloa.*

duits que de cette manière : *Très-bien!* Les naturels donnent à ce *malie fuai* le sens de *très-bien!* comprenant que le R. Père regardait comme un bonheur ses souffrances et sa mort.

Un troisième bourreau, nommé *Fraséa*, armé d'une lance surmontée d'une baïonnette, se précipite sur le saint prêtre et lui porte un coup violent; le coup glisse sans le blesser, mais le bois de la lance l'atteignant rudement le fait reculer de trois ou quatre pas et le renverse à terre, où un quatrième bourreau [1] vient décharger sur lui plusieurs coups de bâton. Le bon Père vit encore; étendu sur le gravier, il se relève et se tient à genoux; l'épaule appuyée contre une paroi de bambous, et la tête baissée, il essuie de la main gauche le sang qui ruisselle sur son visage, et offre à Dieu le sacrifice de sa vie pour le salut de ses chers Futuniens, et en particulier pour celui de ses bourreaux.

On l'abandonne quelques instants dans cet état de douloureuse agonie, pour ne songer qu'au pillage : l'un s'empare de ses ornements sacrés, l'autre de son calice et du saint ciboire, un troisième emporte les images et les tableaux qui décoraient son modeste oratoire; on le dépouille entièrement. Chose étrange! la passion du vol fait oublier à tous les acteurs de cette lamentable scène le but principal du rôle qu'ils ont à jouer.

---

[1] *Ukuloa.*

Pendant que ces furieux s'arrachent des mains le linge et les divers objets formant le petit mobilier du Missionnaire et de ses catéchistes, un catéchumène dont la conversion était peu connue encore, apercevant la victime, l'aborde, le cœur navré. « *Kua pakia a Pételo*, s'écrie-t-il, *Pierre est meurtri!* » Le Révérend Père le regardant avec bonté, « *Où est Maligi?* » lui demande-t-il d'une voix presque éteinte. C'était un vieillard qui lui était dévoué. *Mamusigana* (nom du catéchumène) lui répond : « *Il est à Alofi.* » — « *Tu lui diras, ainsi qu'à mes autres amis*, ajoute le Père, *que ma mort n'est pour eux et pour moi qu'un grand bien* (*Malie fuai loku mate*). »

Cependant *Musumusu*, le seul qui ne perde point de vue la victime, s'adressant à sa cohorte : « *N'êtes-vous venus ici*, s'écrie-t-il, *que pour faire des richesses?* » Puis, montrant avec une brutale énergie le Missionnaire couvert de blessures et de sang : « *Pourquoi ne pas le frapper à mort?* » Comme on tarde d'accomplir cet ordre, lui-même ne trouvant pas assez tôt son casse-tête qu'il avait déposé pendant le pillage, et rencontrant sous sa main une herminette (espèce de hache), il la saisit[1]; puis, s'élançant vers le Missionnaire, il lui assène un coup qui divise le crâne en ligne directe du front. Pendant qu'il retire

---

[1] Cette herminette est aujourd'hui dans le musée de la Propagation de la Foi, à Lyon.

le fer meurtrier, le martyr qui, d'après l'aveu même de ses bourreaux, n'a laissé échapper jusque-là aucun cri, aucune plainte, tombe la face contre terre et rend son âme à Dieu. A l'instant même, bien que l'air fût calme et le ciel sans nuage, un coup de tonnerre se fit entendre sur tous les points de l'île.

D'après l'aveu des naturels, ce coup de tonnerre était en dehors des lois de la nature. Suivant la S. Congrégation des Rits, qui s'est occupée de ce fait, c'était un prodige que Dieu faisait éclater à la mort de son Serviteur; c'était aussi une voix divine qui reprochait à l'île de Futuna le crime qu'elle venait de commettre : « *Deus ipse, aere sereno, intonuit, omnemque insulam patrati criminis admonuisse visus est.* »

La vie apostolique du R. P. Chanel a été de trois ans cinq mois et vingt jours, depuis le 8 novembre 1837 jusqu'au 28 avril 1841.

En apprenant la mort du saint Missionnaire, les catéchumènes poussèrent des cris de douleur : l'un d'eux fut si profondément affligé qu'il mit, en signe de deuil, le feu à sa propre maison; un autre accourut sur le théâtre du massacre, en criant aux bourreaux qu'ils avaient tué *le meilleur des pères*; plusieurs se dirigèrent précipitamment vers la demeure du martyr, dans l'espoir de mourir, à leur tour; mais leurs parents et leurs amis les délivrèrent de la pointe des lances. Au milieu de tous ces témoignages d'un regret si amer et d'une foi si vive, on remarqua *Méitala* et *Sam Kéloni*, princes qui régnèrent plus tard, l'un à Futuna et l'autre à Wallis. Pourrions-nous oublier *Matalupn*, enfant de onze à douze ans, vraiment digne du temps des Machabées? Modèle d'innocence et de piété, déjà catéchiste parmi les enfants de son âge : « Et moi aussi, s'écria-t-il d'une voix entrecoupée par les sanglots, je veux mourir pour l'amour de Jéhovah ! Je veux aller rejoindre le bon Père ! »

Plus tard, afin d'éviter la persécution de ses parents et d'autres infidèles, *Matalupi* se retirait chaque jour dans les bois pour réciter son Chapelet; il cachait comme un trésor la médaille que lui avait donné le P. Chanel. Versant des larmes sur sa patrie, il priait Dieu de pardonner le crime dont elle s'était souillée; il le conjurait d'envoyer, sans délai, un nouvel apôtre à Futuna.

[1] Il est parlé de cet admirable enfant dans une lettre des *Annales de la Propagation de la Foi*. — Septembre 1844, page 362.

CHAPITRE XXVI

Sépulture du martyr.

A peine le R. P. Chanel eut-il rendu le dernier soupir que *Musumusu* le dépouilla de sa soutane déchirée, couverte de poussière et de sang; il l'avait encore dans ses mains, lorsque sortant de la maison où gisait la victime, il s'applaudissait d'avoir accompli son œuvre; en ce moment, le chef du district où s'était commis le meurtre s'avançant vers lui, la lance au poing et l'œil courroucé : « Pourquoi, lui demanda-t-il, as-tu violé mon territoire? ne sais-tu pas qu'en tuant *cet homme* sans me prévenir, tu foulais aux pieds mes droits, et qu'ainsi tu allumais la guerre entre ta vallée et la mienne? » — « Mon intention, en tuant *cet homme*, répondit *Musumusu*, n'était pas de rompre la paix entre nous; je voulais seulement détruire la nouvelle Religion qu'il est venu implanter dans l'île. » En achevant ces mots, le meurtrier roula d'un air souriant la soutane ensanglantée, et la jetant au chef, pour apaiser sa colère : « Tiens, lui dit-il, voilà pour toi des richesses[1]. »

Musumusu disparut un instant de la scène; en rentrant dans la maison des Missionnaires, il couvrit d'une natte le corps de sa victime; c'était, selon l'usage du pays, lui rendre un pieux hommage. Cet homme, à l'œil farouche, aux formes herculéennes, et dont les mains étaient encore teintes de sang, avait déjà senti le remords passer dans son âme; sans doute, la prière du Martyr lui avait obtenu cette première grâce, qui devait bientôt l'amener à une conversion sincère et à une mort des plus édifiantes.

Quelques femmes catéchumènes, entre autres la fille de *Niuliki*, essuyèrent le sang qui couvrait le visage du Martyr, rejoignirent les chairs et les os de la tête fracturée; puis elles répandirent sur ses membres des huiles parfumées, en déposant trois nattes pour la sépulture; bien qu'idolâtre encore, l'épouse même du roi vint aussi apporter son tribut funèbre; ce témoignage d'estime et de regret est peut-être ce qui lui attira plus tard la grâce du Baptême.

Niuliki parut à son tour, empruntant, par un raffi-

---

[1] Humainement parlant, cette soutane ne pouvait avoir de prix qu'aux yeux d'un Futunien; on sait combien les moindres tissus d'Europe contentent et réjouissent le sauvage. Aux yeux de la piété chrétienne, quelle valeur ne venait pas de lui imprimer le sang d'un martyr! Plus tard, ce vêtement précieux tomba dans les mains des missionnaires qui se firent un bonheur de le porter sur eux-mêmes, en montant au saint autel.

nement d'hypocrisie, le masque de la douleur; il se donna tout l'air d'un homme innocent du meurtre qu'on venait de commettre. Sans sortir de la maison où gisait le corps du Martyr : « Allons, dit-il à *Musumusu*, creusons ici la dernière demeure de *cet homme.* » Et lui-même, aidé de son ministre, mit aussitôt la main à l'œuvre. Il avait hâte, ce semble, d'ensevelir et de voiler à ses regards un objet dont la simple vue était pour lui comme un reproche et une malédiction; n'attendant pas même que la fosse fût assez large et assez profonde, il traîna le corps, et lui brisant l'épine dorsale, il enfouit la sainte dépouille, qu'il s'empressa de recouvrir de terre [1].

A quelques pas de la sépulture, un catéchumène [2], qui plus tard reçut au Baptême le nom d'*Antonio*, passa devant les bourreaux du Martyr; l'un d'eux, jetant sur lui un regard furieux et le montrant à *Musumusu* : « A coup sûr, s'écria-t-il, en voilà encore un de la nouvelle Religion; qu'on le tue aussi pour en débarrasser l'île et la purger entièrement!... — Tais-toi, répondit le roi d'une voix menaçante; ne parlons plus

---

[1] Quelques naturels ont dit que ce fut dans ce moment qu'une détonation formidable fut entendue sur tous les points de l'île; nous sommes autorisés à croire, d'après les nombreux documents que nous avons reçus de Futuna, que cette détonation ne se fit entendre qu'au moment même où le P. Chanel rendit le dernier soupir. Du reste, il n'y eut qu'un très-court intervalle entre la mort et l'inhumation du martyr.

[2] Nommé *Sagogo*, de la petite île d'*Alofi*.

de massacre; le chef de la Religion est mort et enterré, nous n'avons plus rien à craindre; notre île est heureuse. » Toute l'assemblée applaudissant à ces paroles : « C'est vrai, dit-elle, c'est juste, restons-en là ; vivons en paix[1]. »

[1] Cet épisode nous a été raconté de vive voix par le P. Roulleaux qui le tenait de la bouche même d'Antonio.

CHAPITRE XXVII

Réflexions sur quelques circonstances qui ont précédé
et accompagné la mort du P. Chanel.

Déjà quelques-uns de nos lecteurs ont entrevu, dans les dernières scènes de la vie apostolique du P. Chanel, divers rapprochements avec celles que présentent les derniers temps de la vie mortelle du Fils de Dieu. Ces rapprochements, épars çà et là, ont pu néanmoins échapper à quelques regards; qu'on nous permette donc de les grouper ici et de compléter un tableau où le disciple réflète quelques traits du divin Maître.

Les Scribes et les Pharisiens résolurent de faire mourir Jésus-Christ, dès qu'ils virent que sa doctrine condamnait leur conduite, et renversait la Synagogue. Tant que le P. Chanel ne fut considéré, à Futuna, qu'au point de vue de ses qualités personnelles, il se concilia les sympathies de la population; mais à peine s'éleva-t-il contre le polythéisme, qu'il se vit en butte à la haine et à la persécution.

Plus Jésus-Christ s'entourait de nouveaux disciples, plus il faisait ombrage à la Synagogue. « *Voici*, disait-elle, *qu'il entraîne après lui toute la nation.* » De là ce cri de mort : « *Il est nécessaire qu'un homme périsse pour le salut du peuple.* »

Plus le P. Chanel comptait de nouveaux catéchumènes, plus aussi le roi de Futuna lui devenait hostile, et se hâtait, dans l'intérêt du peuple, de se défaire d'*un homme qui n'était venu*, disait-il, *que pour détruire le culte national et faire des esclaves*.

Les chefs de la Synagogue craignant que la mort de Jésus-Christ ne troublât la solennité de Pâques, décidèrent qu'elle n'aurait pas lieu le jour de cette fête (*non in die festo, ne tumultus fieret in populo*). Un jour qu'une troupe d'insulaires, armés de lances, de haches et de casse-têtes, traversait une vallée et se dirigeait vers le P. Chanel pour le massacrer, le chef de cette vallée, qui célébrait une grande fête à l'occasion du mariage de son fils, arrêta ces meurtriers, et fit ajourner l'exécution de leur projet. « Je ne veux pas, leur dit-il, que vous troubliez notre fête. » La troupe sanguinaire rebroussa chemin [1].

Jésus-Christ, pour rassurer les siens sur les destinées de l'Église naissante, leur prédit que *les portes de l'enfer ne prévaudraient pas contre elle*. Le P. Chanel dévoila à un jeune insulaire l'avenir de l'Église de Futuna : « J'ai mis la Religion, lui dit-il, au cœur de l'île ; elle n'en sortira pas. »

Quand Jésus-Christ, entouré de ses apôtres, leur annonça qu'il touchait à l'heure de sa passion doulou-

---

[1] Ce fait a été oublié dans le cours de notre récit.

reusé, tous profondément affligés protestèrent hautement qu'ils ne l'abandonneraient pas, dussent-ils mourir avec lui. Lorsque le P. Chanel, pressentant l'approche de sa mort, en parlait à ses catéchumènes, tous vivement émus, entre autres le fils du roi [1], promirent qu'ils ne le quitteraient point, et que même ils seraient heureux de verser, avec lui, leur sang pour la foi chrétienne.

La veille de la Passion de Jésus-Christ (*Pridiè quam pateretur*), à l'heure de la nuit, les Juifs s'armèrent de lances, d'épées et de bâtons pour s'emparer du Sauveur; le traître qu'ils ont soudoyé et qui marche à leur tête, est convenu avec eux qu'il le désignera par le signe de l'amitié (*quemcumque osculatus fuero, ipse est*); ce fut aussi dans la nuit qui précéda la mort du P. Chanel que des insulaires, bien résolus d'en finir avec le saint prêtre, s'armèrent de lances, de haches et de casse-têtes; ils ont choisi pour chef le cruel et perfide *Musumusu* qui, pour mieux arriver à ses fins, est

---

[1] « Ce jeune prince, dans une dernière entrevue avec le P. Chanel, avait vivement saisi la croix qui pendait au cou de l'homme apostolique, et l'avait suspendue au sien, comme pour lui dire qu'il avait embrassé sincèrement la Religion de Jésus crucifié. S'il ne la scella pas par l'effusion de tout son sang, il fut du moins blessé pour elle, et de la main de ceux qui étaient déjà en chemin pour massacrer le saint prêtre. On dit qu'en apprenant leur affreux projet, il s'habilla de blanc avec six de ses compagnons, et qu'ils se préparèrent tous à cueillir avec leur Missionnaire la palme du martyre. » *Annales de la Propagation de la Foi.* Septembre 1841.

convenu avec eux d'attirer la victime dans ses piéges, en lui demandant un service de charité.

Plus d'une fois Jésus-Christ avait dit à ses apôtres qu'*il lui tardait d'être baptisé d'un baptême de sang*, et que, *lorsqu'il serait élevé de terre, il entraînerait tout après lui*. Souvent aussi le P. Chanel envisagea le jour de sa mort comme le plus beau de ses jours, et le ciel comme le lieu où il espérait achever ce qu'il avait commencé ici-bas.

Il n'est pas jusqu'à la physionomie de Pilate qu'on ne retrouve dans celle de *Niuliki*, roi de Futuna. Le gouverneur de la Judée, sous le masque de l'hypocrisie, trahit, dans tous ses actes, la faiblesse, l'injustice et la cruauté; le roi des Futuniens joua le même rôle : faible, injuste et cruel, il ne se déclara pas ouvertement hostile au P. Chanel; il s'avoua même innocent de son meurtre. De tous les bourreaux du martyr, il fut aussi le plus aveugle et le plus endurci. Le ciel ne tarda pas à le frapper; sa mort, comme celle de Pilate, n'a laissé qu'un lugubre souvenir.

La divine victime fut conduite au supplice comme un agneau à la boucherie; elle pria pour ceux qui l'immolaient, et souffrit sans exhaler une plainte; à son exemple, le P. Chanel, moins attaché à sa propre vie qu'au salut de ses bourreaux, pria pour eux et endura les plus horribles tourments avec le calme d'une patience héroïque.

A la mort de Jésus-Christ, la nature se couvrit de

deuil et exprima sa douleur; à l'instant même où le P. Chanel rendit le dernier soupir, bien que le ciel fût pur et sans nuages, un coup de tonnerre retentit et jeta l'épouvante sur tous les points de l'île.

Sur le Calvaire, le centurion et le soldat, qui perça d'une lance le côté du Sauveur, se frappèrent la poitrine et se convertirent; presque tous les bourreaux du P. Chanel se repentirent de leur parricide, embrassèrent la foi chrétienne et vécurent saintement.

Les Juifs, au pied de la croix, apprécièrent les vêtements de Jésus-Christ et les tirèrent au sort. La soutane du P. Chanel, quoique couverte de sang et de boue, fut comme *une richesse* aux yeux même des sauvages qui s'en emparèrent.

Quelques femmes apportèrent au tombeau de Jésus-Christ des aromates qu'elles avaient préparés; quelques femmes aussi vinrent au lieu de la sépulture du P. Chanel et y déposèrent un tribut d'estime et de regret...

Enfin, autour du sépulcre de l'adorable Victime, les Juifs faisaient bonne garde, et se réjouissaient d'avoir éteint le Catholicisme avec la vie de son divin fondateur; et voilà que le Christ ressuscite plein de gloire et étend partout son règne.. Quand la terre eut recouvert la dépouille sanglante du P. Chanel, les insulaires qui s'étaient assis à l'entour s'applaudissaient d'avoir inhumé la *Religion nouvelle* et son apôtre; et un an ne s'était pas écoulé que déjà l'île de Futuna était chrétienne.

CHAPITRE XXVIII

Témoignages d'estime et de vénération à l'égard
du R. P. Chanel.

Plus les Futuniens apprirent à connaître le R. P. Chanel, plus ils reconnurent en lui d'éminentes qualités : « Cet homme, disaient-ils, est bien différent des autres *blancs* que nous avons vus ; la franchise est sur ses lèvres, la douceur dans son regard, l'élévation dans son esprit et la générosité dans son cœur... » Le seul reproche qu'ils lui firent, quand ils étaient païens, ce fut d'attaquer le culte du pays, et de vouloir le remplacer par une *Religion nouvelle*. L'introduction du Catholicisme dans leur île fut l'unique motif qui les irrita contre le saint Prêtre, et les porta à tremper leurs mains dans son sang.

Depuis que cette parole est sortie de la bouche du divin Sauveur : « *Le serviteur n'est pas au-dessus du maître ; on m'a persécuté, on vous persécutera également,* » « tout peut arriver à l'apôtre : la haine, l'exil, la torture, la mort ; il n'y a qu'une chose qu'il ne peut ni ne doit mériter : le mépris. Quand Jésus-Christ souffrait au Prétoire sous les coups des plus vils bourreaux, quand il portait sa croix de Jérusalem au Calvaire, quand il y était élevé sous les yeux de tout le monde, il y avait contre lui, du ciel à la terre, du démon à l'homme, une haine plus vaste et plus profonde que l'Océan; mais l'estime survivait, et Pilate en se lavant les mains, le centurion en regardant la croix, les vierges en pleurant, le soleil en cachant sa lumière, étaient la révélation d'une conscience plus grande que le supplice, et qui tenait l'univers étonné sous le coup de l'attente et du respect[1]. »

Au coup de tonnerre qui retentit à la mort du P. Chanel, tous les insulaires furent saisis d'une frayeur religieuse. Plusieurs, pour se mettre à l'abri de la vengeance céleste, s'enfuirent dans les forêts; quelques-uns s'écrièrent : « Nous n'avons jamais vu pareille chose à la mort de nos chefs; » d'autres dirent que c'était l'âme du *Matua-tapou*[2] qui entrait dans le palais de *Jéhovah*. Le lendemain de cet événement, un des notables de l'île[3] disait avec l'accent de la plus vive douleur : « Ah! j'étais absent quand ils l'ont massacré; si je m'étais trouvé dans ma cabane, ils ne l'auraient pas fait périr, ou bien je serais mort à ses pieds. Hélas! je ne reverrai plus le Père, lui qui était si bon et que j'ai-

---

[1] Le R. P. Lacordaire. *Madame de Swetchine*.
[2] *L'homme sacré*, nom qui désignait le P. Chanel.
[3] *Maligi*.

mais tant[1] ! » « Il paraît certain, écrivait en 1842 un missionnaire[2], que la mort du P. Chanel avait consterné la majeure partie des indigènes; mais les meurtriers étaient puissants; et on se contenta de murmurer contre eux en secret... »

Sur tous les points de la mission catholique, en Océanie, le récit de la mort du P. Chanel fit éprouver ce double sentiment d'affliction et de joie que la nature et la foi réveillent dans l'âme du simple chrétien et plus encore dans celle du religieux. Personne n'eut l'idée de prier pour le défunt; l'office de la Vierge, avec ses blanches couleurs, ne fut troublé par aucun signe funèbre. Le martyre, ouvrant la porte du ciel, ne laisse après lui aucun deuil, aucune tristesse.

La Société tout entière de Marie, en apprenant la perte qu'elle venait de faire, ne put d'abord se défendre de verser quelques larmes; ce fut pour elle une bien douce consolation de penser qu'elle avait un protecteur de plus dans les cieux. Bientôt le bruit de cette mort glorieuse se répandit dans un grand nombre de diocèses, spécialement dans ceux de Lyon et de Belley, où tant de personnes avaient pu connaître et apprécier les qualités et les vertus du P. Chanel. Plus d'une fois le récit et les détails du martyre de l'apôtre de Futuna furent le sujet de l'éloquence chrétienne; à Paris même, dans l'église de Notre-Dame-des-Victoires, le vénérable

[1] Extrait des *Annales de la Propagation de la Foi*, t. XV, p. 419.
[2] Le R. P. Chevron, mariste.

curé [1], pour édifier son auditoire toujours si nombreux et si recueilli, raconta d'une voix émue les principaux traits de la vie et de la mort héroïque de notre vénéré confrère.

En 1842 eut lieu, à Marboz (Ain), la translation solennelle [2] du corps de sainte Urbaine; Mgr Alexandre-Raymond Devie, plus de cent ecclésiastiques, tout le grand séminaire de Brou, et près de huit mille personnes y accoururent des paroisses voisines. L'église ne pouvant contenir la foule, M. l'abbé Deschamps, aujourd'hui dominicain, prêcha en plein air sur le *Triomphe de la Religion par ses martyrs, et le triomphe des martyrs par la Religion*. Ce discours produisit une vive émotion, et les larmes coulèrent quand l'orateur prononça ces paroles : « J'appelle maintenant votre attention sur l'arrière-garde de la grande armée des Martyrs, sur ces hommes généreux et magnanimes qui endurèrent, pour la défense de la foi chrétienne, les plus horribles tourments..... » Ici l'orateur donna les détails de la mort du P. Chanel, puis il s'écria, les yeux baignés de larmes : « Pourrais-je vous oublier, Martyr de Jésus-Christ, dont le sang fume encore devant nous? Pourrais-je vous oublier, vous mon compatriote, mon condisciple et mon ami? Non, j'épan-

---

[1] M. Desgenette.

[2] La procession partit du château de M. de Gerland, qui eut l'honneur et le bonheur de posséder le corps de la Sainte, la nuit qui précéda la translation. Cette précieuse relique fut donnée par Grégoire XVI.

che sur vous ma douleur et mes larmes; je pleure avec les membres de votre famille ici présents; je pleure avec tous ceux qui vous connurent et par conséquent vous aimèrent; *doleo super te, frater mi Jonathas!* Mais j'essuie mes pleurs; pourquoi pleurer sur votre triomphe qui doit nous réjouir? Vous étiez digne de la palme ensanglantée, plus belle et plus désirable que le sceptre des rois; vous étiez digne de la couronne des Martyrs. Triomphez donc au ciel, et priez pour nous! Oui, triomphez! Peut-être un jour entourerons-nous de nos hommages vos restes vénérés, apportés dans notre pays comme un trésor qui nous sera plus précieux que l'or et les diamants...

« Société de Marie, que j'aime à cause de ta Reine, que j'aime parce que j'ai été ton enfant [1], que j'aime aussi en considération de toi-même, triomphe avec ton premier martyr! Puisses-tu, semblable au grain de sénevé, devenir un grand arbre, et étendre de plus en plus tes rameaux vigoureux dans les nombreux archipels de l'Océanie! Triomphez aussi, vénérable évêque! votre diocèse a eu la gloire de donner le premier martyr à une Société que vous avez bénie dès son berceau, et qui se montre, à tous égards, si digne de votre paternelle bienveillance [2]..... »

---

[1] M. l'abbé Deschamps avait passé quelque temps dans la Société de Marie, avant que cette Société eût reçu l'approbation de l'Église.

[2] Ce fragment de discours nous a été communiqué par l'orateur lui-même.

Après la mort du P. Chanel, l'île de Futuna resta plusieurs mois sans prêtre et sans catéchistes [1]. Or, avant l'arrivée de quelques missionnaires, les catéchumènes, auxquels s'adjoignaient d'autres indigènes, allaient tous les soirs porter des fleurs et pleurer sur la tombe du martyr. *Méitala* et son épouse avaient même composé une élégie que l'on chantait en chœur, et dont chaque vers se terminait en *roulades* plaintives. En voici une strophe avec sa traduction littérale :

Malia tapu, nofo i selo,	Sainte Marie, qui habites le ciel,
Ki le foifo a Petelo,	A l'arrivée de Pierre (Chanel),
Sufegi aki le tapono	Ouvre-lui la porte !
Kua ca le kakai tukipo ;	Une troupe d'homicides s'est montrée ;
Loona mate ka momoli ki fafo	Lui, il paraît calme devant elle ;
Loona alofa mo ona toto.	Il manifeste sa bonté, il donne sa vie.
Ifoifo le kau aselo	Anges, descendez de vos trônes,
To koi ake o fakatulolo	Soutenez son âme dans son essor,
Ki lo tatu Pelepitelo.	Et inclinez-vous devant notre Prêtre.

---

[1] Le F. Marie-Nizier et quelques catéchistes s'étaient réfugiés à Wallis, auprès du R. P. Bataillon.

CHAPITRE XXIX

Translation de la sainte dépouille du martyr
à la Baie-des-Iles (Nouvelle-Zélande).

Le vicaire apostolique de l'Océanie occidentale se trouvait depuis quelque temps à *Akaroa*, presqu'île de *Banks*, lorsqu'il apprit la mort du P. Chanel. A cette nouvelle, aussi triste pour l'amitié que consolante aux yeux de la foi, M. Lavaud, commandant de la station française à la Nouvelle-Zélande, prit part à l'affliction du prélat, et donna ordre sur-le-champ à la corvette *l'Allier* d'aller venger la mort du missionnaire; mais Monseigneur, par ses vives instances, obtint que le sang des coupables ne serait point répandu, et que le navire partirait seulement pour réclamer les précieux restes du R. Père. L'honorable commandant choisit, pour l'exécution de cette entreprise, M. du Bouset, officier plein de cœur et d'intelligence.

La corvette *l'Allier* jeta l'ancre à Wallis, le 30 décembre 1841, d'où elle repartit le 6 janvier 1842, marchant de concert avec la goëlette de la Mission, sur laquelle avaient pris passage un jeune chef futunien, nommé *Sam-Kélétoni*, sa famille et beaucoup d'autres naturels de sa tribu, que les discordes avaient forcés de s'expatrier. Le jeune chef, désireux de ramener la paix et l'union dans son île, en y établissant la Religion catholique qu'il avait embrassée, s'offrit à servir d'interprète aux officiers de la corvette française. Le R. P. Viard[1], accompagné du F. Marie-Nizier, était à bord de la goëlette. « Au bout de vingt-quatre heures de navigation, dit le missionnaire, nous découvrîmes Futuna ; mais nous ne pûmes débarquer que quatorze jours plus tard, à cause d'un vent contraire qui nous fit courir de grands dangers. Pendant ce pénible délai, nos ennuis furent charmés par les cantiques et les prières des Futuniens que nous avions à bord ; soir et matin, ils faisaient leurs prières à haute voix et en cadence ; presque tous les jours ils chantaient leur chapelet avec beaucoup d'harmonie. Enfin il nous fut donné de gagner Futuna, qui semblait fuir devant nous[2]. »

Quand la corvette *l'Allier* fut en présence de *Sigave*, village dont les habitants aimaient le P. Chanel, M. le commandant du Bouset voulut parler au roi *Niuliki* ; mais apprenant qu'il venait de mourir, ainsi qu'un de ses ministres, qui s'était fortement opposé à

---

[1] Actuellement évêque de Wellington (Nouvelle-Zélande).
[2] Extrait d'une lettre, en date du 19 février 1842.

la prédication de l'Évangile, et prévoyant que la mort du principal coupable rendrait plus facile la restitution de la dépouille du martyr, il expédia aussitôt un messager pour la demander aux chefs du parti du roi défunt, en leur déclarant que son intention était de conserver la paix à leur île, et les engageant à peser les conséquences qui auraient pu résulter pour eux du meurtre horrible qu'ils avaient commis. Ces pauvres sauvages voyant un bâtiment aussi puissant que l'*Allier*, couvert de tant d'hommes et de canons, étaient incapables de comprendre qu'une telle modération pût s'appuyer sur tant de forces : la terreur s'était emparée d'eux, et déjà ils avaient agité le conseil d'abandonner leurs villages et de se réfugier dans les bois, quand arriva le messager. Celui-ci leur fit habilement sentir que cette conduite pouvait leur devenir funeste, et qu'il était dans leur intérêt d'accéder à des propositions aussi douces de la part d'hommes qui pouvaient tout exiger. Ils exprimèrent alors le désir qu'ils avaient de rendre la dépouille mortelle du P. Chanel; mais aucun d'eux n'osait se charger de l'apporter à bord, de crainte d'encourir le châtiment du crime. L'un d'eux cependant, appelé *Maligi*, ancien premier ministre, un de ceux qui n'avaient jamais approuvé le meurtre du Missionnaire, s'offrit pour remplir cette mission, et se chargea d'exhumer lui-même le corps et de l'apporter le lendemain. Tous ses amis cherchèrent à le détourner d'une pareille détermination en lui faisant envisager la mort comme certaine; mais se fiant à la parole du messager et à celle de l'*Ariki* français, il se montra inflexible, et partit aussitôt pour le village où le Père était enseveli.

La corvette prit le large à la chute du jour. Toute la population de *Futuna* passa cette nuit dans les angoisses, s'attendant à chaque instant à être attaquée. Les femmes et les enfants poussaient des cris de douleur; tous ces malheureux, jugeant les Français d'après eux-mêmes, comprenaient difficilement qu'un officier qui pouvait tout détruire, s'associât à l'esprit de paix et de charité qui animait les Missionnaires, et qu'il accédât à la demande faite par le Vicaire apostolique, de pardonner aux assassins et de ne tirer aucune vengeance de la mort d'un compatriote.

Le 19 janvier à quatre heures de l'après-midi, *Maligi*, fidèle à sa parole, apporta la dépouille précieuse : elle était escortée par le chef *Matala*, libérateur du F. Nizier, et par une trentaine de naturels, la plupart catéchumènes du P. Chanel, et conservant tous un grand attachement et une grande vénération pour sa mémoire. *Sam-Kélétoni* et les gens de sa tribu s'inclinèrent respectueusement devant le corps du martyr, qui était enveloppé de tapes, auxquelles on avait joint une grande quantité de pièces de la même étoffe non déployées, en signe d'honneur suivant l'usage du pays. On le déposa dans un canot; à son arrivée à bord de la corvette, *Maligi*, porteur d'une énorme racine de Kava, la présenta au commandant pour demander la paix en faveur de ses compatriotes. Celui-ci l'accueillit fort bien, le remercia de ce qu'il avait fait pour effacer les traces d'un meurtre qui avait souillé son île, et le félicita de la confiance qu'il lui avait montrée...

Le commandant fit examiner par le médecin de la corvette, M. le docteur *Rault*, les restes du P. Chanel. On reconnut au crâne une fracture anormale, répondant à celle de l'instrument tranchant qui avait causé la mort. M. *Rault* se chargea lui-même d'embaumer les restes précieux, qui furent remis à la garde du P. Viard, pour être emportés à la Baie-des-Iles.

M. du Bouset après avoir fait sentir au chef *Maligi* tout ce qu'il y avait d'horrible dans le meurtre du P. *Chanel*, et à quels malheurs le roi *Niuliki* avait exposé son île, le chargea de recueillir ce qui restait à *Futuna* des effets du Missionnaire, principalement les objets sacrés du culte, et de lui envoyer le lendemain tous les chefs auxquels il voulait parler lui-même. *Maligi* promit de faire ce qui dépendrait de lui pour seconder les vœux du commandant, et quitta la corvette, très-content des petits présents qu'il avait reçus.

Le 20 janvier, dans la matinée, les principaux chefs du parti de *Niuliki* vinrent à bord et apportèrent avec eux un calice, une soutane, un crucifix et diverses images pieuses qu'ils avaient recueillis dans l'île; ils parurent tous vivement regretter que le roi eût fait périr le P. Chanel. Le commandant, pour savoir quel motif avait poussé *Niuliki* à tuer ce Prêtre, leur demanda si le roi avait eu à s'en plaindre : « Loin de là, répondirent-ils; le Père n'a fait que du bien dans le pays; il a toujours été charitable envers les insulaires. » Ils prièrent le commandant de tout oublier, le remerciant de leur avoir conservé la paix, et promettant de bien traiter les *blancs* qui viendraient s'établir parmi eux, et de mettre un terme aux rivalités qui depuis tant d'années ensanglantaient leur île. Les chefs des deux partis se trouvaient là; tous firent un très-bon accueil au *F. Marie-Nizier*, et le pressèrent de rester à *Futuna*. Le jeune catéchiste n'eût pas mieux demandé; mais les ordres de son évêque l'appelaient ailleurs. Le commandant de la corvette, dès qu'il eut congédié les chefs, quitta Futuna, et fit route pour la Nouvelle-Zélande, content du succès qu'il avait obtenu, mais regrettant que l'absence de Mgr de Maronée n'eût pas permis de saisir un moment si favorable pour recommencer les travaux de la Mission.

CHAPITRE XXX

Châtiment céleste de quelques bourreaux du martyr. — Admirable conduite d'un jeune chef. — Nouveaux missionnaires à Futuna.

La plupart des Futuniens murmuraient en secret contre les meurtriers du P. Chanel. Les coups de la Providence parlèrent plus haut que l'indignation populaire. Le roi tomba bientôt dans une langueur qui fit désespérer de ses jours; il était d'un embonpoint extraordinaire, et il devint en peu de temps d'une maigreur effrayante. Des douleurs intolérables donnèrent à son agonie (au jugement même de la population) tous les caractères d'une vengeance divine. Peu après ses funérailles, arriva dans l'île le jeune *Sam-Kélétoni*, fervent catéchiste, qui avait quitté Futuna avant le martyre de notre confrère[1]. Il n'eut rien de plus pressé que d'aller prier, avec sa femme, dans la maison

---

[1] Depuis longtemps il y avait à Futuna deux partis, celui des *vainqueurs* et celui des *vaincus*. Sam-Kélétoni, qui se trouvait à la tête de ces derniers, eut à soutenir la guerre contre leurs rivaux. Dans une

où le P. Chanel avait été massacré; là, il rencontra deux enfants de dix à douze ans auxquels il proposa de croire en Dieu, de se mettre à genoux et de prier avec lui, de renoncer aux superstitions de l'île et de brûler leurs *tapous*, en se résignant à braver toutes les persécutions plutôt que d'abandonner la foi. Non-seulement ces deux enfants répondirent à l'appel de la grâce, mais encore ils engagèrent leurs parents à embrasser la Religion; ils les tiraient par la main pour les conduire à la prière; ils persuadèrent aussi à leurs jeunes camarades de reconnaître Jéhovah, en leur protestant qu'une lumière intérieure les éclairait eux-mêmes, et leur faisait voir qu'ils étaient en possession de la vérité.

Sam-Kélétoni ne s'en tint pas là; il alla, jour et nuit, dans les villages pour y faire le catéchisme, sans se laisser rebuter par les difficultés, ni intimider par

lutte sanglante, il montra un courage héroïque; ne s'apercevant pas que les siens avaient pris la fuite, il soutint lui seul, pendant quelque temps, le choc de trois cents guerriers, esquivant les coups de lance, et combattant comme un lion. Forcé enfin d'abandonner le champ de bataille, il courut se réfugier sur le haut d'une montagne, où le P. Chanel alla le visiter. A la première entrevue, le bon Père pleura sur lui, l'embrassa, et lui recommanda de s'embarquer au plus tôt, pour échapper à la mort que l'animosité des vainqueurs n'aurait pas manqué de lui faire subir; car il était pour eux un objet de haine à cause du mépris qu'il professait pour l'idolâtrie, de la force prodigieuse dont la Providence l'avait doué, et de la confiance que lui témoignaient les marins, dont les vaisseaux s'arrêtaient volontiers devant ses terres. *Sam-Kélétoni* s'embarqua pour Wallis.

les menaces. Les insulaires encore attachés à l'idolâtrie, et surtout les *Toé-maiua*[1] et les vieillards, lui criaient de prendre garde à la colère des dieux. « Si tu ne cesses, lui disaient-ils, de parler en faveur de *la Religion nouvelle,* les *Atua-muli te mangeront.* » — « Qu'ils viennent me dévorer cette nuit, leur répondait-il, j'y consens; mais demain, si je suis encore en vie, reconnaissez leur impuissance, et croyez au grand Dieu des chrétiens. » Toute la population ne tarda pas à comprendre que l'histoire de ses divinités n'était qu'un tissu de mensonges.

Telles étaient les dispositions des naturels, lorsque Mgr de Maronée, vicaire apostolique, vint à Futuna, le 9 juin 1842, et y installa le P. Servant, le P. Roulleaux et le F. Marie-Nizier, de la Société de Marie. A cette même époque, *Sam-Kélétoni* fut élu roi par les suffrages unanimes des vieillards.

---

[1] Prêtres des divinités futuniennes.

CHAPITRE XXXI

Premiers travaux des nouveaux missionnaires à Futuna. — Fruits de leur zèle.

Deux mois environ après son installation à Futuna, le R. P. Servant, préfet apostolique, écrivait les lignes suivantes : «..... Nous avons commencé l'exercice du saint ministère par le baptême des petits enfants, et dans la première visite que j'ai faite aux deux îles, j'ai baptisé tous ceux que j'ai pu trouver. Parmi ces petites créatures on comptait les enfants du roi assassin et ceux des bourreaux du P. Chanel; c'est une consolation pour nous de voir qu'aucun d'eux n'est mort sans baptême. Les malades ont eu part à notre sollicitude; par le moyen du bon F. Marie-Nizier nous avons pu les préparer au sacrement de la régénération. De ce nombre se trouvait la femme du roi défunt, qu'on accuse d'avoir beaucoup contribué à la mort du P. Chanel, par la haine qu'elle lui portait, et par les mauvais conseils qu'elle donnait à son mari; mais, ô miséricorde de Dieu! dans sa dernière maladie, elle me fit demander pour l'instruire et la baptiser. Elle mourut quelques jours après avoir obtenu cette grâce.

« J'ai eu le bonheur d'abolir le dernier reste de l'idolâtrie : au milieu d'une place publique se trouvait encore plantée une *pierre sacrée,* dans laquelle les habitants du pays supposaient que la divinité résidait spécialement; elle a été abattue et brisée par la main de ses anciens adorateurs.

« Pendant que je parcourais les divers endroits où avait été le P. Chanel, combien mon cœur était ému! Ici, il était obligé, pour vivre, de défricher un petit champ, dont ses ennemis lui laissaient à peine recueillir quelques fruits! Là, dans des chemins hérissés de pierres aigües, il marchait nu-pieds! Là, il travaillait à confectionner sa maison avec des bambous! Là, il se promenait en priant pour ceux qui méditaient sa mort! J'ai encore le bâton dont il se servait dans ses courses, avec la soutane ensanglantée qu'il portait le jour même de son martyre; mais rien n'excite plus mon émotion que la vue des lieux où il commença à répandre son sang, où il tomba sous le coup de la hache du bourreau, où son corps fut enseveli. Aujourd'hui la tombe de l'Apôtre de Futuna est souvent visitée au point du jour; beaucoup de naturels s'agenouillent auprès de la croix que notre vénérable évêque a plantée dans le lieu où reposent quelques restes du Père.

« Quelle n'est pas notre consolation en pensant que

le Martyr intercède pour nous dans le ciel! Nous recueillons maintenant ce qu'il a semé dans les peines et dans les souffrances. Le 17 juillet, nous avons pu baptiser encore trente adultes, parmi lesquels se trouvait le ministre du roi ; *Sam-Kélétoni* fut son parrain. Un Américain qui demeure ici a eu part au même bonheur; il avait trouvé dans la lecture des livres que nous lui avions prêtés, la véritable Église. Mais de toutes les cérémonies, celle qui nous a le plus consolés jusqu'à présent, c'est celle du baptême de soixante catéchumènes, le jour de l'Assomption. Elle fut précédée d'une instruction analogue à la circonstance ; les naturels écoutèrent avec plaisir le récit des merveilles de Celle qu'ils appellent leur bonne Mère, *Tsi Cinana Malie*. Cette cérémonie attendrissante fit verser des larmes de joie à plusieurs de nos bons Polynésiens. J'espère que, dans quelques mois, lorsque les autres habitants de Futuna seront suffisamment instruits, ils recevront tous la même grâce [1]... »

---

[1] Extrait d'une lettre en date du 19 août 1842. *Annales de la Propagation de la Foi*. Septembre 1844.

CHAPITRE XXXII

Entière conversion des Futuniens.

Quelques mois plus tard, le même Père écrivait la lettre suivante à un curé du diocèse de Lyon [1] :

« Il n'y a guère plus de huit mois que nous sommes à Futuna, et déjà nous avons deux églises, huit cent quarante insulaires baptisés, et, suivant toutes les apparences, les catéchumènes qui nous restent encore, au nombre de deux ou trois cents, recevront bientôt le sacrement de la régénération, qui les introduira dans le bercail du divin Pasteur. Sous peu, le très-grand nombre de nos néophytes pourra être admis fréquemment à la Table sainte. Depuis notre arrivée, le roi et la reine ont le bonheur de communier souvent, ainsi que quelques néophytes de Wallis qui sont venus passer ici quelque temps, sous la conduite d'un jeune chef nommé *Tongahala*.

« La ferveur de nos nouveaux chrétiens s'accroît de jour en jour; ils sont animés d'une sainte émulation

[1] M. le curé de Grézieux-le-Marché (Rhône).

pour recevoir l'enseignement religieux, et ce désir ne domine pas seulement dans le cœur des jeunes gens, il est commun aux néophytes de tout âge et de tout sexe. Vous seriez charmé de voir nos vieillards réunis, silencieux autour du roi, écouter attentivement les vérités saintes de la Religion qu'il leur explique, après nous en avoir demandé la permission. Déjà les jeunes gens commencent à savoir lire les petits écrits que nous leur donnons; il en est aussi un certain nombre qui savent écrire, et ils en profitent pour entretenir avec les habitants de Wallis un touchant et pieux commerce de lettres.

« L'affluence au tribunal de la Pénitence est si grande, que depuis l'enfant qui commence à balbutier jusqu'au vieillard déjà courbé vers la tombe, tout le monde veut se confesser. Mais, monsieur le curé, que vous auriez été édifié lorsque, dans cette chrétienté naissante, le saint Viatique fut porté pour la première fois à un malade! Pendant que le prêtre marchait à l'ombre des bananiers, des cocotiers et des arbres à pain, de pieux néophytes quittaient leurs cases, et venaient, respectueux et recueillis, s'agenouiller dans les endroits où passait le Saint-Sacrement. Le malade, de son côté, se montra au comble de la joie de recevoir la visite de son Dieu, et son unique désir était d'aller au ciel.

« Le 2 janvier, je fis le tour de l'île avec le F. Marie-Nizier. Dans les diverses vallées que nous parcourûmes, je fis choix d'un jeune homme qui me parut intelligent, pour remplir les fonctions de catéchiste, et dans les principaux endroits je fis élever des confessionnaux pour satisfaire au pieux empressement de nos néophytes. Ils ont un si grand respect pour le tribunal de la Pénitence, qu'un jour un père de famille vint en larmes me demander si sa fille, qui avait eu la curiosité d'ouvrir un confessionnal, s'était rendue bien coupable. Dans un de ces voyages que nous faisons de temps en temps autour de l'île, j'ai eu le bonheur de baptiser un petit enfant qu'une mère infidèle et dénaturée avait exposé à la mort. Autrefois ces actes de barbarie était très-fréquents; c'est le seul exemple que nous en ayons eu depuis notre séjour à Futuna. Quelle consolation pour nous! depuis notre arrivée, personne n'est mort sans la grâce du baptême.

« Comment vous peindre l'heureuse influence de la foi sur ces pauvres insulaires! Au lieu de ces cruautés inouïes que l'on a dû vous raconter dans les *Annales*, et qui étaient passées en coutume, ils ont la paix et la charité, ils sont heureux, surtout du bonheur des enfants de Dieu. A mesure qu'ils avancent dans la connaissance de la Religion, ils deviennent de plus en plus reconnaissants envers l'Auteur de tous dons; si le jour ne suffit pas pour le prier dans son temple, la nuit n'interrompt pas leurs cantiques, ni les saints élans de leur piété.

« Voilà nos consolations, monsieur le curé; les

croix non plus ne nous ont pas manqué. Il est arrivé plusieurs fois, dans les commencements, que les naturels prenaient la fuite lorsque nous voulions les instruire; leur esprit d'insubordination et d'indépendance, la pétulance de leur caractère irritable, ont souvent mis notre patience à l'épreuve. Ajoutez à cela les embarras que nous ont suscités deux ou trois cents naturels, l'écume de Wallis, qui en étaient sortis avant l'entière conversion de cette florissante chrétienté, et qui, par leurs discours pervers et leurs mauvais exemples, ont bien nui à la Mission. Ces esprits brouillons ont travaillé à entretenir la désunion, qui de temps immémorial existait entre les habitants de *Tua* et ceux de *Sigave*, et ils n'y ont que trop réussi. A notre arrivée, les vieillards des deux partis avaient élu pour roi l'excellent prince qui règne aujourd'hui; mais comme il avait le malheur d'être du parti des vaincus ou de *Sigave*, les vainqueurs ne voulurent bientôt plus avoir avec lui aucun rapport. Ils ne se constituaient pas, à la vérité, en ennemis de la Religion; mais ils auraient voulu nous soumettre en tout à leurs caprices. Ne pouvant en conscience souscrire aux conditions intolérables qu'ils nous imposaient, je fis enlever les objets du culte que nous avions déposés chez eux, et je les fis porter dans la vallée de *Tuatufa*, dépendance du roi, où les néophytes de *Tua* pouvaient facilement se rendre pour assister aux saints offices.

« Ce transport des objets sacrés produisit un effet merveilleux : les mutins furent déconcertés et se regardèrent *comme morts*, suivant le langage du pays. Ils parlèrent bien de faire la guerre; mais il était trop tard, *Sam-Kélétoni* était devenu redoutable; de son côté, le chef de *Tuatafa*, vieillard respectable, déclarait qu'il mourrait pour Dieu plutôt que de céder les objets du culte. Malgré les plus terribles menaces, les néophytes se détachaient du parti vainqueur; le catéchiste de l'une des plus considérables vallées de *Tua* répondit à son père, qui voulait l'empêcher d'aller à la messe : « Je ne crains pas ceux qui voudraient me tuer ; « je ne crains que Dieu seul. » Le chef de cette dernière vallée, qui jusque-là s'était toujours opposé au succès de nos travaux, devint alors notre ami, et il dit à tous ses gens de le suivre à *Tuatafa*, ajoutant : « Les hommes sont trompeurs, mais « Dieu ne trompe pas; il faut lui obéir plutôt qu'aux « hommes. »

« Depuis cette époque, l'harmonie s'est peu à peu rétablie. Je profitai d'une occasion favorable pour réunir à la hâte les chefs de toutes les vallées, et cimenter la réconciliation des partis; je représentai aux opposants l'indignité de leur conduite à notre égard, et tous rejetèrent le tort sur un des assassins du P. Chanel. Celui-ci me demanda pardon, et la paix fut faite. Maintenant le P. Roulleaux, mon confrère, qui élève une chapelle à l'endroit où le P. Chanel a versé son sang, vient de m'écrire que les gens de *Tua* travaillent avec ardeur à la construction de leur église, que trois bourreaux de notre confrère rivalisent de zèle, et que le parti vainqueur est d'une grande docilité. »

CHAPITRE XXXII

Conversion et mort édifiante de !Musumusu. — Lettre des chrétiens de Futuna à leurs frères catholiques d'Europe.

Quand le Vicaire apostolique parut à Futuna pour y rétablir la mission, tous les catéchumènes, auxquels s'adjoignirent beaucoup d'autres insulaires, vinrent le saluer, et lui manifester le désir d'avoir quelques missionnaires, et la douleur qu'ils éprouvaient d'avoir perdu *le bon P. Chanel*. Le prélat les accueillit avec bonté, et daigna tendre la main à ceux qui étaient les plus rapprochés de sa personne. « Je vous pardonne à tous, leur dit-il d'une voix émue, le meurtre affreux qui a souillé votre île; Dieu, je l'espère, vous le pardonnera également; mais il faut, pour obtenir cette grâce, que vous deveniez ses enfants par le Sacrement de la régénération... »

Le trop célèbre *Musumusu* était là, n'osant lever la tête; toutefois, surmontant la honte qui l'accablait, il s'avança vers le pontife, et s'inclina devant lui : « Plus que tout autre, lui dit Monseigneur, tu as besoin de pardon ; je te l'accorde, puisque ton cœur se repent ; je consens même à t'embrasser, mais je ne toucherai ta main que lorsque le Baptême l'aura purifiée... »

Le parricide promit de se convertir sans délai ; il tint parole, et vécut chrétiennement jusqu'à son dernier soupir. Voici en quels termes le R. P. Roulleaux, qui fut à son égard l'instrument des divines miséricordes, nous raconte les derniers jours et la mort de *Musumusu* :

« Ce fut le 20 avril 1845 que *Musumusu* tomba malade. Nous l'engageâmes à se confesser ; il refusa d'abord sous prétexte que sa maladie n'était pas dangereuse ; il avait, disait-il, le dessein de se confesser à l'église, lorsque sa santé serait rétablie. Nous lui adressâmes quelques paroles sur les fins dernières de l'homme ; il nous répondit qu'il voulait être à Dieu de toute son âme, qu'il lui confiait sa maladie et ses souffrances. Son corps, d'un embonpoint extraordinaire, tomba en peu de jours en putréfaction, comme celui de *Niuliki* ; il se fit faire des incisions, mais avant de laisser mettre la main à l'œuvre, il voulut avoir notre consentement. Ces incisions ne l'empêchèrent pas de dépérir insensiblement ; ses souffrances étaient horribles ; nous nous hâtâmes de préparer son âme pour le voyage de l'éternité. Dans une attaque extraordinaire où la maladie le pressait avec violence, il dit à *Méitala*, fils de *Niuliki*, qu'il avait été *méchant*, surtout avant son baptême, qu'il ne fallait pas l'imiter, ni faire l'*insensé*, mais qu'il fallait écouter le prêtre. La veille de la Pentecôte, nous lui administrâmes l'Extrême-Onction; il voulut passer la nuit suivante à écouter avec attention les instructions d'un catéchiste, et désira apprendre les actes avant et après la Communion, ne cessant de se les faire répéter. Le lendemain, il eut le bonheur de communier, et dit à quelques-uns de ses parents que ce jour-là était le plus beau de ses jours. Depuis lors, sa maladie fut moins pénible; il ne fit que languir pendant plusieurs semaines; puis sa poitrine fut attaquée rudement; il sentit que sa fin approchait. Nous lui administrâmes de nouveau le saint Viatique; il nous engagea à le faire transporter à l'endroit même où était mort le P. Chanel. En arrivant, il dit à ses parents : « Je ne sortirai pas de ce lieuci, j'y mourrai. » Nous le visitâmes fréquemment, et toujours il écoutait volontiers les exhortations que nous pouvions lui faire. Sa maladie s'aggravant de plus en plus, on l'entendait souvent répéter ces paroles, surtout dans les accès de douleur : « Je veux mourir pour Dieu. » Toutes les fois qu'il se sentait plus oppressé, il ne manquait pas de nous faire appeler, croyant que sa dernière heure allait sonner... Vers la fin de sa vie, il s'aperçut que quelques femmes de sa parenté avaient réuni des *siapos* ou nattes, pour les distribuer aux divers villages, suivant l'ancien usage futunien, qui se pratiquait surtout aux funérailles des grands; il défendit de faire cette distribution sans nous consulter, ajoutant qu'il voulait être enterré avec les cérémonies de l'Église. Il conserva sa présence d'esprit jusqu'au dernier soupir; quoique son corps ne fût qu'une plaie, il ne laissa échapper aucune plainte, et ne fut point effrayé aux approches de la mort; il avait même un grand désir de mourir « pour aller, disait-il, dans sa véritable patrie. »

« Enfin, le 15 janvier 1846, à la tombée de la nuit, *Musumusu* nous fit appeler, entra dans une douce agonie et rendit son âme à Dieu. Presque toute la population accourut à ses funérailles. Nous plantâmes une croix sur sa tombe[1]. »

Comme preuve touchante de la conversion et de la reconnaissance des Futuniens, nous aimons à reproduire ici une lettre qu'ils adressèrent, le 27 août 1845, à leurs frères catholiques d'Europe :

« Nos très-chers Parents,

« Voici ce que nous vous écrivons, à vous, nos frères, amis d'Europe; cette lettre sera un gage de notre amitié, un acte de reconnaissance envers vous. Les premiers vous avez connu le Dieu vrai, unique;

---

[1] La fille aînée de *Musumusu* se convertit et devint une fervente chrétienne; en 1864, elle embrassa la vie religieuse dans la *Congrégation des Sœurs de la Mission*, dont la maison-mère est à Lyon.

nous vous en félicitons. Grâce à l'amour de Jésus-Christ pour les hommes et à la charité qu'il a mise dans vos cœurs et dans ceux de vos enfants, à Futuna aussi l'ombre a fait place à la lumière, le mensonge à la vérité; nous sommes catholiques, nous le serons toujours, c'est certain. Avant de connaître le Baptême nous étions bien malheureux, nous avions toujours peur d'être pris par les plus forts, comme le poisson par le pêcheur qui a jeté son hameçon à la mer. Aujourd'hui nous sommes heureux, nous nous aimons et ne pensons aux autres que pour leur faire du bien. C'est vous qui avez fait notre bonheur en nous envoyant vos enfants, prêtres du vrai Dieu. Soyez-en bénis, nos frères amis, c'est très-juste. Nous voyons bien que vous avez pour nous un grand amour, et nous vous aimons comme vous nous aimez; notre cœur n'est plus qu'amour, c'est sa nouvelle vie. Telle est la volonté du Dieu vivant, qui nous fait vivre aussi. Vous êtes son peuple chéri, pensez donc toujours à nous. Nous disons souvent : quand pourrons-nous voir nos frères d'Europe, si bons pour nous? Ah! vous êtes en Europe et nous à Futuna, en Océanie. Au moins nous nous verrons au Ciel, nous le demandons à Dieu tous les jours pour vous et pour nous; notre prière est fixée, nous la ferons tous les jours, oui, tous les jours. Notre Dieu est bon et vrai, il l'écoutera, c'est certain.

« Nous voulons encore vous faire savoir la douleur et la confusion que nous éprouvons pour notre conduite à l'égard de Pierre (le P. Chanel qu'ils ont mis à mort en haine de la foi). Il vint le premier vers nous avec les commandements du vrai Dieu, notre cœur fut méchant, nos mains furent cruelles, notre esprit fut menteur, nous le fîmes bien souffrir. Quelques jeunes gens l'aimaient, c'était juste : il était si doux, si bon ! Il ne se fâchait de rien, nous vous disons la vérité et notre honte est grande, nous maltraitions ces jeunes gens qui lui apportaient de la nourriture ; nous voulions le faire mourir de faim. Il ne se plaignait pas, nous étions bien comme un homme aveugle qui ne voit rien; que nos désordres étaient grands! Pierre en gémissait devant Jésus-Christ et priait pour nous. Nous avons versé son sang, vous le savez, notre confusion en est grande et notre douleur profonde.

« Pierre nous aimait ; il a prié pour nous dans le Ciel et nous sommes chrétiens. Grâce soit rendue à Jésus-Christ et à Pierre.

« Pierre est notre père dans la foi, il a demandé pardon pour nous, nous étions ses bourreaux. Notre repentir est grand, nous vous le faisons savoir.

« Nous devons encore vous dire notre amour et notre reconnaissance pour le Père commun des fidèles, qui nous a envoyé des prêtres et des évêques. Le cœur de ses nouveaux enfants d'Océanie est tout amour pour lui. Nous voudrions bien le voir, nous nous prosternerions à ses pieds, nous baiserions la trace de ses pas ; il est le vicaire de Jésus-Christ sur la terre.

« Autour de nous, il y a encore des îles où le soleil de la vérité n'a pas encore paru. Poussons tous des cris vers notre bonne mère, la bienheureuse Vierge Marie, mère de Jésus-Christ fils de Dieu, qui prit dans son sein un corps semblable au nôtre, par l'opération du Saint-Esprit, pour qu'elle ait pitié de tant de malheureux qui vont se perdre avec Lucifer. Elle est bonne, elle est puissante, les prêtres nous le disent. Pierre nous l'avait dit et nous voyons que c'est vrai, crions vers Elle, elle enverra des prêtres et alors tous aimeront son divin Fils, en Europe et en Océanie.

« Nous ne sommes pas encore habiles à prier, nous ne savons pas bien aimer le Dieu bon et vrai; vous lui demanderez pour nous un cœur droit et que nous ne soyons jamais faibles devant l'erreur et Lucifer. Et nous vous suivrons au ciel; c'est notre unique désir, notre seule espérance. Elle est douce au cœur.

Pour tous les chrétiens de Futuna :

Lusio, Taavino, Apalaamo, Folotito, Sialione, Antonino, Lovalio, Donisio, Lufino, Sam-Kélétoni, Méitala.

CHAPITRE XXXIV

L'île de Futuna au point de vue moral et religieux.

L'état actuel de l'île de Futuna, au point de vue moral et religieux, est fidèlement dépeint dans la lettre suivante que le visiteur général[1] des missions de l'Océanie adresse à l'un de ses parents :

« ..... En partant de Sydney pour me rendre à Futuna, je me promettais un voyage agréable : je n'ai pas été trompé. Le 30 mai 1858, nous avions devant nous cette île désirée : nous pouvions admirer ses hautes et vastes montagnes, ses rivages bordés de nombreux cocotiers et d'arbres qui nous étaient inconnus. Notre capitaine n'avait jamais navigué dans ces parages; par prudence il contourna les deux îles par le nord pour trouver un bon mouillage. Ce ne fut que dans l'après-midi que nous nous dirigeâmes vers le port. Déjà nous avions été aperçus; le pavillon français, avec une croix rouge au milieu de la partie blanche, nous avait fait reconnaître. Aussitôt les naturels d'accourir sur le ri-

---

[1] Le R. P. Poupinel, mariste.

vage, de se jeter dans leurs canots, et de se diriger vers nous à force de rames. Nous mettons en panne pour les attendre, et nous entonnons de toute la force de nos poumons notre plus beau *Laudate Dominum, omnes gentes*. Bientôt arrive le chef de Saint-Joseph, paroisse où se trouve le port; puis d'autres Futuniens et un pilote. Nous échangeons avec eux des *alafa* (saluts) et des poignées de main. L'un des naturels parlait français, nous lui remettons une lettre pour chacun de nos établissements; il les place dans ses cheveux, et le voilà parti en toute hâte pour porter son message. A trois heures, notre navire, le *Louis-et-Miriam*, jetait l'ancre dans l'anse de la Concorde.

« Notre troupe apostolique se composait de neuf personnes; il fallut la diviser : j'envoyai trois des Pères à Saint-Joseph avec le bon P. Favre, qui était venu à notre rencontre. Pour moi, sous la conduite de deux jeunes gens, je partis pour Kolopelu avec les trois Sœurs de charité, le P. Breton et le F. Édouard. Le P. Dezest, supérieur de la mission, que j'avais prévenu de notre arrivée, venait en toute hâte avec quatre-vingt-dix-neuf jeunes insulaires pour nous chercher. Je ne saurais vous exprimer la joie de mes compagnons de voyage. La terre est si belle, surtout après un mois de navigation! Tout ce qui les entourait était pour eux plein de nouveauté et de charmes. La luxuriante végétation des îles tropicales, les hauts cocotiers à l'ombre desquels nous cheminions près de la mer, la naïve candeur et la bonne tenue des jeunes gens qui nous escortaient, tout promettait une promenade délicieuse.

« Vous savez que le sentier de la vie est le plus souvent étroit, roide et rocailleux ; il en est de même à Futuna : nous suivions la route *royale* du pays, ce qui ne prouve pas qu'elle soit bonne. Elle franchit deux montagnes séparées par un ravin profond et escarpé, et il n'y a pas moins de deux lieues du port à Kolopelu. Pour comble de disgrâce, la pluie avait rendu le chemin glissant, et la nuit nous surprit à moitié route.

« J'étais vraiment embarrassé. Le bon Dieu vint à notre secours. Le P. Dezest avait envoyé chercher des flambeaux pour nous éclairer dans ces passages étroits et raboteux, où nous nous traînions péniblement. Ils donnèrent l'éveil aux habitants de la vallée ; aussitôt hommes et femmes d'accourir avec des torches pour nous escorter. Ces feux que l'on voyait se mouvoir comme un serpent lumineux le long des sentiers, à travers les arbres de la forêt, et les cris perçants et variés qui portaient au loin dans les vallons la bonne nouvelle de l'arrivée des *fafine matisa* (femmes sacrées) formaient un spectacle vraiment féerique. Il fit bientôt oublier aux religieuses tout sentiment de fatigue. Tous ensemble nous bénissions le Seigneur, nous le remercions du salut qu'il a envoyé à ce bon peuple, et de ce qu'il nous a conduits si heureusement à Futuna. La foule avait toujours grossi autour de nous ; elle nous accompagna jusqu'à l'église, où nous offrîmes à Jésus et à Marie nos actions de grâces. La fusillade fêta ensuite notre heureuse arrivée.

« Le lendemain, fête de la très-sainte Trinité, je prêchai à ces chers néophytes et je me fis comprendre, grâce à mon bienveillant interprète, le P. Dezest. J'eus surtout à les féliciter du zèle vraiment admirable qu'ils mettent à construire leur église. On n'avait eu dans nos missions, jusqu'à ces dernières années, que des églises construites à la mode du pays et fermées par de simples murailles en bambous.

« Il eût été imprudent et même impossible d'engager plus tôt les Futuniens à entreprendre des constructions difficiles, coûteuses et qui exigent un dévouement de longue haleine; c'était trop opposé à leurs idées et à leur caractère. Il fallait préalablement acquérir sur eux un véritable ascendant, les affermir dans la foi. On a cru que le moment était venu de faire cet essai, il a complétement réussi : c'est une victoire dont on doit bénir le Seigneur; elle aura des résultats importants pour le bien de la religion dans cette île.

« L'architecte de l'église de *Notre-Dame des Martyrs* à Futuna est notre cher P. Junillon, qui, pour entreprendre ce grand travail, n'a consulté ni son âge, ni ses infirmités, mais seulement son zèle et son dévouement. Il s'est appris à lui-même, puis il a appris à des jeunes gens à tailler la pierre, et il en a fait de bons ouvriers. Cette église romane avec sa croix latine, sa jolie sacristie et surtout le gracieux clocher qui la surmonte, ne serait pas à dédaigner en France; elle est entièrement construite en pierres de taille. Comment a-t-on pu apporter de si loin et par des chemins si mauvais ces énormes blocs, alors qu'on est réduit aux seuls bras des hommes? C'est vraiment prodigieux.

« Veuillez maintenant m'accompagner sur la colline de Kolopelu, qui domine le village. Dans cet ermitage, l'on respire l'air le plus frais et le plus sain de cette île; là, loin du monde et de ses préoccupations, l'âme est comme naturellement inclinée à la méditation par la solitude et le grandiose spectacle de la mer, dont les ondes écumantes viennent sans cesse se briser avec fracas contre les récifs qui sont à vos pieds; là Jésus a une modeste chapelle, où il réside pour la consolation de ses enfants; là aussi une grande croix ombrage les tombes de quelques jeunes chrétiens, morts à Kolopelu, dans la paix du Seigneur. Nos Pères ont fondé, en ce lieu, un collége, il y a quelques années; une maison en pierres, la première merveille qu'on ait vue à Futuna, y fut bâtie pour eux et leurs jeunes élèves. Kolopelu est un ancien fort, où les Futuniens se retiraient en temps de guerre. Taillé à pic, entouré de profonds ravins, il était inaccessible aux ennemis. Aujourd'hui, il est devenu le séjour de la paix et de la prière.

« Le lendemain 31 mai, avait lieu à Kolopelu une cérémonie bien touchante, qui devait être pour nous une véritable fête de famille. Je donnais l'habit et la règle du tiers ordre de Marie à mademoiselle Marie-Françoise X.... Cette courageuse Lyonnaise s'était embarquée sur l'*Arche-d'Alliance*, au mois de novembre 1845, à l'âge de plus de 40 ans, pour mettre au service de la mission tout ce que Dieu lui avait donné de dévouement et de force. Son courage n'a point failli; elle a fait un très-grand bien, d'abord à Uvéa, puis à Futuna, où elle réside depuis trois ans.

« Nous sommes allés prier sur la tombe du Vénérable Père Chanel, le premier de nos confrères qui ait eu l'honneur de donner sa vie pour la noble et sainte cause de la foi. Une église a été élevée sur le théâtre même de son martyre; une pierre placée sous l'autel rappelle l'endroit où il mourut, et une grande croix, qui est près de la porte, indique sa sépulture.

« C'est en ce lieu, plein pour nous de souvenirs et d'émotions, que nous étions venus offrir nos prières et demander l'esprit de zèle qui fait les apôtres. Le P. Breton dit la sainte Messe; il était revêtu de la soutane même que portait le martyr au jour de son immolation, soutane encore teinte de sang. Le calice, le missel, l'aube et la chasuble, qui servaient au saint Sacrifice, étaient les mêmes dont notre vénérable frère s'était servi mainte fois. Un assez grand nombre de chrétiens étaient venus se joindre à nous. Après la sainte Messe, on nous offrit un dîner à la futunienne, à l'ombre des cocotiers.

« Il est bien temps, mon cher oncle, de vous donner quelques détails sur l'établissement et l'état actuel de la Religion à Futuna. Les habitants de cette île étaient redoutés, entre toutes les autres peuplades océaniennes, pour leur cruelle barbarie, et ils étaient à juste titre l'effroi des navigateurs. Si j'excepte les Viti, je ne connais point d'îles dont on puisse citer des horreurs comparables à celles qui ont été commises à Futuna depuis le commencement de ce siècle. C'était le siége du cannibalisme; on nomme un chef qui a tué lui-même et mangé tous les membres de sa famille. *Niuliki*, celui-là même qui a ordonné la mort du vénérable P. Chanel, a dépassé ces horreurs : il a tué sa propre mère, et, après avoir mangé ses yeux, son cœur et les morceaux dont il était le plus friand, il a dépecé son cadavre et en a envoyé un morceau, par forme de présent, aux notables de chaque vallée.

« A ces horribles scènes d'anthropophagie joignez des guerres d'extermination, dont le récit glace d'épouvante. Autrefois la population de Futuna était fort considérable; la seule petite île d'*Alofi*, séparée de Futuna par un étroit canal, avait au moins dix-huit cents habitants, d'autres disent trois mille. Aujourd'hui elle est presque déserte. On parle d'un chef qui, de 1810 à 1815, a dévasté et détruit toutes les tribus d'*Alofi* et bon nombre de celles de la grande île. Les Futuniens avouent eux-mêmes que, si la Religion n'était pas venue mettre fin à leurs guerres, leur population n'aurait pas tardé à disparaître.

« Je m'étonne, après cela, qu'il se rencontre des gens assez niais pour nous demander avec une stupide bonhomie ce que nous venons faire dans ces îles, et de quel droit nous troublons par nos prédications la paix dont jouissent ces heureuses peuplades.

« Le christianisme fut apporté à Futuna par le P. Chanel, qui s'établit dans cette île au mois de novembre 1837. Les trois années et demie qu'il passa au milieu de ces tribus cannibales, furent pour lui et le bon F. Marie-Nizier un temps de dures privations, de persécutions et d'angoisses continuelles. La conversion de quelques jeunes gens, et principalement celle du fils du roi, irritèrent les vieillards et surtout *Niuliki*, son père, qui donna l'ordre de tuer le missionnaire. Lorsque la corvette française *l'Allier* se présenta devant Futuna, pour tirer vengeance de la mort du P. Chanel, les meurtriers demandèrent pardon, et l'obtinrent. Le mois de mai suivant, Mgr de Maronée leur amena les PP. Roulleaux et Servant. Les missionnaires eurent encore à lutter; il doit en être ainsi; le démon n'abandonne qu'après une lutte désespérée, son empire sur un pays où il trônait en dominateur absolu. Mais ce fut en vain : le Christ a vaincu, il règne, il est maître. Les vieillards, chez lesquels les superstitions et les mœurs païennes étaient profondément enracinées, et dont Satan se servait pour agiter les tribus, ont disparu; ceux qui restent sont aujourd'hui soumis et pacifiques; la génération qui s'élève promet d'abondantes consolations à l'Église.

« Futuna a deux paroisses : *Notre-Dame-des-Martyrs* et *Saint-Joseph*. Cette division a été nécessaire. Avant leur conversion, les Futuniens étaient, de temps immémorial, divisés en deux partis irréconciliables : les vainqueurs et les vaincus. Aujourd'hui chaque parti a son roi. L'un et l'autre sont dévoués à la cause de la Religion.

« Les Futuniens sont peut-être plus républicains que monarchistes; du moins leur monarchie est constitutionnelle, et les chefs sont électifs. Ceux-ci doivent convoquer fréquemment l'Assemblée des anciens, et ils ne peuvent aller contre ses décisions. Le souverain qui voudrait se conduire en maître absolu, pourrait bien se voir remercier de ses services.

« La grâce a opéré, parmi ce peuple, un changement vraiment merveilleux. Rien n'est touchant comme d'assister à leurs prières du matin et du soir, et surtout aux exercices religieux du dimanche, d'où personne ne s'absente. On y apporte les petits enfants et les malades; ceux-ci viennent même assez souvent à l'église pour recevoir les derniers sacrements. Les hommes sont placés à droite de l'autel, les femmes à gauche. Des surveillants, aux habits bordés d'un ruban rouge, avec une croix de même couleur sur la poitrine, maintiennent le bon ordre dans l'assemblée : tout se passe très-convenablement. Les pratiques qui entretiennent la piété dans nos paroisses d'Europe, sont connues et suivies à Futuna ; les sacrements y sont fréquentés avec édification. Dans chaque vallée il y a des catéchistes, hommes et femmes, pour présider aux prières de chaque jour et faire répéter le Catéchisme. Vous ne serez donc pas étonné si je vous assure que j'ai trouvé chez les Futuniens, mais surtout parmi les jeunes gens, une grâce, une affabilité et une aisance qui m'ont agréablement surpris. On aime à les voir, à les rencontrer, avec une croix et un chapelet, une médaille et un scapulaire, qui souvent pendent à la fois sur leur poitrine.

« A un autre point de vue, voici quelques effets de l'heureuse influence de la Religion sur ce peuple. Lorsque l'île commença à se convertir, elle avait tout au plus mille habitants ; aujourd'hui sa population atteint le chiffre de mille deux cent soixante âmes, et elle tend chaque jour à augmenter. De son côté la famille se constitue. Naguère, la mère et l'épouse étaient sans considération ; les enfants ne connaissaient aucune autorité, ils vivaient dans la plus funeste indépendance; nul n'était aussi étranger à la sœur que le frère, dans les rapports ordinaires de la vie; et ainsi du reste. Maintenant l'esprit chrétien s'insinue dans la famille futunienne, pour l'amener à ces rapports si doux, si consolants, dont les populations pieuses de notre

France jouissent, sans bien savoir d'où leur vient un semblable bienfait.

« Il régnait à Futuna une coutume dont on a tiré parti pour le maintien des bonnes mœurs. Des censeurs publics sont établis pour veiller à ce que rien ne se fasse contre les lois de Dieu et celles du pays. Leur devoir est de faire des rondes pendant la nuit, pour empêcher les amusements dangereux. S'ils trouvent quelque délinquant, ils le dénoncent le dimanche suivant à l'assemblée des chefs; et ceux-ci ne manquent pas d'infliger au coupable une pénitence salutaire. Que d'abus l'on peut prévenir ou réparer promptement par cette excellente institution! Aussi le vol, par exemple, est inconnu à Futuna. Là on peut vivre sans défiance, laisser sa porte ouverte et l'armoire sans serrure.

« Voici une preuve de confiance donnée, devant moi, aux Futuniens, et qu'on ne donnerait pas en Europe à une troupe de braves gens. A notre arrivée, comme la brise était passablement forte, on n'osa pas, à cause des récifs, faire transporter par mer, à *Kolopelu*, les effets et les provisions apportés par les Sœurs; le besoin s'en faisait cependant sentir. Le P. Junillon réunit une troupe d'insulaires, leur fait des paquets sans même les fermer, leur distribue tout cela, sans s'inquiéter le moins du monde de ce qu'il donne et à qui il le donne. Tous ces gens s'en vont, traversent les forêts, la montagne, seuls ou en compagnie, et arrivent les uns après les autres : il ne manquait pas une obole. Comme au jugement d'une certaine classe d'hommes, le vol est le plus grand des crimes, voire même, par rapport à eux, le seul crime, ceux-là pourront dire que les missions sont encore bonnes à quelque chose. Tel a été l'avis de notre bon capitaine; il a trouvé que les Futuniens étaient très-honnêtes, très-probes; aussi les a-t-il laissés venir sur son navire tant qu'ils l'ont désiré. Vous seriez dans l'erreur toutefois, si vous croyiez que tous les capitaines qui naviguent dans ces mers se réjouissent des succès obtenus par les prêtres catholiques, succès qui mettent en sûreté leur bien et leur vie. L'un d'eux, à qui l'on demandait de vouloir bien céder, moyennant payement, un peu de farine pour nos Pères, répondit par la gracieuseté suivante : « Si « elle devait les empoisonner, oui, je leur en donne- « rais. » Et la cause de cette brutalité odieuse, me direz-vous? C'est qu'il n'est plus possible à ces tristes gens de venir à Futuna, pour se livrer au libertinage. Voilà en réalité le motif de bien des haines contre les missionnaires. Ici, comme partout, remplir son devoir, c'est s'attirer l'animadversion des méchants.

« Je ne puis quitter Futuna sans vous dire quelque chose de la procession du Saint-Sacrement. Elle eut lieu le 1ᵉʳ jeudi de juin. Cette fête est bien touchante en France; mais, à Futuna, elle a quelque chose de plus ravissant encore. Il y a peu d'années, ces insulaires étaient adonnés au culte impur et cruel des démons, et aujourd'hui ils accompagnent le Dieu pur et aimable de l'Eucharistie. Voyez ces longues files de peuple, comme elles s'avancent avec ordre sous la bannière de Marie! Au murmure de leurs prières, aux chants de leurs cantiques, la mer vient mêler la voix solennelle de ses flots. Les cocotiers prêtent leur ombrage; des feuilles jonchent le sol; des étoffes de couleurs diverses sont suspendues sur tout le parcours que suit le pieux cortége. Quatre oriflammes et quelques bannières flottent dans les rangs. De nombreux jeunes gens, revêtus d'aubes, encensent et jettent des fleurs devant la sainte Hostie. Le roi, avec tous les anciens, marchent derrière le dais. La dernière station eut lieu dans la nouvelle église, où un élégant reposoir avait été préparé. J'étais déjà bien ému, je l'avoue; mais, à la vue de cet édifice et de ce peuple qui l'a élevé avec tant de fatigues, à la vue des nombreuses banderoles qui flottaient et d'une belle statue de Marie placée au pied d'une grande croix, je ne pus retenir mes larmes. Oui, mon cœur surabondait de joie, et je redisais avec le Prophète : *Confitemini Domino, quoniam bonus*, etc.

« Une distribution générale de vivres eut lieu en notre honneur, après la procession de *Notre-Dame-des-Martyrs*; ce fut une vraie scène de la vie patriarcale.

« Ce peuple est doué d'une grande vivacité, d'un caractère énergique et fort gai. J'ai été charmé de voir l'entrain que les Futuniens savent mettre dans leurs amusements et leurs fêtes. Ils vivent en paix; ils ont abondamment de quoi satisfaire leurs besoins, qui sont du reste très-limités. La Religion améliorera encore leur sort; mais il n'est pas à désirer, pour leur vrai bonheur, qu'on les initie à ce que l'on est convenu d'appeler aujourd'hui *le progrès*. La charité et la justice, la chasteté et la soumission à l'autorité, leur donnent la véritable, l'utile civilisation. Puissent-ils jouir longtemps de ses heureux fruits! »

CHAPITRE XXXV

Les Futuniens contribuent à la conversion
des Nouveaux-Calédoniens.

Repoussé deux fois de la Nouvelle-Calédonie, Mgr d'Amata, vicaire apostolique, craignait, après sept ans d'essais infructueux, de ne pouvoir s'assurer un pied à terre dans cette île; il crut que le meilleur moyen de former un noyau de néophytes, serait de mettre, sons les yeux des Nouveaux-Calédoniens, les exemples d'une population naguère sauvage, et devenue un modèle de vie chrétienne. Le R. P. Rougeyron, mariste, fut chargé de la réalisation de ce projet, qu'il avait très-fortement appuyé. Il partit de l'*île des Pins* le lundi de Pâques 1850, et conduisit à Futuna dix-sept insulaires, baptisés le samedi précédent. « ... Après
« un mois de traversée, écrivait-il la même année au
« T. R. P. Colin, nous mouillâmes à Futuna ; c'était
« un dimanche matin. Le port était désert. « Où sont
« donc les habitants de ce village ? » me répétaient
« sans cesse le capitaine et ses matelots. Ils ignoraient

« que les naturels de Futuna, catholiques fervents,
« étaient tous allés à la Messe. Après une heure d'at-
« tente, nous entendons retentir le chant des cantiques.
« C'étaient les insulaires qui revenaient de l'église, en
« bénissant le Seigneur. Nos Pères s'empressèrent
« de venir nous recevoir. Cette entrevue fut vraiment
« un jour de fête pour nous tous. Les premiers chré-
« tiens de la Nouvelle-Calédonie, persécutés pour la
« foi par leurs compatriotes, étaient reçus comme des
« frères par les fidèles de Futuna. Oh! comme la Re-
« ligion est admirable! jusqu'au bout du monde, sur
« une île perdue au milieu de l'Océanie, partout elle
« fait trouver des frères dans la grande famille ca-
« tholique. On plaça notre petite colonie auprès du
« roi, non loin du collége qu'on essaie de fonder [1]... »

Le R. P. Rougeyron écrivait, sous la date du 20 septembre 1850 : « ... Mon projet a réussi. Après être revenu en Nouvelle-Calédonie, je suis reparti pour Futuna avec quarante-trois naturels, tant hommes que femmes; sept d'entre eux sont des chefs influents, et trois sont du nombre de nos persécuteurs. Touchés de repentir, ces derniers m'ont supplié de leur permettre de me suivre : à tout péché miséricorde; ils sont aujourd'hui mes plus grands amis... Le 8 septembre, fête de la Nativité de la Très-Sainte-Vierge, nous

---

[1] Ce fragment de lettre est cité dans la *Vie de Mgr Douarre, évêque d'Amata*, p. 264, etc.

sommes arrivés à Futuna, et, le soir, j'ai donné la bénédiction du Très-Saint-Sacrement. La première colonie était fidèle à ses devoirs; j'espère qu'il en sera de même des derniers venus. Ici, nos Calédoniens sont à l'école de la sagesse; j'aime à croire qu'ils en profiteront, et, qu'après avoir imité les Futuniens dans leurs crimes, ils les imiteront dans leur pénitence et leurs vertus. Dès qu'ils seront bien convertis, nous comptons les ramener dans leur île[1]... »

Rentrés dans leur patrie, les Calédoniens donnèrent par leurs exemples et par le récit de ce qu'ils avaient vu à Futuna, la première impulsion aux conversions dans leur pays; et, à partir de ce temps-là, la mission fut fondée, et n'a pas cessé de progresser, malgré les nombreuses épreuves qu'il l'ont assaillie. « Les Calédoniens, dit le R. P. Forestier, préfet apostolique[2], avaient une si haute idée des Futuniens, que leurs premiers villages convertis prirent, sans le concours des missionnaires, le nom de Futuna, ce qui, dans leur langage symbolique, exprimait un dévouement irrévocable au christianisme. »

[1] Ce fragment de lettre est encore cité dans la *Vie de Mgr Douarre, évêque d'Amata*, p. 269, etc.

[2] Dans la Nouvelle-Calédonie.

CHAPITRE XXXVI

Le corps de l'Apôtre-martyr de Futuna est transféré
de la Nouvelle-Zélande à Lyon.

La sainte dépouille du Martyr de Futuna ne devait pas rester longtemps à *la Baie-des-Iles* (Nouvelle-Zélande). A peine quelques mois s'étaient-ils écoulés, que déjà le T. R. P. Colin en avait fait la demande au Vicaire apostolique de l'Océanie occidentale. Traversant l'espace immense de l'Océan, elle aborda le rivage de France, et arriva enfin dans la cité, *la Rome des Gaules,* et le berceau de la Société de Marie.

Au pied de la colline de Fourvières, colline bien-aimée que tant de pèlerins gravissent chaque jour, s'élève un ancien édifice, qui se rapproche du style florentin et qui, en gardant son vieux nom de *Puylata*[1], est devenu la maison-mère des RR. PP. Maristes. C'est là que reposent, à l'ombre de la Vierge immaculée, les restes vénérés du P. Chanel, héritage

---

[1] Quelques-uns disent *Pylata*.

légué comme un pieux enseignement et une nouvelle bénédiction.

Oh! oui, ils nous parleront souvent, et d'une voix douce et fraternelle! Ces pieds sacrés ont porté partout la paix de Dieu avec *la bonne nouvelle* du salut; ces mains respectables et pures, que d'infortunes elles ont soulagées! que de plaies elles ont guéries! que de larmes elles ont séchées! ces genoux, que de fois ils ont soutenu l'humble posture de la supplication la plus ardente! ce front auguste ne sut jamais rougir de l'Évangile; ces yeux si chastes, dont la modestie dirigeait les regards, se sont toujours fermés à la vanité, et n'ont considéré la terre que comme un lieu de luttes et de passage; ces oreilles ne se sont ouvertes qu'aux cris de la souffrance et aux divines promesses; cette bouche a béni le Seigneur et fait taire l'impiété : *Defunctus adhuc loquitur.*

Ces restes précieux révèlent à tous, d'une voix éloquente, et les préceptes évangéliques et la possibilité de les accomplir; ils raniment le zèle pour la gloire de Dieu et le salut des âmes; ils encouragent le timide, et affermissent le lâche qui chancelle dans la foi : *Defunctus adhuc loquitur.*

Et maintenant, n'aurions-nous plus de notre saint confrère que sa dépouille sanglante et le souvenir de ses vertus? n'aurions-nous avec son âme, couronnée dans les cieux, aucune relation, aucune communication intime? Grâce à Dieu, nous ne sommes pas, relativement à l'autre monde, ce que seraient, au point de vue terrestre, quelques hommes relégués dans une île lointaine, sans aucun point de contact avec leur patrie. Cette mer profonde, qu'on appelle la mort, ne s'étend pas comme une barrière que nul message ne traverse. Nous entendons des voix sur un autre bord : nous voyons les signaux des âmes qui y sont arrivées, nous sentons qu'elles viennent à notre secours, et que les grâces qu'elles obtiennent tombent sur notre rivage.

Puisque nous pouvons encore nous adresser à vous, digne apôtre de Futuna, montrez que vous êtes toujours notre frère! Priez pour la Société de Marie qui vous compte parmi ses premiers enfants! priez pour ses missions en Europe et dans les contrées lointaines! priez pour les lévites qu'elle prépare au sacerdoce, pour l'enfance et la jeunesse qui lui sont confiées, et dont l'éducation fut si chère à votre cœur! priez enfin pour celui qui eut le bonheur, bien qu'indigne, d'être souvent le confident de vos pensées intimes, et qui a été appelé, bien qu'indigne encore, à l'honneur d'être l'historien de vos vertus! les souvenirs qu'il en a recueillis sont les fleurs dont il a tressé la couronne qu'il dépose, d'une main respectueuse et amie, sur votre tombe.

FIN.

DECRETUM

« Beatificationis, seu declarationis martyrii Servi Dei
« Petri-Mariæ-Aloysii Chanel.

« Ineffabilis Deus, *qui dives est in misericordia, propter*
« *nimiam charitatem suam qua dilexit nos, ut ostenderet*
« *in sæculis supervenientibus abundantes divitias gratiæ*
« *suæ in bonitate super nos in Christo Jesu* (*Ephes.* 2, 4),
« illud ætati nostræ videndum et gratulandum dedit,
« quod jamdiu Patribus nostris in votis fuit, ut nullus
« jam terræ angulus esset, nec tam dissita regio, quo non
« Evangelici verbi præconium pervenisset. Ita namque
« divini sermonis administri sese legatione fungi pro eo
« ostenderunt *qui dominatur a mari usque ad mare, et a*
« *flumine usque ad terminos orbis terrarum* (*Ps.* 71, 8).
« Illamque præ se tulere alacritatem et studium, quo Chris-
« tus Apostolos excitavit, dum ad Patrem ascensurus ait
« eos sibi fore testes *in Jerusalem, et omni Judæa, et*
« *Samaria, et usque ad ultimum terræ* (*Act. Ap.* 1, 8).
« Vasto siquidem pelago, longeque dissitis regionibus
« interjecta tellus, patribus nostris ignorata multum,
« diuque tenebris erroris obsita fuerat, neque a Nunciis
« divini eloquii edocta, neque illorum sanguine fuerat
« irrigata. Jam vero paucis abhinc annis relatum fuit *Pe-*
« *trum-Mariam-Aloysium Chanel* Sacerdotem *Maristam*,
« ac Pro-Vicarium Apostolicum Oceaniæ Occidentalis, post

« multos exantlatos labores ut inter barbaras eas gentes cœ-
« lestem Evangelii lucem propagaret, tandem ab efferatis
« illis hominibus in odium Fidei quam prædicaverat imma-
« ni morte confectum, atque immolatum fuisse. Cujus sup-
« plicii fortiter tolerati tam uberes atque insperati fructus
« extitere, ut paulo post universa *Futunæ* insula, ubi
« mortem Dei famulus oppetiit, ultro libenterque ad Christi
« Fidem amplectendam maxima animorum consensione
« conversa sit : quod vero maxime mirandum fuit, per-
« cussores ipsi et cædis auctores ad bonam frugem re-
« dacti, et sceleris pœnas dedere lacrymis, et sanctimo-
« niæ Præconis sui nobilissimum testimonium exhibuere.
« Quamobrem R. P. D. Petrus Bataillon illius regionis
« Vicarius Apostolicus, Ejus Causam introducere cupiens
« in Sacrorum Rituum Congregatione, a Sanctissimo Do-
« mino Nostro Pio Papa IX effusis precibus postulavit,
« ut attentis singularibus regionis adjunctis, negotium
« integrum committere dignaretur peculiari Sacrorum
« Rituum Conventui, audito in scriptis Voto R. P. D. Sanctæ
« Fidei Promotoris, atque ita quidem ut authentica quæ
« ab eodem Vicario Apostolico allata sunt documenta loco
« informativi Processus haberentur. Quibus precibus
« Sanctitas Sua, die 27 aprilis labentis anni 1857, be-
« nigne annuit, ac disquisitionem super Introductione
« Causæ prædicti Servi Dei Petri-Mariæ-Aloysii Chanel eidem
« commisit particulari Congregationi, cui de Coreanis,
« Concincinensibus, Tunckinensibus, et Sinensibus Mar-
« tyribus agere negotium datum fuerat.

« Quapropter particularis hujusmodi Congregatio coacta
« penes Eminentissimum et Reverendissimum Dominum
« Cardinalem Constantinum Patrizi, Albanensem Episco-
« pum, Sacrorum Rituum Congregationis Præfectum,
« subscripta die, consideratis libratisque prædictis docu-
« mentis, attentoque R. P. D. Andreæ Mariæ Frattini

« Sanctæ Fidei Promotoris Voto, qui etiam voce senten-
« tiam suam exposuit, proposito sequenti Dubio : *An sit
« signanda Commissio introductionis Causæ prædicti
« Servi Dei, in casu et ad effectum de quo agitur?* re-
« scribendum censuit : *Si Sanctissimo placuerit signan-
« dam esse.* Die 17 septembris 1857.

« Super quibus omnibus facta postmodum per in-
« fra scriptum Secretarium Sanctissimo Domino Nostro
« relatione, Sanctitas Sua particularis Congregationis sen-
« tentiam ratam habens, prædictam Commissionem intro-
« ductionis Causæ propria manu signare dignata est. Die
« 24 ejusdem mensis, et anni.

« L. ✠ S. C. Episcopus Albanens. Card. Patrizi S. R. C.
« Præfectus. — *H. Capalti S. R. C. Secretarius.* »

TABLE

Lettre du T. R. P. Favre, supérieur général de la Société de Marie. i
Au T.-R.-P. Jean-Claude-Marie Colin, fondateur et premier supérieur général de la Société de Marie. iii
Préface de l'auteur. v
Lettres de nosseigneurs les évêques de Belley, d'Auch, de Gap, de Saint-Flour, d'Auckland, de Sion, d'Énos, etc. . xiii

LIVRE PREMIER.
DEPUIS LE BERCEAU JUSQU'AU SACERDOCE.

Chap. I. Première Enfance. 1
    II. Le petit Berger. — Rencontre providentielle. . . . 13
    III. L'abbé Trompier. — Pierre à l'école presbytérale de Cras. 18
    IV. Première communion. 27
    V. L'abbé Trompier et Pierre à Monsols. 34
    VI. Retour à Cras. 41
    VII. Petit séminaire de Meximieux. 47
    VIII. Chanel continue ses études à Meximieux. — Ses qualités et ses vertus comme condisciple. 56
    IX. Le congréganiste. 69
    X. Fruits d'une bonne éducation : le respect, la force morale et religieuse. 75
    XI. Collége de Belley. 84
    XII. Grand séminaire. 92
    XIII. Ordination. — Première Messe. 101

LIVRE DEUXIÈME.
DEPUIS LE SACERDOCE JUSQU'A LA VIE RELIGIEUSE.

Chap. I. L'abbé Chanel vicaire à Ambérieux. 107
    II. Le jeune vicaire dans sa vie privée. 115

TABLE. 621

III. Le curé de Crozet. 120
IV. Zèle pour le saint temple et le culte sacré. 128
V. Le curé de Crozet fait concourir une de ses sœurs à ses œuvres de zèle. 133
VI. Charité pastorale. 139
VII. Sollicitude et dévouement pour le salut des âmes. 144
VIII. Aumônes. 153
IX. Soin qu'il prenait de sa propre sanctification. . . . 160
X. Amour du travail. — Heures de délassement. — Voyage. — Discussion avec un ministre protestant. 172
XI. L'abbé Chanel obtient de son évêque la permission d'entrer dans la Société de Marie. — Obstacles qu'il surmonte pour répondre à sa vocation. — Son départ de Crozet. 185

LIVRE TROISIÈME.

DEPUIS SON ENTRÉE DANS LA SOCIÉTÉ DE MARIE JUSQU'A SON DÉPART POUR L'OCÉANIE OCCIDENTALE.

Chap. I. Société de Marie. — Le P. Chanel professeur au collége de Belley. 197
II. Éducation religieuse. — Récréation. — Zèle pour le bien général du collége. — Grave maladie. . . . 207
III. Le directeur spirituel. 214
IV. Ses relations avec les élèves, au point de vue de la conscience. 218
V. La vertu rendue aimable et facile. 224
VI. Catéchismes. — Retraites. — Congrégations. — Externat. 231
VII. Voyage et séjour à Rome. 237
VIII. Excursions. — Bénédiction papale. — Vatican. . . 243
IX. Ordres religieux. — Cardinaux. — Audience papale. Départ de Rome. 248
X. Pèlerinage à Notre-Dame de Lorette. 254
XI. Voyage à Venise. 259
XII. Retour en France. — Larmes et deuil. — Traits de zèle et de dévouement. 263
XIII. Le P. Chanel supérieur à Belley. — Son administration. — Sa conduite à l'égard des maîtres. — Ce qu'il entendait par des *études fortes*. . . . 268

XIV. Dévouement. — Prudence. 275
XV. Comment s'introduit, d'après le P. Chanel, le bon ou le mauvais esprit dans un collége. — Ce qu'il fit pour entretenir le bon esprit à Belley. — Admission des élèves; leur renvoi. 280
XVI. Rentrée des classes. 284
XVII. Maîtres d'étude. 291
XVIII. Soin qu'il prenait des santés. 295
XIX. Sa conduite envers les domestiques. 298
XX. Visites. — Correspondances. 301
XXI. Son admission pour l'apostolat de l'Océanie. . . 315
XXII. Retour des vacances. 320
XXIII. Ses adieux au collége de Belley. 323
XXIV. Épreuve et victoire dans sa vocation à l'apostolat. 326
XXV. Sa profession religieuse. — Ses adieux à Mgr Devie, évêque de Belley. 329
XXVI. Ses adieux au couvent de Bon-Repos. 332
XXVII. Dernières entrevues du P. Chanel avec sa famille et ses amis. 339
XXVIII. Luttes suscitées contre sa vocation. 342
XXIX. Le P. Chanel est nommé provicaire apostolique. — Divers petits voyages dans le diocèse de Lyon. — Visite à l'Ermitage, près Saint-Chamond (Loire). 345
XXX. Cérémonie religieuse de départ. — Allocution du T.-R. P. Colin. 348
XXXI. Mgr. de Maronée et le P. Chanel à Paris. 356
XXXII. Le P. Chanel au Havre-de-Grâce. 363
XXXIII. Dernières correspondances datées du Havre. — Lettre du T.-R. Collin, supérieur général de la Société de Marie. 369

LIVRE QUATRIÈME.

APOSTOLAT. — MARTYRE.

Chap. I. Départ. — Horrible tempête. — Relâche aux îles Canaries. 377
II. *La Delphine* reprend la mer. — Mort et funérailles du P. Bret. — Mission à bord du Navire. — Arrivée à Valparaiso. 382
III. Le P. Chanel et ses confrères à Valparaiso. . . . 387
IV. Départ pour Taïti. — Dispositions de l'équipage à

TABLE.

l'égard des missionnaires. — Retraite et renouvellement des vœux. — Relâche aux îles Gambier. . 395

V. L'arrivée des premiers missionnaires en Océanie prédite par une sibylle des îles Gambier. 401

VI. Départ des îles Gambier. — Séjour à Taïti. — On remet à la voile. — Péril imminent de naufrage. . 407

VII. Séjour dans l'île Vavao. — Vaine tentative des missionnaires. 413

VIII. Départ de Vavao. — Rencontre providentielle d'un jeune Anglais. — Arrivée à Wallis. — Bienveillance de deux chefs insulaires. — Visite au roi. — Admission des missionnaires. 420

IX. Quelques naturels forment le complot de massacrer les missionnaires et de s'emparer de leur navire. — Présents offerts au roi en témoignage de reconnaissance. — Le P. Bataillon et le F. Joseph-Xavier sont désignés pour la mission de Wallis. — Nouvelles épreuves. 426

X. Départ de Mgr de Maronée. — Le P. Chanel est présenté au roi de l'île de Futuna. — Son admission. 429

XI. L'île de Futuna. 432

XII. Début de la Mission. 468

XIII. Case du missionnaire. — Règlement. — Étude. . . 473

XIV. Épreuves de la part de quelques jeunes insulaires et du démon. 476

XV. Premiers épis de la moisson évangélique. — Fragment d'une lettre adressée à M. Bolliat, curé de Crozet. — Réponse aux élèves du collége de Belley. . . 481

XVI. Le missionnaire comme il le faut en Polynésie. — Le Catholicisme, puissance civilisatrice. 486

XVII. Première messe dite en public. — La vie du missionnaire court les plus grands dangers. 490

XVIII. Visite du P. Chanel au P. Bataillon, missionnaire dans les îles Wallis. 494

XIX. Journal du missionnaire. 504

XX. Abjuration et première communion de Thomas Boog. — La divine parole annoncée dans l'île. 511

XXI. L'empire de la vertu sur les sauvages. 516

XXII. Le P. Chanel reçoit la visite du P. Bataillon et de quelques nouveaux missionnaires de la Société de Marie. 519

XXIII. Quelques nouveaux détails sur la mission de Futuna.

	— Désastre occasionné dans l'île par un affreux orage. — Guerre. — Dévouement du P. Chanel. .	527
XXIV.	Prédication dans un festin. — Guérison d'un malade. — Prélude des persécutions. — Redoublement de zèle et de prières. — Désir du ciel.	539
XXV.	Zèle du P. Chanel pour la conversion de Niuliki. — Arrivée d'un Père et d'un Frère maristes à Futuna. — Fureur du roi à la nouvelle de la conversion de son fils. — Rupture du roi avec les missionnaires. — Persécution des catéchumènes et des missionnaires. — Martyre du R. P. Chanel. . . .	544
XXVI.	Sépulture du martyr.	557
XXVII.	Réflexions sur quelques circonstances qui ont précédé et accompagné la mort du P. Chanel. . . .	561
XXVIII.	Témoignages d'estime et de vénération à l'égard du R. P. Chanel.	566
XXIX.	Translation de la sainte dépouille du martyr à la Baie-des-Iles (Nouvelle-Zélande).	572
XXX.	Châtiment céleste de quelques bourreaux du martyr. — Admirable conduite d'un jeune chef. — Nouveaux missionnaires à Futuna.	578
XXXI.	Premiers travaux des nouveaux missionnaires à Futuna. — Fruits de leur zèle.	581
XXXII.	Entière conversion des Futuniens.	584
XXXIII.	Conversion et mort édifiante de Musumusu. — Lettre des chrétiens de Futuna à leurs frères catholiques d'Europe.	590
XXXIV.	L'île de Futuna au point de vue moral et religieux.	597
XXXV.	Les Futuniens contribuent à la conversion des Nouveaux-Calédoniens.	611
XXXVI.	Le corps de l'Apôtre-martyr de Futuna est transféré de la Nouvelle-Zélande à Lyon.	614

DECRETUM. 617

FIN DE LA TABLE.

Paris. — Imprimerie de P.-A. BOURDIER et Cⁱᵉ, rue des Poitevins, 6.

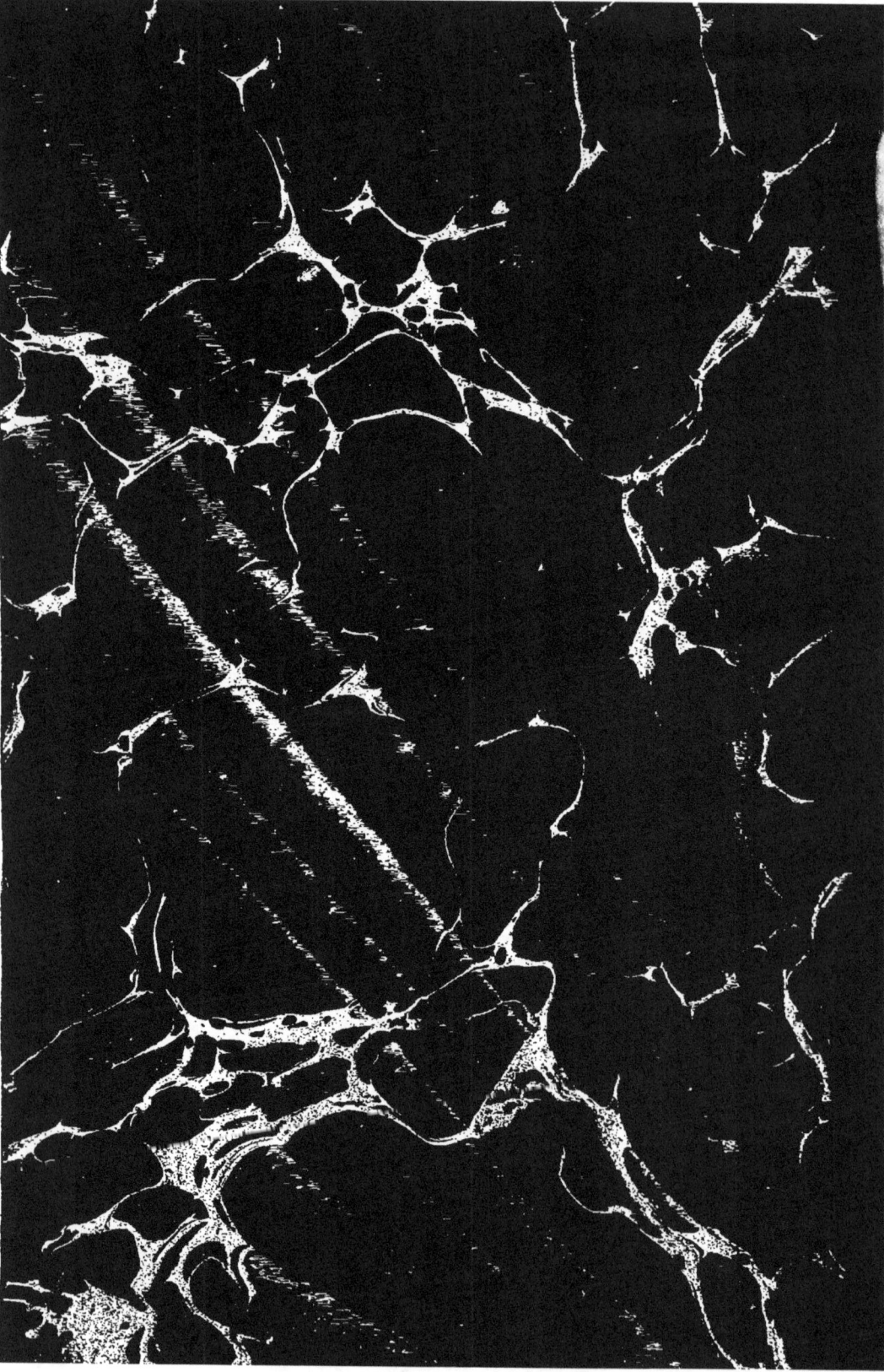

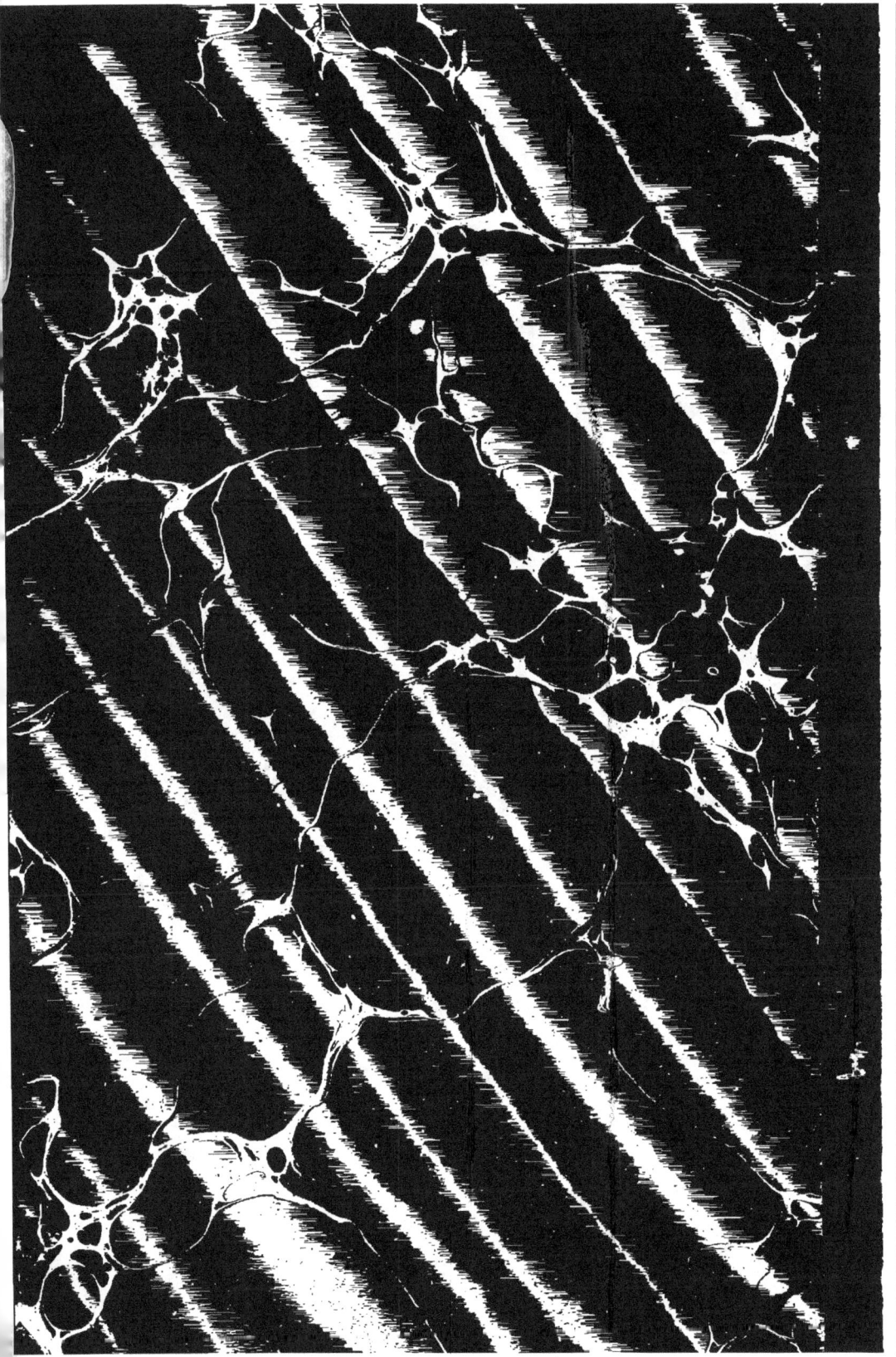